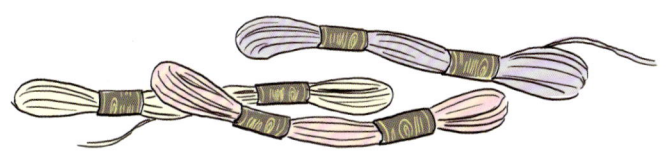

Neues aus dem Nähmaschinen-Atelier

Neues aus dem Nähmaschinen-Atelier

Neue Modelle, erweiterte Techniken

Mit Schnittmustern in Originalgröße

Jane Bolsover

Für Barbara, meinen Schutzengel

Jane Bolsover
www.janebcreatives.co.uk

Einige der Illustrationen für grundlegende Techniken sind bereits in
Jane Bolsovers Buch „Mein großes Nähmaschinen-Atelier" erschienen.

Projektmanagement: Kathleen Rother
Übersetzung: Britta John, Königs Wusterhausen
Lektorat: Cosima Kroll, Bönnigheim; Marianne Rudolph, Vaihingen/Enz
Satz: Arnold & Domnick, Leipzig
Printed in China

1. Auflage 2015
Best.-Nr. 6400

ISBN 978-3-7724-6400-3

Titel der Originalausgabe: Sewing School Basics
Erstveröffentlichung 2014 durch CICO Books,
gedruckt von Ryland Peters & Small
519 Broadway, 5th Floor, New York NY 10012
20-21 Jockey's Fields, London WC1R 4BW

Inhalt

Einleitung

Nach dem Erfolg meines Nähbuches „Mein großes Nähmaschinen-Atelier" war ich hocherfreut, als man mich bat, ein weiteres Buch mit grundlegenden Nähtechniken zu verfassen. Diesmal sollten jedoch auch Handnähtechniken wie Applikationen, Sticken, Patchwork, Quilten und Smoken sowie weitere Nähtechniken wie das Kräuseln und verschiedene Kragen, Ärmel und Verschlüsse enthalten sein.

Seit ich ein kleines Kind war, haben mich Handarbeiten fasziniert, und sobald meine Großmutter mir das Nähen mit der elektrischen Nähmaschine meiner Mutter gezeigt hatte, war ich nicht mehr aufzuhalten. Was ich so am Nähen liebe, ist die Tatsache, dass man sich mit einem Stück Stoff und einem Faden hinsetzt und in kürzester Zeit daraus die schönsten Dinge für sich selbst oder das Zuhause herstellen kann. Oft wurde ich gefragt, ob ich auch stricke, aber das ging mir nie schnell genug. Mit meiner Nähnadel und einem Faden kann ich in wenigen Stunden etwas kreieren – von wunderschönen neuen Kissen bis zu einem einfachen Kleid, das ich schon am selben Abend anziehen kann.

Einst gehörte das Nähen zu den Dingen, die Frauen wie selbstverständlich lernten, aber in den vergangenen Jahrzehnten ist die Zeit schnelllebiger geworden. Viele Menschen haben mir erzählt, dass sie früher genäht haben, jetzt jedoch keine Zeit mehr dazu finden. Andere wiederum glauben, es schlichtweg verlernt zu haben. Nähen zu lernen ist nicht schwer – man braucht nur ein wenig Geduld und Übung, um Selbstvertrauen zu gewinnen. Wenn Sie den Bogen heraushaben, werden Sie bald die Magie entdecken, die ich seit langem verspüre.

Die Anleitungen und die detaillierten Illustrationen in diesem Buch führen Sie Schritt für Schritt durch alle Techniken, die Sie benötigen, um etwas Wunderschönes und Einzigartiges zu nähen. Am Endes jedes Workshops wartet ein Projekt auf Sie, das genau die Techniken erfordert, die Sie gerade erlernt haben, sowie einige aus vorangegangenen Workshops.

Mir hat das Zusammenstellen der neuen Projektkollektion – viele mit Retro-Touch – viel Spaß gemacht, und ich bin sicher, Ihnen werden das Nacharbeiten und das Anpassen der Modelle an Ihre individuellen Wünsche ebenso viel Freude bereiten. Ich wünsche Ihnen viel Spaß beim Nähenlernen und viele fröhliche Nähtage!

Jane Bolsover

Zur Verwendung dieses Buches

Dieses Buch wurde für alle geschrieben, die nähen lernen wollen oder die nach langer Pause ihre Nähkenntnisse auffrischen möchten. Das Buch kann für sich oder in Kombination mit meinem früheren Buch „Mein großes Nähmaschinen-Atelier" verwendet werden. Da vermutlich viele nicht beide Bände zur Hand haben, wurden einige grundlegende Nähtechniken aus dem ersten Band wieder aufgenommen. Doch sehr viel Wissenswertes finden Sie nur in diesem neuen Buch, und natürlich sind die Nähprojekte alle neu!

Teil 1: Los geht's

Der erste Teil dieses Buches zeigt Ihnen das nötige Zubehör, das Sie brauchen, um mit dem Nähen beginnen zu können. Dabei habe ich das Nähzubehör auf das Minimum des wirklich Notwendigen reduziert, erwähne aber auch zusätzliche Hilfsmittel für geübtere Näherinnen.

In diesem Teil mache ich Sie mit der aufregenden Auswahl von Stoffen vertraut und zeige Ihnen, wie Sie an sich selbst richtig Maß nehmen, damit Sie die optimal passenden Schnittmuster für Ihre Figur auswählen können. Muss der Schnitt korrigiert werden, damit das Stück besser sitzt, so hilft Ihnen die Anleitung für einfache Korrekturen, vor denen auch Nähanfänger keine Angst haben müssen. Wenn Sie Ihr Schnittmuster und den Stoff gewählt haben, lernen Sie, wie Sie diese für das Nähen vorbereiten und richtig zuschneiden.

Nehmen Sie sich ausreichend Zeit für die Lektüre dieses Teils — er enthält die Grundlagen, um ein Projekt erfolgreich fertigzustellen. Denn die Wahl des optimalen Stoffs sowie das richtige Schnittmuster sind ebenso wichtig wie das akkurate Zuschneiden vor dem Nähen.

Teil 2: Workshops und Projekte

Dieser Teil enthält 12 Workshops, beginnend mit grundlegenden Techniken und mit zunehmendem Schwierigkeitsgrad. Sie zeigen das Nähen mit der Maschine und von Hand, aber auch einfaches Sticken. Gehen Sie dabei systematisch von Workshop zu Workshop vor und lassen Sie sich nicht dazu verleiten, zu schnell zu anderen Projekten weiterzugehen, bevor Sie die erforderlichen Fähigkeiten erlernt haben.

Zum Abschluss jedes Workshops finden Sie ein attraktives Projekt, bei dem Sie die Kenntnisse üben können, die gerade erlernt wurden, und das auf den vorherigen Workshops aufbaut — von stylischen Modellen für die Wohnung bis zu figurschmeichelnden Kleidungsstücken, die Sie immer wieder gerne tragen werden.

Schließlich befinden sich am Ende dieses Buches zwei Schnittmusterbögen mit den Vorlagen für alle Projekte in Originalgröße, die nur noch abgepaust werden müssen.

Alle Informationen sind leicht verständlich dargestellt mit einfach nachzuvollziehenden Schritt-für-Schritt Anleitungen und Illustrationen für jeden Nähschritt. Die genauen Erklärungen zu allen Techniken und Fachbegriffen ebenso wie das hilfreiche Glossar mit allgemeinen Nähbegriffen lassen dieses Buch zu einem wichtigen Nachschlagewerk für Sie werden. Ich hoffe, dass Sie viel Freude daran haben, mit diesem Buch zu arbeiten, dass es Sie inspiriert und Ihnen das Selbstvertrauen schenkt, Ihre Nähkenntnisse immer weiter zu verbessern — sodass Sie bald eigene aufregende Nähprojekte in Angriff nehmen können.

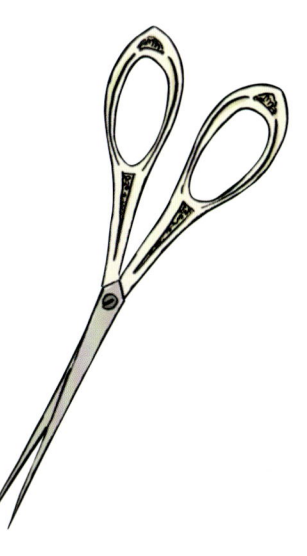

Das Nähzubehör

Tipps

Lesen Sie die Bedienungsanleitung Ihrer Nähmaschine sorgfältig durch, um sich mit der Maschine vertraut zu machen. Beim Kauf einer neuen Nähmaschine fragen Sie beim Hersteller nach, ob dieser kostenlose Schulungen bei den Händlern anbietet.

Wird die Nadel nicht ordnungsgemäß eingesetzt, können Sie nicht nähen. Lesen Sie vor dem Einsetzen der Nadel im Handbuch nach.

Wenn die Spule seitlich in die Nähmaschine eingesetzt wird, dann zeigt der flache Teil der Nadel nach rechts. Bei Spulen, die von vorne eingesetzt werden, zeigt der flache Teil der Nadel von Ihnen weg.

Bevor Sie zum Stoffkauf aufbrechen, benötigen Sie einiges an Nähzubehör – aber keine Sorge, Sie müssen kein Vermögen ausgeben, um erfolgreich und mit Freude zu nähen. Dieses Kapitel zeigt Ihnen das Zubehör, das Sie brauchen, von der Nähmaschine bis zu Stecknadeln, Nähnadeln und einem Bügeleisen.

Ihre Nähmaschine

Es gibt viele Nähmaschinen von unterschiedlichen Herstellern, jede bietet eine umfangreiche Stichauswahl. Für die Basics beim Schneidern werden Sie hauptsächlich einen Geradstich (zum Nähen von Nähten) und Zickzackstich (zum Versäubern von Kanten und für Knopflöcher) verwenden. Wenn Sie allerdings eine hochwertige Maschine zur Verfügung haben, können Sie auch die Ziersticke einsetzen. Achten Sie beim Kauf einer neuen Maschine darauf, dass diese fest auf dem Tisch steht – tragbare Maschinen sind praktisch, schnell aufgestellt und wieder verstaut.

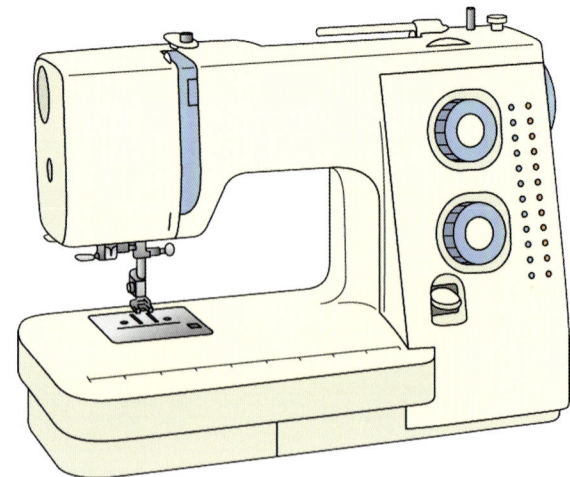

Spezialnähfüße

Spezialnähfüße werden beim Kauf einer Nähmaschine mitgeliefert, können aber auch einzeln gekauft werden. Fast alle sind es der Mühe wert, den Umgang mit ihnen zu erlernen, denn sie sind dafür konzipiert, einzelne Nähaufgaben einfacher zu gestalten. Die nützlichsten Nähfüße sind Zickzackfuß, Reißverschlussfuß, Knopflochfuß, Blindsaumfuß, Überwendlichfuß und Rollsäumer. Auf Seite 53 finden Sie genauere Informationen zu Reißverschlussfüßen, weitere Details sind im Handbuch Ihrer Maschine beschrieben.

Nähmaschinennadeln

Verwenden Sie die zur Maschine passenden Nadeln und denken Sie daran: Je kleiner die Zahl, desto dünner und feiner die Nadel. Eine Nadel in der Stärke 10 (70) ist zum Beispiel für leichte Stoffe geeignet, während eine 16er (100er) Nadel optimal für dicke, schwere Stoffe ist. Nadeln mit der Stärke 12 (80) und 14 (90) sind am besten für mitteldicke Stoffe geeignet.

Nadeln haben auch unterschiedliche Spitzen, jede ist für eine bestimmte Art von Stoff konzipiert: Spitze Nadeln für gewebte Stoffe, Kugelspitzen für Strickware, sehr spitze Nadeln für Jeans und Leinen und eine Dreieckspitze für Leder. Es gibt Universalnadeln, deren Spitze in ihrer Feinheit zwischen einer sehr spitzen und einer Kugelspitzennadel rangiert – damit können sowohl gewebte Stoffe als auch Strickstoffe genäht werden. Zudem gibt es viele Spezialnadeln, beispielsweise für das Maschinensticken, Quilten und für Metallicfäden. Auf Seite 21 finden Sie eine Auswahltabelle für Nadeln und Fäden.

Grundlegendes Zubehör und Nähhilfen

Bis auf die Nähmaschine an sich passt fast das gesamte Nähzubehör bequem ins Nähkästchen. Einiges werden Sie bereits im Haus haben und deshalb nur ein paar Einzelteile ergänzen müssen. Wenn Sie allerdings bei null anfangen, müssen Sie das Zubehör entweder kaufen, Ihre Freundinnen anbetteln oder es ausleihen.

Maßband: Es ist beim Ermitteln der Maße einfach unerlässlich – für Körpermaße wie zum perfekten Auflegen der Papierschnitte auf dem Stoff oder zum Ausmessen von Säumen und Knopflöchern. Kaufen Sie ein robustes, flexibles Maßband mit Metallenden und Maßeinheiten auf beiden Seiten. Denken Sie daran: Ein billiges Maßband ist eventuell ungenau!

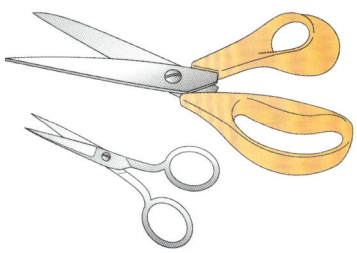

Schneiderschere: Bei Schneiderscheren hat in einem Griff der Daumen, im anderen drei Finger Platz. Schneiderscheren sind schwerer als herkömmliche Scheren und haben abgeknickte Griffe, sodass der Stoff beim Schneiden nicht angehoben wird (siehe Seite 30). Kaufen Sie die beste Qualität, die Sie sich leisten können, mit Klingen, die mindestens 18-20 cm lang sind. Gehen Sie sorgsam mit der Schere um und schneiden Sie damit niemals etwas anderes als Stoff. Papier lässt die Schere im Nu stumpf werden. Fällt die Schere herunter, kann das die Justierung der Klingen und die Spitzen beschädigen.

Kurze, spitze Schere: Ein scharfe, spitze Schere mit maximal 7,5 cm langen Klingen ist ideal zum Beschneiden von Nähten und Fadenenden.

Stecknadeln: Diese gibt es in unterschiedlichen Längen und Größen für verschiedene Stoffqualitäten. Für allgemeine Nähaufgaben eignen sich Nadeln mit Glasköpfen am besten. Kaufen Sie genug davon – im Nadelkissen sind sie stets griffbereit.

Nähnadeln: Handnähnadeln sollten fein genug sein, damit sie den Stoff leicht durchstechen, aber auch robust genug, um nicht abzubrechen. Beim Nähen von Hand werden meist spitze Nadeln verwendet. Sie sind in unterschiedlichen Größen mit verschiedenen Spitzen in den Stärken 1 bis 12 erhältlich – dabei bedeutet hier eine höhere Ziffer eine kürzere und feinere Nadel. Größe 9 ist die gängigste Größe beim Handnähen. Berücksichtigen Sie bei der Auswahl auch die Stoffqualität: Je leichter der Stoff, umso dünner die Nadel. Sticknadeln sind auf Seite 71 beschrieben.

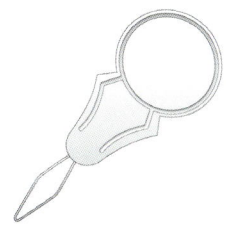

Nadeleinfädler: Nadeleinfädelhilfen erleichtern das Einfädeln von Handnähnadeln, aber auch von Maschinennadeln. Die Drahtschlaufe wird durch das Nadelöhr geschoben, der Faden dann durch die Schlaufe gezogen. Beim Zurückziehen der Schlaufe wird der Faden durch das Nadelöhr gefädelt.

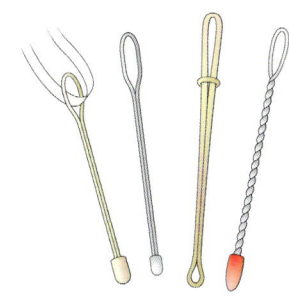

Durchzugsnadel: Dieses nadelähnliche, stumpfe Utensil kommt beim Durchziehen von Kordeln, Gummiband o. Ä. zum Einsatz. Es gibt verschiedene Modelle – mit Nadelöhr, Klemmvorrichtung oder wie eine Sicherheitsnadel verschließbar.

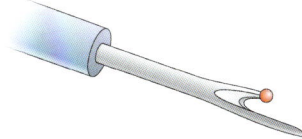

Nahttrenner: Er trennt Fehlstiche und Nähte rasch auf und dient auch zum Aufschlitzen des Stoffs zwischen den Knopflochraupen. Gehört ein Nahttrenner zum Zubehör der Maschine, ist dieser meist sehr klein. Kaufen Sie ein Modell mit einem längeren Stiel. Bedenken Sie, dass die Trenner sehr scharf sind – setzen Sie daher stets die Kappe auf die Spitze und halten Sie Kinder davon fern.

Fingerhut: Vermutlich halten Sie einen Fingerhut für verzichtbar, aber wenn Sie erst einige Knöpfe angenäht, einen Reißverschluss eingesetzt oder von Hand dicken Stoff genäht haben, lernen Sie ihn zu schätzen. Ein Fingerhut verhindert, dass die Nadel beim Handnähen in den Mittelfinger sticht. Verwenden Sie einen gut passenden Fingerhut aus Metall – Modelle aus Kunststoff platzen leicht auf.

TIPPS

Falls Sie Linkshänder sind, wird Ihnen das Zuschneiden von Stoffen mit einer herkömmlichen Schere schwerfallen. Suchen Sie im Internet nach Scheren, die für Linkshänder konzipiert sind. Diese haben anders angeordnete Klingen und ermöglichen so einen sauberen Schnitt.

Verwenden Sie Stecknadeln aus rostfreiem Stahl. Fallen Nadeln herunter, können sie rasch mit einem Magneten eingesammelt werden.

Um die optimale Nadelstärke auszuwählen, stechen Sie an einer unauffälligen Stelle mit verschiedenen Nadeln durch den Stoff und schauen Sie, welche den Stoff am leichtesten durchsticht und das kleinste Loch hinterlässt.

Falls keine Durchzugsnadel zur Verfügung steht, ist eine kleine oder mittelgroße Sicherheitsnadel ein guter Ersatz.

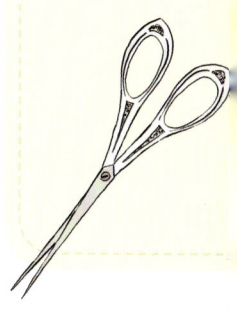

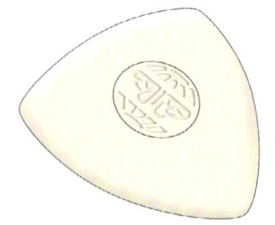

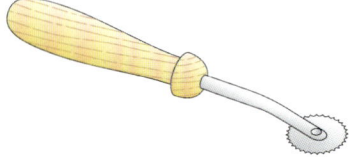

Sie benötigen eine große, ebene und feste Unterlage, etwa einen Esstisch oder einen sauberen Fußboden, wo der Stoff gefaltet und zugeschnitten werden kann. Stecknadeln und Scheren können Kratzer verursachen und für Kinder gefährlich sein. Schützen Sie daher die Unterlage oder arbeiten Sie dort, wo eventuelle Schäden nicht stören sind und wo Kinder nicht gefährdet werden.

Schneiderkreide: Mit Schneiderkreide lassen sich Schnittmusterkonturen übertragen. Die Kreide ist in Blockform erhältlich, die Kanten können mit einem Messer angespitzt werden. Alternativ gibt es Kreidestifte, die zum Anzeichnen von aufgenähten Taschen, Knopflöchern oder Abnähern optimal sind. Einige Stifte haben am anderen Ende einen Pinsel zum Entfernen von Markierungen. Verzichten Sie auf Wachs – dieses hinterlässt besonders beim Bügeln Fettrückstände auf dem Stoff, die nur schwer zu entfernen sind.

Kopierrädchen: Dieses gezahnte oder glatte Rädchen mit Griff brauchen Sie zusammen mit Kopierpapier zum Übertragen von Markierungszeichen für Falten, Abnäher oder Applikationslinien. Dabei immer auf der linken Stoffseite arbeiten und zum Schutz der Arbeitsoberfläche dicke Pappe unterlegen.

Schneiderkopierpapier: Kopierpapier wird als Set in verschiedenen Farben angeboten und mit einem Kopierrädchen verwendet. Testen Sie zunächst an einem Stoffrest, ob die Markierungen nicht auf der rechten Stoffseite sichtbar sind.

Elle: Dieser Holzmessstock mit einer Länge von 1 m ist besonders beim Nähen von Kleidungsstücken praktisch, aber auch bei Wohntextilien.

Dampfbügeleisen und Bügelbrett: Egal ob Sie Falten aus dem Stoff oder Nähte auseinanderbügeln – die Kombination von Dampf und Hitze ist unverzichtbar. Investieren Sie deshalb in ein hochwertiges Gerät, das mindestens 500 g wiegt. Beim Bügelbrett sollten Sie darauf achten, dass sich die Höhe leicht verstellen lässt. Bei Techniken, die starken Druck erfordern, erleichtert Ihnen vielleicht ein tiefer gestelltes Bügelbrett die Arbeit, weil Sie sich auf das Bügeleisen stützen können. Lesen Sie die unten stehenden Bügeltipps für bessere Bügelergebnisse.

Bügeltipps

Um sicherzustellen, dass Ihr selbst genähtes Kleidungsstück wie ein Designerstück und nicht wie etwas nachlässig Handgemachtes wirkt, sollten Sie wissen, wie Sie das volle Potenzial Ihres Bügeleisens und anderer Bügelhilfen voll ausschöpfen können.

- Bügeln ist nicht gleich bügeln. Man kann mit einer Hin-und-her-Bewegung bügeln, um Fältchen im Stoff zu glätten, oder aber das Bügeleisen anheben und auf den Stoff setzen. Dies verleiht dem Kleidungsstück seine Form.
- „Fortlaufend bügeln" lautet das Motto beim Nähen. Das bedeutet, dass Sie nie über eine Naht nähen, bevor diese nicht ausgebügelt wurde. Wenn Sie sich an dieses simple Prinzip halten – vom einfachen Saum bis zum sorgfältig konzipierten Kleidungsstück –, werden Ihre Nähprojekte besser aussehen und auch länger halten.
- Verwenden Sie immer ein Bügeltuch, besonders beim Bügeln der rechten Stoffseite. Bügeltücher verhindern Brandflecke und Glanzbildung. Sie können Spezialbügeltücher kaufen oder ein Stück Baumwollmusselin, ein Herrentaschentuch aus Stoff oder auch ein (Rest-)Stück des zu bügelnden Stoffes verwenden.
- Unterlegen Sie Nahtzugaben, Abnäher oder Belege vor dem Bügeln mit Packpapier oder Briefumschlägen. Das verhindert, dass sich Abdrücke auf der rechten Stoffseite abzeichnen.
- Vermeiden Sie das häufige Hin-und-her-Laufen zwischen Nähmaschine und Bügelbrett, indem Sie die Näharbeit so organisieren, dass gleich mehrere Teile gebügelt werden können. Nähen Sie zunächst mehrere Partien, anschließend bügeln Sie diese. Natürlich macht es die Sache auch einfacher, wenn Sie das Bügelbrett in der Nähe der Nähmaschine aufstellen.
- Nicht jeder Stoff ist bügeltauglich. Achten Sie also auf die Bügelhinweise für den Stoff und machen Sie vorher einen Bügeltest an einem Stoffrest.
- Halten Sie stets die Sohle des Bügeleisens sauber, um Ihr Nähprojekt beim Bügeln nicht zu beschädigen. Spezielle Bügeleisenreiniger sind im Handel oder im Internet erhältlich. Sie entfernen Verunreinigungen und Kleberückstände, ohne die Sohle zu verkratzen.

Schnittmuster und Stoff auswählen

Bei dem umfangreichen Sortiment an Schnittmustern ist es heute möglich, aktuelle Mode praktisch direkt vom Laufsteg selbst zu nähen. Egal, ob Sie dabei Trends oder klassische Stücke nähen möchten – der Stoff entscheidet, ob das Kleidungsstück perfekt wird. In diesem Kapitel erfahren Sie viel über die verschiedenen Stoffqualitäten, damit Sie die optimale Wahl für Ihr Modell treffen können. Wir zeigen Ihnen, wie Sie am Körper Maß nehmen, damit Sie das Schnittmuster in der korrekten Größe verwenden, aber ebenso, wie Sie einfache Korrekturen durchführen können.

Maß nehmen

Vor dem Kauf eines Schnittmusters müssen Sie die eigenen Maße kennen. Verlassen Sie sich nicht auf die Kleidergröße, diese variiert von Hersteller zu Hersteller. Sie müssen an sich selbst also genau Maß nehmen, bevor Sie einkaufen gehen. Auf Seite 12 finden Sie eine Tabelle zum Notieren der Maße. Wissenswertes zu Kindermaßen lesen Sie auf den Seiten 112-113.

Die eigenen Körpermaße

An sich selbst Maß zu nehmen ist gar nicht so einfach, bitten Sie deshalb eine Freundin um Hilfe. Ziehen Sie alles bis auf die Unterwäsche aus, auch die Schuhe. Binden Sie ein Band oder eine Schnur um Ihre Taille und bewegen Sie sich ein wenig, das Band sitzt dann automatisch in der natürlichen Taille und hilft beim Maßnehmen vertikaler Maße.

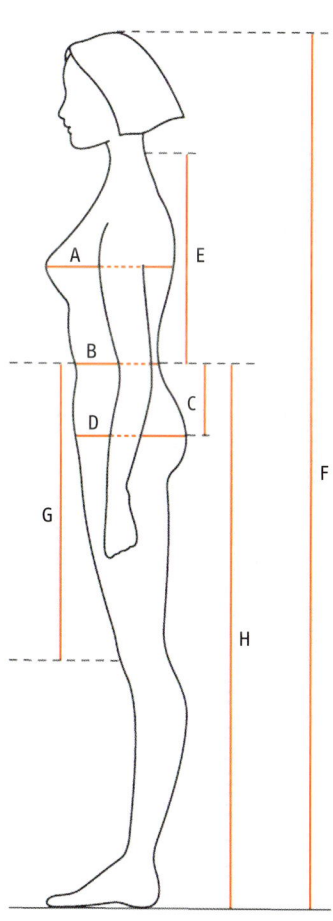

A – Brustumfang: Er wird um die breiteste Stelle herum gemessen. Achten Sie darauf, dass das Maßband am Rücken nicht heruntergleitet.

B – Taillenweite: Messen Sie rund um die Taille entlang des Taillenbandes. Halten Sie das Maßband fest, aber nicht zu straff.

C – Taillenhöhe bis Hüfte: Der Abstand zwischen Taille bis zur breitesten Stelle der Hüfte, ca. 18-21 cm ab der Taille.

D – Hüftumfang: Wird über die stärkste Stelle der Hüfte gemessen.

E – Hals-Taillenhöhe: Vom Halsansatz den Rücken entlang bis zum Taillenband messen.

F – Körpergröße: Ziehen Sie die Schuhe aus und stellen Sie sich mit dem Rücken an eine Wand. Platzieren Sie ein Lineal auf dem Kopf, markieren Sie mit einem Bleistift die Stelle an der Wand und messen Sie die Länge von der Markierung bis zum Fußboden.

G – Gewünschte Saumlänge (Rock): Gemessen wird vom Taillenbändchen bis zur gewünschten Rocksaumlänge.

H – Gewünschte Saumlänge (Hosen): Vom Taillenband seitlich entlang des Körpers bis zum Boden messen.

Größentabelle

Fotokopieren Sie die Tabelle, tragen Sie Ihre Körpermaße ein und nehmen Sie diese zum Kauf eines Schnittmusters mit. Die Tabelle ist ebenso praktisch, wenn Sie später einfache Schnittkorrekturen durchführen wollen. In der ersten Spalte tragen Sie die eigenen Körpermaße ein, in der zweiten die Maßangaben des Schnittmusters (diese sind meist auf dem Umschlag abgedruckt, siehe gegenüberliegende Seite). In der dritten Spalte vermerken Sie die Differenz der beiden Maßangaben. Eine Differenz von 6 mm in der Länge und 1 cm in der Breite bedeutet, dass Sie das Schnittmuster etwas anpassen sollten (siehe Seite 24-26). Es ist empfehlenswert, die eigenen Körpermaße etwa alle sechs Monate zu überprüfen, um sicherzustellen, dass die Maße noch korrekt sind.

Maßbereich	Eigene Körpermaße	Maße des Schnittmusters	Differenz
Brustumfang			
Taillenweite			
Taillenhöhe bis Hüfte			
Hüftumfang			
Hals-Taillenhöhe			
Körpergröße			
Schnittmuster-größe			

Auswahl eines Schnittmusters

Die meisten Stoffgeschäfte bieten Schnittmuster an, die Sie aus Schnittmusterbüchern auswählen können. Diese sind unterteilt in verschiedene Kategorien, beispielsweise Kleider, Blusen, einfach zu nähende Modelle, Designerstücke oder Abendkleidung. Neben der Abbildung des Kleidungsstücks werden unterschiedliche Optionen aufgeführt, also die zum Schnittmuster gehörenden Variationen. Zudem sind Stoffempfehlungen, eine Materialliste (siehe gegenüberliegende Seite) sowie die benötigten Stoffmengen genannt. Zusätzlich zu den kommerziellen Schnittmustern gibt es jedoch auch kostenfreie Quellen, zum Beispiel in Zeitschriften oder Büchern. Diese Muster sind im Aufbau ähnlich, unterscheiden sich jedoch in der Darstellung.

Körperformen

Kommerzielle Schnittmuster werden für unterschiedliche Figurtypen produziert, die Beschreibungen dazu sind meist auf der Rückseite des Schnittmusterbuches abgedruckt. Vergleichen Sie die Maßangaben, besonders die Längenmaße – Körpergröße, Hals-Taillen-Höhe sowie Taille zur Hüfte –, um festzustellen, welche Körperform Ihrem persönlichen Figurtyp am nächsten kommt. Die weibliche Figur variiert stark von Frau zu Frau und die Schnittmusterhersteller bemühen sich, Passformmängel so gut es geht auszuschließen. Auch wenn die Figurtypen nicht mit einer Altersklasse korrespondieren sollten, sind oftmals die Modelle an sich schon ein Hinweis auf eine mögliche Altersgruppe. Wählen Sie soweit möglich Modelle innerhalb Ihres persönlichen Figurtyps aus, um eine optimale Passform des genähren Stücks sicherzustellen.

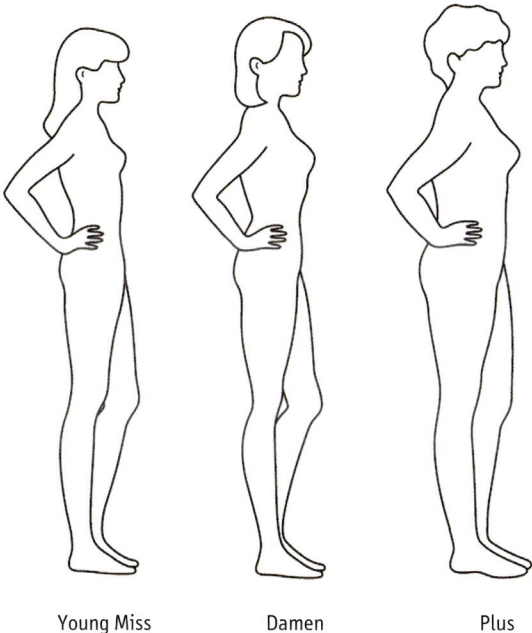

Young Miss   Damen   Plus

Young Miss: Diese Bezeichnung gilt für heranwachsende Mädchen mit sich entwickelnder Figur, circa 157 bis 165 cm groß, ohne Schuhe gemessen, mit kleiner Brust, stärkerer Taille in der Proportion zur Hüfte, Taille-Hüft-Abstand 18 cm.

Damen, Damen Kurzgrößen und Langgrößen: „Damen" (N) gilt für die durchschnittliche Frauenfigur: Körpergröße 165-168 cm ohne Schuhe, mit einem gut entwickelten und proportioniertem Körperbau. Die Hüfte liegt 20,5 cm unterhalb der Taille, die Rückenlänge ist länger als bei anderen Figurtypen. „Damen Kurzgröße" (K) ist insgesamt 2,5 cm kürzer als „Damen", mit einem Hüftmaß 18 cm unterhalb der Taille, doch sind die Proportionen ähnlich. „Damen Langgröße" (L) ist für die gut proportionierte weibliche Figur mit einer Körpergröße über 172 cm.

Damen Plus: Für die stärkere, reife Figur, durchschnittlich 157-167 cm groß, ohne Schuhe. Taille-Hüft-Abstand 23 cm.

WAS SIND KURZWAREN?

Zu den Kurzwaren gehören alle Verzierungen, Verschlüsse oder andere Dinge, die man zusätzlich zum Stoff benötigt, um ein Kleidungsstück zu nähen. Informationen zum Einnähen von Reißverschlüssen finden Sie auf Seite 53, zum Annähen von Verschlüssen wie Knöpfen oder Haken und Ösen auf den Seiten 44-46 und 135-139.

Kommerzielle Schnittmuster

Sie bestehen aus drei Teilen: Umschlag, Anleitung und Papierschnitt. Einige Schnittmuster sind Mehrgrößenschnitte: Achten Sie darauf, entlang welcher Kontur Sie für die gewünschte Größe schneiden müssen.

Umschlagvorderseite: Die Vorderseite des Schnittmusters zeigt das fertige Kleidungsstück anhand von Fotos oder Zeichnungen sowie die verschiedenen Variationen. Angegeben ist ebenso der Schwierigkeitsgrad. Wählen Sie für Ihren ersten Nähversuch immer ein Schnittmuster aus der Kategorie „easy".

Umschlagrückseite: Auf der Rückseite des Umschlags finden Sie eine Fülle von Informationen, darunter detaillierte Größen- und Materialangaben, die Maße des fertigen Kleidungsstücks, Stoffempfehlungen und -mengen, eine Liste der benötigten Kurzwaren sowie Zeichnungen, aus denen etwa Abnäher oder Reißverschlüssen ersichtlich sind.

Inhalt des Umschlags: Die Anleitung liefert folgende Informationen:

- Umrisszeichnungen aller Modelle
- Diagramm jedes Schnittteils mit seiner Schnittteilnummer
- Zuschneidepläne
- Informationen zur Verwendung des Schnittmusters
- Schritt-für-Schritt-Nähanleitung
- Schnittmusterbögen, aus denen die einzelnen Schnittteile nur noch ausgeschnitten werden müssen

Schnittmuster in der richtigen Größe kaufen

Nehmen Sie die Tabelle Ihrer Körpermaße auf Seite 12, vergleichen Sie die Maße mit denen des Schnittmusters und entscheiden Sie, welcher Figurtyp Ihrem eigenen am nächsten kommt. Die wenigsten Menschen haben Standardmaße, also liegt es nahe, dass Ihre persönlichen Maße abweichen. Je nach dem gewünschten Schnittmuster wählen Sie am besten die Größe, bei der die Maße an der Körperpartie passen, die für die Passform entscheidend ist – beispielsweise könnte eine Bluse als „figurbetont", „mit legerer Passform" oder „weite Passform" beschrieben sein. Wenn Sie also keine legere Passform wünschen, nehmen Sie eine kleinere Größe oder auch ein anderes Modell.

Kleider, Blusen und Jacken: Wählen Sie das Schnittmustermaß, das Ihrem Brustumfang am nächsten kommt, und passen Sie die übrigen Maße entsprechend an.

Röcke und Hosen: Wählen Sie das Schnittmustermaß, das Ihrem Hüftmaß am nächsten kommt, und passen Sie die Taillenmaße entsprechend an.

Mehrfachschnitte: Enthält das Schnittmuster verschiedene Kleidungsstücke wie z. B. Bluse, Rock und Hose, wählen Sie das Schnittmustermaß, das Ihrem Brustumfang entspricht, und passen Sie andere Partien entsprechend an, sofern notwendig. Wenn die Differenz sehr groß ist oder Sie sich Sorgen bezüglich der Korrekturen machen, kaufen Sie das Schnittmuster in zwei Größen und verwenden Sie einfach aus jedem Paket die passenden Schnittteile. Oftmals steckt in den Umschlägen bereits ein Mehrgrößenschnitt – das ist sehr praktisch, wenn Brustumfang und Hüftmaß stark abweichen.

Kostenlose Schnittmuster

Schnittmuster, die in Büchern wie diesem oder in Zeitschriften angeboten werden, sind ein guter Einstieg in das Nähen von Kleidungsstücken, da man kein Vermögen dafür ausgeben muss. Dass sie kostenlos sind, bedeutet nicht, dass diese Schnitte schlechter sind – manche haben sogar eine bessere Passform als die kommerziellen Schnittmuster und alle notwendigen Informationen sind vorhanden, wenn auch anders aufbereitet. Hinweise zur Verwendung der Schnittmuster in diesem Buch finden Sie auf Seite 192.

Kleidungsstil

Das Kleidungsstück sowie die Modellvariationen sind meist in Form von Fotos dargestellt, häufig in Zusammenhang mit der Schritt-für-Schritt Anleitung im Buch oder der Zeitschrift.

Typen von kostenlosen Schnittmustern

Originalgröße: Die besten Gratisschnittmuster sind jene, bei denen die Schnittteile einzeln in Originalgröße auf dem Papier aufgedruckt sind. Die Bögen finden sich meist mittig oder am Ende des Buches oder der Zeitschrift. Die Schnittteile müssen jeweils abgepaust werden (siehe Seite 24), da meist verschiedene Schnittmuster mit unterschiedlichen Größen auf einen Bogen gedruckt werden. Manchmal müssen einzelne Teile aus mehreren Stücken zusammengefügt oder auch verlängert werden, da sie sonst nicht auf den Bogen passen würden.

Verkleinerte Schnittteile: Einige Gratisschnittmuster wurden für das Aufdrucken verkleinert und müssen zunächst anhand der Maßangaben vergrößert werden. Diese Schnittmuster sind ideal für einfache Standardnähprojekte wie eine Tunika, Kissen oder Kinderkostüme, jedoch nicht empfehlenswert für komplexere, passformgenaue Modelle. Das Vergrößern von Hand erfordert Zeit und ist eine Fehlerquelle. Zudem passen die Schnittteile eventuell nicht akkurat zusammen, was den Sitz des gesamten Kleidungsstücks beeinträchtigt.

Größen und Stoffinformation

Die Tabelle für den Materialverbrauch für die jeweilige Größe findet sich meist auf dem Schnittbogen, eventuell auch bei der Anleitung im Hauptteil des Buches oder der Zeitschrift. Vergleichen Sie die Maße, damit Sie die korrekte Größe durchpausen und ausreichend Stoff kaufen. Die Angaben zu empfohlenen Stoffen, Kurzwarenlisten und Umrisszeichnungen sind ebenso vorhanden. Sie befinden sich gleichermaßen bei der Schritt-für-Schritt-Anleitung oder auf dem separaten Schnittmusterbogen.

Ein Blick auf die Stoffe

Moderne Stoffe entsprechen den Modetrends, und angesichts der breiten Auswahl fällt die Entscheidung oft schwer. Es ist jedoch unerlässlich, sich die Stoffempfehlung des Schnitt musters genau anzuschauen. Diese gibt vor, welche Stoffarten geeignet sind, um das Kleidungsstück so zu fertigen, wie es sich der Designer vorgestellt hat.

Alle Stoffe werden aus Fäden hergestellt, die aus natürlichen gesponnenen Fasern wie Wolle oder Baumwolle oder aus synthetisch hergestelltem Material wie Polyester bestehen. Häufig werden verschiedene Fasern kombiniert, um das Erscheinungsbild, die Eigenschaften oder die Pflegeleichtigkeit zu verbessern. Die jeweiligen Fasern verleihen dem Stoff seinen individuellen Charakter und bestimmen seine Eigenschaften.

Es wird zwischen gewebten, gestrickten und „non-woven" (nicht gewebten) Stoffen unterschieden. Bei Webstoffen werden die längs verlaufenden Kettfäden mit den quer verlaufenden Schussfäden verkreuzt. Diese Stoffe haben zwei feste Längskanten, die Webkanten. Wird das Webmuster verändert, entstehen unterschiedliche Strukturen, etwa eine Leinwand-, Köper-, Atlas- oder Satinbindung oder Stoffe mit höherem Flor. Für Strickstoffe wird Garn mittels Nadeln zu einem Gewebe verschlungen. Zu den nicht gewebten Stoffen zählen u. a. Filz, Vliesstoffe, beschichtete Stoffe und Netzware.

Naturfasern

Fasertyp	Eigenschaften	Beispiele	Pflegehinweise
Baumwolle	Benannt nach der Ursprungspflanze. Die Faserlänge hat großen Einfluss auf die Qualität (z. B. die langen Fasern aus Ägypten sind fein und glänzend, während die kürzeren indischen Fasern am rauesten sind. Die strapazierfähige Faser (nass sogar noch mehr), absorbierend und mit kühlem Tragegefühl, knittert und schrumpft jedoch, wenn sie nicht vorbehandelt wird.	Kattun, Chambray, Chintz, Cord, Baumwollflanell, Baumwollvoile, Drillich, Denim, Webkaro, Moleskin, Musselin, Organdy, Popeline, Seersucker, Frottee.	Leicht waschbar, verträgt hohe Temperaturen. Kann, falls die Färbung es erlaubt, gebleicht werden. Lässt sich bei hoher Temperatur bügeln, versengt nicht schnell.
Leinen	Wird aus Flachs gewonnen und ist eine der ältesten Stoffqualitäten der Welt. Sehr strapazierfähig, absorbierend und mit kühlem Tragekomfort, jedoch unelastisch. Neigt stark zum Knittern und Schrumpfen, sofern die Faser nicht vorbehandelt wird.	Leichtes Leinen und Taschentuchleinen für Blusen, mittleres Leinen für Kleider und mittelfestes bis dickes Leinen für Anzüge und Mäntel.	Einige waschbar, andere nur chemisch zu reinigen – siehe jeweilige Pflegehinweise. Waschbares Leinen ist einfach zu waschen und wird durch den Gebrauch weicher. Knitterfalten bei trockenem Stoff mit heißem Dampfbügeleisen glätten, nach der Wäsche noch feucht bügeln.
Seide	Seidenraupen (hauptsächlich aus China oder Indien) produzieren beim Spinnen ihres Kokons Seidenfasern. Es ist die einzige natürliche Filamentfaser (durchgängiger Faden). Die Faser kann hunderte von Metern lang sein, dadurch entsteht der schöne Seidenglanz. Lässt sich gut färben und ist eine strapazierfähige, absorbierende Faser, wärmend und knitterarm. Sonnenlicht und Schweiß schwächen jedoch das Gewebe.	Seidenbrokat, Chiffon, Crêpe de Chine, Damast, Georgette, Organza, Satin, Taft, sowie Dupion-, Habotai-, Noil-, Pongé-, sandgewaschene, Shantung-, changierende, Thai- und Wildseide.	Chemische Reinigung grundsätzlich empfehlenswert, Waschmittel und die Farbstoffe anderer Stücke können Seide angreifen. Bei waschbarer Seide vorsichtig von Hand waschen mit mildem Waschmittel und lauwarmem Wasser. Bei geringer Temperatur noch feucht bügeln, ohne Dampf – dieser kann Wasserflecke verursachen.
Wolle	Aus Schafwolle oder anderen Wollarten gesponnen, deshalb variiert die Qualität je nach Tierart. Die feinste Wolle stammt von kurzen Wollfasern; je länger die Faser, desto rauer die Wolle. Sehr luxuriös und teuer sind Kaschmir und Mohair von Ziegen, Angora von Hasen und Alpaka von Alpaka-Lamas. Wolle ist wasserabweisend, nimmt Feuchtigkeit gut auf, ist jedoch keine strapazierfähige Faser (und verliert in feuchtem Zustand noch mehr Widerstandsfähigkeit), zieht Motten an. Knitterarm, kann aber beim Waschen einlaufen, sofern die Wolle nicht entsprechend ausgerüstet ist.	Astrakhan, Barathea, Kaschmir, Hahnentrittmuster, Serge, Tartan und Tweed, Wollbouclé, Challis, Crêpe, Flanell, Jersey.	Normalerweise chemische Reinigung, heute kann Wolle jedoch häufig von Hand oder in der Maschine mit mildem Waschmittel gewaschen werden. Nasse Wolle bei Raumtemperatur ohne direkte Hitzeeinwirkung trocknen, mit Dampfbügeleisen bei niedriger Temperatur von links bügeln.

Synthetische Fasern

Fasertyp	Eigenschaften	Beispiele	Pflegehinweise
Acetat	Aus Baumwollfaserresten und Zellulose hergestellt. Wenig strapazierfähig, neigt zum Knittern, nicht dehnbar, läuft aber nicht ein. Fällt schön, mit edlem Glanz, lässt sich leicht färben.	Textilien und Futterstoffe, die Seide oder Satin ähneln und einen schönen Fall haben.	Normalerweise chemische Reinigung. Falls Wäsche möglich ist, von Hand mit lauwarmem Wasser und mildem Waschmittel waschen, nicht auswringen, Farbiges nicht einweichen. Noch feucht bügeln, Einstellung für synthetische Stoffe.
Polyacryl	Aus synthetischer Kombination von Kohle und Gas hergestellt, wollartiger Griff. Weich, voluminös und leicht, jedoch strapazierfähig und knitterarm. Nicht saugfähig, lässt sich leicht färben, lädt sich leicht elektrostatisch auf, neigt zu Knötchenbildung.	Fellimitat, Fleece, Ponte Di Roma, Single-Jersey.	Kann in der Maschine gewaschen werden und ist trocknergeeignet. Mit niedriger Temperatur bügeln – schmilzt bei höheren Temperatureinstellungen.
Elastan	Lycra™ und Spandex™ sind bekannte Markennamen. Um 500 % dehnbar und formbeständig. Strapazierfähig, leicht und nicht saugfähig. Wird mit anderen Fasern kombiniert, um Elastizität zu erzielen.	Strickwaren für Sport- und Freizeitkleidung, Dessous, gewebte Modestoffe für figurbetonte Kleidung.	Von Hand oder in der Maschine mit lauwarmem Wasser waschen. Keine Chlorbleiche bei Textilien verwenden, die Elastan enthalten. Gut ausspülen und tropfnass aufhängen. Ist Bügeln erforderlich, rasch bügeln bei sehr niedriger Temperatur.
Metallic	Häufig aus Aluminium hergestellt, nicht sehr strapazierfähig, verleiht Abendgarderobe und Verzierungen einen Glitzereffekt, muss durch einen Schutzfilm vor Verfärbungen geschützt werden.	Lamé, Lurex™ und Gold-Lamé. Häufig mit anderen Fasern zur Herstellung von Glitzerstoffen kombiniert.	Die angegebenen Pflegehinweise beachten. Oft ist chemische Reinigung erforderlich, einige Stoffe können bei niedriger Temperatur gewaschen werden. Sofern möglich bei niedriger Temperatur bügeln, ist aber sehr hitzeempfindlich. Dampf kann Verfärbungen verursachen.
Nylon	Der erste Stoff, der vollständig aus Chemiefasern hergestellt wurde. Sehr widerstandsfähig und knitterarm, läuft nicht ein, keine Dehnbarkeit, neigt zu Knötchenbildung und statischer Aufladung. Gut formbar, kann dauerhaft gefältelt oder mit Heißprägung versehen werden.	Verwendung in Strickstoffen für Sport- und Freizeitkleidung, Dessous, Futterstoffen, Ciré, Fellimitat.	Häufig kann Kleidung aus Nylon in der Maschine gewaschen und bei niedriger Temperatur im Trockner getrocknet werden. Um statische Aufladung zu minimieren, Trocknertücher verwenden. Nur mit einem warmen Bügeleisen bügeln.
Polyester	Strapazierfähig, knitterarm, nicht saugfähig, vielseitig verwendbar. Wärmend, neigt zu statischer Aufladung. Kann dauerhaft gefältelt oder mit Heißprägung versehen werden. Wird häufig zur Qualitätsverbesserung und Preissenkung mit Naturfasern kombiniert.	Polyester-Crêpe, Doppelstrick, Futterstoffe, Organza, Fleece, Satin, Nesselstoff, Köper.	Kann meist in der Maschine gewaschen und bei niedriger Temperatur im Trockner getrocknet werden. Schnelltrocknend, weitgehend bügelfrei, falls erforderlich bei mittlerer Temperatur bügeln. Kann meist auch chemisch gereinigt werden.
Viskose (Rayon)	Aus Zellulosefasern hergestellt, ähnliche Eigenschaften wie Seide, weich und saugfähig, schöner Fall. Speichert Körperwärme, leicht zu färben, jedoch nicht strapazierfähig. Neigt zum Knittern, Ausleiern und Einlaufen. Wird oft mit anderen Fasern kombiniert.	Crêpe, Jersey, Futterstoffe.	Muss meist chemisch gereinigt werden, manchmal ist Maschinenwäsche oder Handwäsche mit lauwarmem oder kaltem Wasser und mildem Waschmittel möglich. Nicht auswringen. Noch feucht von links bei mittlerer Hitze bügeln.

Den Stoff auswählen

Stoffe auszusuchen ist aufregend, macht Spaß und schon bald werden Sie ausreichend Kenntnisse über die verschiedenen Stoffqualitäten haben. Falls Sie jetzt noch unsicher sind, fragen Sie lieber um Rat, statt einen teuren Fehlkauf zu tätigen. Um ein gutes Nähergebnis zu erzielen, sollten Sie immer die Stoffempfehlungen des Schnittmusters befolgen. Kaufen Sie für die ersten Nähversuche keinen besonders teuren Stoff und üben Sie zunächst mit gewebten Stoffen, bevor Sie sich an Strickware oder Spezialstoffe heranwagen, die viel Erfahrung verlangen. Meiden Sie auch große Karos oder Muster – schließlich möchten Sie bei den ersten Nähversuchen positive Erfahrungen sammeln und nicht enttäuscht werden. Drapieren Sie das Material an Ihrem Körper, möglichst vor einem Spiegel, um zu sehen, wie der Stoff fällt und ob er Ihnen steht. Drücken Sie eine Stoffecke zusammen, um festzustellen, ob der Stoff leicht knittert oder sich schnell wieder glättet. Aus den Angaben zum Stoff ersehen Sie, aus welchen Fasern dieser hergestellt wurde, ob er waschbar ist und wie leicht er sich vernähen lässt. Sind keine Angaben verfügbar, fragen Sie bei den Verkäufern nach.

Stoffe mit Flor

Falls Sie überlegen, einen Stoff mit Flor zu kaufen, der eine Strichrichtung hat und je nach Betrachtungswinkel unterschiedliche Effekte aufweist, müssen alle Schnittteile in derselben Richtung aufgelegt werden. Das gilt auch für einen gemusterten Stoff, bei dem das Muster eine Richtung vorgibt. Sie werden mit solchen Stoffen wahrscheinlich mehr Material benötigen. Kommerzielle Schnittmuster enthalten meist spezielle Stoffmengenangaben für Stoffe mit Richtung, falls diese empfohlen werden (siehe Seite 13). Falls Sie wegen der benötigten Stoffmenge unsicher sind, fragen Sie bei den Verkäufern nach.

Checkliste für den Stoffkauf

Beim Kauf von Meterware im Geschäft sollten Sie zunächst die Qualität des Stoffes prüfen und auf eventuelle Mängel achten. Versichern Sie sich durch Nachfragen bei den Verkäufern, dass der Stoff für Ihr Nähprojekt geeignet ist.

Standard-Checks

- Stellen Sie sicher, dass Gewicht und Fall des Stoffes zu Ihrem Nähprojekt passen.
- Die Stoffbreite sollte den Materialangaben im Schnittmuster entsprechen oder breit genug sein, um benötigte größere Stücke zuzuschneiden.
- Eventuell wird ein Futterstoff für besseren Sitz und längere Lebensdauer des Modells benötigt. Auch bei der Verwendung von dünnen oder transparenten Stoffen kann er erforderlich sein (siehe Seite 19).
- Die Pflege des Stoffes ist ein wichtiger Punkt. Prüfen Sie, ob das Material waschbar ist. Chemische Reinigung kann auf Dauer teuer werden.

Das Gewebe

- Das Gewebe sollte fest sein – wenn Sie mit dem Fingernagel die Fäden verschieben können, wird der Stoff durch den Gebrauch löchrig, porös oder bildet Löcher an den Nähten. Solange sich die Fäden nicht verschieben, ist eine lockere Webstruktur aber kein Problem.

- Die Textur sollte gleichmäßig sein, um eine gleichmäßige Abnutzung zu gewährleisten. Achten Sie auf Fehler im Webmuster, wenn Sie den Stoff gegen das Licht halten.
- Die quer laufenden Schussfäden (siehe Seite 15) sollten im rechten Winkel auf die Webkante treffen, sonst ist der Stoff verzogen (siehe Seite 27).
- Franst der Stoff leicht aus, erschwert das die Verarbeitung. Diese Kanten müssen vor dem Zusammennähen versäubert werden.

Die Färbung

- Prüfen Sie, ob der Stoff gleichmäßig durchgefärbt ist. Finger weg von Stoffen, bei denen die Farbe an einer Bruchkante ausgeblichen ist oder die Farbe abgeben, wenn man mit einem weißen Tuch darüber reibt.
- Kaufen Sie eine ausreichende Menge Stoff – die Farbe kann je nach Färbepartie bei verschiedenen Stoffballen unterschiedlich ausfallen.

Gemusterte Stoffe

- Symmetrische und geometrische Muster sollten im rechten Winkel auf die Webkante treffen, damit sich Nähte oder Kanten passgenau ausrichten lassen.
- Nicht vergessen: Bei Stoffen mit einer bestimmten Musterrichtung oder Florstoffen müssen eventuell größere Mengen gekauft werden.
- Die Farben des Musters sollten gleichmäßig sein und keine weißen Flecken aufweisen, wo Farbe hingehört.

Der Gesamteindruck

- Reiben Sie den Stoff zwischen den Fingern. Spüren sie einen feinen Puder, wurde zu viel Appretur aufgebracht – um schlechtere Qualität zu kaschieren.
- Drücken Sie den Stoff zusammen, um festzustellen, ob die Falten sich von selbst glätten. Ist dies nicht der Fall, wird er stets zerknittert wirken.

Unterlegstoffe

Bei den Angaben zur benötigten Stoffmenge finden sich im Schnittmuster eventuell auch die erforderlichen Mengen für Futterstoff und Einlagen. Diese „versteckten" Stoffe halten das genähte Modell in Form und sorgen für eine längere Lebensdauer. Es gibt vier verschiedene Arten: Beleg/Besatz, Einlage, Futter, Innen- oder Zwischenfutter. Jede hat eine spezifische Funktion, die die Optik des Kleidungsstücks beeinflusst. Am häufigsten werden jedoch Belege und Futter verwendet.

Unterleg-stoffe	Funktion	Verwendung	Typen	Kaufaspekte
Beleg/Besatz	Wird gemeinsam mit dem Hauptstoff vernäht. Stabilisiert den Stoff, verstärkt Nähte sowie andere Konstruktionselemente bei zarten Stoffen wie Spitze, macht transparente Stoffe blickdicht und kaschiert die Innenkonstruktion, verhindert das Dehnen an stark beanspruchten Stellen. Am Beleg werden Säume und Einlagen angenäht.	Gesamtes Kleidungsstück oder einzelne Teile.	Für leichte Stoffe Batist und Habotaiseide verwenden, für mittelschwere Stoffe Taft, Musselin oder Organdy, bei Spitzenstoffen Crêpe de Chine und Satin. Spezielle Besatzstoffe sind in unterschiedlichen Stärken und Farben erhältlich.	Darf nicht den natürlichen Fall des Kleidungsstücks beeinträchtigen. Sollte relativ stabil und leicht sein, mit ähnlichen Pflegeeigenschaften wie das Kleidungsstück selbst. Sollte in Farbe und Finish (z. B. weich oder griffig) zum Kleidungsstück passen.
Einlage	Verleiht Kanten und einzelnen Details eines Kleidungsstücks Festigkeit und Stabilität, verhindert das Dehnen des Stoffes.	An Kleidungsstücken z. B. an Kragen, Manschetten, Patten, Gürteln sowie an offenen Kanten, Knopflöchern, Säumen, Hals- oder Armlöchern.	Gewebt oder non-woven, zum Aufbügeln oder Aufnähen, leichte, mittelfeste oder starke Qualitäten. Erhältlich in neutralen Farben wie Weiß, Grau, Schwarz. Für die Schneiderei sind gewebte Canvas-Einlagen erhältlich.	Sollte dünner als der Stoff sein, ihn stützen und festigen, ohne zu dominieren. Pflegeeigenschaften sollten mit dem Kleidungsstück harmonieren. Für allgemeine Näharbeiten sind non-woven aufbügelbare Einlagen ideal. Einlagen zum Aufnähen sind für transparente und leichte Stoffe geeignet, bei denen sich Bügelvlies abzeichnen würde.
Innenfutter	Macht Kleidungsstücke und Gardinen voluminöser und wärmer.	Jacken und Mäntel (Körper), eventuell Ärmel, handgearbeitete Maßgardinen oder Quilts.	Leichte, flauschige Stoffe wie gebürstete Baumwolle oder Baumwollflanell sind gut für Innenfutter geeignet, da sie Luft einschließen und Wärme speichern. Es gibt auch spezielle isolierende Stoffe, z. B. Polyester- oder Baumwollvlies (siehe Seite 82 und 169).	Muss leicht und nicht zu voluminös sein. Sollte Wärme spenden, die Pflegeeigenschaften sollten zum Kleidungsstück oder Nähprojekt passen.
Futter	Verleiht ein edles Finish und versteckt das Innenleben eines Kleidungsstücks, erleichtert das An- und Ausziehen, stabilisiert locker gewebte Stoffe und verhindert das Ausdehnen am Gesäß bei Hosen oder Röcken.	Ganze Jacken und Mäntel, Westen, Kleider, Röcke und Hosen oder Hosenteile.	Acetat, Polyestertaft und Blusenstoffe sind am besten für Alltagsbekleidung geeignet. Für Luxus- und Wollkleidung Seide verwenden.	Die Farbe ist entscheidend, besonders wenn das Futter beim Öffnen des Kleidungsstücks sichtbar ist. Gewicht und Pflegeeigenschaften sollten zum Kleidungsstück passen. Das Futter sollte glatt, blickdicht und strapazierfähig sein, vorzugsweise mit antistatischer Ausrüstung.

Vlieseinlagen zum Aufbügeln

Vlieseinlagen zum Aufbügeln sind spezielle Stoffe, die auf die Innenseite eines Kleidungsstücks aufgebügelt werden, um ihnen Stabilität und Festigkeit zu verleihen, z. B. an Kragen, Belegen oder Knopflöchern. Einlagen sind in unterschiedlichen Festigkeiten und Stärken erhältlich – je schwerer der Stoff, desto stabiler sollte auch die Einlage sein. Es gibt nicht gewebte Vlieseinlagen und gewebte Stoffeinlagen, zum Aufbügeln oder Aufnähen, aber die Einlagen zum Aufbügeln sind am einfachsten zu verarbeiten. Falls Sie unsicher sind, welche Einlage am besten zu Ihrem Stoff passt, bitten Sie die Verkäufer, Sie entsprechend zu beraten.

Vlies aufbügeln

Vlieseinlagen zum Aufbügeln sind einfach zu verwenden. Eine Seite ist mit einer Klebeschicht versehen, die durch Hitze aktiviert wird. Das Vlies wird auf der linken Stoffseite durch die Hitze und den Druck des Bügeleisens fixiert. Diese Einlagen sind auch für Nähanfänger empfehlenswert. Die Pflegeeigenschaften und Bügelempfehlungen sind meist am Ende der Vliesrolle genannt oder als Kantendruck. Hier erfahren Sie auch, ob beim Aufbügeln ein feuchtes Tuch verwendet werden sollte. Es gibt zwei Techniken zum Aufbügeln: das Trockenbügeln und das Bügeln durch ein feuchtes Tuch.

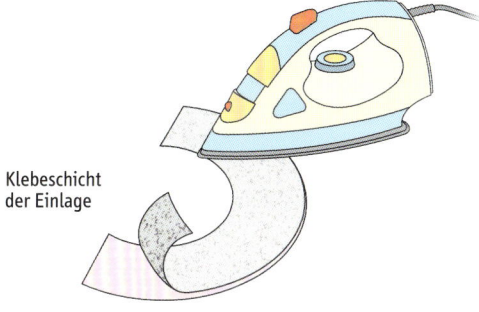

Klebeschicht
der Einlage

Linke Stoffseite

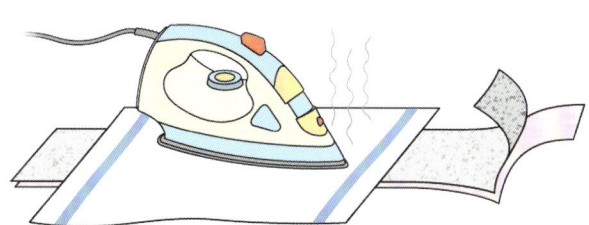

Die Trockenbügeltechnik: Das zugeschnittene Vlies mit der Klebeseite nach unten auf die linke Stoffseite legen. Das Bügeleisen auf die empfohlene Temperatur einstellen (ohne Dampf) und so lange wie angegeben mit konstantem Druck über das Vlies gleiten. Nach dem Aufbügeln den Stoff flach hinlegen und 20-30 Minuten abkühlen lassen, bevor weitergenäht wird, damit Vlies und Stoff ausreichend fixiert werden.

Aufbügeln mit feuchtem Tuch: Vlies wie bei der Trockenbügeltechnik vorbereiten, jedoch ein feuchtes Bügeltuch über Vlies und Stoff legen, dann mit dem Bügeleisen partienweise durch Druck fixieren, ohne jedoch mit dem Bügeleisen hin- und herzugleiten. Das feuchte Tuch entfernen und Stoff und Vlies ebenfalls ausreichend auskühlen lassen.

Gut gefüttert

Ein eingenähtes Futter verleiht einem Kleidungsstück einen luxuriösen Touch, erhöht den Tragekomfort und letztendlich auch die Qualität. Das Futter wird wie ein zweites Kleidungsstück gearbeitet. Es kann nach demselben Schnittmuster angefertigt werden, möglicherweise gibt es im Schnittmuster jedoch separate Futterteile. Das Futter wird in das Kleidungsstück links auf links eingefügt und entweder rundherum angenäht, wie beispielsweise bei einer Passe, oder nur an den oberen Kanten, damit es frei hängen kann.

Stoffe, die zum Füttern verwendet werden, können speziell für diesen Zweck hergestellt worden sein, müssen es aber nicht unbedingt. Das Sortiment an Futterstoffen in Stoffgeschäften ist riesig, jedoch gibt es auch viele Bekleidungsstoffe wie Seidencrêpe, Taft, Satin und Trikot, die bestens als Futterstoff geeignet sind, wie etwa der festliche Organdy-Rock auf Seite 140 zeigt. Damit der Stoff als Futter geeignet ist, sollte er einen glatten Griff haben, weich und formbar sein, jedoch gleichzeitig leicht genug, um nicht den natürlichen Fall des Kleidungsstücks zu beeinflussen.

Wenn Sie ein Futter in ein Kleidungsstück einnähen möchten und dieses nicht im Schnittmuster vorgesehen ist, wählen Sie die zu fütternden Teile aus und berechnen Sie den Materialverbrauch, indem Sie die Teile auf die Stoffbreite des Futterstoffs legen.

TIPPS

Würden alle vier Unterlegstoffe verwendet, wäre die Reihenfolge wie folgt: Beleg/Besatz, Einlage, Innenfutter/ Zwischenfutter und dann das Futter.

Testen Sie die aufbügelbare Einlage zunächst immer auf einem Stoffrest, um festzustellen, ob Sie die optimale Bügeleisentemperatur gewählt haben und wie viel Druck notwendig ist, um die Einlage zu fixieren. Nach dem Abkühlen sollten Sie die Einlage nicht mehr einfach abziehen können.

Um zu verhindern, dass Hosen und Röcke am Gesäß ausbeulen, nähen Sie ein Halbfutter ein, etwa bis zur Hälfte des oberen Hosenbeins oder Rockteils.

TIPP

Beim Fadenkauf ein Stück Faden von der Spule wickeln und auf den Stoff halten. Die Farbe wirkt auf dem Stoff immer etwas anders als auf der Spule.

Der optimale Faden

Das Letzte, was Sie kaufen müssen, bevor Sie mit dem Nähen beginnen, ist das Nähgarn. Fäden für das Schneidern von Kleidungsstücken müssen strapazierfähig, haltbar und elastisch sein. Wie auch bei Stoffen gibt es eine große Auswahl in diversen Stärken, Effekten und Faserzusammensetzungen, die alle für unterschiedliche Nähaufgaben hergestellt wurden. Grundsätzlich gilt bei allen Näharbeiten, dass ein hochwertiger Faden einfacher zu verarbeiten ist und bessere Nähergebnisse verspricht als „Schnäppchen-Garne". Ein guter Nähfaden ist widerstandsfähig, glatt (nicht rau), farbecht und vor allem gleichmäßig dünn.

Die Wahl des Fadens

Die Wahl des Fadens wird vor allem durch den Stoff bestimmt. Die Zusammensetzung des Garns muss nicht unbedingt der des Stoffes entsprechen, jedoch benötigen dickere Stoffe einen dickeren Faden und leichtere Stoffe einen feineren Faden. Die Verwendung der optimalen Fadenstärke verhindert wellige Nähte, ein Problem, das besonders beim Nähen feiner Stoffe auftritt. Tipps zur Garnwahl finden Sie in der Tabelle auf der gegenüberliegenden Seite.

Polyestergarn ist ein guter Allesnäher, der besonders reißfest, aber auch elastisch ist und nicht schrumpft, ausfranst oder verwittert. Zudem gibt es eine umfangreiche Farbauswahl. Nicht immer werden Sie einen Faden finden, der farblich exakt zum Stoff passt – dann sollten sie die nächstdunklere Schattierung wählen oder bei gemusterten Stoffen oder Karostoffen den Faden, der zur Hauptfarbe passt. Wenn Sie unsicher sind, bitten Sie die Verkäufer um Rat.

Spezielle Nähgarne

Für besondere Nähaufgaben, wie beispielsweise Knopflöcher oder Stickereien, gibt es spezielle Fäden, vom Metallic- bis zum Transparentfaden.

Zierstichfaden

Zierstichfäden sind stabile Polyestergarne mit starkem Glanz. Sie sind gut geeignet für dekorative Näharbeiten, Knopflöcher und das Annähen von Knöpfen. Die besten Ergebnisse erzielen Sie mit Zierstichfaden als Nadelfaden und einem Universalfaden als Unterfaden.

Mercerisierter Baumwollnähfaden

Durch die Mercerisierung erhält Baumwolle eine glatte Struktur, sanften Glanz und wird stabiler. Baumwollnähgarn ist ideal für das Maschinensticken und erhältlich in verschiedenen Stärken. Fadenstärke 30 ist eine mittlere Stärke, Fadenstärke 60 sehr fein.

Stickgarn

Das ist ein sechsfädiges (aus jeweils zwei miteinander verzwirnten Fäden), locker verzwirntes Garn mit mattem Glanz. Es besteht meist aus Baumwolle, ist aber auch als Seiden- oder Leinengarn für das Handsticken erhältlich. Stickgarn ist der Standardfaden für die grundlegenden Stickstiche, da sich der Effekt durch die Anzahl der verwendeten Fäden gut variieren lässt (siehe Seite 71).

Perlgarn

Baumwollperlgarn ist ein fest gezwirntes, zweifädiges Stickgarn mit seidigem Glanz. Es ist erhältlich in Strängen in fünf Stärken (Nr. 3, 5, 8, 12 und 16, darunter ist 3 die dickste, 16 die feinste Stärke).

Metallicnähfaden

Ein glänzender, metallischer Nähfaden mit einem Polyesterkern, der für Zierstiche mit der Maschine oder von Hand verwendet wird. In vielen Farben erhältlich.

Monofilgarn aus Nylon

Ein Transparentfaden, der in zwei Nuancen erhältlich ist: „Natur" für hellere Stoffe und „Rauch" für dunklere Textilien. Je höher die Ziffer, desto dicker und stabiler der Faden. Ein Beispiel: 80 entspricht etwa einer Spinnwebe, 520 einer Angelschnur. Verwenden Sie beim Nähen ein Fadennetz oder eine andere Spulenabdeckung, das Garn ist sehr glatt und rutschig.

Spulengrößen

Die größte Auswahl an Farben für Näharbeiten zu Hause gibt es bei den 100-m-Spulen, allerdings sind Weiß, Schwarz und einige ausgewählte Farben auch in größeren Einheiten wie 200 m, 400 m, 500 m oder sogar 1000 m erhältlich. Diese Spulen sind praktisch für größere Nähprojekte wie Vorhänge und Patchwork-Quilts. Spezialnähgarne gibt es in verschiedenen Einheiten, darunter Stickgarn als 8-Meter-Strang und Zierstichgarn auf 30-Meter-Spulen.

Nadeln, Fäden und Stichlängen

Diese Tabelle vermittelt auf einen Blick Wissenswertes zu den empfohlenen Fäden, Nadeln und Stichlängenkombinationen für allgemeine Nähaufgaben.

Stoff	Maschinennadel	Faden	Stichlänge in mm
Gewebte Stoffe aus Synthetik oder Naturfasern wie Leinen, Baumwolle, Wolle, Samt und Chiffon	Nadel mit normaler Spitze, Größe 12 (80)	Polyesternähfaden	2,5
Gewebte Stoffe aus Naturfasern wie Baumwolle, Leinen, Wolle und Samt	Nadel mit normaler Spitze, Größe 12 (80)	Baumwoll- oder Polyester-Baumwoll-Nähfaden	2,5
Feine gewebte Stoffe aus Naturfasern wie Seide, Seidensamt, Chiffon und Wolle	Nadel mit normaler Spitze, Größe 10 (70)	Polyesternähfaden	2,0
Feine Strickstoffe aus Synthetik, Seide, Baumwolle oder Wollfasern	Feine Kugelspitzennadel, Größe 10 (70)	Seiden- oder Polyesternähfaden	2,5
Schwere Strickstoffe aus Synthetik oder Naturfasern wie Jersey oder Fleece	Mittlere Kugelspitzennadel, Größe 12-14 (80-90)	Polyesternähfaden	3,0
Dichte Stoffe wie Twill, Denim, schweres Leinen und Canvas	Nadel mit extrafeiner Spitze, Größe 12-14 (80-90)	Starker Polyesternähfaden oder Leinengarn	4,0
Leder, Wildleder, Kunstleder und künstliches Wildleder, Plastikstoffe	Nadel mit keilförmiger Spitze (Ledernadel), Größe 14-16 (90-100)	Starker Polyesternähfaden oder Leinengarn	4,5

Vorbereitung der Papierschnitte und Zuschneiden

Der Stoff ist gekauft, das Schnittmuster liegt bereit, aber Sie wissen nicht, wo Sie anfangen sollen? Angesichts des Schnittmusters mit unzähligen Fachausdrücken erscheint es vielleicht doch einfacher, ein fertiges Kleidungsstück im Laden zu kaufen. Jetzt nicht aufgeben! Mit ein wenig Geduld können Sie schöne und einzigartige Kleidungsstücke sowie Wohntextilien für Ihr Zuhause nähen. In diesem Teil des Buches lernen Sie, mit dem Schnittmuster umzugehen, einfache Schnittmusterkorrekturen vorzunehmen und alle Schnittteile aus dem Stoff nähbereit zuzuschneiden.

Vorbereitung des Schnittmusters

Lesen Sie zunächst die Anleitung aufmerksam durch. Vielleicht erscheint diese zunächst unverständlich, aber wenn Sie den Hinweisen Schritt für Schritt folgen, lassen sich die jeweiligen Informationen besser einordnen. Wählen Sie die Schnittteile für Ihre gewünschte Modellvariante aus. Achten Sie darauf, dass die Maße des fertigen Kleidungsstücks zu Ihren persönlichen Maßen passen (meist nur bei kommerziellen Schnittmustern angegeben). Wenn nicht, passen Sie die Schnittteile entsprechend an (siehe Seite 24-26).

Die richtigen Schnittteile

Die Schnittübersicht ermöglicht das rasche Auffinden der benötigten Schnittteile. Hat Ihre Packung keine Schnittübersicht, sind die Schnittteile vermutlich in einer Liste aufgeführt. Als Ausweichmöglichkeit können Sie den Zuschneideplan (siehe Seite 29) zu Hilfe nehmen. Die einzelnen Schnittteile sind mit der Bezeichnung, einer Nummer und der Ansicht gekennzeichnet.

1 Vorderteil
2 Vorderes Seitenteil
3 Rückenteil
4 Kragen
5 Ärmel A
6 Ärmel Besatz A
7 Ärmelbund A
8 Ärmel B
9 Ärmelbund B
10 Vorlage Knopfloch
11 Tasche
12 Rüsche

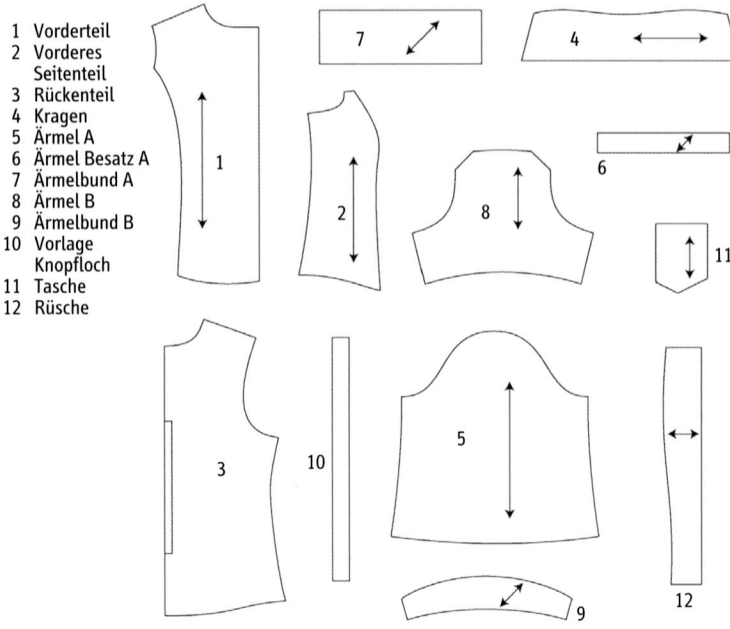

Typische Schnittübersicht

Dieses Beispiel einer Schnittübersicht zeigt, wie die in einem Schnittmuster enthaltenen Schnittteile dargestellt sein könnten. Die Übersicht zeigt alle Schnittteile, die für ein Modell benötigt werden, aber auch, ob einige Teile verlängert werden müssen. Häufig sind alle zusammengehörenden Schnittteile entsprechend markiert. In diesem Beispiel benötigen Sie für Modell A die Schnittteile 1, 2, 3, 4, 5, 6, 7, 10, 11 und 12, für Modell die Teile B 1, 2, 3, 4, 8, 9, 10, 11 und 12.

Zeichenerklärungen

Auf allen Schnittmustern, egal ob kommerziell oder kostenlos, finden sich Markierungen und Symbole. Diese liefern wichtige Hinweise für jeden Arbeitsschritt, von der Auswahl der Schnittteile über das Zuschneiden bis zum Aufbau des Kleidungsstücks. Die Markierungen sind bei allen Schnittmustern ziemlich gleich, jedoch sollten Sie ihre Bedeutung kennen. Es gibt zwei Gruppen: Markierungen für die Vorbereitung und das Zuschneiden sowie die Konstruktionsmarkierungen. Dies sind die gebräuchlichsten:

Markierungen für Vorbereitung und Zuschneiden

Diese sind hilfreich beim Zuschneiden, beim Ändern der Maße und dem richtigen Auslegen der Teile auf dem Stoff.

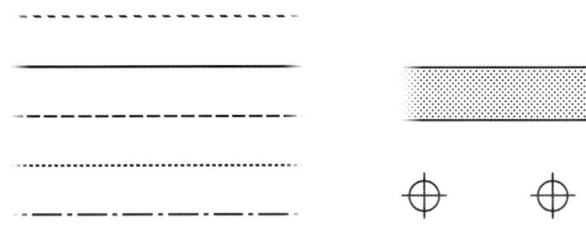

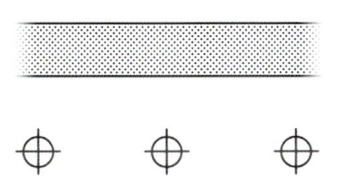

Fadenlauf: Eine gerade Linie mit Pfeilspitzen zeigt die Richtung, in die das Schnittteil entlang des Fadenlaufs des Stoffes aufgelegt werden muss (siehe Seite 27), in gleichmäßigem Abstand zur Webkante.

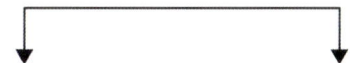

Schneidelinien: Mehrgrößenschnitte haben unterschiedliche Umrisslinien für jede Größe. Suchen Sie die zu Ihrer Größe gehörende Linie und folgen Sie an jedem Teil sorgfältig dieser Linie.

Änderungslinien: Die Parallellinien zeigen, wo ein Stück verlängert oder verkürzt werden kann (siehe Seite 24-25).

Ansatzmarkierungen: Diese werden eingesetzt, wenn zwei Teile miteinander verbunden werden müssen, um ein komplettes Teil zu erhalten. Die Symbole können sich je nach Anbieter unterscheiden, etwa ein schraffierter Bereich oder eine Reihe von durchkreuzten Kreisen an den zu verbindenden Kanten. Zum Zusammenfügen der Teile legen Sie die Symbole übereinander, um ein komplettes Schnittteil zu erhalten.

Stoffbruch: Die Schnittteile zeigen häufig nur die Hälfte eines Schnittmusterteils. Dann müssen die Schnittteile exakt am Stoffbruch angelegt werden, um ein komplettes Teil zu erhalten. Achten Sie darauf, den Schnitt genauestens an der Bruchkante anzulegen, sonst passiert es sehr leicht, dass sich die Größe des Stoffteils verändert.

Markierungen für das Nähen

Die folgenden Markierungen erleichtern das Nähen, das Zuschneiden oder geben an, wo Verschlüsse oder andere Details angenäht werden müssen.

Passzeichen: In Form von Rauten oder Dreiecken zeigen sie die Stellen, wo zwei Stoffteile zusammengenäht werden sollen. Es gibt einfache, zweifache oder dreifache Passzeichen, die mit den Markierungen auf dem Gegenstück korrespondieren.

Punkte und Kreise: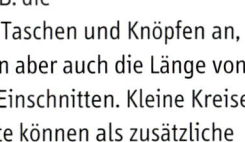
Sie zeigen z. B. die Position von Taschen und Knöpfen an, kennzeichnen aber auch die Länge von Nähten und Einschnitten. Kleine Kreise oder Quadrate können als zusätzliche Ansatzmarkierungen dienen, etwa bei Ärmelnähten oder Kragen.

Knopflöcher und Knöpfe: Ein Knopfloch wird üblicherweise als Linie dargestellt und zeigt Lage und Länge. Die Position des Knopfes kann durch eine Unterbrechung der Linie oder einen Punkt markiert sein.

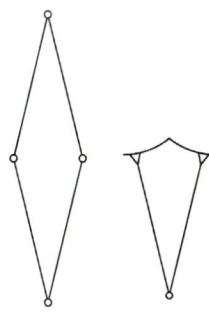

Abnäher: Auf den Schnittteilen werden diese mithilfe von Passzeichen und Punkten markiert, verbunden durch durchgehende oder unterbrochene Nahtlinien, die an einem Punkt zusammenlaufen (siehe Seite 118-119).

Kostenlose Schnitte abpausen

Schnittmuster wie diejenigen in diesem Buch enthalten meist mehrere Modelle und Größen auf Vorder- und Rückseite des Bogens, häufig überlappend und in verschiedenen Farben gedruckt. Sie müssen zunächst also Ihre benötigten Teile abpausen. Sind die Schnittmuster wie in diesem Buch in Originalgröße wiedergegeben, folgen Sie zur Verwendung diesen vier einfachen Schritten:

1 Notieren Sie sich, welche Teile Sie benötigen, und schauen Sie in der Legende nach, welche Linie Ihrer Größe entspricht.

2 Pausen Sie die entsprechende Umrisslinie auf Transparentpapier (oder Backpapier) sorgfältig durch und schneiden Sie jedes Teil entlang der Konturen aus.

3 Legen Sie die ausgeschnittenen Teile nochmals auf den Schnittmusterbogen und prüfen Sie, ob Sie die richtigen Umrisse durchgepaust haben. Übertragen Sie nun alle wichtigen Informationen, auch die Namen und Markierungen, auf jedes Teil.

4 Verlängern Sie die Schnittteile, falls erforderlich, und kleben Sie bei Bedarf die entsprechenden Teile aneinander.

Kommerzielle Schnittmuster

Schnittmuster aus Seidenpapier reißen leicht – arbeiten Sie deshalb in Ruhe. Nehmen Sie sich Zeit, alle Bögen vorsichtig auseinanderzufalten und die Teile sorgfältig vorzubereiten. Folgen Sie dabei diesen vier einfachen Schritten:

1 Falten Sie den Schnittmusterbogen auf und finden Sie mithilfe der Schnittübersicht die für Ihre Ansicht und Größe benötigten Teile. Nicht benötigte Teile in den Umschlag zurücklegen, damit Sie nichts durcheinanderbringen.

2 Streichen Sie die Teile glatt und bügeln Sie eventuelle Knitterfalten mit einem warmen Bügeleisen ohne Dampf aus. Dann schneiden Sie alle Teile großzügig außerhalb der Konturen aus. Das überschüssige Papier ist praktisch, falls Sie Änderungen vornehmen möchten.

3 Sollten Ihre Maße nicht genau mit den Schnittmaßen übereinstimmen, können Sie die Passform und/oder Länge korrigieren. Nehmen Sie diese Änderungen (siehe unten) vor, bevor Sie die Teile endgültig ausschneiden.

4 Erst wenn Sie mit Passform und Länge zufrieden sind, schneiden Sie die Teile entlang der Umrisslinien für Ihre Größe aus.

Änderungen am Schnittmuster

Vor dem Kauf des Schnittmusters haben Sie sich Ihre Körpermaße mithilfe der Tabelle auf Seite 12 notiert, um die richtige Schnittmustergröße auszuwählen und die beste Passform zu erzielen. Dennoch müssen Sie möglicherweise einige Änderungen vornehmen. Meist sind dies Anpassungen in der Länge. Ändern Sie immer zuerst die Länge, dann folgen Änderungen bei den Taillenmaßen.

Oberteil

Bei vielen Schnitten ist angegeben, wo am besten Änderungen vorgenommen werden können. Wenn nicht, zeichnen Sie eine gerade Linie, 5 cm oberhalb der Taille im rechten Winkel zum Fadenlauf, der auf dem Schnitt angegeben ist. Es ist wichtig, die Änderung exakt im rechten Winkel zum Fadenlauf, zur vorderen Mitte oder zur hinteren Mitte vorzunehmen, wenn das Teil auf dem Stoffbruch (siehe Seite 23) platziert wird, damit der Schnitt fadengerade bleibt.

Verkürzen: Legen Sie das Papier entlang der Änderungslinie zu einer gleichmäßig breiten, waagerechten Falte, halb so hoch wie die gewünschte Änderung. Fixieren Sie die Falte mit einem Klebestreifen. Um die ursprüngliche Passform nicht zu verändern, zeichnen Sie eine neue Seitennaht und führen Sie diese leicht schräg zulaufend zur Originallinie. Ändern Sie auch alle dazugehörigen Teile.

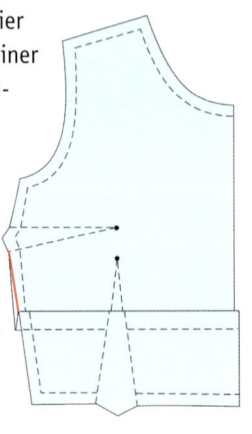

Verlängern: Schneiden Sie entlang der Änderungslinie und legen Sie ein Stück Papier unter den Schnitt. Schieben Sie die Teile bis zum gewünschten Maß auseinander, dabei auf einen gleichmäßigen Abstand zur Linie achten. Das eingeschobene Papier mit Klebestreifen fixieren. Vergessen Sie nicht, auch alle weiteren dazugehörigen Teile entsprechend zu ändern. Zeichnen Sie die Seitennaht nach, dabei so nah wie möglich an der Originalform bleiben.

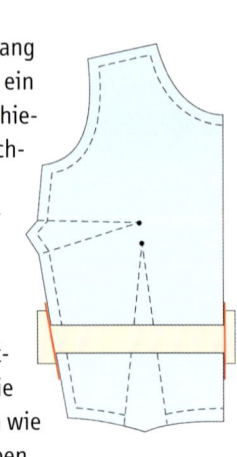

Ärmel

Bei gerade geschnittenen Ärmeln können Sie die Änderungen in einem Arbeitsschritt in Höhe des Ellenbogens vornehmen. Bei schmal zulaufenden Ärmeln muss die Länge gleichmäßig ober- und unterhalb des Ellenbogens korrigiert werden. Ziehen Sie eine gerade Änderungslinie quer über den Ärmel, im rechten Winkel zum Fadenlauf.

Verkürzen: Bei gerade geschnittenen Armeln das Papier entlang der Änderungslinie gleichmäßig falten und einschlagen, halb so hoch wie die gewünschte Änderung. Feststecken oder mit Klebeband fixieren, dann die Seitennähte des Ärmels neu zeichnen, dabei so nah wie möglich an der Originalform bleiben, wie in der Skizze gezeigt. Bei einem schmal zulaufenden Ärmel die Änderungshöhe jeweils zur Hälfte oberhalb und unterhalb des Ellenbogens einzeichnen.

Verlängern: Schneiden Sie entlang der Änderungslinie und legen Sie ein Stück Papier unter den Schnitt. Die Schnittkanten öffnen und um das zu verlängernde Maß verschieben. Messen Sie nach, ob der Abstand zur Linie gleichmäßig ist und der Fadenlauf gerade verläuft. Mit Klebeband fixieren. Bei schmal zulaufenden Ärmeln die Änderungshöhe durch 2 teilen und eine Hälfte über dem Ellenbogen zugeben, die andere Hälfte unterhalb des Ellenbogens, wie in der Skizze gezeigt. Die Seitennähte neu zeichnen, dabei die Schnittkanten verbinden und so nah wie möglich an der Originalform bleiben.

Röcke und Hosen

Wie Hosen und Röcke verlängert oder verkürzt werden, hängt davon ab, ob diese gerade geschnitten sind oder nicht. Bei einem geraden Schnitt wird die Änderung am Saum vorgenommen. Sind die Teile jedoch schmal zulaufend oder weiter ausgestellt, wird die Änderungslinie im rechten Winkel zum Fadenlauf gezogen.

Verkürzen: Einen engen Rock oder eine gerade geschnittene Hose zu kürzen ist ganz leicht: einfach die gewünschte Länge an der Saumlinie abschneiden. Bei schmal zulaufender oder ausgestellter Form ziehen Sie zunächst eine Änderungslinie, dann entlang dieser Linie gleichmäßig falten, wie beim Verkürzen von Oberteilen und Ärmeln gezeigt.

Verlängern: Um gerade geschnittene Hosen oder enge Röcke zu verlängern, schieben Sie ein Stück Papier unter die Saumlinie und fügen Sie die zusätzlich gewünschte Länge an der Saumkante hinzu, wie in der Abbildung gezeigt. Ändern Sie auch alle dazugehörigen Schnittteile. Bei schmal zulaufenden oder ausgestellten Hosen und Röcken zunächst eine Änderungslinie zeichnen, dann entlang dieser Linie schneiden und das Papier um die gewünschten Maße auseinanderschieben, wie beim Verlängern von Oberteilen und Ärmeln gezeigt.

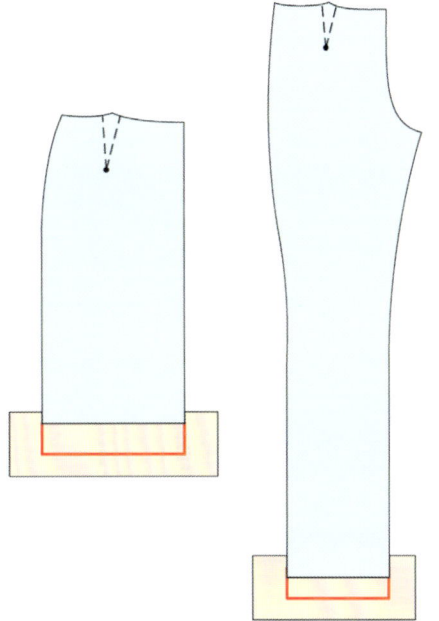

> **TIPP**
> Verzichten Sie darauf, Größe und Form des Armausschnitts oder des Ärmels zu verändern, bis Sie ausreichend Näherfahrung gesammelt haben. Komplizierte Änderungen wie diese sollten lieber warten, bis Sie einfache Korrekturen gemeistert haben.

Taillenweite verändern

Die Taillenweite von Röcken und Hosen können Sie leicht an den Abnähern oder Seitennähten verengen oder erweitern. Achten Sie jedoch darauf, die Weite um nicht mehr als insgesamt 2,5 cm zu verändern, da sich sonst die gesamte Passform des Kleidungsstücks verziehen kann.

Taille verengen: Wollen Sie die Taillenweite bei einer schmalen Taille und breiteren Hüften verringern, verbreitern Sie die Abnäher. Bei schmaler Taille und durchschnittlich breiten Hüften passen Sie die Seitennähte an.

Taille erweitern: Soll Taillenweite eingefügt werden und Sie haben eine breitere Taille sowie eine gerade verlaufende Körpersilhouette, verschmälern Sie die Abnäher. Bei breiterer Taille und breiteren Hüften an den Seitennähten Weite einfügen.

Bund oder Beleg anpassen

Wenn Sie die Taillenweite wie beschrieben geändert haben, muss auch der Taillenbund (oder der Beleg) entsprechend angepasst werden.

- Wurden Abnäher geändert, müssen Sie am Taillenbund das gleiche Maß wie bei den Abnähern hinzufügen oder abziehen – diese sind meist auf dem Schnittmuster markiert.
- Haben Sie die Seitennähte korrigiert, addieren oder subtrahieren Sie das gleiche Maß an den Seitennähten des Bunds oder Belegs.
- Dazu zerschneiden Sie das Schnittteil und schieben es um das gewünschte Maß auseinander. Ein Stück Papier einsetzen und mit Klebeband fixieren. Oder das Teil durch Falten und Einschlagen verengen und fixieren.

Abnäher verbreitern

Legen Sie fest, um welches Maß der Taillenbund enger gemacht werden soll. Teilen Sie dieses Maß durch die Anzahl der Abnäher an der Taille. Soll die Taille also beispielsweise um 2,5 cm enger werden und es gibt vier Abnäher, entspricht dies 6 mm an jedem Abnäher. Dieses neue Maß durch 2 teilen und entsprechend jede Seite der einzelnen Taillenabnäher markieren, sowohl 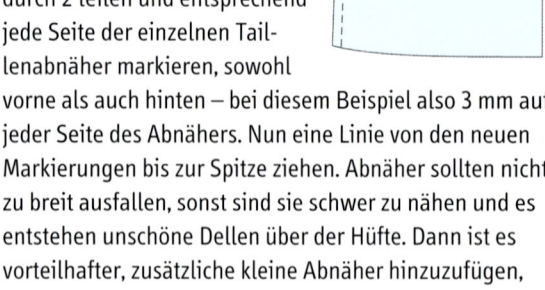 vorne als auch hinten – bei diesem Beispiel also 3 mm auf jeder Seite des Abnähers. Nun eine Linie von den neuen Markierungen bis zur Spitze ziehen. Abnäher sollten nicht zu breit ausfallen, sonst sind sie schwer zu nähen und es entstehen unschöne Dellen über der Hüfte. Dann ist es vorteilhafter, zusätzliche kleine Abnäher hinzuzufügen, die symmetrisch angeordnet werden.

Abnäher verschmälern

Legen Sie fest, um welches Maß der Taillenbund erweitert werden soll. Teilen Sie dieses Maß durch die Anzahl der Abnäher an der Taille. Dieses neue Maß dann halbieren um festzustellen, um wie viel schmaler der Abnäher auf jeder Seite werden muss. Markieren Sie die Abnahme vorne und hinten an der inneren Abnäherkante und ziehen Sie eine Linie bis zur Spitze.

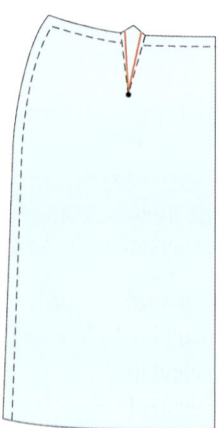

Taille enger machen

Legen Sie fest, um welches Maß der Taillenbund verengt werden soll. Ziehen Sie von jeder Seitennaht an Vorder- und Rückenteil jeweils ein Viertel der gewünschten Verkleinerung ab. Zeichnen Sie eine neue Seitennaht bis zur Hüftlinie spitz zulaufend ein. Verlaufen am Taillenbund mehrere Nähte, wie bei einem Bahnenrock, teilen Sie das zu verkleinernde Maß gleichmäßig auf die einzelnen Nähte auf.

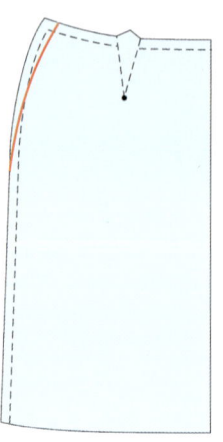

Taille weiter machen

Legen Sie fest, um welches Maß der Taillenbund erweitert werden soll. Geben Sie an jeder Seitennaht von Vorder- und Rückenteil ein Viertel der gewünschten Verbreiterung dazu. Zeichnen Sie eine neue Seitennaht spitz zulaufend bis zur Hüftlinie ein. Verlaufen am Taillenbund mehrere Nähte, wie bei einem Bahnenrock, teilen Sie das zu erweiternde Maß gleichmäßig auf die einzelnen Nähte auf.

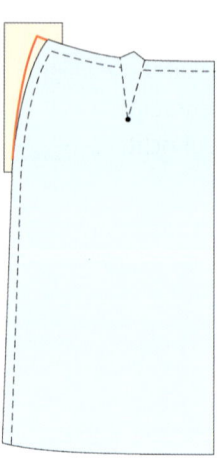

Bereit zum Zuschneiden

Für Näheinsteiger ist das Zuschneiden häufig eine beängstigende Aufgabe. Das muss aber nicht sein – vorausgesetzt, Sie nehmen sich Zeit und bereiten den Stoff richtig vor.

Stoff-Begriffe

Bevor Sie den Stoff zuschneiden oder auch nur zum Schneiden auslegen, sollten Sie sich mit einigen wichtigen Begriffen vertraut machen.

Längsfadenlauf: Meist wird der Stoff anhand des Fadenlaufs vorbereitet. Der Fadenlauf beschreibt den Richtungsverlauf der Fäden eines Webstoffs. Die meisten Schnittmuster werden im Fadenlauf zugeschnitten, auch Längsfadenlauf genannt, also in Richtung der Kettfäden (siehe Seite 15). Die Kettfäden verlaufen parallel zur Webkante (siehe Skizze).

Querfadenlauf: Der Querfadenlauf folgt der Richtung der Schussfäden (siehe Seite 15), die von Webkante zu Webkante verlaufen. Die Schussfäden sind nachgiebiger als die Kettfäden. Treffen die Schussfäden nicht im rechten Winkel auf die Webkante, ist der Stoff verzogen. Generell gilt, dass der Querfadenlauf nur für einige Designelemente vertikal verwendet wird, etwa um einen Musterstoff an einen Saum anzufügen.

Schräger Fadenlauf: Der schräge Fadenlauf ist eine imaginäre Linie, die diagonal zum Längs- und Querfadenlauf liegt und sehr elastisch ist. Der „echte" schräge Fadenlauf im 45-Grad-Winkel zwischen Kett- und Schussfäden weist die größte Dehnung auf. Ein im schrägen Fadenlauf zugeschnittenes Kleidungsstück hat einen weichen Fall, aber gleichzeitig eine instabile Saumlinie. Einfassband wird ebenfalls im schrägen Fadenlauf zugeschnitten, wenn es um eine gebogene Stoffkante gelegt werden soll (Schrägstreifen, siehe Seite 147).

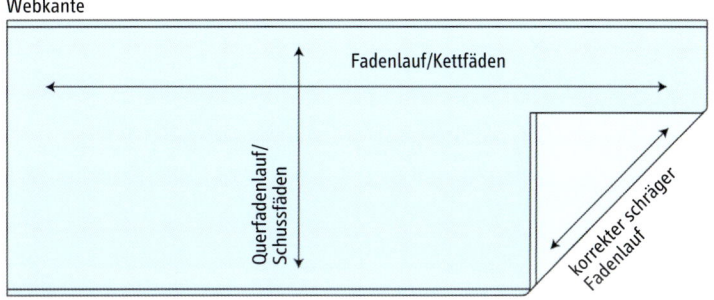

Webkante

Fadenlauf/Kettfäden

Querfadenlauf/Schussfäden

korrekter schräger Fadenlauf

Webkante

Stoffe mit Richtung

Stoffe mit Flor, z. B. Samt, aber auch solche mit einem Muster, das nur in eine Richtung ausgerichtet ist, haben oftmals eine Strichrichtung (siehe Seite 17). Auf Schnittmusterbögen ist für Stoffe mit Richtung (siehe Seite 29) häufig der Hinweis „in Strichrichtung" zu finden, um die Schnittteile aus diesen Stoffen optimal zuzuschneiden.

Stoffbreiten

Bekleidungsstoffe werden meist in den drei Standardbreiten 90 cm, 112 cm und 150 cm angeboten, Dekostoffe gibt es häufig in einer Breite von 137 cm. Der Wert zur benötigten Stoffmenge, der auf der Rückseite der Schnittmusterpackung abgedruckt ist, gibt vor, wie viel Stoff für das Projekt bei unterschiedlichen Stoffbreiten gekauft werden muss (siehe Seite 13 und 14).

Kanten begradigen

Es ist sehr wichtig, den Stoff vor dem Zuschneiden richtig vorzubereiten, um das Zuschneiden so einfach und akkurat wie möglich zu machen. Nach dem Bügeln zur Entfernung von Knittern und Falten müssen die Kanten begradigt werden. Dies ist bei jedem Stoff notwendig, damit er gerade gefaltet werden kann und der Fadenlauf richtig liegt.

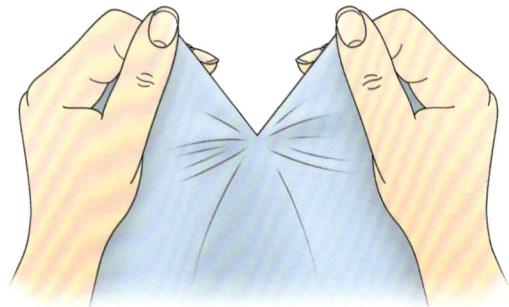

Gewebte Stoffe reißen

Lässt sich der Stoff reißen, schneiden Sie die Webkante ein wenig ein. Greifen Sie die Ecken auf jeder Seite des Einschnitts und reißen Sie den Stoff einfach auseinander. Endet der Streifen im Nichts, einfach einen neuen Einschnitt machen und nochmals reißen.

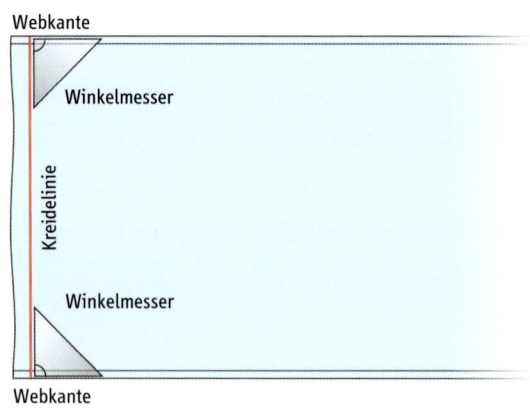

Begradigungsmethode

Lässt sich der Stoff nicht reißen, verwenden Sie diese Methode. Zeichnen Sie eine Linie im rechten Winkel zu beiden Webkanten. Nehmen Sie dazu einen Winkelmesser, ein Dreieckslineal oder anderen rechtwinkligen Gegenstand, z. B. ein Buch oder eine Elle, und Schneiderkreide (siehe Seite 10) zu Hilfe. Schneiden Sie entlang der Linie.

Die rechte Stoffseite erkennen

Bevor Sie den Stoff auslegen, müssen Sie wissen, welches die rechte und welches die linke Stoffseite ist. Meist ist das offensichtlich, manchmal aber nicht. Mit den folgenden Tipps erkennen Sie die Seiten leichter. Oder nehmen Sie die Stoffseite, die Ihnen am besten gefällt, und markieren Sie diese mit Schneiderkreide.

- Glatte Stoffe glänzen stärker auf der rechten Seite.
- Vorgefaltete Baumwollstoffe und Leinen werden mit der rechten Seite nach außen angeboten, Wolle mit der linken Seite nach außen.
- Strukturierte Oberflächen und Drucke fallen auf der rechten Seite deutlicher aus.
- Knubbel und kleine Faserstückchen sind eher auf der linken Seite erkennbar.
- Die Webkante fühlt sich auf der rechten Seite glatter an.

Stoffe zum Zuschneiden falten

Versuchen Sie gar nicht erst, die Schnittteile nacheinander auf den Stoff zu legen. Steht Ihnen kein großer Tisch zur Verfügung, nehmen Sie den Fußboden. Legen Sie so viel Stoff wie möglich aus und falten Sie ihn wie im Zuschneideplan angegeben (siehe gegenüberliegende Seite). Die Stofflagen sollten glatt und flach liegen, mit den begradigten Kanten im rechten Winkel zu den geraden Webkanten.

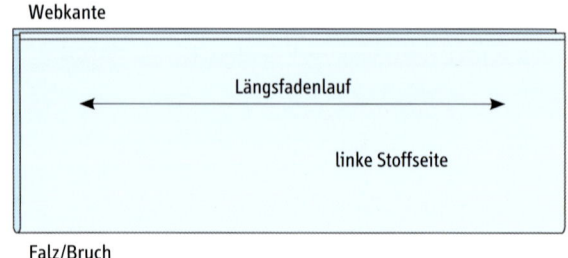

Längs falten

Hier wird der Stoff entlang des Längsfadenlaufs gefaltet, die Webkanten treffen an einer Seite exakt aufeinander. Bei glatten Stoffen, die sich leicht verschieben, die Webkanten in regelmäßigen Abständen mit Stecknadeln fixieren.

Teilweise oder doppelt längs falten

Damit ein teilweise oder doppelt zusammengelegter Stoff gleichmäßig breit liegt, messen Sie mit einem Maßband in regelmäßigen Abständen den Abstand zwischen Bruch und Webkante.

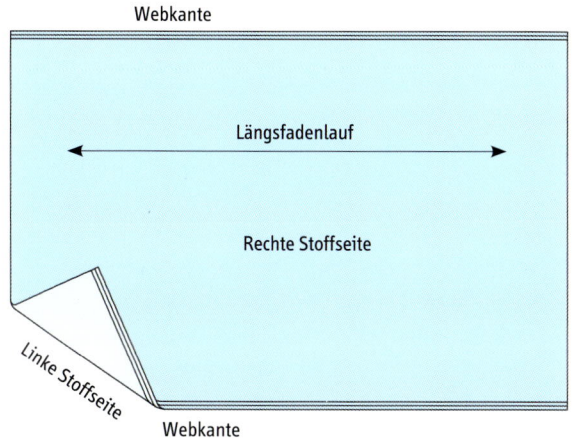

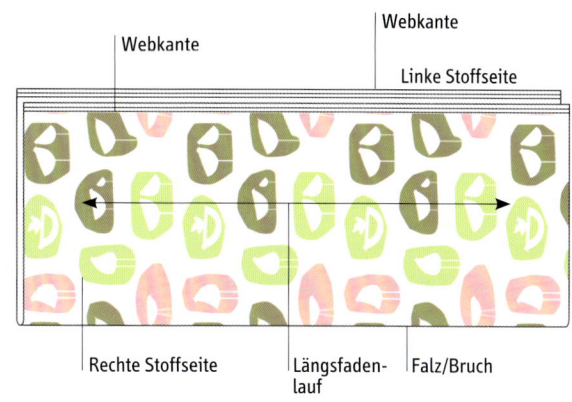

Kein Stoffbruch erforderlich
Wird kein Stoffbruch benötigt, legen Sie den Stoff mit der rechten Seite nach oben.

Stoffe mit Richtung
Bei Stoffen mit Strichrichtung, einem Muster, das aufeinandertreffen soll, oder großen Motiven falten Sie den Stoff links auf links.

Das Zuschneiden

Die Schnittteile liegen bereit und Sie wissen, wie der Stoff für das Zuschneiden vorbereitet werden muss. Nun ist es Zeit, den Zuschneideplan genauer zu betrachten.

Der Zuschneideplan
Der Zuschneideplan zeigt, wie der Stoff ausgelegt werden muss (siehe unten) und wie die einzelnen Schnittteile bei der benötigten Stoffmenge, die Sie gemäß den Schnittmusterangaben eingekauft haben, möglichst sparsam aufgelegt werden. Lesen Sie die Erklärungen zum Zuschneideplan, damit Sie alle Teile richtig zuschneiden.

Zuschneidepläne verstehen
Jeder Zuschneideplan gibt die Nummern der Schnittteile an, die für das gewählte Modell benötigt werden. So können Sie sich vergewissern, dass Sie keines vergessen haben. Der Plan gibt auch an, ob Schnittteile erweitert oder verlängert und ob diese ebenso aus Futterstoff oder Belegstoff (siehe Seite 18 und 19) zugeschnitten werden müssen. Suchen Sie den zu Ihrem Modell, Ihrer Größe und Stoffbreite passenden Plan. Legen Sie die Schnittteile wie im Zuschneideplan angegeben auf den Stoff.

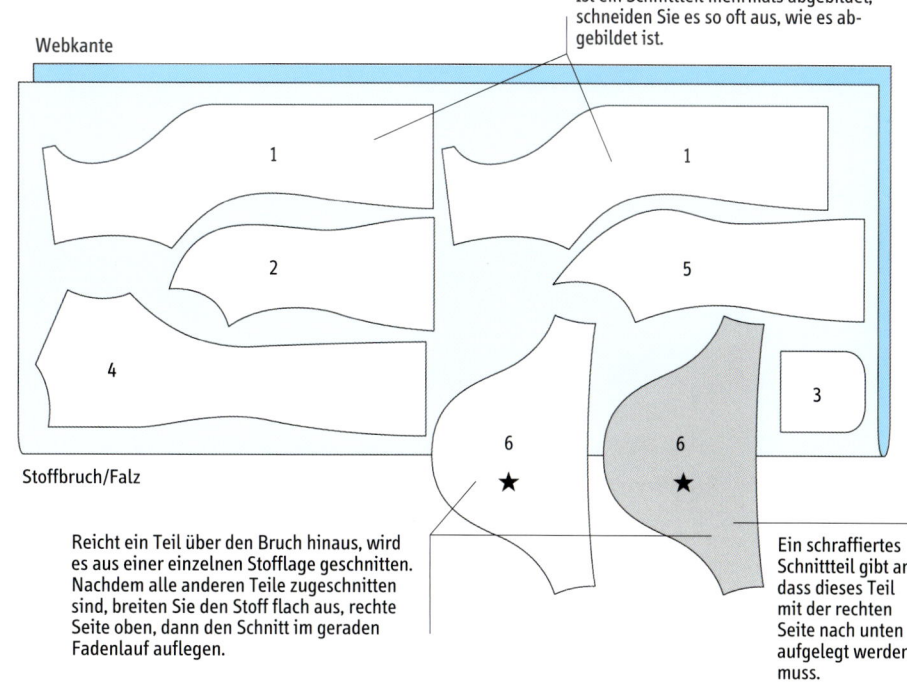

Ist ein Schnittteil mehrmals abgebildet, schneiden Sie es so oft aus, wie es abgebildet ist.

Reicht ein Teil über den Bruch hinaus, wird es aus einer einzelnen Stofflage geschnitten. Nachdem alle anderen Teile zugeschnitten sind, breiten Sie den Stoff flach aus, rechte Seite oben, dann den Schnitt im geraden Fadenlauf auflegen.

Ein schraffiertes Schnittteil gibt an, dass dieses Teil mit der rechten Seite nach unten aufgelegt werden muss.

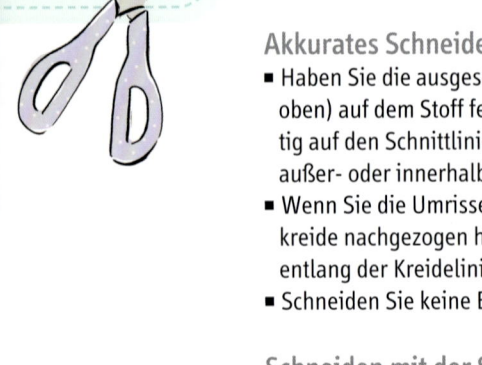

Gleich kann es losgehen!

Die Schnittteile liegen auf dem Stoff und nun ist es soweit, sich gedanklich auf das Zuschneiden einzustellen. Es ist sehr wichtig, akkurat zu schneiden – damit wird nicht nur die Passform besser, sondern das Schneiden innerhalb oder außerhalb der Linien kann auch die Größe verändern. Diese Anleitung ist eine Art Anti-Fehler-Versicherung, verwenden Sie sie also als Checkliste:

- Achten Sie darauf, dass der eingezeichnete Fadenlauf jedes Schnittteils parallel zur Webkante verläuft. Messen Sie an jeder Pfeilspitze der Markierung den Abstand zur Webkante und verschieben Sie das Schnittteil, bis der Abstand gleichmäßig ist.
- Prüfen Sie, ob die Bruchlinien der Schnittteile wirklich exakt auf dem Stoffbruch liegen.
- Wenn Sie einen Schnitt aus Seidenpapier verwenden, fixieren Sie die ausgeschnittenen Schnittteile (siehe Seite 24) mit Stecknadeln am Stoff, jeweils im Abstand von ca. 20 cm, dabei beide Stofflagen durchstechen. Oder beschweren Sie die Schnittteile mit Gewichten.
- Wenn Sie einen Schnitt aus festerem Papier verwenden, beschweren Sie die Schnittteile mit Gewichten und zeichnen Sie die Umrisse sorgfältig mit Schneiderkreide (siehe Seite 10) nach. Entfernen Sie die Gewichte und Schnittmuster. Stecken Sie die beiden Stofflagen knapp innerhalb der gezeichneten Linien mit Stecknadeln aufeinander.
- Prüfen Sie vor dem ersten Schnitt, ob alle Schnittteile vorhanden sind und richtig liegen.

Bitte schneiden!

Nachdem Sie nun alle Stoffkanten begradigt, den Stoff richtig gelegt und die Schnittteile mit Stecknadeln fixiert oder ihre Umrisse aufgezeichnet haben, sind Sie endlich bereit für das Zuschneiden. Die Schere sollte leicht durch den Stoff gleiten, mit langen Schnitten an geraden Kanten und kürzeren an gebogenen. Nehmen Sie sich Zeit und schneiden Sie gleichmäßig, damit sich keine Zacken bilden. Hochwertige, scharfe Schneiderscheren (siehe Seite 9) sind am besten geeignet. Verwenden Sie niemals eine stumpfe Schere, damit die Stoffkanten nicht ausfransen.

Akkurates Schneiden
- Haben Sie die ausgeschnittenen Schnittteile (siehe oben) auf dem Stoff festgesteckt, schneiden Sie sorgfältig auf den Schnittlinien an den Umrissen entlang. Nicht außer- oder innerhalb der Linien schneiden.
- Wenn Sie die Umrisse der Schnittteile mit Schneiderkreide nachgezogen haben (siehe oben), schneiden Sie entlang der Kreidelinie.
- Schneiden Sie keine Bruchkanten durch.

Schneiden mit der Schneiderschere:
Legen Sie Ihre linke Hand leicht auf das Teil oder die Stofflagen, die Sie schneiden möchten. Halten Sie die Schere in der rechten Hand (oder in der linken, wenn Sie Linkshänderin sind – siehe Tipp auf Seite 9). Öffnen Sie die Schere und schieben Sie das untere Scherenblatt unter den Stoff, dabei sollte die Schere auf dem Tisch aufliegen und der Stoff nur leicht angehoben werden. Machen Sie einen langen, glatten Schnitt über die gesamte Länge der Scherenklinge. Öffnen Sie die Schere erneut, schieben Sie sie wieder unter den Stoff und die andere Hand weiter nach vorn, neben den Klingen, um den Stoff festzuhalten. Fahren Sie fort, bis das Teil ausgeschnitten ist. Achten Sie darauf, dass Sie beim Schneiden weder Schere noch Stoff anheben, sonst verschiebt sich der Stoff.

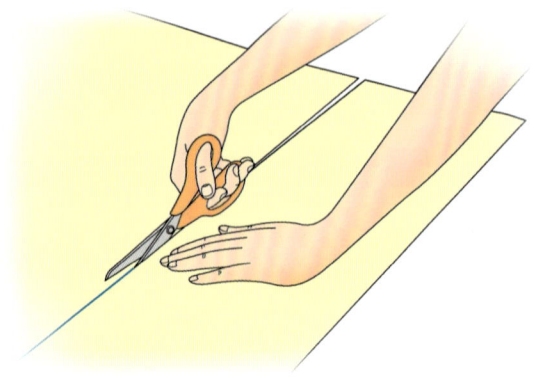

Countdown zum Nähen

Nachdem Sie zugeschnitten haben, müssen alle Markierungen vom Schnittmuster übertragen werden, erst dann können Sie mit dem Nähen beginnen. Wenn Sie Anfängerin sind und keine Erfahrungen im Umgang mit einer Nähmaschine haben, folgen Sie einfach unseren Hinweisen und machen Sie sich mit den Funktionen der Nähmaschine vertraut. Wenn Sie genug Übung haben, können Sie sich an spannende eigene Nähprojekte wagen! Die Workshops in Teil 2 sollen Ihnen helfen, Ihre Fähigkeiten zu erweitern, also arbeiten Sie sich Schritt für Schritt durch die Projekte. Lassen Sie sich Zeit – und vor allem: Haben Sie Spaß dabei!

Markierungen übertragen

Ist der Schnitt aus Seidenpapier, übertragen Sie alle Markierungen des Schnittmusters auf den Stoff, bevor Sie die Schnittteile entfernen. Wenn Sie das Muster abgepaust haben, legen Sie die Schnittteile wieder auf die zugeschnittenen Stoffteile und übertragen Sie die Markierungen.

Kerben schneiden

An den rautenförmigen Markierungen können Sie um die überstehenden Ecken herum schneiden oder die Nahtzugabe an den Markierungen 2-3 mm einkerben.

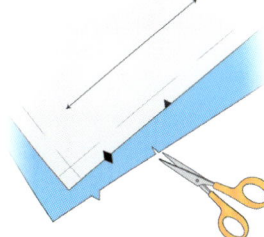

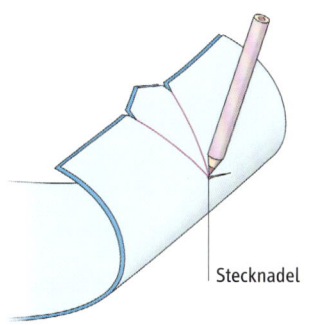

Stecknadel

Punkte, Kreise und Abnäher übertragen

Stechen Sie ein kleines Loch in den Papierschnitt und markieren Sie die Stelle auf der obersten Stofflage mit einem Kreidestift (siehe Seite 10). Stecken Sie an dieser Stelle eine Stecknadel senkrecht durch alle Stofflagen und markieren Sie die Stelle ebenso auf der untersten Stofflage. Sie können die Linien eines Abnähers auch mit Kreidestift und einem Lineal vollständig aufzeichnen, um das Nähen zu erleichtern (siehe Seite 118), oder den Verlauf mit Heftstichen markieren (siehe Seite 33).

Umgang mit der Nähmaschine

Es gibt keine Abkürzung, um das Nähen mit der Nähmaschine zu beherrschen. Sie müssen sich einfach hinsetzen und nähen – und dann üben, üben und nochmals üben. Hier sind einige Tipps, die Ihnen den Anfang erleichtern.

Nähen üben

Nehmen Sie ein Stück festen Stoff und schalten Sie die Nähmaschine ein. Legen Sie den Stoff unter das Nähfüßchen (für den Anfang am besten nahe an einer Kante beginnen). Senken Sie das Füßchen auf den Stoff. Halten Sie beim Losnähen immer die Enden von Ober- und Unterfaden mit der linken Hand fest – das verhindert, dass die Fäden in die Spulenkapsel eingezogen werden oder aus der Nadel rutschen.

Das Fußpedal

Drücken Sie das Fußpedal mit sanftem Druck herunter, zuerst ganz langsam, damit Sie ein Gefühl dafür entwickeln, wie Ihre Nähmaschine reagiert. Je sicherer Sie werden, desto mehr können Sie die Geschwindigkeit steigern. Nähen Sie sooft Sie möchten auf dem Stoff hin und her. Denken Sie daran, die Nadel in die höchste Position zu bringen und das Nähfüßchen anzuheben, wenn Sie den Stoff drehen möchten. Es spielt keine Rolle, wenn die Nähte schief und krumm sind – gewöhnen Sie sich zunächst nur daran, wie Sie das Fußpedal bedienen müssen, um die Maschine im Griff zu haben: fast wie beim Gaspedal im Auto!

Gerade Nähte

Mit etwas Übung werden Sie auch gerade Nähte hinbekommen. Am besten üben Sie das „Steuern" mit einem Streifenstoff. Legen Sie die Hände flach auf den Nähtisch der Maschine, eine Hand auf jeder Seite des Nähfüßchens (mit genug Abstand zur Nadel). Führen Sie den Stoff mit beiden Händen und folgen Sie den Streifen. Anfangs mag das nicht so einfach sein, aber üben Sie einfach weiter, denn gerade Nahtlinien werden Sie oft brauchen. Dann ist die Zeit gekommen, sich dem ersten Workshop zu widmen und wunderschöne Dinge für sich selbst, das Zuhause oder für Familie und Freunde zu nähen.

Vor dem Nähen Machen Sie sich mit den Funktionen Ihrer Nähmaschine vertraut.

Stellen Sie die Nähmaschine auf einen stabilen Tisch. Achten Sie darauf, dass der Stuhl die richtige Höhe hat, sodass Sie die Bedienungselemente der Maschine und das Fußpedal gut erreichen können. Das Fußpedal liegt flach auf dem Boden, die Vorderseite ist Ihnen zugewandt.

Prüfen Sie, ob das Anschlusskabel bequem bis zur Steckdose reicht, ohne dass jemand darüber stolpern kann. Verwenden Sie bei Bedarf ein Verlängerungskabel.

Workshop 1

Grundtechniken des Nähens

Zu den Grundtechniken des Nähens gehören die einfachen Stiche, Nähte und das Versäubern, die beim Nähen von Kleidungsstücken und Wohntextilien zum Einsatz kommen – im Unterschied zu den Zierstichen, die in Workshop 4 vorgestellt werden. Workshop 1 zeigt Ihnen Schritt für Schritt alles Wissenswerte, damit Sie mit dem Nähen beginnen und Ihr erstes Projekt fertigstellen können – ein schlichtes Kissen, verziert mit einfachen Vorstichen.

Stoffe zusammenstecken

Mit Stecknadeln fixierte Stofflagen verrutschen nicht während des Nähens.

TIPPS

Schneiden Sie den Faden immer mit einer scharfen Schere schräg ab. Den Faden nicht reißen oder durchbeißen, sonst franst das Fadenende aus und das Einfädeln wird erschwert. Geht das Einfädeln dennoch nicht leicht von der Hand, verwenden Sie eine Nadeleinfädelhilfe (siehe Seite 9). Diese sind in Kurzwarenabteilungen erhältlich.

Legen Sie die Stoffteile rechts auf rechts (falls nicht anders angegeben), unversäuberte Kanten und Markierungen (siehe Seite 23) liegen genau übereinander. Schauen Sie im Schnittmuster nach, wie breit die Nahtzugabe – der Abstand zwischen Nählinie und Stoffkante – sein soll, und stecken Sie die Stecknadeln in die Nahtzugabe. Sie können die Stecknadeln entweder entlang der Nählinie oder parallel dazu platzieren. Es ist allerdings empfehlenswert, sie quer zur Nählinie zu stecken, denn so sind sie einfacher zu entfernen. Die Köpfchen sollten nah an der Stoffkante, die Spitzen kurz hinter der Nählinie liegen.

Nähen von Hand

Handstiche können vorübergehend sein – wie bei Heftstichen, die zwei Stofflagen verbinden (siehe gegenüberliegende Seite) – oder auch dauerhaft, wenn etwa eine unsichtbare Naht benötigt wird.

Fadenenden sichern

Bei vorübergehenden wie dauerhaften Stichen muss der Fadenanfang befestigt werden. Dies kann durch einen Knoten oder einige Rückstiche geschehen. Das Fadenende wird mit Rückstichen gesichert.

Einen Knoten machen

1 Fädeln Sie die Nadel ein. Halten Sie das Fadenende zwischen Daumen und Zeigefinger. Mit der anderen Hand wickeln Sie den langen Faden um den Zeigefinger. Halten Sie den langen Faden straff und schieben Sie den Zeigefinger am Daumen entlang nach unten, sodass sich eine Fadenschlaufe bildet.

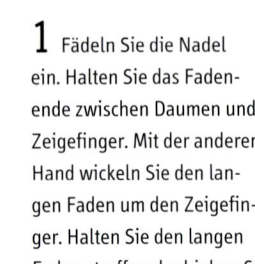

2 Schieben Sie die Schlaufe über die Fingernagelkante, halten Sie sie aber zwischen Finger und Daumen fest. Ziehen Sie nun am langen Ende des Fadens, um die Schlaufe zu schließen und den Knoten zu formen.

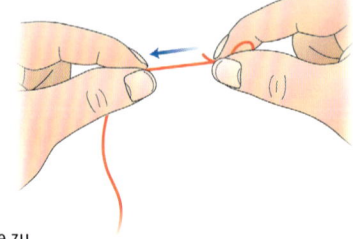

Das Fadenende mit Rückstichen sichern

Führen Sie Nadel und Faden bei A zur Stoffoberseite. Stechen Sie mit der Nadel bei B durch alle Stofflagen ein, eine Stichlänge hinter A, und stechen Sie bei A wieder nach oben aus. Wiederholen Sie den Rückstich und schneiden Sie das Fadenende ab.

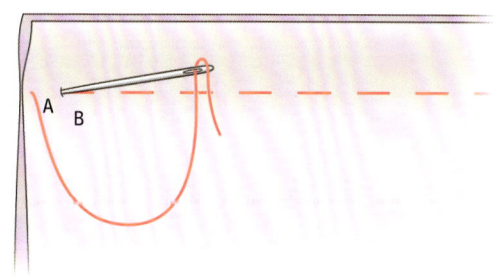

Heften

Es gibt verschiedene Heftstiche, alle dienen jedoch dazu, zwei oder mehr Stofflagen vorübergehend zu verbinden. Die gebräuchlichsten sind der gleichmäßige Heftstich, bei dem man den Stoff gut im Griff hat, der ungleiche Heftstich für allgemeine Zwecke sowie der Saum- und Staffierstich, der es ermöglicht, Streifen, Karos und große Muster akkurat zusammenzunähen.

Hinweis: Die Anleitungen sind für Rechtshänder formuliert. Falls Sie Linkshänderin sind, arbeiten Sie gegengleich.

Der gleichmäßige Heftstich eignet sich gut für glatte, rutschige Stoffe, die sich beim Nähen leicht verschieben, ebenso für Nähte, die besonders gut sitzen müssen, etwa in Kurven, für Nähte durch viele Stofflagen sowie Raffungen und Rüschen (siehe Seite 43 und 104).
Arbeiten Sie von rechts nach links und machen Sie in gleichmäßigen Abständen ca. 6 mm lange Stiche. Stechen Sie dabei durch alle Stofflagen und arbeiten Sie innerhalb der Nahtzugabe dicht neben der Nählinie. Fassen Sie

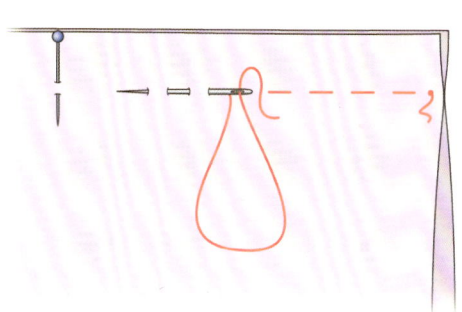

mehrere Stiche auf die Nadel, bevor Sie den Faden durch den Stoff ziehen.

Ungleiche Heftstiche sind gut geeignet für Stoffkanten, die sich während des Nähens mit der Maschine kaum verschieben. Mit diesem Stich können ebenso Positionslinien markiert werden, z. B. bei Falten und großen Abnähern.

Arbeiten Sie von rechts nach links und machen Sie durch alle Stofflagen hindurch ca. 6 mm lange Stiche im Abstand von 2,5 cm. Bleiben Sie dabei nah an der Nählinie, innerhalb der Nahtzugabe. Mit Heftstichen in größeren Abständen können Sie auch eine Nählinie markieren.

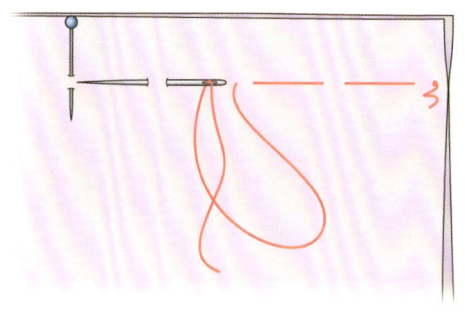

Saumstich

Dieser Stich ist ideal, wenn Sie mit gemusterten Stoffen wie großen Drucken, Karos oder Streifen arbeiten, denn er wird bei beiden Stoffteilen auf der rechten Seite gearbeitet.

Bügeln Sie die Kante eines Stoffteils entlang der Nählinie zur linken Seite um. Legen Sie die gefaltete Kante an die Nählinie des anderen Stoffteils, beide rechten Stoffseiten nach oben zeigend, sodass die Muster genau abgestimmt sind. Stecken Sie die Kante wie abgebildet fest. Nähen Sie gleichmäßig von rechts nach links auf der Nählinie neben der Bügelkante 6 mm lange Stiche, wobei Sie jeweils

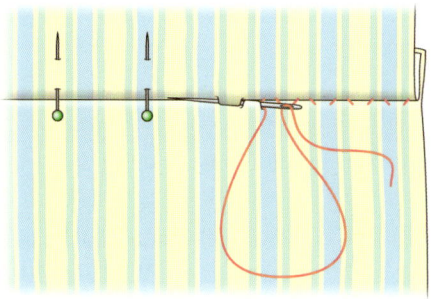

zuerst in die untere Stofflage und dann in die obere, umgebügelte Stoffkante einstechen bis zum Ende der Naht. Entfernen Sie dabei nach und nach die Stecknadeln.

TIPPS

Wenn sich der Faden zusammendreht, halten Sie beide Fadenenden so, dass die Nadel herunterhängt. Der Faden glättet sich, wenn sie vorsichtig mit den Fingern der anderen Hand den Faden entlangstreichen.

Mit etwas Übung können Sie in vielen Fällen auf das Heften verzichten. Fixieren Sie, wie gezeigt, die Stofflagen mit Stecknadeln und nähen Sie vorsichtig mit der Maschine entlang der Nählinie. Nähen Sie dabei ganz langsam über die Stecknadeln, damit die Nähnadel nicht bricht, oder ziehen Sie die Stecknadeln nach und nach heraus.

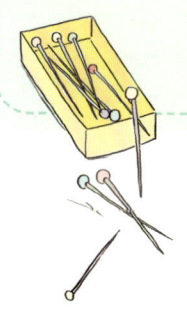

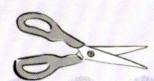

Dauerhafte Handnähstiche

Keiner der folgenden Handnähstiche ist schwierig auszuführen, aber feine gleichmäßige Stiche erfordern etwas Geduld.

Hinweis: Die Anleitungen sind für Rechtshänder formuliert, arbeiten Sie als Linkshänderin gegengleich.

Rückstich

Dieser sehr stabile Stich sieht auf einer Seite wie eine Maschinennaht aus, auf der anderen Seite überlappen sich die Stiche. Mit ihn können Handnähstiche fixiert (siehe Seite 33) und Nähte repariert werden.

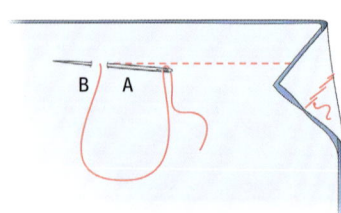

Die Nadel einfädeln und den Fadenanfang sichern. Der Knoten liegt auf der unteren Stoffseite, die Nadel wird nach oben durchgestochen. Von rechts nach links arbeiten und bei A einstechen, 2-3 mm rechts von der ersten Ausstichstelle. Bei B wieder ausstechen, im gleichen Abstand links vom ersten Ausstich. Den Faden durchziehen und den Stich wiederholen, dabei immer im gleichen Abstand rechts von der letzten Ausstichstelle wieder einstechen.

Festonstich

Dieser Stich wurde ursprünglich bei Decken zum Einfassen der Kanten eingesetzt. Heute wird er hauptsächlich als dekorativer Zierstich verwendet. Schauen Sie auf Seite 72, wie der Stich gearbeitet wird.

Blindstich

Der Blindstich wird zum unsichtbaren Säumen verwendet. Wie der Blindstich von Hand ausgeführt wird, erfahren Sie auf Seite 64.

Hexenstich

Dieser dekorative Stich dient auch als stabiler Funktionsstich zum Fixieren von Säumen. Wie Sie den Hexenstich nähen, lesen Sie auf Seite 72.

Überwendlichstich

Mit diesem Stich lassen sich unversäuberte Kanten effektiv von Hand versäubern, da sich der Faden glatt um die Stoffkante legt.

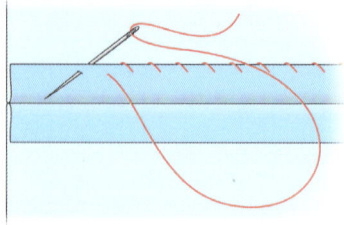

Fädeln Sie die Nadel ein und sichern Sie den Fadenanfang. Arbeiten Sie von rechts nach links und führen Sie winzige schräge Stiche über die Kante jeder Nahtzugabe, ca. 3 mm breit und in Abständen von 6 mm.

Vorstich

Der Vorstich wird wie der Heftstich genäht (siehe Seite 33), ist allerdings kürzer. Er wird meist zum Raffen von Stoffen per Hand verwendet (siehe Seite 106), kann aber auch als Zierstich dienen.

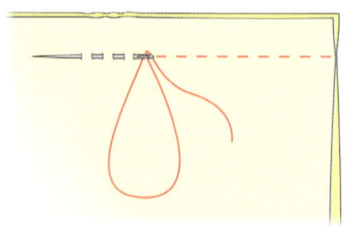

Die Nadel einfädeln und den Fadenanfang sichern. Von rechts nach links arbeiten und mit der Nadel im Stoff auf und ab weben, dabei mehrere Stiche auf einmal auf die Nadel fassen, bevor Sie den Faden durchziehen.

Handgenähter Blindstichsaum

Wie dieser fast unsichtbare Saum genäht wird, lesen Sie auf Seite 64.

Staffierstich

Dieser nahezu unsichtbare Stich dient als Naht zwischen zwei Kanten oder zum Schließen einer Öffnung auf der rechten Stoffseite.

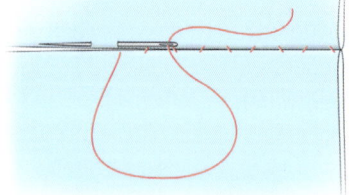

Die Nadel einfädeln und den Fadenanfang sichern, von rechts nach links arbeiten. Stechen Sie die Nadel an einer Kante aus und an der gegenüberliegenden Kante wieder ein. Die Nadelspitze ca. 6 mm weit durch die Kante schieben, ausstechen und den Faden durchziehen. Den Stich wiederholen, um die Kanten zu verbinden.

Überwendlichnaht

Zum Zusammennähen von zwei versäuberten Stoffkanten oder zum Fi-

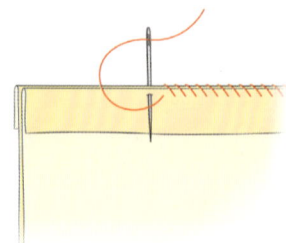

xieren einer Stoffkante auf einem Untergrund die Nadel einfädeln, Fadenanfang sichern. Von rechts nach links rechtwinklig durch beide Stoffkanten nähen, dabei stets nur einen oder zwei Gewebefäden der hinteren und dann der vorderen Kante auffassen. Faden durchziehen, Nadel links des vorherigen Stichs wieder hinten ein- und vorne ausstechen. Es entstehen schräge Stiche um die Kante herum.

Vorbereitung für einfache Nähte

Eine Naht entsteht immer dann, wenn zwei oder mehrere Stofflagen mit einer Nahtzugabe mit der Maschine zusammengenäht werden. Es ist wichtig, genau auf der Nählinie zu nähen. Die Markierungslinien und vorheriges Heften machen diese Aufgabe leichter.

Markierungslinien

Vor dem Nähen einer Naht sollten Sie überprüfen, welche Breite die im Schnittmuster angegebene Nahtzugabe hat. Bei kommerziellen Schnittmustern sind es meist 1,5 cm, bei kleineren Projekten wie Kragen oder Manschetten ist die Nahtzugabe manchmal nur auch 1 cm breit. Die Markierungslinien sind eine große Hilfe, um gerade Nähte zu erreichen. Viele Maschinen haben auf der Stichplatte (der silberfarbenen Platte unter dem Nähfüßchen) eingravierte Markierungslinien. Hat Ihre Maschine keine Markierungen, sind Klebeband oder auch eine magnetische Kantenführung gute Alternativen. Üben Sie den Umgang mit den Markierungslinien zunächst an einem Stoffrest, damit Sie an Sicherheit gewinnen, bevor Sie mit Ihrem ersten Nähprojekt starten.

Markierungen der Stichplatte

Bei vielen Maschinen sind die Markierungen auf der Stichplatte eingraviert. Diese können rechts, links oder vor der Nadel liegen und haben jeweils Abstände von ein Achtel-Inch bzw. fünf Millimeter, um die benötigte Nahtzugabenbreite oder eine Nahtlinie korrekt einzuhalten. Legen Sie die Stoffkante an einer Markierung an und führen Sie die Kanten während des Nähens exakt dort entlang. Einige Spulenkapselabdeckungen sind mit Querlinien gekennzeichnet, die als Drehpunkt beim Nähen von Ecken benutzt werden können.

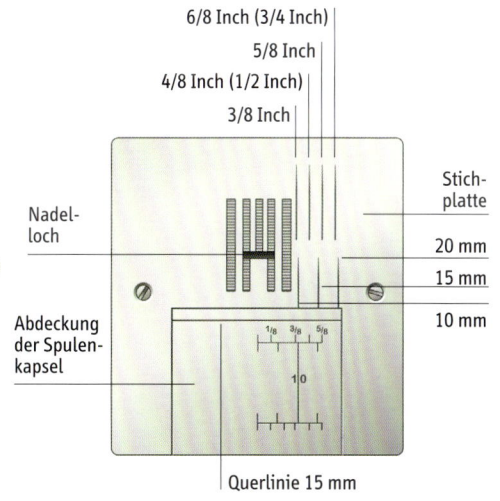

6/8 Inch (3/4 Inch)
5/8 Inch
4/8 Inch (1/2 Inch)
3/8 Inch
Nadelloch
Abdeckung der Spulenkapsel
Stichplatte
20 mm
15 mm
10 mm
Querlinie 15 mm

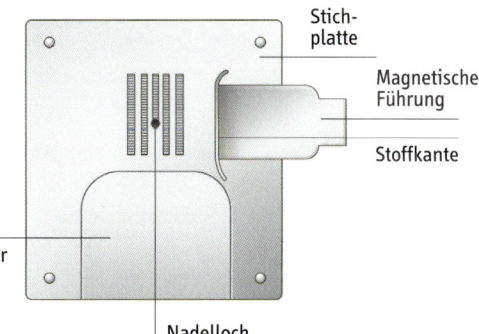

Stichplatte
Magnetische Führung
Stoffkante
Abdeckung der Spulenkapsel
Nadelloch

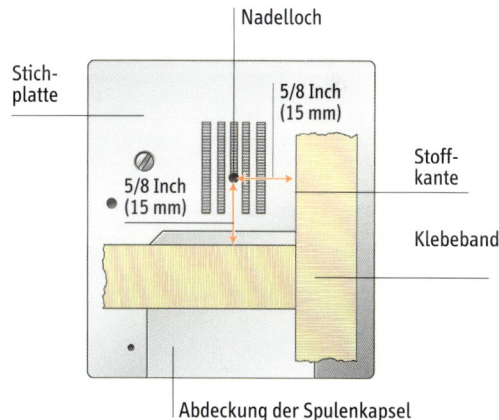

Nadelloch
Stichplatte
5/8 Inch (15 mm)
Stoffkante
Klebeband
5/8 Inch (15 mm)
Abdeckung der Spulenkapsel

Klebeband

Befestigen Sie einen Streifen Klebeband im Abstand von 1,5 cm (oder entsprechend der benötigten Breite der Nahtzugabe) rechts des Nadellochs und quer vor dem Nadelloch als Führungslinie. Legen Sie beim Nähen die Stoffkante an der linken Kante des Klebestreifens an.

Magnetische Kantenführung

Magnetische Kantenführungen finden Sie in gut sortierten Kurzwarengeschäften. Sie sind ideal für mechanische Nähmaschinen, bei den modernen elektronischen Modellen können jedoch die Magnete die Elektronik stören. Die Stichplatte muss aus Metall sein, damit die Magnete haften.

Heften mit der Nähmaschine

Um das akkurate Nähen zu gewährleisten, sollten Sie die Nähte zunächst mit Stecknadeln fixieren (siehe Seite 32) und heften, bevor Sie sie mit der Nähmaschine nähen. Geheftet wird normalerweise von Hand (siehe Seite 33), manchmal ist es jedoch praktischer, mit der Maschine zu heften, wie beim Einsetzen eines Reißverschlusses (siehe Seite 54) oder beim Überprüfen der Passform eines Kleidungsstücks. Stellen Sie die größte Stichlänge an der Maschine ein – 5 mm –, dann lassen sich die Stiche leicht entfernen. Nähen Sie entlang der Nählinie, ohne jedoch Nahtanfang und -ende zu sichern.

Einfache Nähte

Die meisten Nähte werden mit einem Geradstich gearbeitet. Die beliebteste ist die einfache Naht, bei der die Nahtzugaben auseinandergebügelt werden. In manchen Fällen ist jedoch eine Naht mit sauber eingeschlossenen Nahtzugaben besser geeignet (siehe Seite 40).

Fadenenden sichern und einfache Nähte

Damit sich die Naht nicht auflöst, müssen Fadenanfang und -ende gesichert werden, entweder durch Rückstiche (die stabilste Methode) oder durch Verknoten der Fadenenden. So fertigen Sie mit diesen Methoden eine einfache Naht:

Einfache Naht mit Rückstichen

Legen Sie die gesteckten oder gehefteten Stoffteile (siehe Seite 32 und 33) unter den Nähfuß, die offenen Kanten liegen an der gewünschten Markierung. Die Nadel circa 1,2 cm von der Oberkante in die Nählinie einstechen und den Nähfuß senken. Die Maschine auf „Rückstich" stellen und rückwärts nähen bis knapp an die obere Stoffkante, anschließend wieder auf „Geradstich vorwärts" und entlang der Nählinie bis zur unteren Kante nähen. Die Seitenkanten sollten immer an der Markierungslinie liegen. Die Maschine erneut auf „Rückstich" stellen und ca. 1,2 cm auf der Nählinie zurücknähen. Die Fadenenden dicht an der Naht abschneiden.

Hinweis: In der Abbildung sind die Rückwärtsstiche zur Verdeutlichung parallel zum Vorwärtsstich gezeigt, sie werden aber immer auf der bereits gesteppten Naht genäht.

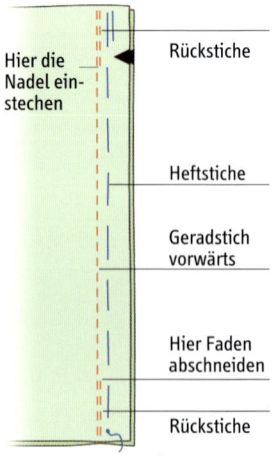

Hier die Nadel einstechen

Rückstiche

Heftstiche

Geradstich vorwärts

Hier Faden abschneiden

Rückstiche

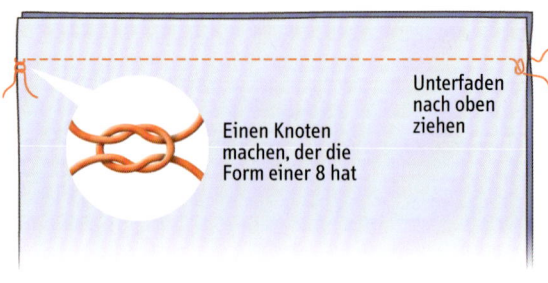

Einen Knoten machen, der die Form einer 8 hat

Unterfaden nach oben ziehen

Einfache Naht mit verknoteten Fadenenden

Fixieren Sie die Stoffteile mit Stecknadeln und Heftstichen (siehe Seite 32 und 33). Legen Sie den Stoff unter den Nähfuß, die offenen Kanten an der entsprechenden Markierung. Lassen Sie am Anfang ein langes Fadenende stehen. Nähen Sie von oben nach unten entlang der Nählinie. Auch am Ende ein langes Fadenende stehen lassen, Fäden abschneiden. Ziehen Sie am Oberfaden der Naht, so holen Sie den Unterfaden als Schlaufe nach oben. Nehmen Sie eine Stecknadel zu Hilfe, um den Unterfaden ganz durchzuziehen, dann die Fadenenden in Form einer 8 verknoten. Wiederholen Sie dies am anderen Nahtende und schneiden Sie die überschüssigen Fadenenden ab.

Nähte ausbügeln

Das Bügeln ist bei jedem Arbeitsschritt wichtig, um ein professionelles Nähergebnis zu erzielen. Das Bügeln nach jeder Naht (siehe Seite 10) macht nicht nur Nähte glatter und erleichtert das Zusammensetzen von Kleidungsstücken, sondern es vereinfacht auch die einzelnen Arbeitsschritte. Wenn Sie mit dem Bügeln bis zum Ende der Näharbeit warten, können Sie die innen liegenden Nähte nicht mehr ausbügeln.

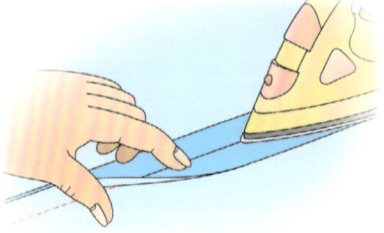

Entfernen Sie die Heftfäden. Mit dem Bügeleisen in der Richtung über die Naht bügeln, in der Sie soeben genäht haben, das verankert die Stiche. Mit den Fingern die Stoffkanten auseinanderdrücken und bügeln, sodass die Nahtzugaben flach liegen.

Kurven und Ecken nähen

Beim Herstellen von Kleidungsstücken oder anderen Projekten werden Nähte in bestimmten Formen immer wieder zu den Nähaufgaben gehören. Die Nähte machen einen Bogen, verlaufen um eine Ecke oder bilden eine Spitze. Mit diesen Techniken werden solche Nähte im Nu beherrschen.

Um die Kurve nähen

Kurvennähte werden genau wie gerade Nähte gearbeitet, allerdings müssen Sie den Stoff besonders sorgfältig unter der Nadel führen, damit die Nahtzugabe an der gesamten Naht genau gleich breit bleibt. Nehmen Sie die Markierungslinien wie auf Seite 35 beschrieben zu Hilfe, stellen Sie eine kürzere Stichlänge ein – ca. 2 mm – und nähen Sie langsam.

Eine Ecknaht nähen

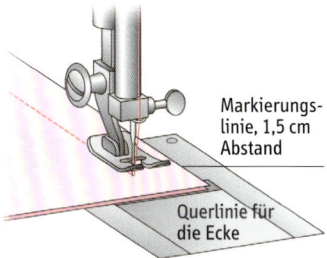
Markierungslinie, 1,5 cm Abstand

Querlinie für die Ecke

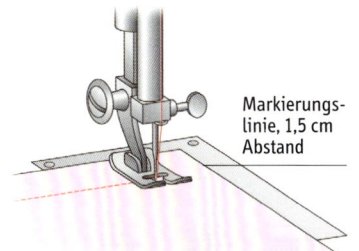
Markierungslinie, 1,5 cm Abstand

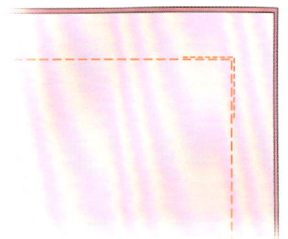

1 Falls es keine Querlinien auf der Stichplatte Ihrer Maschine gibt, kleben Sie einen Klebestreifen im Abstand einer Nahtzugabenbreite auf (siehe Seite 35). Sichern Sie den Fadenanfang mit Rückstichen und nähen bis zum Eckpunkt. Lassen Sie die Nadel im Stoff stecken, sobald die untere Stoffkante die quer laufende Markierungslinie bzw. den Klebestreifen erreicht hat. Nun das Nähfüßchen anheben.

2 Drehen Sie den Stoff um 90 Grad um die Nadel herum, dabei die untere Stoffkante an der seitlichen Markierungslinie in 1,5 cm Abstand ausrichten. Das Nähfüßchen senken und bis zum Ende der Naht nähen, dieses dann mit Rückstichen sichern.

3 Verstärken Sie die Ecke der Naht an beiden Seiten mit einer ca. 2 cm langen Reihe von kurzen Stichen – Stichlänge ca. 2 mm. Nähen Sie exakt auf der ersten Nählinie und drehen Sie den Stoff genau am selben Punkt.

Innenecken nähen

1 Markieren Sie mit Maßband und einem Kreidestift (siehe Seite 10) auf der linken
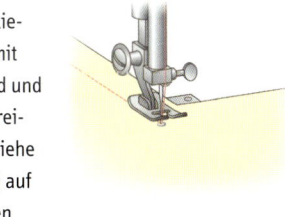
Stoffseite des Oberstoffs den Eckpunkt der Nählinie. Beginnen Sie mit Rückstichen und nähen Sie dann bis zum markierten Eckpunkt, dabei die Nadel im Stoff stecken lassen. Heben Sie das Nähfüßchen und drehen Sie den Stoff um 90 Grad um die Nadel herum. Den Nähfuß senken, sodass er parallel zur unversäuberten Kante steht. Nun die Naht bis zum Ende nähen und dieses wieder mit Rückstichen sichern.

2 Verstärken Sie die Ecknaht an beiden Seiten mit einer jeweils 2 cm langen Reihe kurzer Stiche (Stichlänge ca.
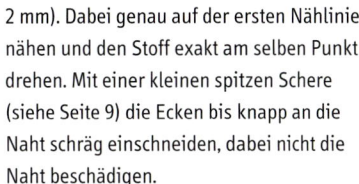
2 mm). Dabei genau auf der ersten Nählinie nähen und den Stoff exakt am selben Punkt drehen. Mit einer kleinen spitzen Schere (siehe Seite 9) die Ecken bis knapp an die Naht schräg einschneiden, dabei nicht die Naht beschädigen.

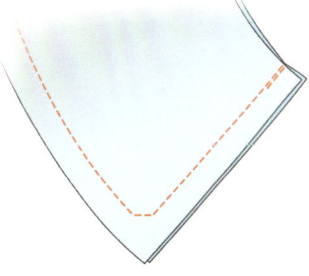

Spitze Ecken nähen

Wenn Sie eine Ecke mit einem spitzen Winkel nähen, wie bei einer Kragenspitze, entsteht eine saubere, wohlgeformte Spitze, wenn Sie – anstatt den Stoff um die Nadel zu drehen – die Ecken diagonal absteppen. Nähen Sie einen Diagonalstich bei feinen, zwei bei mittelfesten und drei bei schweren dicken Stoffen.

Stoffauftrag bei einfachen Nähten vermeiden

Die Nähte sauber und akkurat zu nähen ist der erste Schritt zum Gelingen Ihres Projekts, aber damit es wirklich professionell aussieht, müssen Sie überflüssigen Stoff aus den Nahtzugaben herausschneiden. Sonst trägt der Stoff zu sehr auf, es entstehen unschöne Beulen und Dellen. Dies ist besonders wichtig, wenn die Naht umschlossen wird, z. B. an Kragen, Manschetten oder am Taillenbund, aber auch, wenn mehrere Lagen Stoff zusammengenäht werden.

Ecken zurückschneiden

Damit die Ecke sauber und spitz wird, schneiden Sie die Ecke der Nahtzugabe wie abgebildet schräg ab – bis knapp an die Naht heran, ohne die Naht zu beschädigen. Mithilfe einer kleinen, spitzen Schere oder einer Stricknadel lässt sich die Naht

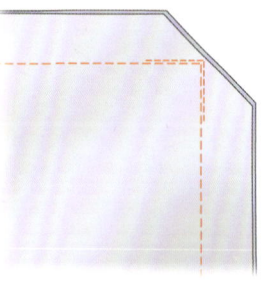

auf rechts wenden. Schieben Sie vorsichtig die Ecke heraus, dabei nicht zu fest drücken, damit kein Loch entsteht.

Spitzwinklige Ecken

Bei dieser Ecke muss etwas mehr Stoff zurückgeschnitten werden. Schneiden Sie quer über die Ecke der Nahtzugabe bis an die Naht heran, wie bei der rechtwinkligen Ecke. Dann rechts und links ein weiteres Schnipselchen abschneiden wie

gezeigt. So wird die Stoffmenge an der Naht verringert. Nach dem Wenden der Ecke liegt die Nahtzugabe flach.

Nahtzugaben beschneiden

Sobald mehrere Stofflagen zusammengenäht wurden, beispielsweise bei einem Taillenbund oder Kragen, oder wenn Nähte aufeinandertreffen, wie im Schritt oder unter den Armen, können es schnell vier oder mehr Schichten sein. Das macht die Naht dick und wulstig. Durch Zurückschneiden der Nahtzugaben werden diese Stellen flacher und weniger voluminös.

Nahtzugaben abgestuft zurückschneiden

Die Nahtzugaben werden beim Abstufen auf jeweils unterschiedliche Breiten zurückgeschnitten, die schmalste ist 5 mm breit. Die breiteste liegt an der am ehesten

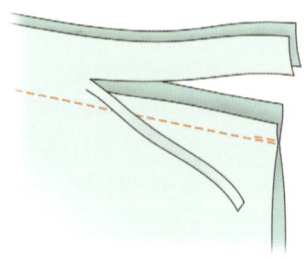

sichtbaren Naht, z. B. oben am Kragen. Franst der Stoff stark aus, dürfen die Nahtzugaben nicht zu schmal geschnitten werden.

Nahtzugaben an gekreuzten Nähten zurückschneiden

Nachdem Sie die Naht fertiggestellt haben, schneiden Sie die Ecken der Nahtzugaben wie abgebildet zurück.

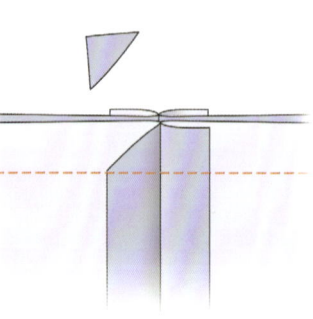

Nahtzugaben einkerben

Kerben sind kleine keilförmige Einschnitte, die aus den Nahtzugaben an Außenkurven, wie hier gezeigt, herausgeschnitten werden, sodass diese nach dem Wenden glatt und flach liegen. Bei Innenkurven müssen die Nahtzugaben lediglich eingeschnitten werden, damit Sie flach liegen kön-

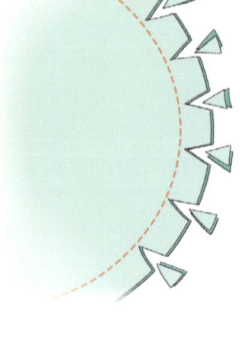

nen. Verwenden Sie eine kleine spitze Schere und setzen Sie die Einschnitte in regelmäßigen Abständen, dabei bis dicht an die Naht heranschneiden, ohne diese zu beschädigen. Sind die Kurvennähte später sichtbar, sollten Sie die Nahtzugaben zunächst zurückschneiden, bevor Sie diese einkerben.

Nahtzugaben versäubern

Vor allem bei gewebten Stoffen fransen die Kanten leicht aus, wenn sie nicht versäubert werden, dadurch werden die Nähte geschwächt. Das Versäubern verleiht den fertigen Stücken ein professionelles Aussehen. Es gibt verschiedene Methoden, Stoffkanten mit der Nähmaschine zu versäubern.

Zickzackstich

Dieser Stich kann auf den meisten gewebten Stoffen verwendet werden. Es ist die schnellste Art, Kanten zu versäubern und zu glätten. Neben Nahtzugaben eignet sich der Zickzackstich ebenso für andere Nähaufgaben an den Stoffkanten, z. B. an Säumen oder Belegkanten. Verwenden Sie einen Überwendlichfuß, dieser erzeugt den saubersten Zickzackstich. Dieser Nähfuß hat einen kleinen Stift, über den die Stiche geführt werden – so ziehen sie sich nicht zusammen und bilden keinen Wulst.

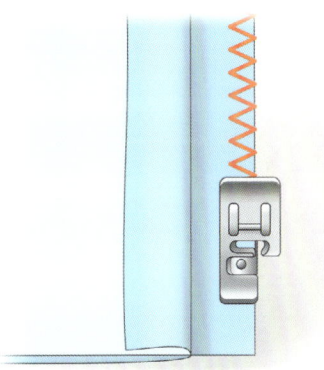

Einfacher Zickzack mit Überwendlichfuß
Dieser Stich eignet sich am besten für feste Stoffe aus Naturfasern und für schwere, dicke Stoffe.

Schneiden Sie zuerst die Kanten und überstehenden Fransen zurück. Schauen Sie im Nähmaschinenhandbuch, welche Einstellungen für Ihre Maschine empfohlen werden. Legen Sie die Stoffkante unter den Überwendlichfuß, der Stift liegt an der Stoffkante. Nähen Sie entlang der Stoffkante.

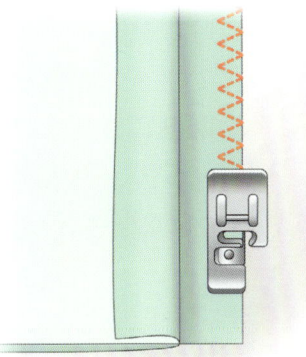

Dreistufiger Zickzack
Viele Maschinen verfügen über einen drei- oder mehrstufigen Zickzackstich. Anstatt den Stich von einem Punkt zum nächsten zu bilden, macht der dreistufige Zickzack drei Einstiche von Punkt zu Punkt. Dies verhindert, dass sich der Stoff stark zusammenzieht. Dieser Stich ist gut geeignet zum Kantenversäubern bei synthetischen und dicken Stoffen, die sich leicht verziehen.

Schneiden Sie zuerst die Kanten und überstehenden Fransen zurück. Schauen Sie im Nähmaschinenhandbuch, welche Einstellungen für Ihre Maschine empfohlen werden. Legen Sie die Stoffkante unter den Überwendlichnähfuß, der Stift liegt an der Stoffkante. Nähen Sie entlang der Stoffkante.

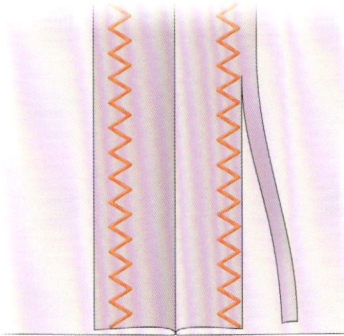

Zickzack ohne Spezialnähfuß
Wählen Sie den normalen Zickzacknähfuß und nähen Sie zunächst auf einem Stoffrest, um die Fadenspannung zu prüfen und sicherzustellen, dass sich die Stoffkanten nicht einrollen.

Stellen Sie eine mittlere Stichbreite mit kurzer Stichlänge ein und nähen Sie mit Zickzackstich 3 mm innerhalb der Nahtzugaben. Schneiden Sie den Stoff bis dicht an die Zickzacklinie heran ab.

TIPP
Falls Ihre Maschine keine Zickzackstiche nähen kann, nähen Sie mit einem kurzen Geradstich ca. 6 mm innerhalb der Nahtzugabenkanten entlang. Schneiden Sie die Stoffkante mit einer Zackenschere zurück oder fassen Sie die Kanten mit einem Überwendlichstich per Hand ein (siehe Seite 34).

Kappnähte

Kappnähte umschließen die Nahtzugaben – so verbleiben keine Stoffkanten, die versäubert werden müssen. Die Nähte sind außerdem sehr haltbar. Es gibt vier verschiedene Arten von Kappnähten: die Kappnaht, die eingefasste Naht, die französische Naht und die falsche französische Naht. Für ein sauberes und professionelles Ergebnis sind exaktes Nähen, das Beschneiden der Nahtzugaben und sorgfältiges Bügeln unerlässlich. Die folgenden Angaben sind für 1,5 cm Nahtzugabe berechnet. Ist Ihre Nahtzugabe breiter, muss sie akkurat auf 1,5 cm zurückgeschnitten werden, es sei denn, die Schnittmustervorlage gibt ein anderes Maß vor.

TIPP

Soll an Hosenbeinen oder Schulternähten eine Kappnaht gearbeitet werden, achten Sie darauf, dass die Nähte auf beiden Seiten in dieselbe Richtung gebügelt werden.

Die Kappnaht

Eine Kappnaht ist eine dekorative, doppelt gesteppte Naht, die auf der rechten Stoffseite gearbeitet wird. Achten Sie deshalb auf gerade Nähte und bügeln Sie sorgfältig. Kappnähte eignen sich für Jeans, Wendekleidung, Sportsachen und Herrenbekleidung – überall dort, wo strapazierfähige Nähte verlangt werden. Verwenden Sie Kappnähte jedoch nicht bei sehr dicken Stoffen, dort fallen die Nähte zu dick und wulstig aus.

1 Legen Sie die Stoffe links auf links aufeinander und nähen Sie eine einfache Naht mit 1,5 cm Nahtzugabe (siehe Seite 36). Nahtzugaben auseinanderbügeln, dann beide zu einer Seite bügeln. Die untere Nahtzugabe auf 6 mm zurückschneiden.

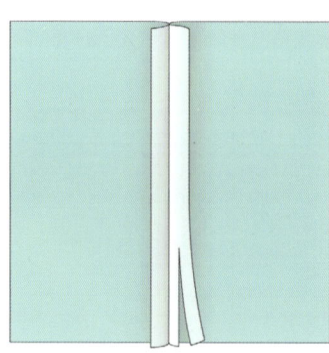

2 Die obere Nahtzugabe vorsichtig 6 mm nach innen umschlagen, flach bügeln. Mit Stecknadeln feststecken, dabei alle unversäuberten Kanten einschließen, dann mit Heftstichen sichern. Nun knappkantig mit der Maschine durch alle Stofflagen nähen. Fäden an Anfang und Ende mit Rückstichen sichern und die Heftfäden entfernen.

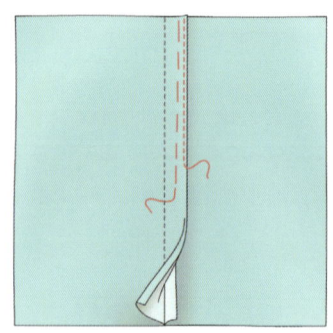

Eingefasste Naht (falsche Kappnaht)

Diese Naht kann sich als etwas knifflig erweisen, das Ergebnis ist jedoch eine saubere flache Naht, die gut für sichtbare Stellen an Kleidungsstücken geeignet ist. Sie ist ideal für dünne, leicht fransende Stoffe.

1 Legen Sie die Stoffe rechts auf rechts und nähen Sie eine einfache Naht mit 1,5 cm Nahtzugabe (siehe Seite 36). Nahtzugaben nicht auseinanderbügeln. Schneiden Sie die obere Nahtzugabe sorgfältig auf 3 mm zurück. Die Kanten der unteren Nahtzugabe 3 mm umschlagen und flach bügeln.

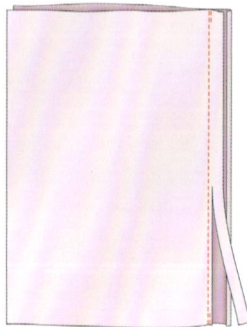

2 Falten Sie die gebügelte Kante so über die Nahtlinie, dass die Stiche bedeckt sind und die unversäuberte Nahtzugabe eingeschlossen wird. Mit Stecknadeln und Heftstichen fixieren und bügeln. Knapp neben der gebügelten Kante durch alle Stofflagen absteppen, Anfang und Ende mit Rückstichen sichern. Heftfäden entfernen und die Naht zu einer Seite bügeln.

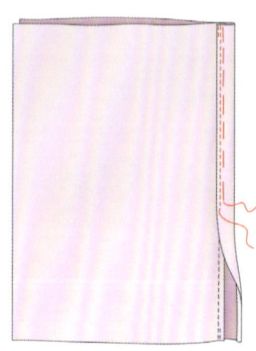

Französische Naht

Die französische Naht eignet sich nur für gerade Kanten an dünnen Stoffen. Sie wird zweimal genäht, zuerst auf der rechten Stoffseite, dann von der linken Stoffseite. Häufig wird sie für transparente oder halbtransparente Vorhänge, Bett- und Kissenbezüge sowie bei durchscheinender oder ungefütterter Kleidung verwendet – vorausgesetzt, die Nähte sind gerade.

1 Legen Sie die Stoffe links auf links, stecken und heften Sie beide Kanten zusammen. Nähen Sie mit 5 mm Abstand zu den unversäuberten Kanten. Nahtanfang und -ende mit Rückstichen sichern.

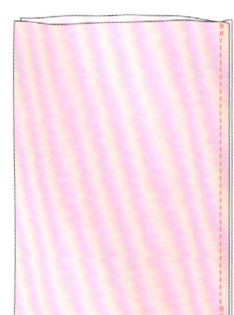

2 Bügeln Sie die Nahtzugabe auseinander und falten Sie den Stoff erneut, sodass er rechts auf rechts liegt und die Nählinie exakt auf der gefalteten Kante liegt. Bügeln Sie die gefaltete Kante flach, diese dann feststecken und heften. Die Kante nun noch einmal im Abstand von 1 cm nähen, dabei die offenen Stoffkanten umschließen. Nahtanfang und -ende mit Rückstichen sichern. Heftfäden entfernen und die Naht zu einer Seite bügeln.

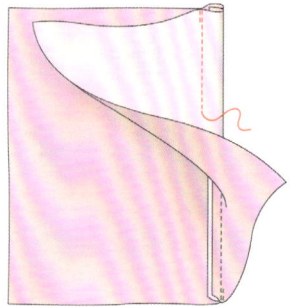

Falsche französische Naht

Diese Naht kann anstelle der Französischen Naht gearbeitet werden und ist auch für Kurvennähte oder zum Ausrichten eines Musters geeignet.

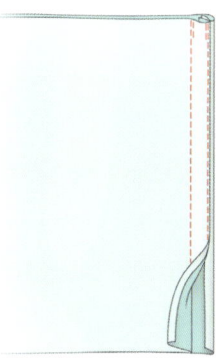

Legen Sie den Stoff rechts auf rechts und nähen Sie eine einfache Naht (siehe Seite 36) mit 1,5 cm Nahtzugabe. Die Nahtzugaben auf 1,2 cm zurückschneiden. Beide Nahtzugaben 6 mm zur linken Stoffseite umschlagen und bügeln, dabei die gefalteten Kanten aneinander ausrichten. Die gefalteten Kanten zusammennähen und die Naht zu einer Seite bügeln.

Überlappende Naht

Bei Innenfutter und Wattierungen handelt es sich häufig um voluminöse Stoffe, die am besten mit einer überlappenden Naht zusammengenäht werden, um ein flaches Ergebnis zu erzielen. Die offenen Kanten müssen nicht versäubert werden, da sie durch die Oberstoffe verdeckt werden.

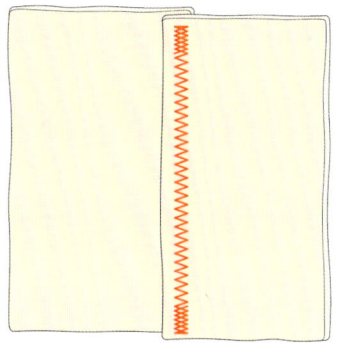

Legen Sie beide Stoffteile, mit der rechten Stoffseite nach oben, ca. 2 cm überlappend aufeinander. Mit Stecknadeln und Heftstichen fixieren, dann beide Stofflagen mit einem Zickzackstich oder mit zwei Reihen Geradstichen im Abstand von 6 mm zusammennähen. Die unversäuberten Kanten bis knapp an die Nählinie zurückschneiden.

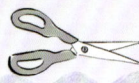

Steppen mit der Nähmaschine

Steppstiche werden auf der rechten Stoffseite parallel zu einer Naht gefertigt und sind dekorativ und funktionell zugleich, etwa um die Nahtzugaben flach zu halten oder eine Tasche aufzunähen.

TIPP

Verwenden Sie zum Hervorheben von Steppnähten einen Faden, der einen Ton dunkler als der Stoff ist. Oder entscheiden Sie sich für eine Kontrastfarbe als dekoratives Design-Element.

Naht absteppen

Beim Absteppen sind meist die Markierungslinien auf der Stichplatte verdeckt. Als Alternative nehmen Sie das Nähfüßchen zu Hilfe – etwa die Füßchenbreite zum Absteppen in 6 mm Breite. Soll die Steppnaht breiter werden, nähen Sie eine Reihe von Heftstichen oder befestigen Sie einen Klebestreifen als Markierungslinie. Sie können herkömmlichen Nähfaden verwenden, der am besten für feine Stoffe geeignet ist, oder spezielles Zierstichgarn (siehe Seite 20) für festere Stoffe.

Einfache Steppnaht

Eine einfache Steppnaht wird normalerweise parallel zur Naht oder einer Kante gefertigt.

Versäubern Sie die Nahtzugabe einer einfachen Naht (siehe Seite 39) und bügeln Sie diese zu der Seite, auf der die Steppnaht genäht werden soll. Arbeiten Sie auf der rechten Stoffseite und steppen Sie neben der Naht entlang,

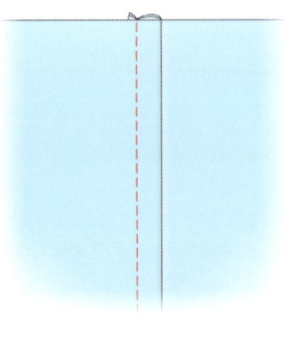

nehmen Sie dabei den Nähfuß oder eine Alternative zu Hilfe, damit die Naht stets einen gleichmäßigen Abstand hat. Steppen Sie gleichzeitig durch beide Nahtzugaben.

Absteppen einer fertigen Kante

Steppnähte werden häufig um eine fertige Kante herum gearbeitet, wie bei Kragen, Manschetten oder einer Tasche. Dann verläuft die Steppnaht parallel zur Kante und ist nicht nur dekorativ, sondern verhindert auch, dass sich die Kantenunterseite nach außen rollt.

Auf der rechten Stoffseite die fertige Nahtkante an die gewünschte Markierungslinie legen und mit dem Nähen an einer unversäuberten Kante beginnen. An den Ecken wenden, indem Sie den Stoff um die Nadel herum drehen (siehe Seite 37). Die gesicherten Fadenenden dicht an der Kante abschneiden.

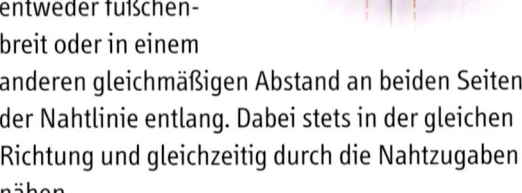

Doppelte Steppnaht

Hier werden zwei Steppnähte gefertigt, eine auf jeder Seite der Naht, in jeweils gleichen Abständen. Versäubern Sie die Nahtzugaben einer einfachen Naht (siehe Seite 39) und bügeln Sie die Nahtzugaben auseinander. Arbeiten Sie auf der rechten Stoffseite und steppen Sie entweder füßchenbreit oder in einem anderen gleichmäßigen Abstand an beiden Seiten der Nahtlinie entlang. Dabei stets in der gleichen Richtung und gleichzeitig durch die Nahtzugaben nähen.

Knappkantiges Steppen

Das knappkantige Steppen entspricht einer Steppnaht, wird jedoch sehr dicht – mit ca. 2 mm Abstand – neben der Kante oder Naht gearbeitet. Knappkantige Steppnähte können als dekoratives Element neben einer Steppnaht eingesetzt werden und verleihen einen Doppelnaht-Effekt. Faltenkanten erhalten mithilfe einer knappkantigen Steppnaht Stabilität und schärfere Falten (siehe Seite 132). Endet eine Steppnaht innerhalb einer Stofffläche und nicht an einer Kante, wie es bei Falten der Fall ist, müssen die Fadenenden zur Unterseite gezogen und dort verknotet werden (siehe Seite 36).

Spezielle Nähtechniken

Dieser Abschnitt beschäftigt sich mit einigen speziellen Nähtechniken, die – obwohl rein funktionell – elementare Bestandteile beim Nähen eines professionell aussehenden Kleidungsstücks sind. Zu diesen Techniken gehören das Flachsteppen, die Stütznaht, die Einhaltenaht sowie das Nähen im Nahtschatten.

Flachsteppen

Das Flachsteppen einer Nahtkante wird, wie das Absteppen, auf der rechten Stoffseite gearbeitet. Gesteppt wird dicht an der Naht. Die Stiche halten Einlagen und Nähte flach.

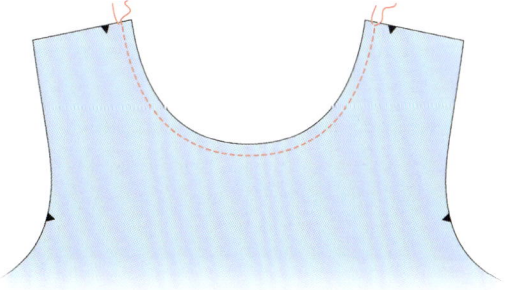

Schneiden Sie die Nahtzugaben abgestuft zurück (siehe Seite 38), die schmalste Nahtzugabe liegt an der Einlage. Die rechte Seite der Einlage liegt oben. Nun dicht an der Naht entlang steppen, dabei gleichzeitig durch Einlage und Nahtzugabe nähen.

Einhaltenaht

Einige Kleidungsstücke erfordern eine Einhaltenaht, mit der die Mehrweite an einem Stoffstück reduziert werden kann. Diese Naht wird wie eine Kräuselnaht mit der Maschine ausgeführt (siehe Seite 104), dabei wird jedoch mit einer Stichlänge von 3 mm gearbeitet. Die Stiche ziehen den Stoff gerade genug zusammen, um das Stück einem kleineren Bereich anzupassen, ohne jedoch Fältchen oder Kräusel zu bilden. Der Stoff wölbt sich, etwa bei einer Armkugel, damit diese in die Rundung des Armausschnitts eingepasst werden kann, oder auch am Ellenbogen, um genug Raum zu schaffen, damit der Arm frei bewegt werden kann.

Stütznaht

Eine Stütz- oder Verstärkungsnaht wird auf den Schnittteilen gearbeitet, bevor diese zusammengenäht werden. Die Stütznaht wird vor allem bei gerundeten Kanten und im schrägen Fadenlauf verwendet, z. B. bei Halsausschnitten und Taillenkanten, um eine Dehnung während des Zusammennähens zu verhindern.

Im Nahtschatten nähen

Das Nähen im Nahtschatten ist eine Variante des Absteppens, um mehrere Stoffteile mit weitgehend unsichtbaren Stichen zusammenzunähen. Dabei wird auf der rechten Stoffseite gearbeitet. Das Nähen im Nahtschatten findet vor allem beim Patchworken und Quilten Verwendung (siehe Seite 84) sowie beim Einsetzen von Taillenbündchen und Futterstoffen.

Nähen Sie mittellange Geradstiche knapp innerhalb der Nahtzugabe des zugeschnitten Stoffteils. Legen Sie das Teil zurück auf den Schnitt, um zu prüfen, ob es noch die richtige Form und Größe hat. Nähen Sie nun das Kleidungsstück ganz normal weiter.

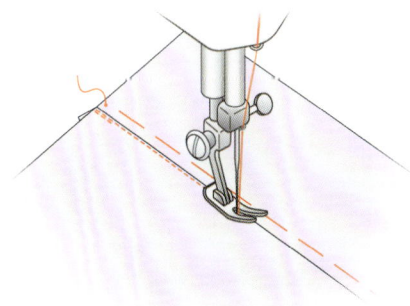

Nähen Sie eine gerade Naht und bügeln Sie die Nahtzugaben zu einer Seite. Stecken und heften Sie das zu fixierende Stoffstück an die Naht. Arbeiten Sie auf der rechten Stoffseite im Geradstich mit einem farblich passenden Faden oder Transparentfaden. Nähen Sie so dicht wie möglich an der Naht, ohne darüber zu nähen, dabei alle Stofflagen erfassen. Die fertigen Stiche sollten fast unsichtbar sein, versteckt von der Nahtkante.

Knöpfe

Knöpfe sind mit Abstand die beliebtesten Verschlüsse für Blusen, Mäntel und Jacken. Doch die Auswahl sollte mit Bedacht getroffen werden. Halten Sie sich an die im Schnittmuster empfohlene Größe, denn der Designer wird bereits die zum Kleidungsstück passende Größe ausgewählt und dabei auch das Gewicht, die Art des Stoffes und den Abstand der Knöpfe berücksichtigt haben. Die Größe des Knopflochs (siehe Seite 46) hängt ganz von der Größe und der Art des Knopfes ab.

Knopftypen

Die Auswahl an Knöpfen ist riesig – es gibt winzige, filigrane oder Perlmuttknöpfe, große oder auffällige Knöpfe in leuchtenden Farben, doch eigentlich gibt es nur zwei Knopftypen: Ösenknöpfe und Lochknöpfe.

Lochknöpfe

Diese Knöpfe haben mittig zwei oder vier Löcher. Sie können für dekorative Zwecke flach aufgenäht werden. Sollen sie jedoch als Verschluss dienen, muss ein sogenannter Hals genäht werden, sodass der Knopf flach auf dem Knopfloch aufliegt, ohne dabei am Stoff zu ziehen. Die Stoffstärke bestimmt, wie lang der Hals sein muss. Lochknöpfe sind für leichte Stoffe geeignet und können von Hand oder mit der Maschine mit einem Knopfnähfuß angenäht werden, sofern die Maschine einen Zickzackstich hat.

Ösenknöpfe

Ösenknöpfe haben auf der Rückseite eine Öse oder Steg, durch die der Knopf befestigt werden kann. So entsteht bei dicken Stoffen genügend Abstand zur Stoffoberfläche und der dekorative Teil des Knopfes sitzt oben auf dem Knopfloch. Ösenknöpfe sind nicht die beste Wahl für dekorative Zwecke, denn ohne stützendes Knopfloch hängen sie schlaff herunter. Sie eignen sich am besten für mittlere und schwere Stoffe.

Jeansknöpfe

Jeansknöpfe sind im Prinzip Ösenknöpfe ohne Nähen. Sie sind extrem stabil und ideal für legere Hosen und Jacken. Sie bestehen aus zwei Teilen – einem Dorn und dem eigentlichen Knopf. Die Teile werden auf und unter den Stoff gelegt und durch Druck verbunden. Diese Knöpfe gibt es als Set mit einem Werkzeug zum Anbringen und der Anleitung zu kaufen.

Knöpfe annähen

Knöpfe müssen im Alltag einiges an Belastungen aushalten, z. B. am Taillenbund oder im Brustbereich. So könnte sogar der Stoff reißen. Daher ist es wichtig, den Stoff mit einem Unterlegstoff zu verstärken (siehe Seite 18 und 19) oder durch mindestens zwei Stofflagen zu nähen.
Verwenden Sie zum Annähen ein strapazierfähiges Steppgarn, das in Kurzwarengeschäften erhältlich ist, oder auch doppelt gelegtes Allzweckgarn.

Lochknöpfe von Hand annähen

Soll der Knopf als Verschluss und nicht einem dekorativen Zweck dienen, müssen Sie einen Fadenhals nähen, um den Knopf von der Stoffoberfläche abzuheben, sodass die Stofflage mit dem Knopfloch ausreichend Platz unter dem Knopf hat, ohne Zug auf den Stoff auszuüben. Dies gilt für 2-Loch- ebenso wie für 4-Loch-Knöpfe.

1 Markieren Sie die gewünschte Knopfposition mit einem Kreidestift (siehe Seite 10) und sichern Sie den Fadenanfang auf der rechten Stoffseite genau am Markierungspunkt mit einem Rückstich (siehe Seite 33). Führen Sie Nadel und Faden durch eines der Löcher im Knopf nach oben, stechen Sie dann ins benachbarte Loch wieder nach unten.

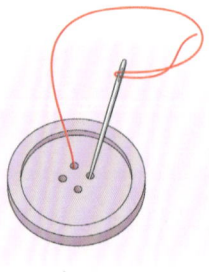

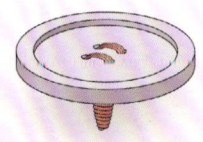

2 Legen Sie ein Streichholz über den Knopf und
ziehen Sie die Nadel nach
unten durch, sodass der
Faden das Streichholz
fixiert. Führen Sie die
Nadel durch das dritte Loch
(bzw. das erste, falls der
Knopf nur zwei Löcher hat)
wieder nach oben, über das
Streichholz hinweg und
durch das vierte Loch wie-

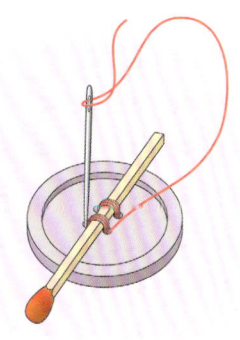

der nach unten. Machen Sie etwa sechs Stiche durch jedes Lochpaar,
dann das Streichholz vorsichtig herausziehen.

3 Heben Sie den Knopf
an, sodass die Stiche
gespannt sind, und ste-
cken Sie die Nadel durch
den Knopf nach unten
zwischen Knopf und Stoff.
Wickeln Sie den Faden
fest um die Spannfäden,
um den Knopfhals zu for-
men. Das Fadenende auf
der Unterseite des Stoffs
mit einigen Rückstichen
sichern.

Lochknöpfe mit der Maschine annähen

Wenn Ihre Maschine Zickzackstiche nähen kann, können diese meist auch zum Annähen von Lochknöpfen verwendet
werden. Allerdings wird dafür ein spezieller Knopfnähfuß benötigt. Schauen Sie im Handbuch Ihrer Maschine nach, ob
dieser zum Zubehör gehört, und wie Sie damit Knöpfe annähen können.

Lochknopf flach an-
nähen: Versenken Sie
den Transporteur (siehe
Handbuch der Maschine),
setzen Sie den Knopfnähfuß
ein und wählen Sie einen
Zickzackstich. Den Knopf an
die richtige Position auf den
Stoff legen und so unter dem
Nähfuß platzieren, dass die
Löcher im Schlitz des Fußes

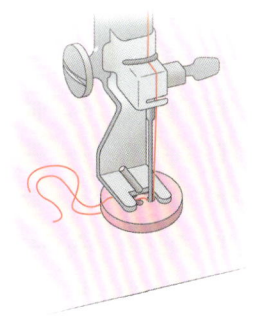

liegen. Den Nähfuß senken und eine Stichbreite einstellen, die dem Abstand zwischen den Löchern im Knopf
entspricht. Langsam etwa 10 Stiche nähen, dann den
Fuß anheben, den Stoff nach hinten wegziehen und die
Fäden abschneiden. Den Oberfaden mittels Handnähnadel
zur Unterseite des Stoffes durchziehen, die Fadenenden
sichern und abschneiden.

Lochknopf mit Hals an-
nähen: Einige Maschinen
haben einen Knopfnähfuß
mit einstellbarer Stegfunk-
tion. Falls nicht, können Sie
einen Zahnstocher oder eine
Maschinennähnadel in den
Schlitz des Knopfnähfußes
schieben, die Stiche werden
darüber genäht und bilden
den Hals. Ist der Knopf be-

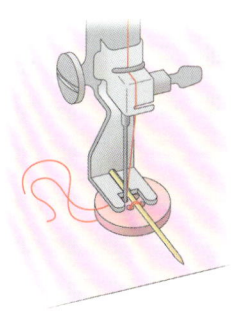

festigt, wickeln Sie den Oberfaden mehrmals um den Hals
unter dem Knopf wie bei Schritt 3 des Annähens von Hand
beschrieben (siehe oben). Ziehen Sie dann den Oberfaden
mittels einer Handnähnadel auf die Stoffunterseite durch,
sichern Sie die Fadenenden und schneiden Sie sie ab.

Ösenknöpfe von Hand annähen

Bei Ösenknöpfen muss mit der Hand genäht werden, denn die Öse an der Unterseite des Knopfes kann nicht von der
Maschinennadel durchstochen werden.

Markieren Sie auf der rechten Stoffseite
die gewünschte Knopfposition mit einem
Kreidestift (siehe Seite 10). Sichern Sie
den Faden rechts von der Markierung mit
einem Rückstich (siehe Seite 33). Legen
Sie den Ösenknopf auf die Markierung,
die Öse parallel zum Knopfloch. Führen

Sie Nadel und Faden durch die Öse,
dann nach unten durch alle Stofflagen.
Auf der anderen Seite der Öse wieder
nach oben durchstechen. Nähen Sie
etwa 6 Stiche durch die Öse. Sichern Sie
das Fadenende auf der Stoffunterseite
mit Rückstichen.

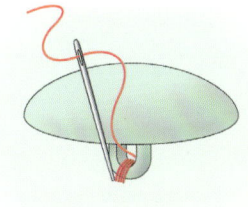

> **TIPP**
> Wenn es Ihnen noch an
> Erfahrung fehlt, bedie-
> nen Sie die Maschine
> nicht mit dem Fußpedal,
> sondern drehen Sie
> mehrmals am Handrad,
> bis der Knopf angenäht
> ist.

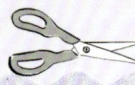
Verstärkende Unternähknöpfe

Unternähknöpfe werden an stark beanspruchten Stellen und bei sehr schweren Stoffen verwendet, aber ebenso bei mehreren Stofflagen. Es gibt spezielle Unternähknöpfe aus durchsichtigem Kunststoff, aber ein einfacher kleiner Knopf tut es auch, solange dieser die gleiche Anzahl von Löchern wie der obere Knopf hat. Unternähknöpfe werden mit dem Oberknopf zusammen angenäht.

Folgen Sie der Anleitung zum Annähen eines Lochknopfes von Hand (siehe Seite 44), legen Sie jedoch den Unternähknopf

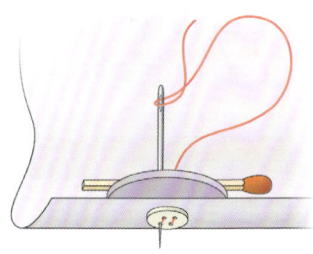

auf die Innenseite des Kleidungsstücks, genau unter den Oberknopf. Nähen Sie durch alle Löcher beider Knöpfe. Führen Sie die Nadel beim letzten Stich nur durch das Loch des Oberknopfes, entfernen Sie das Streichholz und bilden Sie den Fadenhals.

Knopflöcher

In diesem Buch beschäftigen wir uns mit „eckigen" Knopflöchern, die am gebräuchlichsten sind und mit der Maschine genäht werden. Sie kennen vielleicht auch Paspelknopflöcher, die vor allem bei Maßkleidung wie Jacken und Mänteln eingesetzt werden, aber damit sollten Sie warten, bis Sie Ihre Fähigkeiten erweitert haben.

Das Standard-Knopfloch ist im Prinzip nichts anderes als ein Stoffschlitz mit einem Riegel an den Enden (siehe gegenüberliegende Seite) und mit Zickzackstich eingefassten Kanten. Früher wurden Knopflöcher von Hand mit einem speziellen Knopflochstich, einer Art Langettenstich, und einem Knoten an der offenen Kante zur Verstärkung genäht.

Die meisten modernen Nähmaschinen haben verschiedene Knopflochprogramme, z. B. mit einem runden Ende für Hemden und Blusen oder einem Schlüssellochknopfloch für dickere Stoffe. Schauen Sie im Handbuch nach, was Ihre Maschine kann. Das Knopfloch wird durch alle Stofflagen genäht. Wie beim Annähen von Knöpfen ist es empfehlenswert, den Stoff zur Verstärkung zu unterlegen. Der Knopflochschlitz wird erst nach Fertigstellung der Stiche eingeschnitten.

Knopflochlänge berechnen

Die korrekte Länge des Knopflochs ist entscheidend, denn schließlich soll der Knopf problemlos hindurchpassen, aber wiederum soll das Loch auch nicht so groß sein, dass er wieder herausrutscht. Bei Schnittmustern sind meist die Knopflochgrößen angegeben. Die Spezialfüße (siehe Seite 48) passen automatisch die Größe an, sobald der Knopf in den Nähfuß gelegt wird. Dennoch sollten Sie wissen, wie Sie die Länge eines Knopflochs selbst ausrechnen können.

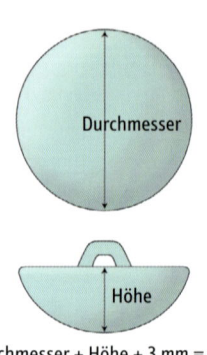

Durchmesser + Höhe + 3 mm = Knopflochlänge

Die Länge eines Knopflochs für einen Lochknopf oder einen Ösenknopf wird durch den Durchmesser und die Höhe des Knopfes bestimmt. Addieren Sie die Maße plus 3 mm für die Riegel an beiden Enden des Knopflochs.

Knopflöcher markieren

Senkrechte Knopflöcher befinden sich in der Regel auf der Knopfleiste einer Bluse oder Jacke und sind im Schnittmusterbogen markiert. Wenn die Kanten eines Modells überlappend verschlossen werden, sollte die vordere Mitte beider Seiten genau übereinanderliegen. Die Knöpfe sitzen jeweils 3 mm unter dem oberen Ende eines senkrechten Knopflochs. Bei waagerechten Knopflöchern wird der Knopf am inneren Ende angenäht, 3 mm hinter der vorderen Mitte. Wenn das Kleidungsstück geschlossen ist, sitzen die Knöpfe dadurch genau mittig.

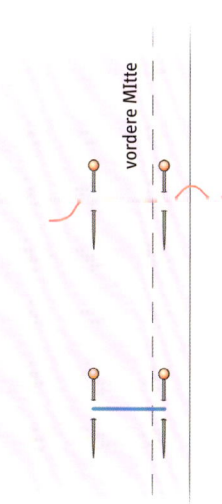

vordere Mitte

Legen Sie das Schnittteil genau angepasst an die vordere Mitte auf das Kleidungsstück. Markieren Sie Anfang und Ende der Knopflöcher mit Stecknadeln, die quer zur Knopflochrichtung gesteckt werden. Das Knopfloch kennzeichnen Sie mit einem Strich zwischen den Nadeln, entweder mit einem Kreidestift oder mit Heftstichen.

Knopflöcher nähen

Die meisten modernen Nähmaschinen können Knopflöcher entweder halbautomatisch oder automatisch nähen. Sie müssen dann weder die Nadelposition verändern noch beim Nähen den Stoff um die Nadel drehen. Bei älteren Maschinen müssen Sie die Stiche für ein Knopfloch von Hand führen. Schauen Sie im Handbuch Ihrer Maschine nach.

Halbautomatische Knopflöcher

Ein Automatik-Knopflochfuß oder ein verstellbarer Knopflochfuß hat auf der linken Seite Markierungen, um die Größe der Knopflöcher zu bestimmen. Markieren Sie zunächst die Position des Knopflochs, dann verschieben Sie den Schlitten des Nähfußes, sodass die untere Markierung auf dem Kleidungsstück am unteren Ende des Knopflochs liegt. Ziehen Sie beide Nähfäden unter dem Fuß nach links.

1 Stellen Sie an der Maschine den ersten Arbeitsschritt ein, dafür müssen Sie eventuell am Stichwahlrad drehen oder einen Memoryknopf drücken. Schauen Sie im Handbuch nach, wie Sie es richtig machen. Beginnen Sie mit dem Nähen des Knopflochs – die Maschine wird den ersten Riegel nähen, dann rückwärts die erste Seite des Knopflochs. Halten Sie an der oberen Markierung an.

2 Drücken Sie den Memoryknopf oder den entsprechenden Wahlknopf, um den nächsten Riegel zu nähen.

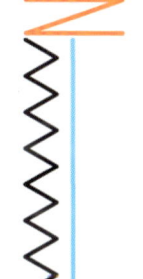

3 Nähen Sie nun die zweite Seite des Knopflochs.

4 Stecken Sie an beiden Enden des Knopflochs Stecknadeln direkt vor den Riegel, um diesen zu schützen. Schneiden Sie nun in der Mitte des Knopflochs den Stoff mit einem Nahttrenner vorsichtig auf.

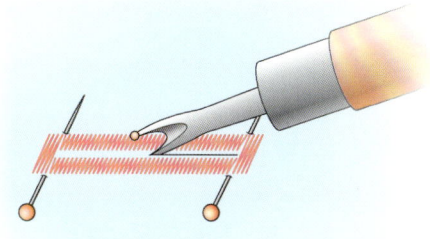

TIPPS

Falls Sie das Handbuch Ihrer Nähmaschine verlegt haben, suchen Sie im Internet. Hier finden sich zahlreiche Tipps und Hinweise zum Nähen, beispielsweise zum Nähen eines Knopflochs.

Üben Sie das Nähen und Einschlitzen eines Knopflochs zunächst auf einem Stück Probestoff, bevor Sie sich an ein Kleidungsstück wagen. So stellen Sie sicher, dass Sie die richtige Knopflochgröße gewählt haben und gleichmäßige Stiche nähen.

Wenn Sie bei dicken Stoffen feststellen, dass die Stiche nicht eng genug gesetzt werden, nähen Sie ein zweites Mal, direkt über der ersten Naht, um das Knopfloch herum. Dies verleiht dem Knopfloch auch zusätzliche Stabilität.

Vollautomatische Knopflöcher

Bei einem Automatik-Knopflochfuß bestimmen Sie die Länge des Knopflochs, indem Sie einen Knopf in die Schiene einlegen, so müssen Sie vorher nicht Maß nehmen. Schauen Sie im Handbuch nach, wie das bei Ihrer Maschine funktioniert.

Setzen Sie den Automatik-Knopflochfuß ein und wählen Sie die Einstellung für gerade Knopflöcher. Legen Sie den Knopf in die Schiene und ziehen Sie den Knopfhalter nach hinten, sodass der Knopf fest sitzt. Schieben Sie den Knopflochhebel so weit wie möglich nach unten. Nun beide Nähfäden unter dem Fuß nach links ziehen, dann den Nähfuß auf der Markierung platzieren, das Nadelloch genau über dem vorderen Ende der Knopflochmarkierung. Die Maschine näht nun das Knopfloch in einem Arbeitsschritt in der richtigen Größe. Schneiden Sie das Knopfloch mittig auf, wie auf Seite 47 beschrieben.

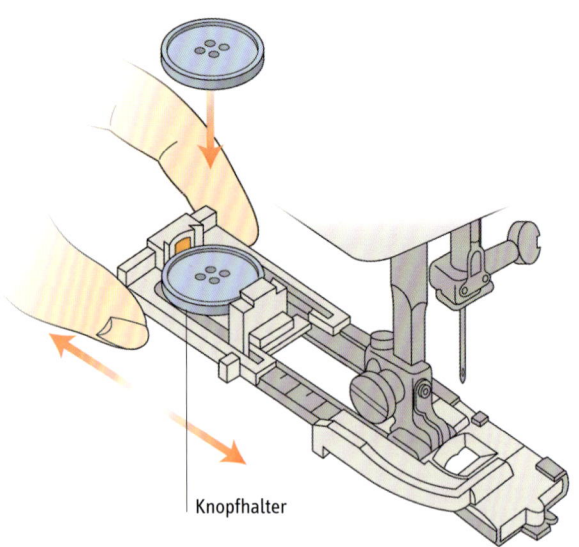

Knopfhalter

Die Vielfalt der Kissen

Kissen scheint es in den vielfältigsten Formen und Größen zu geben, tatsächlich gibt es jedoch nur zwei Grundformen: die normalen Kissen (wie beim Projekt auf den folgenden Seiten gezeigt) und kastenförmige Kissen. Ein normales Kissen wird aus zwei Stoffstücken genäht, die an den Kanten verbunden werden. Es ist in der Mitte dicker und wird zum Rand hin schmaler. Ein Kastenkissen ist gleichmäßig dick – hier muss ein zusätzlicher Stoffstreifen zwischen der oberen und der unteren Stofflage als Seitenteil eingenäht werden. Auch bei einer Nackenrolle handelt es sich um ein Kastenkissen, mit kleineren Ober- und Unterseiten und einem größeren Seitenteil.

Sowohl normale als auch Kastenkissen können als Sofakissen verwendet werden. Das Kastenkissen ist aber auch als Sitzkissen geeignet. Normale Kissen sind in der Regel weich und luftig und können mit Federn oder Polyesterfasern gefüllt werden. Dies trifft zwar auch auf Kastenkissen zu, sollen diese jedoch als Sitzkissen dienen, sollten sie mit Schaumstoff gefüllt und für zusätzlichen Komfort sowie zum Abrunden mit Vlies umwickelt werden.

Schnittmuster für Kissen

Wenn Sie ein Kissen neu beziehen möchten oder eine andere Größe als die im folgenden Projekt beschriebene nähen wollen, sollten Sie einen Papierschnitt anfertigen. So können Sie ermitteln, wie viel Stoff benötigt wird. Messen Sie Ihre Kissenfüllung aus. Die folgenden Anleitungen enthalten die Zugaben für das Einnähen eines Reißverschlusses.

Reißverschlusslängen

Bei dem normalen Kissen und der Nackenrolle auf der gegenüberliegenden Seite ist der Reißverschluss 12,5 cm kürzer als die gemessene Seitenlänge. Auf diese Weise kann an den Enden des Reißverschlusses eine 6,25 cm lange einfache Naht gesteppt werden, sodass das Einsetzen eines herkömmlichen Reißverschlusses für Nähanfänger leichter ist.

Schnittmuster für normale Kissen

1 Messen Sie an einem quadratischen oder rechteckigen Kissen Länge und Breite, bei einem runden Kissen den Durchmesser. Fertigen Sie einen Papierschnitt für die Kissenvorderseite mit 1,5 cm Nahtzugabe an allen Seiten an.

2 Für die Rückseite den Schnitt zur Hälfte falten und die Umrisse auf ein weiteres Stück Papier übertragen, dabei 1,5 cm Nahtzugabe an der gefalteten Kante hinzufügen – dies wird die hintere Mittelnaht. Mit diesem Papierschnitt werden zwei halbe Rückseiten aus Stoff zugeschnitten.

3 Messen Sie die hintere Mittelnaht aus, um die Länge des Reißverschlusses zu ermitteln. Der Reißverschluss sollte 12,5 cm kürzer als die Mittelnaht sein.

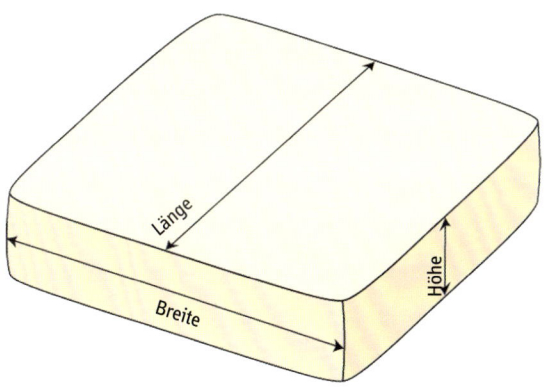

TIPP

Achten Sie beim Berechnen des Stoffverbrauchs und beim Zuschneiden darauf, dass die Kanten, an denen der Reißverschluss eingesetzt werden soll, im geraden Fadenlauf, parallel zur Webkante liegen (siehe Seite 27).

Schnittmuster für rechteckige oder quadratische Kastenkissen

1 Messen Sie die Länge, Breite und Höhe der Kissenform aus. Fertigen Sie einen Papierschnitt für die Vorder- und Rückseite mit dem Maß der Länge und Breite plus 1,5 cm Nahtzugabe an allen Seiten an. Mit diesem Papierschnitt werden eine Vorderseite und eine Rückseite aus Stoff zugeschnitten.

2 Der Reißverschluss wird in der Regel am hinteren Seitenteil mittig in eine Naht eingefasst, damit die Füllung eingeschoben werden kann. Zeichnen Sie deshalb einen separaten Papierschnitt für das hintere Seitenteil in der Länge der Kissenbreite und halb so breit wie die gesamte Kissenhöhe. Geben Sie 1,5 cm Nahtzugabe an allen Kanten hinzu. Dieser Streifen wird zweimal zugeschnitten.

3 Für das restliche Seitenteil fertigen Sie einen Papierschnitt an, der so lang ist wie die doppelte Kissenlänge plus einmal die Kissenbreite und so breit wie die Kissenhöhe. Geben Sie 1,5 cm Nahtzugabe an allen Kanten hinzu.

4 Der Reißverschluss sollte 5 cm kürzer als das hintere Seitenteil sein.

Schnittmuster für Nackenrollen

1 Messen Sie den Durchmesser der Seitenflächen, die Länge und den Umfang der Nackenrolle. Zeichnen Sie ein Schnittteil für das Mittelstück der Rolle mit dem Maß der Länge und des Umfangs. Fertigen Sie für beide Seiten ein rundes Schnittteil entsprechend dem Durchmesser an. Dabei nicht vergessen, 1,5 cm Nahtzugabe an allen Kanten hinzuzufügen.

2 Der Reißverschluss sollte 12,5 cm kürzer als das Längenmaß sein.

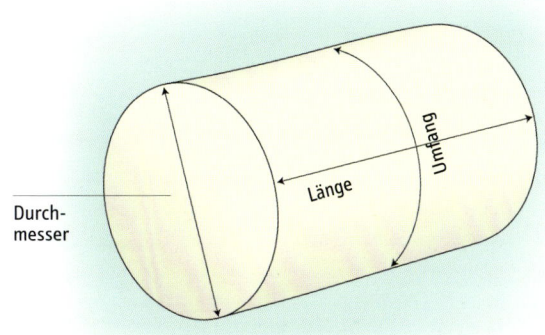

Verziertes Kissen mit Knopfverschluss

Bei einem Kissen mit Knopfverschluss hat der Bezug anstelle eines Reißverschlusses eine überlappende Öffnung auf der Rückseite. Es ist eines der einfachsten Projekte für Nähanfänger und ideal, um die Fähigkeiten, die Sie im Rahmen dieses Workshops erlangt haben, zu verfeinern. Dieser Kissenbezug wird mit einfachen Vorstichen verziert und mit einem Knopf verschlossen.

Den Stoff zuschneiden

Zeichnen Sie alle Schnittteile auf Papier. Fertigen Sie für die Vorderseite ein 44 cm großes Quadrat an, für die Rückseiten ein 26 cm x 44 cm sowie ein 33 cm x 44 cm großes Rechteck. Schneiden Sie jedes Teil einmal aus Stoff zu, dabei darauf achten, dass die Längskanten parallel zur Webkante liegen.

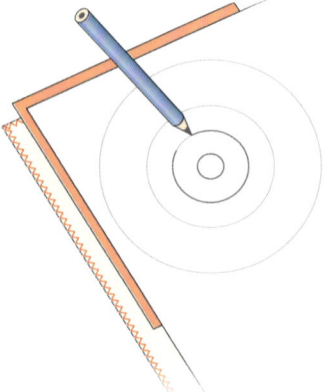

2 Fädeln Sie das Stickgarn auf eine Sticknadel. Verwenden Sie doppelt gelegtes Garn, so fallen die Stiche plastischer aus. Arbeiten Sie auf der linken Stoffseite und verwenden Sie die Abbildung als Orientierungshilfe. Nähen Sie parallele Vorstichreihen (siehe Seite 34) über einen der großen Kreise (2). Nähen Sie ca. 1 cm lange Stiche so gleichmäßig wie möglich.

1 Versäubern Sie alle Kanten des Vorderteils (siehe Seite 39). Übertragen Sie die fünf runden Muster von der Vorlage mithilfe eines Bleistifts und Schneiderkopierpapier auf die linke Stoffseite des Vorderteils.

3 Am nächsten Kreis (5) in der Mitte beginnen und mit Stickgarn in einer anderen Farbe spiralförmige Vorstiche nähen, auch hier auf einheitliche Stichlänge und Gleichmäßigkeit achten. Bis zum äußeren Rand des Kreises arbeiten. Am mittelgroßen Kreis (4) von der Mitte aus längere Stiche mit jeweils wechselnder Farbe bilden. Die beiden kleineren Kreise (1 und 3) mit individuellen, in unterschiedlicher Richtung ausgeführten Geradstichen besticken, bis die Kreise ausgefüllt sind.

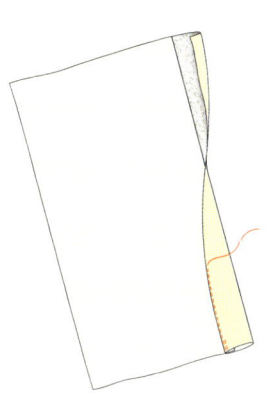

4 Schneiden Sie aus der Einlage (siehe Seite 18 und 19) zwei Stücke in der Größe 4 cm x 44 cm zu. Bügeln Sie die Einlage jeweils entlang einer Längskante auf die linken Seiten der beiden Rückenteile. Die verstärkten Kanten 1 cm nach innen umschlagen und bügeln, dann weitere 3 cm zur linken Stoffseite hin einschlagen und damit die offene Kante und die Einlage umschließen. Feststecken und dicht an der gebügelten Innenkante mit einer Maschinennaht zusammennähen. Nun die weiteren offenen Kanten versäubern.

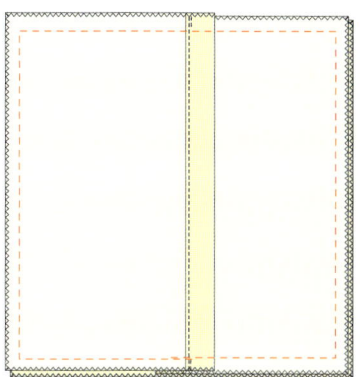

5 Das Vorderteil mit der rechten Stoffseite nach oben auf eine glatte Unterlage legen, dann die kleinere Rückseite rechts auf rechts kantenbündig darauf legen. Die zweite Rückseite mit der rechten Stoffseite nach unten auf die beiden Stofflagen legen, die versäuberten Kanten liegen dabei bündig, die gesäumten Kanten überlappen sich. Die Teile zusammenstecken und entlang der Außenkanten mit Heftstichen fixieren. Mit der Nähmaschine durch alle Stofflagen nähen, dabei den Stoff an den Ecken um die Nadel drehen (siehe Seite 37). Heftfäden entfernen, die Ecken zurückschneiden (siehe Seite 38). Den Bezug über die rückwärtige Öffnung auf rechts wenden und glatt bügeln.

6 Auf dem oberen Rückenteil die Position des Knopflochs (siehe Seite 47) mittig entlang der Öffnung mit Stecknadeln markieren, im gleichen Abstand und parallel zu Saumkante und Nählinie. Halten Sie den Untertritt des Rückteils beiseite und nähen Sie ein Knopfloch an der markierten Stelle (siehe Seite 47-48). Den größeren Knopf und den Unternähknopf zur Verstärkung (siehe Seite 46) von Hand auf den Untertritt der Rückseite aufnähen. Die Kissenfüllung über die rückwärtige Öffnung einschieben und den Knopf schließen.

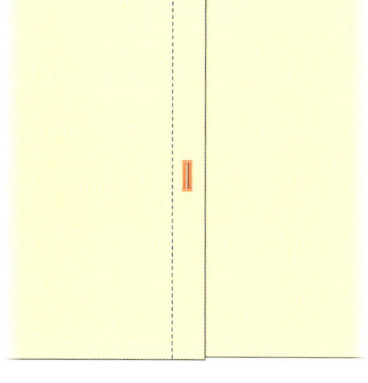

Workshop 2

Reißverschlüsse

Dieser Workshop beschäftigt sich mit den verschiedenen Reißverschlüssen und wie man sie einnäht: vom Standardmodell über den verdeckten Reißverschluss bis zur etwas kniffligeren Variante mit Übertritt. Wenn Sie das Einnähen eines Reißverschlusses beherrschen, stehen Ihnen viele Nähprojekte offen, darunter auch der tolle Sitzsack am Ende dieses Workshops.

Reißverschlusstypen

Reißverschlüsse sind in unterschiedlichen Ausführungen, Stärken und Längen erhältlich. Es gibt drei gängige Arten: den Standard-Reißverschluss, den verdeckten und den teilbaren Reißverschluss.

Normale Reißverschlüsse

Normale Reißverschlüsse haben entweder Metall- oder Kunststoffzähnchen, die an einem gewebten Band befestigt sind. Die Stopper sorgen dafür, dass die Reißverschlusszähnchen zusammen bleiben und dass der Schieber nicht herausrutscht. Diesen Reißverschlusstyp gibt es in unzähligen Farben, er wird in eine Naht gefasst und eignet sich für Kleider, Röcke und Oberteile. Reißverschlüsse mit Kunststoffzähnchen sind in der Regel leichter und biegsamer und damit ideal für leichte Baumwollstoffe, Viskose, Seide und Crêpe de Chine aus Polyester. Verwenden Sie Metallreißverschlüsse bei dickeren Stoffen und wenn der Verschluss sehr strapazierfähig sein muss, z. B. bei Jeans.

Verdeckte Reißverschlüsse

Der verdeckte (nahtfeine) Reißverschluss weist einige Unterschiede zum Standard-Reißverschluss auf, sowohl in der Optik als auch beim Einnähen. Wird der verdeckte Reißverschluss geschlossen, sind die Zähnchen nicht zu sehen – nur der Schieber bleibt sichtbar. Zum Einnähen benötigen Sie einen speziellen Reißverschlussnähfuß, zudem wird der Reißverschluss von der linken Stoffseite aus eingenäht.

TIPPS

Falls Sie keinen farblich passenden Reißverschluss finden, verwenden Sie einen, der einen Farbton dunkler ist als der Stoff.

Ist der Reißverschluss zu lang, können Sie von Hand mit einigen Überwendlichstichen (siehe Seite 34) etwa 2 cm unterhalb der gewünschten Länge quer über die Zähnchen nähen. Das Bandende unterhalb der Stiche abschneiden.

Reißverschluss mit Kunststoffzähnchen

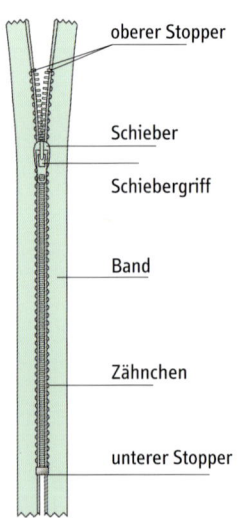

- oberer Stopper
- Schieber
- Schiebergriff
- Band
- Zähnchen
- unterer Stopper

Reißverschluss mit Metallzähnchen

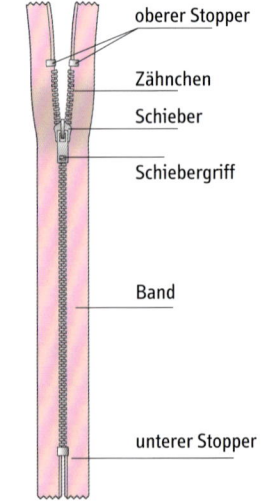

- oberer Stopper
- Zähnchen
- Schieber
- Schiebergriff
- Band
- unterer Stopper

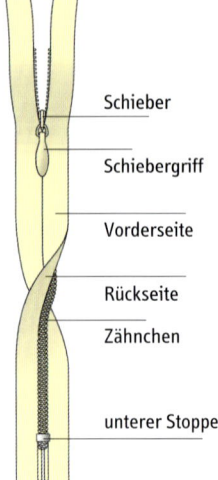

- Schieber
- Schiebergriff
- Vorderseite
- Rückseite
- Zähnchen
- unterer Stopper

Teilbare Reißverschlüsse

Ein teilbarer Reißverschluss ist an beiden Enden offen und wird in eine Naht eingesetzt, die vollständig geöffnet werden muss. Er ist mit Metall- oder Kunststoffzähnchen erhältlich, jedoch in weitaus weniger Farben als die anderen Reißverschlusstypen. Ein teilbarer Reißverschluss wird für Jacken und Freizeitkleidung verwendet und wie ein normaler Reißverschluss eingenäht, jedoch kann er auch – als dekoratives Element – so eingesetzt werden, dass die Zähnchen sichtbar sind.

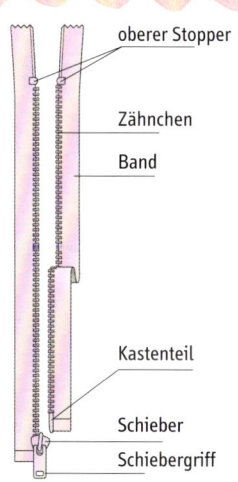

oberer Stopper

Zähnchen

Band

Kastenteil

Schieber

Schiebergriff

Reißverschlüsse einsetzen

In der Regel werden normale Reißverschlüsse entweder mittig, verdeckt oder mit Übertritt eingesetzt (siehe vorherige Seite). Eine andere Methode mit einem speziellen Reißverschlussnähfuß ist zum Einnähen eines verdeckten Reißverschlusses (siehe Seite 58) erforderlich. Ein teilbarer Reißverschluss wird ähnlich wie beim mittigen oder verdeckten Einsetzen eingenäht. Alle Techniken erfordern das Einfassen in Nähte. Ist keine Naht vorhanden, muss der Reißverschluss in einen Schlitz eingenäht werden (siehe Seite 59).

Reißverschlussnähfüße

Spezielle Reißverschlussnähfüße erleichtern das Einsetzen eines Reißverschlusses, indem sie das Nähen dicht an der Zähnchenkante ermöglichen und somit für einen guten Sitz des Verschlusses im Kleidungsstück sorgen. Ein normaler Reißverschlussfuß gehört häufig zum Zubehör der Nähmaschine. Möglicherweise müssen Sie jedoch einen speziellen Nähfuß für verdeckte Reißverschlüsse separat kaufen.

Standard-Reißverschlussnähfüße

ansteckbarer Reißverschlussfuß – Oberseite

ansteckbarer Reißverschlussfuß – Unterseite

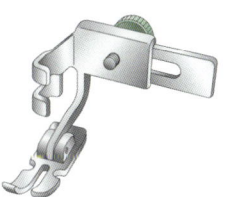

Reißverschlussfuß zum Anschrauben

Nähfuß für verdeckte Reißverschlüsse

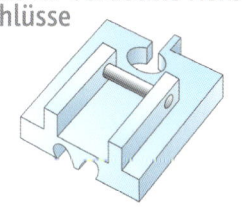

ansteckbarer Nähfuß für verdeckte Reißverschlüsse

Ein herkömmlicher Reißverschlussfuß wird eingesetzt, wenn eine Naht auf einer Seite dicker ist. Er ist ebenso beim Aufnähen von Zierbändern (siehe Seite 162) hilfreich. Dieser Fuß wird bei mittigen, verdeckten, sichtbaren sowie bei Reißverschlüssen mit Übertritt verwendet. Es gibt unterschiedliche Nähfüße zum Anstecken, die alle zum Nähen direkt an der Außenkante des Fußes dienen, sodass die Stiche dicht an der Zahnkante des Reißverschlusses zu sehen sind. Bei dickeren Reißverschlüssen oder beim Aufnähen dickerer Paspelkordeln ist ein Nähfuß zum Anschrauben besser geeignet. Dieser hat einen seitlichen Querriegel, mit dem sich der Fuß an die gewünschte Position schieben lässt – so kann akkurater genäht werden. Vergessen Sie nicht, dass beim Verwenden eines Reißverschlussfußes die Nadelposition verändert werden muss.

Meist wird dieser Nähfuß angesteckt, es gibt aber auch Füße zum Anschrauben, abhängig vom Nähmaschinenmodell. Mit diesem Nähfuß geht das Einsetzen von Reißverschlüssen leicht von der Hand. Die Zähnchen werden beim Nähen durch die Rinnen im Nähfuß geführt, sodass die Stiche genau unter die Zähnchen gesetzt werden.

Normale Reißverschlüsse einsetzen

Es gibt zwei gängige Methoden zum Einsetzen eines normalen Reißverschlusses – entweder mittig, wobei die Nähte in gleichen Abständen rechts und links vom Reißverschluss liegen, oder verdeckt. Im zweiten Fall wird eine Stoffkante dicht neben den Reißverschluss genäht, während die andere Kante die Zähnchen überlappt und sie verdeckt. Ein normaler Reißverschluss kann ebenso mit einem Übertritt eingesetzt werden (siehe Seite 56-57).

Reißverschluss mittig einsetzen

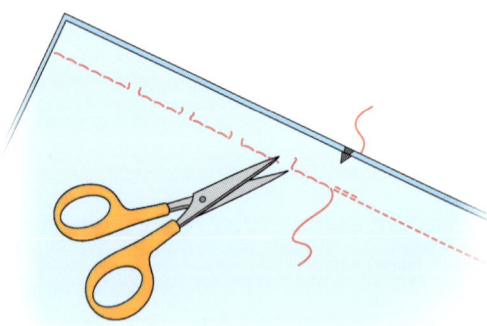

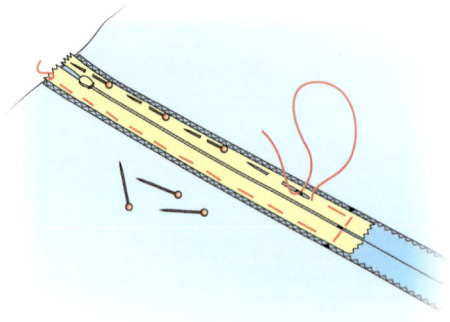

1 Nähen Sie die Naht des Kleidungsstücks bis an das untere Ende des Reißverschlusses und sichern Sie sie mit Rückstichen. Stellen Sie die längste Stichlänge ein und heften Sie die Stoffteile mit der Maschine entlang der Reißverschlussöffnung, ohne Rückstiche am Ende. Mit einer kleinen scharfen Schere entlang der Reißverschlussöffnung die Unterfadenstiche in Abständen von 12 mm einschneiden, das erleichtert das spätere Entfernen. Versäubern Sie die Nahtzugaben (siehe Seite 39) und bügeln Sie diese auseinander.

2 Legen Sie den Reißverschluss mit der rechten Seite nach unten auf die Nahtzugaben, sodass die Zähnchen mittig auf der Naht und der untere Stopper exakt unter dem Ende der Öffnung liegen. Stecken und heften Sie den Reißverschluss fest.

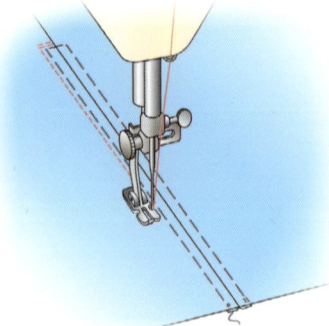

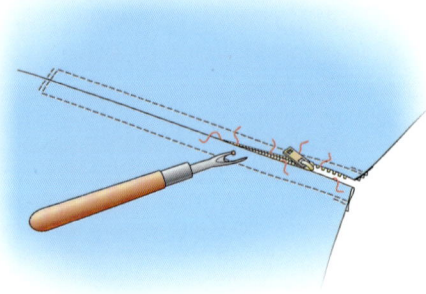

3 Von der rechten Stoffseite nähen Sie den Reißverschluss mit normaler Stichlänge fest. Dazu muss der Nähfuß links von der Nadel positioniert werden. Beginnen Sie am Nahtende unterhalb des unteren Stoppers und nähen Sie drei oder vier Stiche quer über die Naht. Nun drehen Sie den Stoff um die Nadel (siehe Seite 37) und nähen in Fortsetzung der Naht bis zur Oberkante. Sichern Sie Nahtanfang und -ende mit Rückstichen.

4 Schieben Sie den Nähfuß nun auf die rechte Seite der Nadel. Beginnen Sie wieder am unteren Stopper und nähen Sie die andere Seite des Reißverschlusses fest. Entfernen Sie die Heftfäden sowie die über den Zähnchen liegenden Stiche.

Reißverschluss verdeckt einnähen

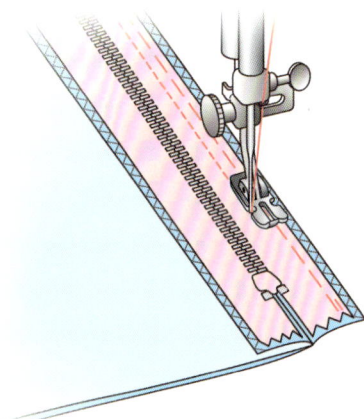

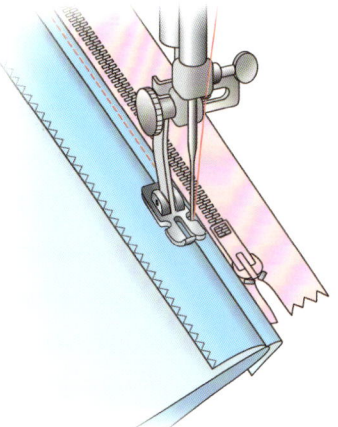

1 Folgen Sie Schritt 1 des mittig eingesetzten Reißverschlusses (siehe gegenüberliegende Seite). Zum Positionieren des Reißverschlusses die rechte Nahtzugabe auffalten und den Reißverschluss mit der rechten Seite nach unten auflegen. Die Zähnchen liegen mittig auf der Naht, der untere Stopper knapp unter der Öffnung. Stecken und heften Sie den Reißverschluss fest. Schieben Sie den Nähfuß auf die rechte Seite der Nadel und nähen Sie den Reißverschluss mit ca. 6 mm Abstand zu den Zähnchen fest.

2 Wenden Sie den Reißverschluss nach außen, rechte Seite nach oben, die Nahtzugabe ist nach unten gefaltet. Legen Sie die Kante dicht an die Zähnchen, doch nicht darüber, und stecken Sie sie fest. Den Nähfuß zur linken Seite der Nadel schieben und entlang der gefalteten Kante durch alle Stofflagen nähen.

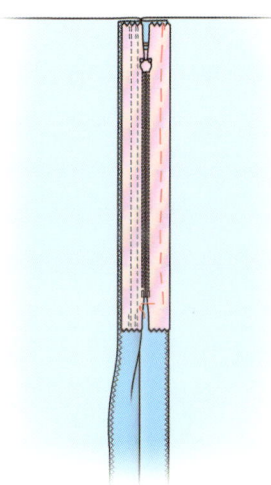

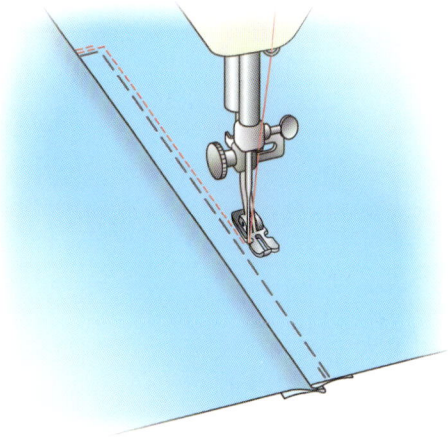

3 Legen Sie Kleidung mit der linken Seite nach oben hin. Stecken und heften Sie das lose Reißverschlussband durch die Stofflagen.

WICHTIGER HINWEIS

Beim Einsetzen in eine Kissenhülle wird der Reißverschluss mittig entlang der Naht eingesetzt und nicht an der oberen Kante ausgerichtet. Nähen Sie zunächst eine 6,25 cm lange einfache Naht an jedem Ende. Dann wie gezeigt weiterarbeiten, jedoch bei den letzten Stichen die Arbeit am unteren und oberen Ende um die Nadel drehen und die Naht an der Nählinie beenden. Mit Rückstichen sichern.

4 Arbeiten Sie auf der rechten Stoffseite mit normaler Stichlänge und nähen Sie den Reißverschluss fest. Schieben Sie dazu den Nähfuß auf die rechte Seite der Nadel und beginnen Sie knapp unterhalb des unteren Stoppers. Nähen Sie vier oder fünf Stiche quer über das untere Ende, drehen Sie den Stoff um die Nadel (siehe Seite 37) und nähen Sie bis zur Oberkante in Fortsetzung der Nählinie. Sichern Sie die Naht mit Rückstichen. Entfernen Sie die Heftfäden sowie die über den Zähnchen liegenden Stiche.

Reißverschluss mit Übertritt einsetzen

Ein Reißverschluss mit Übertritt wird in der Regel für Herrenhosen, oft auch bei Damenhosen oder -röcken verwendet, wenn ein sauberer und stabiler Verschluss benötigt wird. Ein Metallreißverschluss ist empfehlenswert, da er strapazierfähiger ist. Wenn Sie jedoch keinen farblich passenden Metallreißverschluss finden, können Sie auch einen dünneren Rockreißverschluss verwenden.

Angesichts der vielen Unisex-Kleidungsstücke herrscht häufig Verwirrung, auf welcher Seite der Schlitz überlappen sollte. Bei Damenkleidung liegt die rechte Schlitzseite über der linken, bei Herrenkleidung die linke über der rechten. Die Anleitung beschreibt das Einsetzen eines Reißverschlusses bei Damenkleidung.

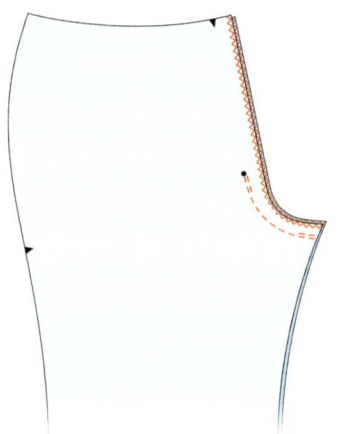

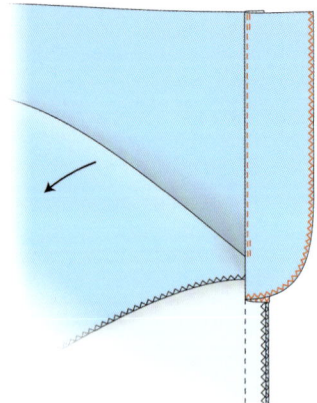

Reißverschlüsse mit Übertritt

Der Schnittmusterbogen enthält alle Teile zum Einsetzen eines Reißverschlusses mit Übertritt, doch es gibt verschiedene Varianten.

Schnittteil mit angeschnittenem Beleg

Möglicherweise ist der Beleg auf dem Schnittteil bereits eingezeichnet (siehe linke Abbildung) – wie kleine Ohren. In diesem Fall müssen Sie nach dem Zuschneiden aller Stoffstücke den Beleg auf der linken Vorderseite bis auf 1,5 cm Nahtzugabe zurückschneiden (siehe rechte Abbildung). Nähen Sie die Öffnung wie beim Einsetzen eines Reißverschlusses mit separatem Beleg beschrieben, lassen Sie jedoch Schritt 2 aus.

1 Versäubern Sie die vorderen Schrittkanten oder bei einem Rock die vordere Mittelnaht, siehe Seite 39. Nähen Sie die vorderen Hosenteile rechts auf rechts mit ausgerichteten Markierungen und mit 1,5 cm Nahtzugabe von den Markierungen bis zu den Innenkanten (bei einer Hose) oder (bei einem Rock) von den Markierungspunkten bis zur Saumkante. Sichern Sie die Naht mit Rückstichen.

2 Bügeln Sie die Einlage auf die linke Seite des Belegs, wenn dies im Schnittmuster vorgegeben ist, und versäubern Sie die lange, gerundete Kante. Die linke Vorderseite des Kleidungsstücks nach unten umschlagen, sodass die rechte Vorderseite frei liegt. Stoff rechts auf rechts und die Taillenbundkanten aufeinanderlegen. Nähen Sie die lange offene Seite mit 1,5 cm Nahtzugabe an die rechte vordere Öffnung, dabei von der Taillenbundkante bis zu den Markierungen nähen. Nahtzugaben nach innen bügeln und diese an den Übertritt flachsteppen (siehe Seite 43). Beleg nach innen bügeln.

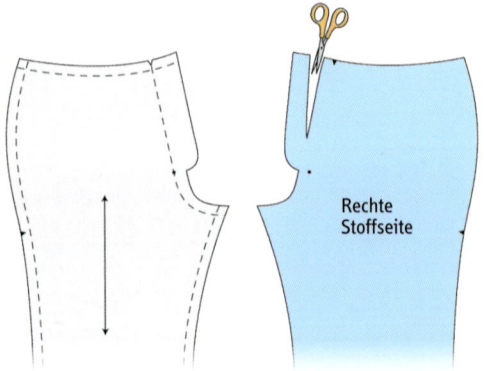

Rechte Stoffseite

Separater Beleg

Hier ist für das vordere Hosenbein oder Rockvorderteil eine 1,5 cm Nahtzugabe entlang des vorderen Schritts oder vorderen Mittelnaht angegeben, an die Sie einen separaten Beleg ansetzen müssen. Die linke Seite muss nicht zurückgeschnitten werden. Die im Buch beschriebene Anleitung entspricht dieser Methode.

3 Die linke vordere Kante 1 cm nach innen umschlagen und bügeln. Arbeiten Sie auf der rechten Stoffseite und legen Sie den Reißverschluss mit der rechten Seite nach oben unter die gebügelte Kante. Das obere Ende des Reißverschlussbandes liegt an der Taillenbundkante oder in der vom Schnittmuster angegebenen Position. Reißverschluss mit Heftstichen fixieren. Den Reißverschluss mithilfe eines Reißverschlussfußes dicht an den Zähnchen festnähen. Nahtzugabe der vorderen Schrittnaht am unteren Ende des Reißverschlusses einschneiden und zur rechten Vorderseite bügeln oder, falls im Schnittmuster angegeben, flach bügeln.

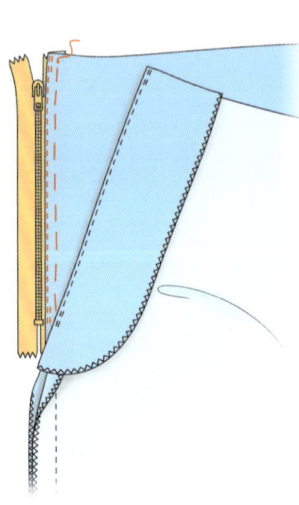

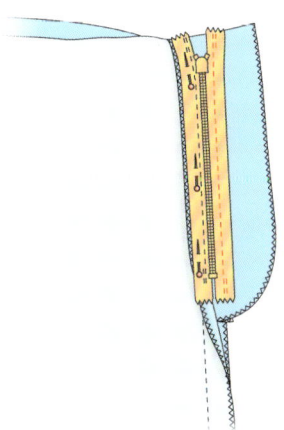
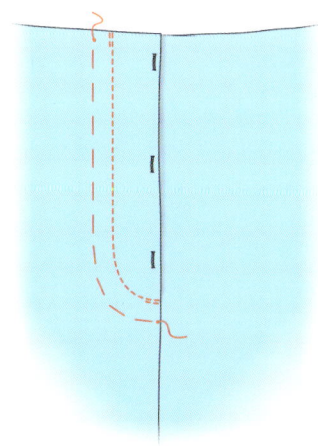
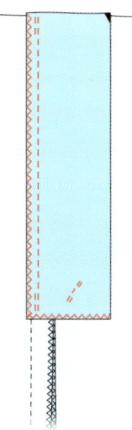

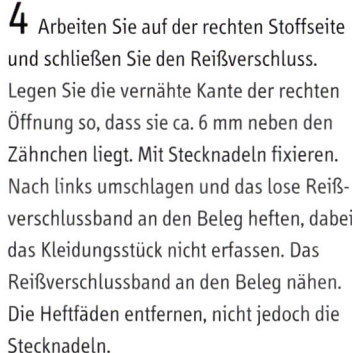

4 Arbeiten Sie auf der rechten Stoffseite und schließen Sie den Reißverschluss. Legen Sie die vernähte Kante der rechten Öffnung so, dass sie ca. 6 mm neben den Zähnchen liegt. Mit Stecknadeln fixieren. Nach links umschlagen und das lose Reißverschlussband an den Beleg heften, dabei das Kleidungsstück nicht erfassen. Das Reißverschlussband an den Beleg nähen. Die Heftfäden entfernen, nicht jedoch die Stecknadeln.

5 Arbeiten Sie nun auf der linken Stoffseite und legen Sie das Kleidungsstück möglichst flach vor sich. Heften Sie den Reißverschlussbesatz an das rechte Vorderteil der Hose oder des Rocks. Das Kleidungsstück auf rechts wenden und vorsichtig den Beleg feststeppen, dabei die im Schnittmusterbogen angegebene Stepplinie berücksichtigen, sofern vorhanden. Nahtende mit Rückstichen sichern. Enthält das Schnittmuster keine Vorgaben, nehmen Sie untenstehende Hinweise zu Hilfe.

6 Bügeln Sie den Schlitz der Länge nach links auf links zur Hälfte um. Versäubern Sie die langen und kurzen Kanten zusammengefasst. Die langen versäuberten Schlitzkanten an die Nahtzugaben der linken vorderen Öffnung heften und festnähen. Nähen Sie von der linken Stoffseite aus die untere Kante der Schlitzblende nur an den Reißverschlussbesatz, den Oberstoff nicht mitfassen. Dabei ist der Reißverschluss geschlossen, die Unterseite des Reißverschlusses wird vom Schlitz bedeckt. Entfernen Sie die Heftfäden.

Stepplinienmarkierungen

Eines der auffälligsten Partien des Reißverschlussschlitzes ist die gerundete Stepplinie. Diese kann in einer Kontrastfarbe genäht werden, wie etwa bei Jeans, um als Blickfang zu dienen. Dabei muss darauf geachtet werden, dass die Naht sehr sauber gearbeitet und parallel zur vorderen Mittelnaht genäht wird, mit einem sanften Bogen im unteren Bereich. Eine Stepplinie erleichtert akkurates Nähen. Das Schnittmuster für den Rock im Jeans-Stil am Ende dieses Buches gint Ihnen einen Eindruck, wie eine solche Stepplinie aussehen kann.

Stepplinien selbst zeichnen

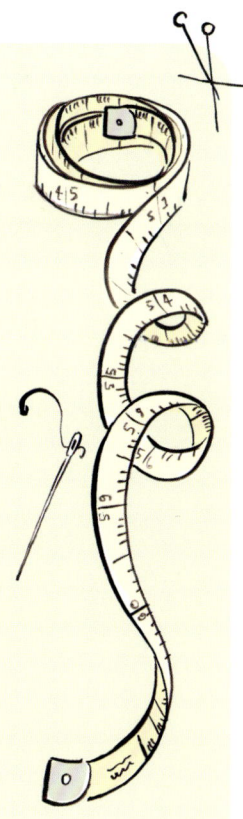

1 Messen Sie im Schnittmusterbogen die Länge der Reißverschlussöffnung von der Bundkante bis zum unteren Ende des Reißverschlusses. Zeichnen Sie eine Linie auf ein Stück Papier und notieren Sie darauf dieses Maß. Zeichnen Sie links von der Linie parallel dazu im Abstand von 2,5 cm eine zweite Linie auf. Mit einem kleinen abgerundeten Gegenstand zeichnen Sie nun einen Bogen von der zweiten Linie um das untere Ende des Reißverschlusses an der ersten Linie. Verbinden Sie beide Linien durch einen Querstrich am oberen Ende des Reißverschlusses. Schneiden Sie die Vorlage aus.

2 Fixieren Sie die Vorlage mit doppelseitigem Klebeband auf dem Übertritt, sodass die gerade Stepplinie entlang der langen Kante verläuft, die Rundung am unteren Ende des Übertritts. Anhand der Vorlage die Rundung mit Heftstichen markieren. Vorlage entfernen und nun sorgfältig knapp außerhalb der Heftstiche absteppen. Nahtanfang und -ende mit Rückstichen sichern. Heftfäden entfernen.

Verdeckter (nahtfeiner) Reißverschluss

Der nahtfeine Reißverschluss wird vorzugsweise bei Kleidern, Röcken und Kissenhüllen eingesetzt und kann als Ersatz für den überlappenden oder den mittig eingesetzten Reißverschluss verwendet werden. Viele scheuen sich vor einem nahtfeinen Reißverschluss in dem Glauben, er sei besonders schwierig einzunähen, jedoch ist es eine der einfachsten Methoden. Er wird in eine offene Naht nur auf die Nahtzugaben gesetzt, so sind keine Nähte auf dem Oberstoff sichtbar. Für das Einsetzen ist ein Spezial-Reißverschlussfuß erforderlich (siehe Seite 53).

Reißverschluss unsichtbar einsetzen

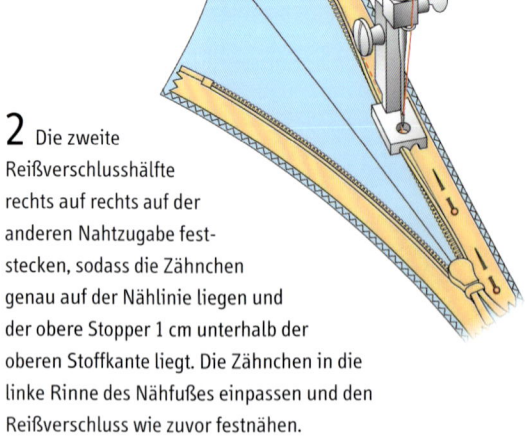

1 Die Kanten, an denen der Reißverschluss eingesetzt werden soll, versäubern. Reißverschluss öffnen und rechts auf rechts auf die Nahtzugabe legen, sodass die Zähnchen genau auf der Nählinie liegen und der obere Stopper 1 cm unterhalb der oberen Stoffkante liegt. Mit Stecknadeln fixieren. Die Zähnchen nach oben drehen, sodass sie in die rechte Rinne des Nähfußes passen. Vom oberen Ende des Reißverschlusses bis zum Schieber nähen, Nahtenden mit Rückstichen sichern.

2 Die zweite Reißverschlusshälfte rechts auf rechts auf der anderen Nahtzugabe feststecken, sodass die Zähnchen genau auf der Nählinie liegen und der obere Stopper 1 cm unterhalb der oberen Stoffkante liegt. Die Zähnchen in die linke Rinne des Nähfußes einpassen und den Reißverschluss wie zuvor festnähen.

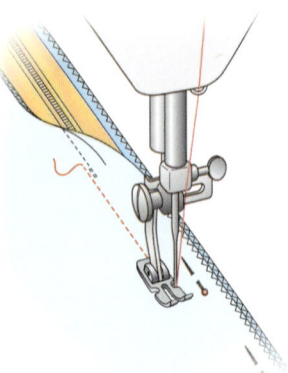

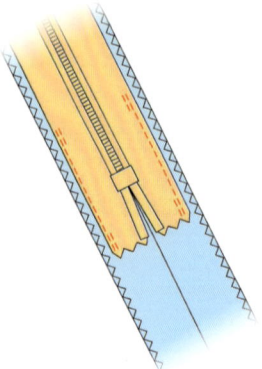

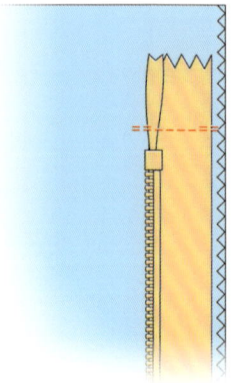

3 Schließen Sie den Reißverschluss und setzen Sie einen normalen Reißverschlussfuß in die Maschine ein. Die Naht unterhalb des Reißverschlusses rechts auf rechts mit Stecknadeln stecken und heften. Nadel knapp oberhalb und links von der Reißverschlussnaht in den Stoff einstechen und bis zur unteren Kante des Kleidungsstücks nähen. Fadenenden mit Knoten sichern.

4 Damit die Bandenden des Reißverschlusses flach liegen, diese auf die Nahtzugaben steppen, den Oberstoff dabei nicht mitfassen.

5 Öffnen Sie den Reißverschluss und nähen Sie quer über jedes obere Bandende. Die Zähnchen dabei zur Seite drehen, damit der Nähfuß problemlos darübergleitet.

Reißverschlüsse sichtbar einnähen

Bei dieser Art des Einnähens sind die Zähnchen des Reißverschlusses sichtbar als dekoratives Detail bei Kleidungsstücken. Diese Variante wird meist dann eingesetzt, wenn keine Naht vorhanden ist, aber auch teilbare Reißverschlüsse bei Jacken werden häufig sichtbar eingenäht. Vor dem Einsetzen des Reißverschlusses wird der Schlitz mit einer Einlage verstärkt – diese verhindert auch, dass sich der Stoff dehnt.

Sichtbaren Reißverschluss einnähen

1 Schneiden Sie die Einlage zu, 8 cm breit und 5 cm länger als der Reißverschluss. Markieren Sie auf der linken Stoffseite die Schlitzposition, die Länge entspricht der Zähnchenreihe plus 1,5 cm. Heften Sie die Einlage rechts auf rechts an das Kleidungsstück, dabei die oberen Kanten bündig ausrichten. Von der linken 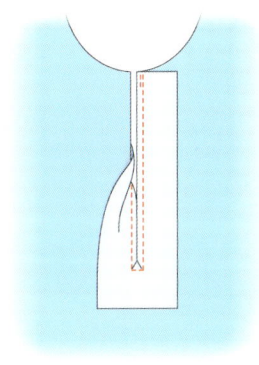 Stoffseite aus, sodass Sie die Markierung sehen können, jeweils 3 mm von der Mitte beide Seiten sowie quer über das untere Ende absteppen. Heftfäden entfernen und den Schlitz vorsichtig bis ca. 1 cm vor dem unteren Ende aufschneiden, ebenso schräg zu den Ecken hin leicht einschneiden.

2 Die Einlage nach innen umschlagen und flach bügeln, dabei darauf achten, dass diese von der rechten Stoffseite her nicht sichtbar ist. Legen Sie den Reißverschluss mittig unter den Schlitz, den unteren Stopper an das Schlitzende. Feststecken und den Reißverschluss mit Staffierstichen (siehe Seite 34) entlang beider Kanten und am unteren Ende an den Oberstoff heften.

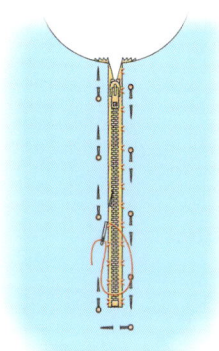

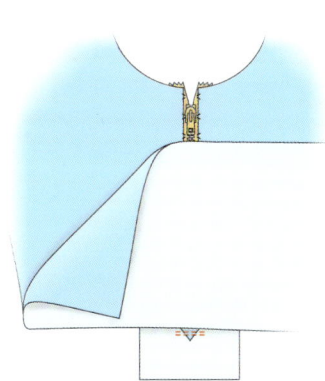

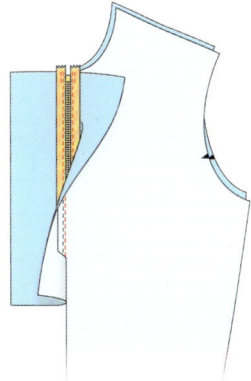

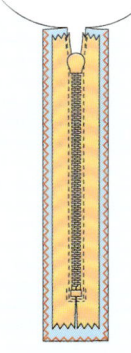

3 Den Oberstoff anheben, sodass die Unterkante der Einlage und ein kleines Stoffdreieck sichtbar sind. Mit einem Reißverschlussfuß quer über das Dreieck nähen, um es am Reißverschlussband und der Einlage zu befestigen. Nahtanfang und -ende mit Rückstichen sichern.

4 Eine Seite des Oberstoffs wieder umschlagen, bis die Stepplinie auf der Einlage sichtbar ist. Arbeiten Sie von oben nach unten und nähen Sie den Oberstoff entlang der Nählinie an das Reißverschlussband. Auf der anderen Seite wiederholen. Die Heftfäden entfernen.

5 Die Einlage rundherum am Reißverschlussband bis auf 6 mm zurückschneiden. Die Schnittkanten versäubern.

Sitzsack zum Relaxen

Sitzsäcke sind ein echter Hingucker, machen Spaß, sind richtig vielseitig und bieten ultimative Entspannung. Nähen Sie einen aus modischem Baumwollstoff für einen Teenager oder aus beschichteter Baumwolle für die Terasse. Die Füllkugeln sind separat in einem Innensack eingenäht, dank eines unsichtbaren Reißverschlusses kann der Bezug also jederzeit gewaschen werden.

Stoff zuschneiden

Schneiden Sie aus dem gemusterten Baumwollstoff zwei Seitenteile zu, aus Kontraststoff zwei Bodenteile, eine Oberseite sowie einen Griff. Aus Futterstoff je zwei Seiten- und Bodenteile sowie eine Oberseite ausschneiden. Achten Sie darauf, dass der Fadenlauf bei allen Teilen parallel zur Webkante liegt (siehe Seite 27).

Innensack nähen

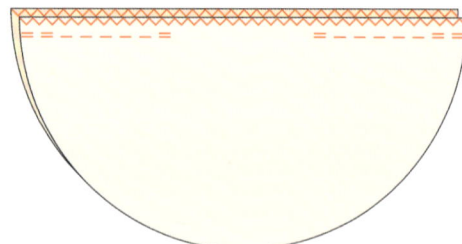

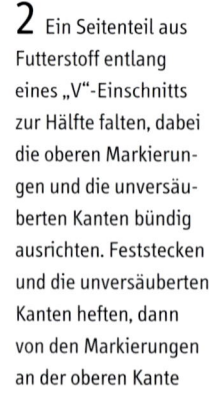

1 Versäubern Sie die geraden Kanten der Bodenteile und nähen Sie diese zusammen, dabei mittig eine große Öffnung zum Einfüllen der Kugeln belassen. Bügeln Sie die Nähte auseinander und die Kanten der Öffnung 1,5 cm zur linken Stoffseite hin.

2 Ein Seitenteil aus Futterstoff entlang eines „V"-Einschnitts zur Hälfte falten, dabei die oberen Markierungen und die unversäuberten Kanten bündig ausrichten. Feststecken und die unversäuberten Kanten heften, dann von den Markierungen an der oberen Kante bis zum Markierungspunkt mit 1,5 cm Nahtzugabe nähen. Nahtanfang und -ende mit Rückstichen sichern. Nahtzugaben zusammen versäubern und zur Seite bügeln. An den weiteren „Vs" der beiden Seitenteile wiederholen.

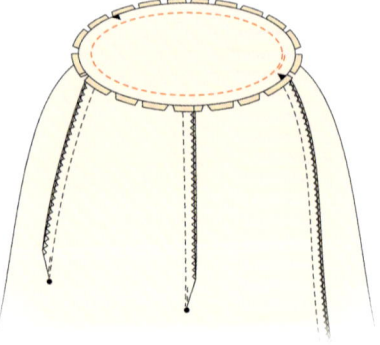

3 Die Seitenteile an den Seitennähten stecken, heften und zusammennähen. Nahtzugaben zusammen versäubern und zur Seite bügeln.

4 Die Markierungen des oberen Teils an den Seitennähten ausrichten und das Oberteil an die oberen Kanten der Seitenteile nähen. Dabei die Nahtzugaben der Seitenteile einschneiden, das erleichtert das Nähen entlang der Rundung. Nahtzugaben zusammen versäubern und zu den Seitenteilen hin bügeln. Die beschriebenen Arbeitsschritte wiederholen, um das Bodenteil mit den Seitenteilen zu vernähen, dabei die Nähte ebenfalls ausrichten. Den Innensack durch die Öffnung auf rechts wenden und mit den Kugeln befüllen. Die offenen Kanten im Staffierstich (siehe Seite 34) schließen.

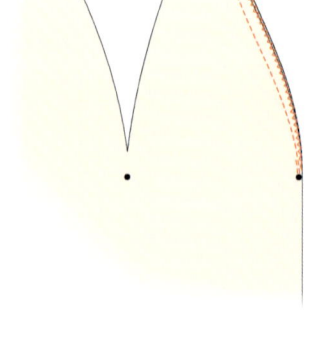

Bezug nähen

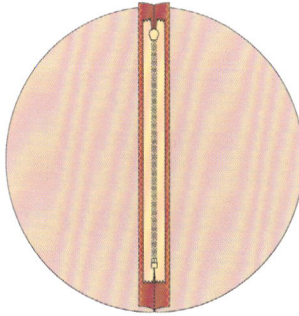

5 Versäubern Sie die geraden Kanten der Bodenteile. Legen Sie den Reißverschluss zentriert entlang dieser Kanten auf und nähen Sie ihn als unsichtbaren Reißverschluss gemäß den Arbeitsschritten 1, 2 und 3 auf Seite 58 ein. Wiederholen Sie Arbeitsschritt 3, um die Naht über den Reißverschluss hinaus zu schließen.

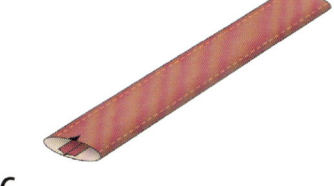

6 Nähen Sie die „V"-Einschnitte und verbinden Sie die Seitenteile wie in Schritt 2 und 3 der Anleitung für den Innensack beschrieben. Falten Sie den Griff der Länge nach zur Hälfte und nähen Sie entlang der langen Kanten. Nahtanfang und -ende mit Rückstichen sichern. Naht auseinanderbügeln. Den Griff auf rechts wenden und flach bügeln, sodass die Naht an der hinteren Mitte liegt. Bruchkanten mit 6 mm Abstand zur Kante absteppen (siehe Seite 42).

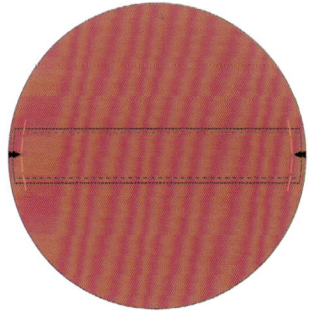

7 Stecken und heften Sie den Griff mit passgenauen Markierungen auf die rechte Stoffseite des Oberteils. Vernähen Sie Ober- und Bodenteil mit den Seitenteilen wie bei Schritt 4 der Anleitung für den Innensack. Achten Sie darauf, vorher den Reißverschluss zu öffnen, damit Sie den Bezug wenden können.

8 Legen Sie die linke Stoffseite des Bezugs auf die rechte Stoffseite des Innensacks. Fixieren Sie mit einigen Handstichen in der Nahtzugabe die beiden Oberteile oben an den Seitennähten. Den Bezug auf rechts wenden und den Innensack vorsichtig durch die Reißverschlussöffnung nach unten schieben. Halten Sie den Sack am Griff fest und schütteln Sie ihn, um den Innensack zu glätten. Achten Sie darauf, dass der Innensack korrekt sitzt, dann den Reißverschluss schließen.

Türstopper nähen

Eine kleinere Version des Sitzsacks ergibt einen tollen Türstopper. Pausen Sie die Türstopper-Vorlagen am Ende dieses Buches ab und schneiden Sie die Teile aus einem 30 cm langen und 112 cm breiten Baumwollstoff zu. Mit einer Nahtbreite von 1 cm den Bezug gemäß Schritt 1, 2 und 3 für den Innensack nähen. Folgen Sie dann Schritt 7 für den Bezug und nähen und befestigen Sie den Griff. Füllen Sie wie bei Schritt 4 des Innensacks den Türstopper mit Reiskörnern oder Linsen. Falls gewünscht, können Sie auch getrockneten Lavendel hinzufügen. Dann die Öffnung zunähen.

Workshop 3

Säume

Das Säumen ist eine grundlegende Nähtechnik, mit der offene Stoffkanten versäubert werden. In diesem Workshop zeigen wir Ihnen die verschiedenen Säume und wie Sie diese von Hand oder mit der Maschine nähen. Zum Abschluss des Workshops wartet als Projekt eine luxuriöse Tagesdecke auf Sie, die beidseitig verwendbar ist und mit der Sie die hier beschriebenen Saumtechniken üben können.

Einfache Säume

Welcher Saum geeignet ist, wird vom gewünschten Effekt sowie vom verwendeten Stoff bestimmt, die gängigste Saumtechnik ist jedoch der einfache Saum. Sofern der Saum keinem dekorativen Zweck dienen soll, ist die fertige Saumlinie meist auf der rechten Stoffseite so gut wie unsichtbar.

Bei einem umgeschlagenen Saum besteht die Saumzugabe aus zusätzlichem Stoff an der Saumkante. Dieser wird nach innen gefaltet und von Hand oder mit der Maschine vernäht oder mit aufbügelbarem Saumband befestigt. Die Saumzugaben sind im Schnittmuster angegeben, entweder durch eine Linie oder in Worten. Die Form der Saumkante – gerade oder leicht gerundet – bestimmt, wie viel Saumbreite umgeschlagen werden muss. In der Regel ist bei geraden Säumen wie bei Vorhängen eine breitere Saumkante gut geeignet. Je stärker gerundet der Saum, desto schmaler sollte die Saumzugabe ausfallen.

Doppelter Saum

Der doppelte Saum ist einfach zu nähen und der strapazierfähigste Abschluss einer Stoffkante. Wie der Name schon sagt, wird er vor dem Nähen doppelt umgefaltet. So werden die offenen Stoffkanten im Saum eingeschlossen. Nähen Sie den Saum so schmal oder breit, wie Sie möchten. Abhängig von der Dicke des Stoffes und der gewünschten Saumkantenbreite kann die Breite des Umschlags variieren.

Schmaler doppelter Saum

Dieser unauffällige Saum wird häufig bei Blusen, Tischdecken und transparenten Vorhängen verwendet.

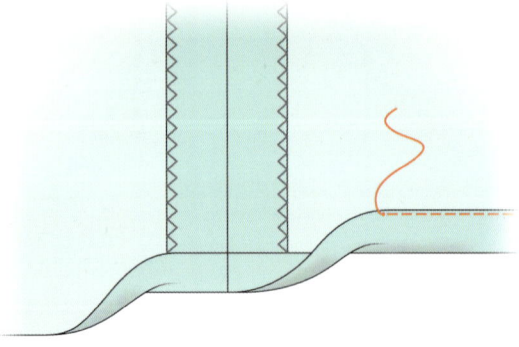

Falls die Saumzugabe Ihres Projekts für einen breiten Saum angegeben ist, Sie jedoch schmaler säumen möchten, schneiden Sie den Stoff auf 2 cm zurück. Falten Sie die unversäuberte Kante 1 cm zur linken Stoffseite um. Mit Stecknadeln feststecken. Entlang der Kante bügeln, dabei nicht über die Stecknadeln bügeln, sondern diese nach und nach entfernen. Nun den Stoff nochmals umfalten, mit Stecknadeln und Heftstichen fixieren, dabei den Fadenlauf ausrichten, damit sich der Saum nicht verzieht. Die umgeschlagene Kante bügeln, dann den Saum dicht an der ersten umgeschlagenen Kante festnähen. Heftfäden entfernen und den Saum nochmals bügeln.

Breiter doppelter Saum

Dieser Saum kann als dekorativer Abschluss eingesetzt werden, bei dem die Stiche als Blickfang dienen. Er ist für gerade Saumkanten am besten geeignet. Vor dem Zuschneiden müssen Sie die benötigte Saumzugabe ermitteln. Entscheiden Sie, in welchem Abstand zur Saumkante die Naht verlaufen soll, addieren Sie dann 1,2 cm hinzu. Passen Sie die Saumzugabe auf die errechnete Breite an und beginnen Sie mit dem Zuschneiden.

1 Damit die Nähte nicht zu sehr auftragen, sollten die Nahtzugaben innerhalb der Saumzugabe auf die Hälfte ihrer ursprünglichen Breite zurückgeschnitten werden, bevor Sie den Stoff zum Säumen umschlagen. Dies ist besonders bei dicken Stoffen wichtig, damit die Säume glatt liegen.

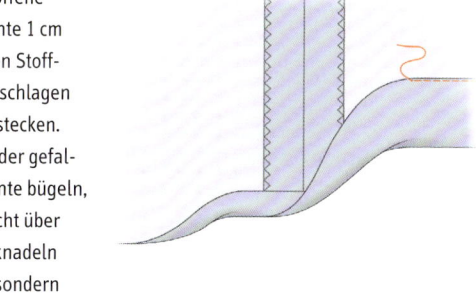

2 Die offene Saumkante 1 cm zur linken Stoffseite umschlagen und feststecken. Entlang der gefalteten Kante bügeln, dabei nicht über die Stecknadeln bügeln, sondern diese nach und nach entfernen. Nochmals umfalten und die neue Kante feststecken und heften. Mit der Maschine dicht an der ersten gefalteten Kante festnähen. Heftfäden entfernen und den Saum nochmals bügeln.

> **TIPP**
> Ein Bügelbrett ist ein idealer Arbeitsplatz zum Ausmessen und Umschlagen von Saumkanten, denn Sie können partienweise arbeiten.

Unauffällige Säume

Gesteppte Säume sehen zwar schön aus, manchmal ist jedoch eine unauffälligere Lösung vorteilhafter. Es gibt viele Methoden, einen Stoff zu säumen, doch Blindstichsäume, mit der Maschine oder von Hand genäht, der von Hand genähte schräge Blindstich oder auch das Säumen mit aufbügelbarem Saumband sind Techniken, die auf der rechten Stoffseite kaum sichtbar sind.

Blindstichsaum mit der Nähmaschine

Für diesen Saum benötigen Sie einen Blindstichfuß, der meist zum Nähmaschinenzubehör gehört. Schauen Sie in das Handbuch, ob Ihre Maschine dies leisten kann. Durch das Blindsäumen entsteht ein strapazierfähiger, fast unsichtbarer Saum. Das geht schnell und die Geradstiche verlaufen auf der Saumzugabe, nach jeweils 5-6 Stichen erfasst ein Zickzackstich den Hauptstoff. Allerdings ist diese Technik etwas kniffliger, als sie aussieht. Üben Sie deshalb zunächst auf einem Probestoff, bevor Sie einen „richtigen" Saum nähen.

1 Versäubern Sie die Saumkanten (siehe Seite 39) und bügeln Sie die Saumzugabe nach innen, ohne sie zu dehnen. Stecken und heften Sie sie dicht an der gefalteten Saumkante fest. Setzen Sie den Blindstichfuß in die Maschine ein und stellen Sie „Blindstiche" ein (siehe Handbuch der Nähmaschine).

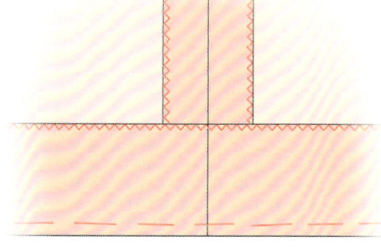

2 Die Saumzugabe mit der rechten Seite nach unten legen und das Kleidungsstück so zurückfalten, dass die versäuberte Saumkante ca. 6 mm weit hervorschaut. Achten Sie auf einen gleichmäßigen Abstand und heften Sie den Saum rundherum. Die Saumzugabe liegt weiterhin mit der rechten Seite nach unten. Legen Sie den Stoff so unter den Nähfuß, dass die Faltkante an der Führungsschiene entlangläuft. Überprüfen Sie die eingestellte Stichbreite, damit die Nadel nur bei den Zickzackstichen links in die Faltkante einsticht. Sind die Stiche zu weit links, ist die Naht auf der rechten Stoffseite sichtbar. Nähen Sie nun den Saum fest und halten Sie die Führungsschiene stets an der umgefalteten Kante. Zum Schluss alle Heftfäden entfernen und den Saum nach unten glattstreichen.

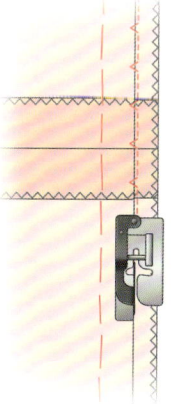

SÄUMEN MIT SAUMBAND

Dehnen Sie das Saumband beim Einbügeln nicht. Berühren Sie es nicht mit dem Bügeleisen, der Kleber lässt sich nur schwer entfernen.

Ist das Saumband erst einmal eingebügelt, lässt es sich kaum wieder entfernen. Prüfen Sie deshalb vorher genau, ob der Saum gerade ist.

Testen Sie zuerst auf einem Stoffrest, ob das Saumband gut haftet und der Saum von der rechten Stoffseite her gut aussieht.

Bei dicken Stoffen das breiteste Saumband verwenden, das Sie finden können, damit der Stoff ausreichend Halt bekommt. Pressen Sie das Bügeleisen etwas länger auf, besonders an den Nähten.

Blindstichsaum von Hand

Diese Stiche werden im Inneren des Saums gearbeitet – genauer gesagt zwischen Saum und Kleidungsstück. So sind am fertigen Saum keine Stiche sichtbar. Der Blindstich ist ein einfacher Stich, der an allen flachen Säumen mit versäuberter Kante verwendet werden kann.

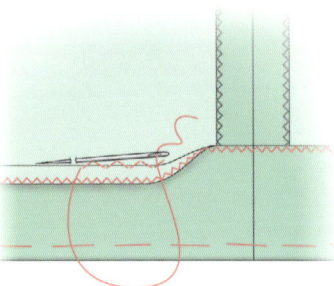

Versäubern Sie die Saumkante (siehe Seite 39) und bügeln Sie die Saumzugabe ohne sie zu dehnen nach innen. Den Saum dicht an der gefalteten Kante stecken und heften. Mit der oben liegenden Saumzugabe nun von rechts nach links arbeiten, die Nadelspitze zeigt nach links (für Linkshänder gegengleich). Die obere Kante der Saumzugabe zurückschlagen und den Fadenanfang sichern. Setzen Sie nun einen sehr kleinen Stich 6 mm links davon in den Kleiderstoff, dabei erfassen Sie nur zwei oder drei Gewebefäden. Für den nächsten Stich die Nadel 6 mm weiter links in die umgeschlagene Kante einstechen. Mit gleichmäßigen Stichen bis zum Ende des Saums fortlaufend wiederholen. Dann alle Heftfäden entfernen.

Aufbügelbares Saumband

Saumband ist ein Streifen aus nicht gewebtem, netzähnlichem Material zum Aufbügeln, das zwischen die versäuberte Saumzugabe und den Oberstoff gelegt wird. Wird der Saum gebügelt, „schmilzt" das Band und verbindet die beiden Stoffschichten. Dies ist die schnellste und einfachste Art, einen Saum zu befestigen, jedoch muss für ein zufriedenstellendes Ergebnis sehr sorgfältig vorgegangen werden. Saumband lässt sich bei allen Stoffarten verwenden, die mit Dampf gebügelt werden können – die Bügelzeiten variieren je nach Material und Dicke des Stoffs. Aufbügelbares Saumband ist in 2 cm und 3 cm Breite erhältlich, diese können auch für breitere Säume verwendet werden.

Schräger Blindstichsaum von Hand

Mit dem schrägen Blindstich von Hand werden gefaltete Saumkanten befestigt. Dieser Stich wird vorrangig zum Säumen von Vorhängen verwendet. Der Blindstich ist auf der rechten Stoffseite so gut wie unsichtbar.

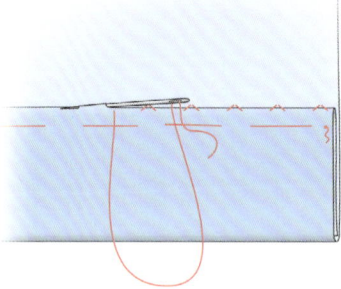

Bügeln Sie die Nahtzugaben zur linken Stoffseite und stecken und heften Sie sie fest. Arbeiten Sie von rechts nach links (Linkshänder gegengleich). Den Fadenanfang an der Innenseite des Saums sichern und die Nadel durch die umgeschlagene Kante nach oben ausstechen. Nun direkt daneben in den Kleiderstoff stechen und einen sehr kleinen Stich machen, dabei nicht mehr als zwei bis drei Gewebefäden erfassen. Die Nadel wieder in die gefaltete Kante einstechen, ca. 1 cm innerhalb der Kante nach vorn schieben, ausstechen und den Faden durchziehen. Wiederholen Sie dies fortlaufend zwischen Oberstoff und Faltkante. Ziehen Sie den Faden dabei nicht zu fest an, sonst beult sich der Stoff auf der rechten Seite.

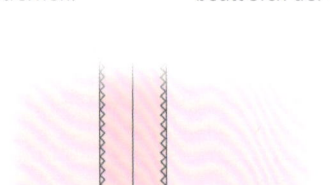

1 Versäubern Sie die Saumkante (siehe Seite 39) und bügeln Sie die Saumzugabe zur linken Stoffseite. Heften Sie den Saum nahe der unteren Saumkante fest. Beginnen Sie an einer Naht und schieben Sie das Saumband zwischen Saum und Kleiderstoff, die Oberkante des Saumbands liegt knapp unterhalb der versäuberten Kante. Stecken Sie das Band beim Einschieben rundherum fest und lassen Sie die Enden ca. 1 cm überlappen.

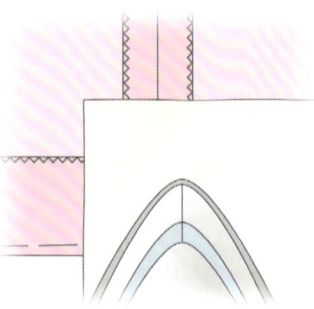

2 Stellen Sie das Bügeleisen auf die auf den Stoff abgestimmte Dampfstärke und bügeln Sie den Saum, indem Sie die Spitze des Bügeleisens auf die Stellen zwischen den Stecknadeln drücken. Entfernen Sie die Stecknadeln. Nun mit einem feuchten Bügeltuch die obere Saumkante partienweise bügeln. Halten Sie das Bügeleisen so lange auf das Tuch, bis dieses trocken ist. Wiederholen Sie den Vorgang, bis der gesamte Saum gebügelt ist. Lassen Sie den Stoff abkühlen, bevor Sie ihn bewegen. Entfernen Sie die Heftfäden.

Unterlegte Säume

Ein Beleg oder Besatz ist immer dann notwendig, wenn ein Saum eine besondere Form hat, etwa eine gerundete Vorderkante bei einem Wickelrock oder einer Jacke. Bei einem unterlegten Saum wird die Saumzugabe durch eine Nahtzugabe ersetzt. Ein separater Stoffstreifen wird als Beleg daran festgenäht und nach innen geschlagen, sodass er von der Oberseite nicht sichtbar ist. Ein Beleg ist auch für weit ausgestellte Röcke empfehlenswert – vor allem, wenn diese im schrägen Fadenlauf (siehe Seite 27) zugeschnitten sind. Hier kann Schrägband (siehe Seite 98) zum Einfassen verwendet werden.

Gerundete Kanten mit Besatz

1 Nähen sie die Teile des Besatzes zusammen, bügeln Sie die Nähte auseinander. Schneiden Sie die Nahtzugaben zurück, damit sie flacher liegen (siehe Seite 38), und versäubern Sie die kleinere gerundete Kante (siehe Seite 39).

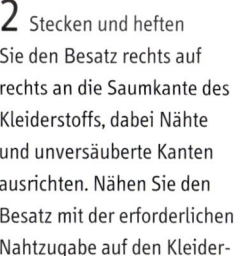

2 Stecken und heften Sie den Besatz rechts auf rechts an die Saumkante des Kleiderstoffs, dabei Nähte und unversäuberte Kanten ausrichten. Nähen Sie den Besatz mit der erforderlichen Nahtzugabe auf den Kleiderstoff. Die gerundeten Nahtzugaben abgestuft zurückschneiden und mit Kerben versehen (siehe Seite 38). Heftfäden entfernen.

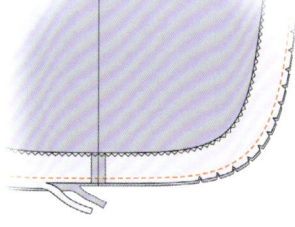

3 Bügeln Sie die Naht auseinander und dann zum Besatz hin. Steppen Sie die Nahtzugaben flach an den Besatz (siehe Seite 43).

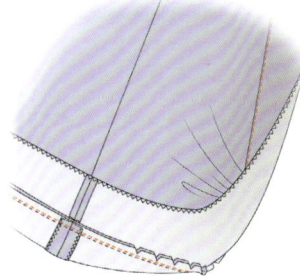

4 Den Besatz nach innen einschlagen und die lose Kante des Besatzes mit einem Blindsaum am Kleiderstoff befestigen (siehe gegenüberliegende Seite).

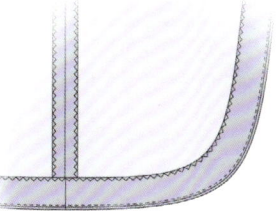

Kanten mit Schrägband säumen

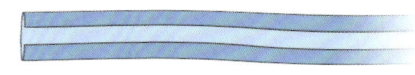

1 Verwenden Sie entweder ein 1,2 cm breites fertiges Schrägband oder machen Sie den Schrägstreifen selbst (siehe Seite 98). Bei selbst gefertigtem Schrägband schneiden Sie die Streifen 2,5 cm breit zu. Bügeln Sie die langen Kanten 6 mm nach innen.

2 Öffnen Sie eine gebügelte Kante des Schrägbandes und falten Sie das Band an einem Ende 6 mm zurück. Beginnen Sie an der Kleiderstoffnaht und stecken Sie das Schrägband rechts auf rechts kantenbündig an die Saumkante. Bei einem gerundeten Saum können Sie die geöffnete Kante des Bandes zum besseren Anpassen leicht dehnen. Entlang der Bügelkante festnähen, dabei die Naht ca. 5 cm vor dem Startpunkt beenden. Den Saum während des Nähens nicht dehnen.

3 Überschüssigen Schrägstreifen zurückschneiden, sodass sich Bandende und -anfang noch etwas überlappen. Mit Stecknadeln fixieren und nun die Naht entlang der Bügelkante schließen.

4 Schrägband auf die Innenseite des Kleidungsstücks umbügeln, dabei darauf achten, dass es auf der rechten Seite nicht sichtbar ist. Die lose Kante des Schrägbandes feststecken, heften und entweder mit Saumstichen von Hand fixieren oder mit der Maschine absteppen.

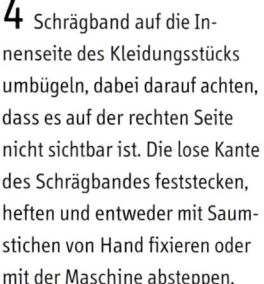

TIPPS

Wenn Sie ein Kleidungsstück verlängern wollen, der Stoff jedoch nicht für einen neuen Saum ausreicht, können Sie einen „falschen" Saum ansetzen ,der mit einem 2,5-5 cm breiten Schrägband unterlegt ist.

Die Schrägband-Methode ist ebenso ideal bei sehr dicken Stoffen, bei denen ein doppelt eingeschlagener Saum sehr wulstig wäre. Falten Sie die erforderliche Saumzugabe einmal um und fassen Sie die unversäuberte Kante mit Schrägband ein, diese dann mit Saumstichen annähen (siehe Seite 34).

Ecken an Säumen versäubern

Wir haben bereits besprochen, wie man Säume festnäht, aber was passiert, wenn der Saum an einer Ecke endet, wie an der Vorderkante einer Jacke oder an der Seitenkante eines Vorhangs? Hier sind drei einfache Techniken zum Versäubern von Ecken: das Säumen mit Besatz, Briefecken und der Verschluss mit Blindstichen.

Ecke mit Besatz säumen

Auf Seite 65 haben Sie bereits mehr über Säume mit Besatz erfahren, diesen werden Sie auch beim Nähen von Blusen, Jacken oder Mänteln begegnen. Der Beleg oder Besatz kann entweder ein seperater Stoffstreifen sein, der an die Vorderkante genäht wird, oder eine Verlängerung der Vorderkante, die nach innen umgeschlagen wird. Meist wird die Kante unterlegt, um Knöpfe und Knopflöcher zu stützen. Die unten gezeigte Technik erklärt die Methode mit einem extra Stoffstreifen, kann aber auch bei einer nach innen geschlagenen Zugabe verwendet werden.

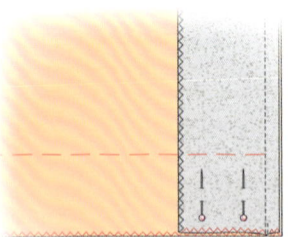

1 Versäubern Sie die Saumkante (siehe Seite 39) und markieren Sie die Saumlinie mit einer Reihe von ungleichen Heftstichen (siehe Seite 33). Schlagen Sie den Besatz entlang der Nählinie (oder Bruchkante) zur rechten Kleiderstoffseite um, die Saumkanten gerade ausrichten. Feststecken und heften.

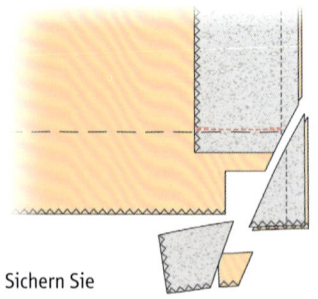

2 Sichern Sie Nahtanfang und -ende mit Rückstichen und nähen Sie den Beleg entlang der Heftlinie an das Kleidungsstück. Arbeiten Sie von der offenen Belegkante bis zur Naht oder Falte des Kleidungsstücks. Schneiden Sie die Saumzugaben wie abgebildet abgestuft zurück, die Ecken abschneiden (siehe Seite 38).

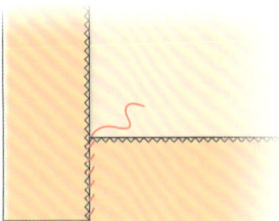

3 Wenden Sie den Beleg zur Innenseite des Kleidungsstücks und bügeln Sie die Nahtzugabe entlang der Heftlinie zur linken Stoffseite. Befestigen Sie den Saum mit der Technik Ihrer Wahl, dann die innere Kante des Besatzes mit Blindstichen (siehe Seite 64) an der Saumzugabe annähen.

Briefecken nähen

Briefecken – auch Gehrungsecken genannt – werden häufig bei Vorhängen genäht, sind aber ebenso bei Kleidungsstücken möglich. Besonders praktisch sind sie bei dicken Stoffen. Bei der Gehrungsecke laufen zwei Stoffstreifen im 45-Grad-Winkel zu einer formschönen, rechtwinkligen Ecke zusammen. Die Stoffkanten sollten immer versäubert werden. Briefecken können mit der Maschine oder von Hand verschlossen werden.

Handgenähte Briefecke

Das Verschließen von Hand ist die beliebteste Technik bei Briefecken, denn es verleiht dem Nähprojekt ein professionelles Aussehen.

1 Stecken und bügeln Sie die benötigte untere Saumzugabe zur linken Stoffseite, dann ebenso die gewünschte seitliche Saumzugabe (bei einem Vorhang) oder den Besatz/Beleg (bei einem Kleidungsstück). Auf der linken Stoffseite und falten Sie beide Säume (oder Saum und Besatz) wieder auf. Orientieren Sie sich am Eckpunkt und den eingebügelten Linien und falten Sie ein Dreieck aus Stoff nach

innen. Achten Sie darauf, dass alle Faltlinien genau ausgerichtet sind, und bügeln Sie entlang der neuen diagonalen Kante. (Diese Abbildungen zeigen Säume, die an allen Kanten gleichmäßig breit sind, so entsteht die Briefecke. Haben seitlicher Saum und Besatz eine andere Breite als der untere Saum, können Sie ebenso verfahren, dann entsteht jedoch eine ungleiche Briefecke.)

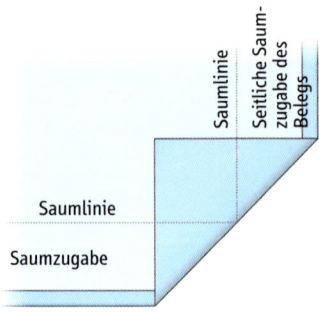

Saumlinie

Seitliche Saumzugabe des Belegs

Saumlinie

Saumzugabe

TIPP

Diese Anleitung gilt für handgenähte Briefecken bei einfachen Säumen. Zum Nähen von Briefecken bei doppelten Säumen halten Sie den ersten Umschlag an beiden Kanten gefaltet, dann den zweiten Umschlag an beiden Kanten auffalten. Fahren Sie fort wie bei Briefecken an einfachen Säumen.

2 Schneiden Sie die umgefaltete Ecke bis auf 1,5 cm Nahtzugabe zurück.

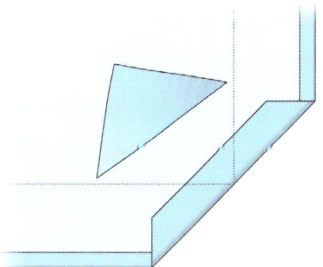

3 Falten Sie den Saum (oder Saum und Beleg) wieder nach oben, um die Briefecke zu bilden. Nähen Sie die gebügelte diagonale Kante mit Saumstichen (siehe Seite 34) zusammen. Der restliche Saum kann nun entweder von Hand oder mit der Maschine (siehe Seite 63-64) befestigt werden.

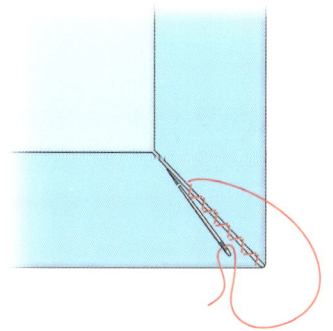

Maschinengenähte Briefecke

Bei dieser Technik werden die diagonal gefalteten Ecken zuerst vernäht und dann zur Briefecke zurechtgeschnitten.

1 Folgen Sie Schritt 1 der handgenähten Briefecke (siehe gegenüberliegende Seite). Öffnen Sie die gebügelte diagonale Kante. Falten Sie die Ecke rechts auf rechts diagonal in die entgegengesetzte Richtung,

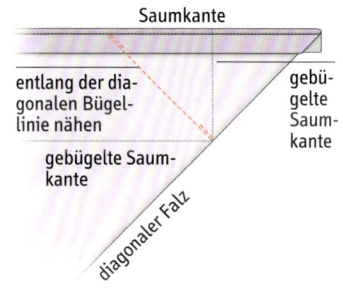

Saumkante

entlang der diagonalen Bügellinie nähen

gebügelte Saumkante

gebügelte Saumkante

diagonaler Falz

sodass Saumkanten und Bügellinien übereinanderliegen. Nicht bügeln, jedoch die Stofflagen mit Stecknadeln feststecken. Nähen Sie entlang der ersten diagonalen Bügellinie quer über die Ecke. Nahtanfang und -ende mit Rückstichen sichern.

2 Schneiden Sie den überstehenden Stoff an der Spitze bis auf 6 mm Nahtzugabe ab, ebenso die Nahtzugabe an der Spitze, damit die Ecke später schön flach liegt (siehe Seite 38). Nahtzugaben auseinanderbügeln, dann die Ecke auf rechts wenden. Mit einer

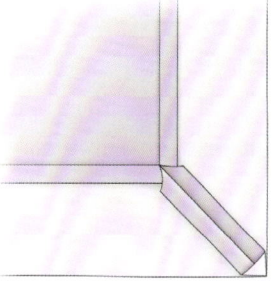

kleinen Schere die Spitze vorsichtig herausschieben. Bügeln Sie die Ecke flach und befestigen Sie den restlichen Saum entweder von Hand oder mit der Maschine (siehe Seite 63-64).

Ecken mit doppeltem Saum

Wenn Sie transparente Stoffe verwenden, kommen die oben beschriebenen Techniken nicht infrage, da die Nahtzugaben durchscheinen würden. In diesem Fall brauchen Sie die doppelte Saumbreite, um den Saum doppelt zu legen.

Arbeiten Sie einen schmalen doppelten Saum (siehe Seite 62) an beiden Seitenkanten, wie in der Abbildung für einen Vorhang gezeigt. An der Unterkante eine Saumbreite zur linken Stoffseite umschlagen. Über die gesamte Länge und an den seitlichen Saumkanten feststecken. Bügeln Sie die gefaltete Kante, entfernen Sie dabei nach und nach die Stecknadeln. Den Saum erneut umschlagen, sodass die unversäuberte Kante umschlossen ist und in der neuen Saumkante liegt. Stecken und heften Sie den Saum. Bügeln Sie die Saumlinie und nähen Sie den Saum mit der Maschine oder im Blindstich von Hand fest (siehe Seite 64). Heftfäden entfernen und die offenen Ecken von Hand mit Saumstichen (siehe Seite 34) schließen.

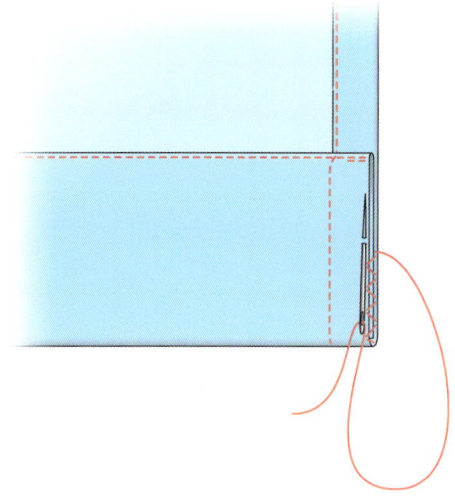

Kuschelige Tagesdecke

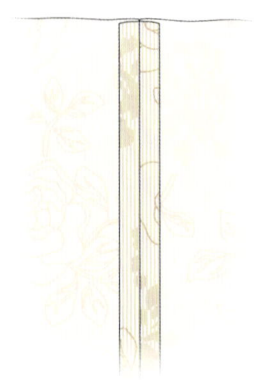

Nichts verleiht einem Raum so viel gemütliche Atmosphäre wie dekorativ arrangierte Kissen und eine Tagesdecke. In Workshop 1 haben wir Ihnen bereits gezeigt, wie man Kissen näht, jetzt können Sie mit Ihren neu erlernten Fähigkeiten – dem Säumen und dem Nähen von Briefecken diese elegante, beidseitig verwendbare Tagesdecke – kreieren. Sie ist das perfekte Accessoire für Ihr Schlaf- oder Wohnzimmer.

Sie benötigen

- 3,10 m bedruckten Baumwollstoff oder bestickten Stoff, 112 cm breit. Eventuell benötigen Sie etwas mehr Stoff, abhängig vom Musterrapport – weitere Details siehe rechts „Stoff zuschneiden".

- 1,80 m Polar Fleece, 150 cm breit, passend zum Baumwollstoff

- zum Baumwollstoff passenden Nähfaden

Hinweis:
Falls nicht anders angegeben, ist eine Nahtzugabe von 1,5 cm bereits enthalten.

Nähen Sie rechts auf rechts, sofern nicht anders angegeben.

Stoff zuschneiden

Schneiden Sie zwei 69,5 cm x 140 cm große Rechtecke aus dem Baumwollstoff zu. Wichtig: Diese beiden Stücke werden entlang der langen Seiten zu einem Stück zusammengenäht. Achten Sie also vor dem Zuschneiden darauf, dass das Muster an den Nähten zusammenpasst (weitere Details zum Musterrapport siehe Seite 174). Schneiden Sie ein 122 cm x 172 cm großes Rechteck aus dem Fleecestoff zu.

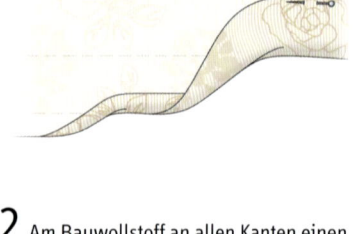

1 Die beiden Baumwollstoffstücke entlang einer langen Seitenkante stecken und heften, dabei das Muster ausrichten (siehe Seite 33). Die beiden Stücke mit der Maschine absteppen, Nahtanfang und -ende mit Rückstichen sichern. Heftfäden entfernen und die Naht auseinanderbügeln.

2 Am Bauwollstoff an allen Kanten einen doppelten Saum (siehe Seite 63) zur linken Stoffseite bügeln, dafür den Stoff zunächst 1,5 cm, dann weitere 7,5 cm weit umschlagen.

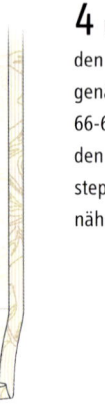

3 Legen Sie den Baumwollstoff mit der linken Stoffseite nach oben auf eine glatte Unterlage. Öffnen Sie den breiteren Umschlag der Saumkante. Legen Sie den Fleecestoff mittig auf den Baumwollstoff, die Kanten liegen an der äußeren Saumkante. Glätten Sie beide Stoffe, um Fältchen und Beulen zu entfernen. Während der Saum noch offen liegt, beide Stofflagen an den Ecken und mittig an den Seitenkanten mit Stecknadeln fixieren. Heften Sie die Stofflagen rundherum zusammen, dabei dicht an der Kante des Fleecestoffs arbeiten.

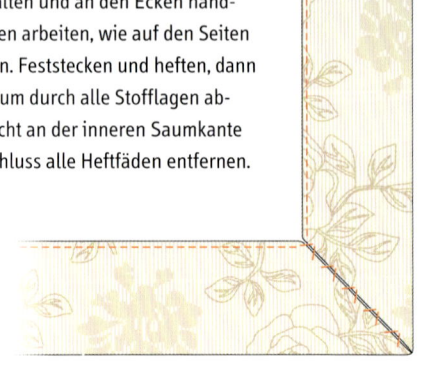

4 Den breiteren Saumumschlag zurück über den Fleecestoff falten und an den Ecken handgenähte Briefecken arbeiten, wie auf den Seiten 66-67 beschrieben. Feststecken und heften, dann den restlichen Saum durch alle Stofflagen absteppen, dabei dicht an der inneren Saumkante nähen. Zum Abschluss alle Heftfäden entfernen.

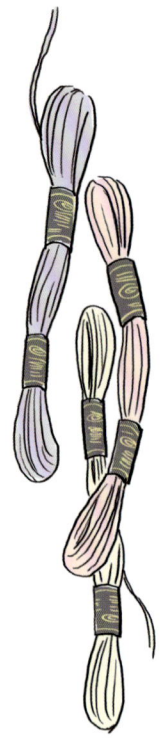

Workshop 4

Zierstiche und Taschen

In diesem Workshop werden Sie die Grundlagen des Stickens von Hand kennenlernen. Die Zierstiche werden über ein vorgezeichnetes Motiv gefertigt, damit können die verschiedensten handgenähten Projekte verziert werden. Diese Handarbeit benötigt keine speziellen Maschinen, und jeder, der etwas Geduld aufbringt, kann erstaunliche Ergebnisse erzielen. Die zweite Technik dieses Workshops ist das Nähen von Taschen. Lesen Sie weiter, dann können Sie die bezaubernde Schürze im 50er-Jahre-Stil nähen.

Stickereien

Es gibt zwei Varianten des Stickens: freies Sticken (über eine Vorlage oder ein Bügelmotiv gearbeitet) und fadengebundenes Sticken (bei dem die Gewebefäden wie bei Kreuzstickereien gezählt werden). In diesem Workshop werden wir einige Stickstiche näher betrachten, mit denen Sie viele Nähprojekte verzieren können.

Motive auf Trägerpapier
Transferfolie gibt es zur Einmalverwendung oder auch für mehrmaligen Gebrauch.

Transferfolie zur einmaligen Verwendung
Schneiden Sie das Motiv aus dem Transferpapier aus. Stellen Sie das Bügeleisen auf Wolltemperatur. Legen Sie das Motiv mit der rechten Seite nach unten auf die Oberseite des Stoffs und stecken Sie es fest. Pressen Sie das Bügeleisen einige Sekunden lang auf das Motiv. Heben Sie die Trägerfolie vorsichtig an einer Ecke an, um zu prüfen, ob das Motiv übertragen wurde. Falls nicht, bügeln Sie erneut. Klebt die Transferfolie am Stoff, reiben Sie vorsichtig mit dem Bügeleisen darüber, um sie zu lösen. Entfernen Sie nach und nach die Stecknadeln. Achten Sie darauf, dass die Motivvorlage während des Arbeitens nicht verrutscht, damit die Konturen gleichmäßig übertragen werden.

Transferfolie zum mehrmaligen Gebrauch
Gehen Sie wie bei der Anwendung von Transferfolie zur einmaligen Verwendung vor, stellen Sie jedoch das Bügeleisen auf eine heißere Temperatur ein und schützen Sie den Stoff, indem Sie vor dem Aufbügeln des Motivs ein Stück Seidenpapier auf die Folie legen. Prüfen Sie, ob das Motiv vollständig übertragen wurde. Falls nicht, lassen Sie den Stoff leicht auskühlen und bügeln Sie erneut über das Motiv. Achten Sie darauf, weder Stoff noch Motivvorlage während des Arbeitens zu bewegen, sonst könnte das Motiv mehrfach abgedruckt werden.

Motiv durchpausen
Häufig muss ein Motiv von einem großen Motivbogen abgepaust werden. Vielleicht möchten Sie aber auch eine Reproduktion oder ein eigenes Design verwenden. Die einfachste Methode funktioniert mithilfe von Schneiderkopierpapier (siehe Seite 10). Dieses ist in verschiedenen Farben erhältlich, aber Gelb oder Weiß sind am besten für dunkle Stoffe geeignet, Rot oder Blau für helle Stoffe. Legen Sie das Kopierpapier mit der Oberseite nach unten auf die rechte Stoffseite und dann das Motiv darauf. Zeichnen Sie die Konturen mit einem gespitzten Bleistift nach. Üben Sie dabei nur auf den gezeichneten Linien Druck aus, besonders bei hellen Stoffen – das Kopierpapier könnte auf den Stoff abfärben.

Stickzubehör und Material

Das Zusammenspiel von Stoff, Fäden, Motiv und Stichen, alle sorgsam aufeinander abgestimmt, kann ein kleines Kunstwerk entstehen lassen. Stimmen Sie immer die Fäden auf den Stoff ab, den Stoff auf das Motiv und alles gemeinsam auf den Bestimmungszweck des Nähprojekts.

Fäden

Gestickt wird mit Baumwoll-, Woll- oder Seidenfäden, in der Regel wird jedoch Stickgarn aus Baumwolle verwendet (siehe Seite 20). Das sechsfädige Garn kann je nach gewünschter Garnstärke geteilt und als Einzelfäden verwendet werden. Meist werden drei bis vier Fäden verwendet.

Nadeln

Verwenden Sie Sticknadeln – diese sind in den Größen 4 bis 7 erhältlich; je höher die Ziffer, desto feiner die Nadel. Nehmen Sie eine nicht allzu dünne Nadel, da der Faden locker durch das Nadelöhr laufen sollte.

Fingerhüte

Fingerhüte sind beim Sticken von Hand empfehlenswert, da sie den mittleren Finger schützen, wenn die Nadel durch den Stoff sticht. Kaufen Sie eine gute Qualität aus Metall oder Kunststoff und achten Sie darauf, dass er gut passt. Schauen Sie ebenso auf raue Kanten, die sich am Stoff verfangen könnten (siehe auch Seite 9).

Stoffe

Leinen ist vermutlich am besten für das Sticken geeignet, doch schwere Baumwollstoffe, Seide und Brokatstoffe sind ebenso gut. Sticken Sie nie auf einem Stoff mit schlechter Qualität – so ist die ganze Mühe umsonst.

Sticktipps und -tricks

- Saubere Hände versprechen saubere Ergebnisse – gepflegte Nägel verhindern herausgezogene Fäden.
- Der Faden sollte nicht zu lang sein, da er sonst schnell ausfranst und leicht verheddert.
- Setzen Sie die Stickstiche immer außerhalb der gezeichneten Kontur, so dass die Stiche die gezeichnete Linie bedecken.
- Legen Sie eine dicke Decke auf das Bügelbrett, bevor Sie die Stickerei mit der linken Stoffseite nach oben bügeln. So werden die Stiche nicht flachgebügelt.

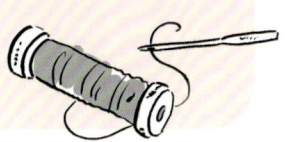

Stickrahmen und -Ringe

Ob nun Stickringe oder andere Rahmen besser sind, darüber gehen die Meinungen auseinander. Für kleinere Arbeiten und bestimmte Stiche wird kein Rahmen benötigt. Werden jedoch die Stiche sehr eng gesetzt, neigt der Stoff zum Ausbeulen, sofern er nicht straff gespannt ist. Der gängigste Rahmen ist der Stickring, der bei kleineren Stickereien verwendet wird. Der Stoff wird zwischen den beiden Holz- oder Metallringen eingespannt. Stickringe gibt es in verschiedenen Größen. Praktisch sind Stickringe mit einer kleinen Metallschraube am größeren Ring, mit denen der Ring gelockert oder gespannt wird, sodass verschiedene Stoffstärken verwendet werden können.

Sticken mit Stickringen

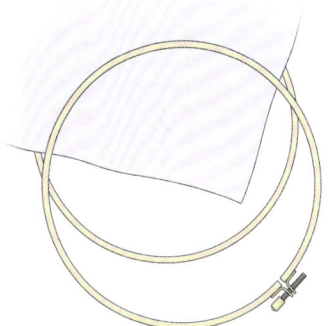

1 Nehmen Sie die Ringe auseinander und legen Sie die Stoffpartie, auf der Sie sticken möchten, über den kleineren Ring.

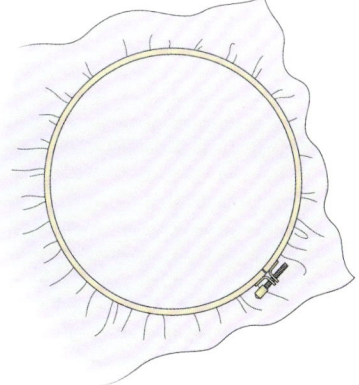

2 Legen Sie den größeren über den kleineren Ring und drücken Sie beide leicht zusammen, sodass der Stoff zwischen beiden Ringen gespannt wird. Ist eine Metallschraube vorhanden, sollte diese angezogen werden. Die Kett- und Schussfäden des Stoffs (siehe Seite 15) sollten innerhalb des Rings gerade verlaufen und nicht verzogen sein.

Freies Sticken

Stickstiche, die beim freien Sticken zum Einsatz kommen, lassen sich in verschiedene Gruppen unterteilen: Konturenstiche, Flachstiche, Schlingstiche, Kettenstiche, Knötchenstiche, Couching, Füllstiche und zusammengesetzte Stiche. In diesem Buch werden wir einige einfache, aber nützliche Stiche vorstellen, mit denen Sie die Welt des Handstickens entdecken können. **Hinweis:** Die Anleitungen sind für Rechtshänder formuliert, Linkshänder arbeiten gegengleich.

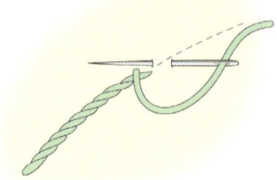

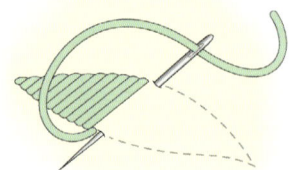

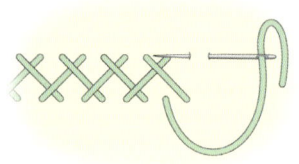

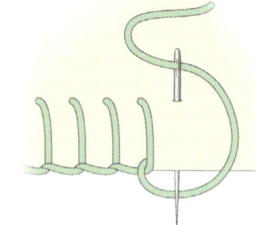

Stielstich

Arbeiten Sie von links nach rechts, die Nadel zeigt nach links. Nähen Sie Stiche in normaler Größe, die leicht schräg entlang der Linie verlaufen. Dieser Stich wird häufig für Blumenstiele und Konturen verwendet. Die Breite des Stiches lässt sich variieren, indem die Nadel etwas schräger geführt wird.

(Gruppe der Konturenstiche)

Plattstich

Dieser Stich wird meist von links nach rechts gearbeitet. Setzen Sie zum Füllen von Flächen dicht nebeneinander gerade Stiche. Soll ein erhabener Effekt erzielt werden, können Sie vorher mit Vorstich (siehe Seite 34) oder Kettenstich ein Polster bilden. Wichtig ist jedoch, den Stichen eine schöne Konturenkante zu geben und die Stiche nicht zu lang zu machen, da sich leicht Dinge darin verhaken könnten, sodass die Stiche ihre Form verlieren.

(Gruppe der Flachstiche)

Hexenstich

Arbeiten Sie von links nach rechts, die Nadel zeigt nach links. Führen Sie die Nadel von der unteren Linie aus nach oben und stechen Sie in der oberen Linie ein wenig nach rechts versetzt wieder ein, dabei einen kleinen Stich nach links machen. Ziehen Sie Nadel und Faden durch. Nun die Nadel wieder nach unten auf der unteren Linie ein wenig nach rechts versetzt einstechen und erneut einen linksgerichteten Stich machen, dabei darauf achten, dass der Faden über der Nadel liegt. Fortlaufend so weiterarbeiten. Für ein perfektes Ergebnis die Stiche möglichst gleichmäßig ausführen.

(Gruppe der Flachstiche)

Festonstich

Arbeiten Sie von links nach rechts, die Nadelspitze und die zu bearbeitende Stoffkante zeigen zu Ihnen. Stechen Sie die Nadel an der Kante aus dem Stoff. Für den ersten Stich die Nadel von oben nach unten durch den Stoff stechen, ca. 3 mm oberhalb und rechts von der Kante eingestochen (dies ergibt einen kleinen Stich – für größere Stiche den Abstand vergrößern). Machen Sie einen geraden Stich nach unten, dabei die Nadel an der Kante herausstechen und den Faden unter der Nadelspitze festhalten. Nadel und Faden durchziehen, um einen Schlingstich an der Kante zu bilden. Fahren Sie so fort und setzen Sie die Stiche möglichst gleichmäßig.

(Gruppe der Schlingstiche)

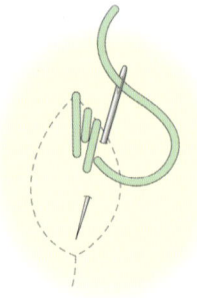

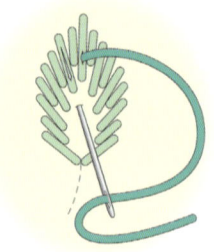

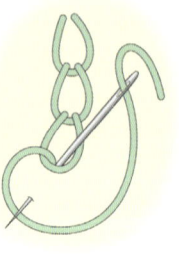

Langer und kurzer Plattstich

1 Dieser Stich ist eine Variante des Plattstichs (Satinstichs). Die Stiche werden in zwei unterschiedlichen Längen gearbeitet. Er wird zum Füllen von Flächen genutzt, die zu groß für einen Plattstich sind. Dieser Stich kann auch für Farbschattierungen verwendet werden, wenn in jeder Reihe die Farben sanft verändert werden. Die erste Reihe wird abwechselnd mit langen und kurzen Stichen gestickt und nahe an der Kontur des Motivs gearbeitet.

2 Die Stiche der zweiten Reihe haben eine unterschiedliche Länge und werden zwischen diejenigen der ersten Reihe eingestochen, dabei den Faden dicht am unteren Ende jedes Stiches durchziehen. Schattieren Sie jeweils nur innerhalb einer Reihe und füllen Sie die Fläche nach unten hin aus.

(Gruppe der Flachstiche)

Kettenstich

Stechen Sie die Nadel von hinten durch den Stoff nach vorne und halten Sie den Faden mit dem Daumen nach unten. Stechen Sie durch die Austrittstelle wieder ein und fertigen Sie einen kleinen Stich, dabei die Nadelspitze wiederum auf der rechten Stoffseite ausstechen. Ziehen Sie die Nadel durch, dabei den Arbeitsfaden unter der Nadelspitze halten, um eine Schlinge auf der rechten Stoffseite zu bilden. Nun die Nadelspitze durch die Schlinge des vorherigen Stiches erneut einstechen. So weiterarbeiten, bis die Motivlinie bestickt ist.

(Gruppe der Kettenstiche)

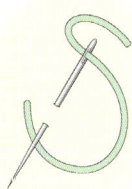 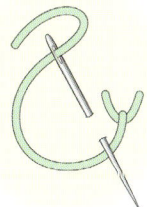 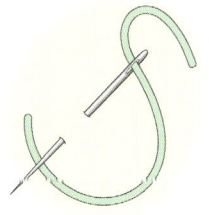 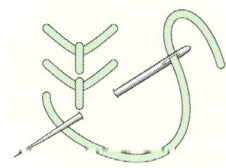

Federstich

1 Arbeiten Sie von oben nach unten. Stechen Sie die Nadel durch den Stoff nach oben und ziehen Sie den Faden durch. Halten Sie den Faden mit dem linken Daumen nach unten und stechen Sie die Nadel ein wenig rechts auf gleicher Höhe ein. Nun die Nadel ein wenig unterhalb zur Mitte hin wieder ausstechen, dabei den Faden unterhalb der Nadel halten. Nadel und Faden durchziehen.

2 Nun die Nadel auf gleicher Höhe ein wenig nach links einstechen und einen Stich nach unten zur Mitte hin setzen, dabei den Faden wiederum unter der Nadelspitze halten. Wiederholen Sie diese beiden Schritte. Für ein perfektes Ergebnis die Stiche möglichst gleichmäßig ausführen. (Gruppe der Schlingstiche)

Fliegenstich

1 Stechen Sie die Nadel durch den Stoff zur rechten Stoffseite, halten Sie dabei den Faden mit dem linken Daumen nach unten. Stechen Sie die Nadel rechts auf gleicher Höhe erneut ein und etwas unter der halben Höhe von Ein- und Ausstichstelle wieder aus. Den Faden unter der Nadelspitze halten und Nadel und Faden durchziehen.

2 Nadel erneut einstechen, dabei einen kleinen mittigen Stich machen, um die Schlaufe des vorherigen Stichs zu verankern. Anschließend links wieder ausstechen, damit der nächste Stich gesetzt werden kann. (Gruppe der Schlingstiche)

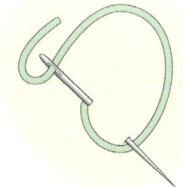 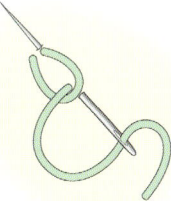 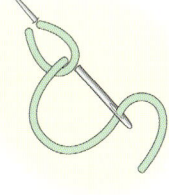 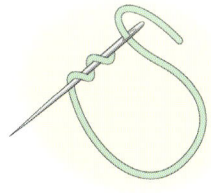 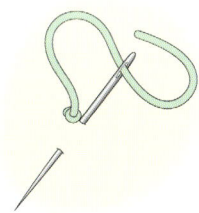

Margeritenstich

1 Stechen Sie die Nadel an der Stelle des gewünschten Stichs durch den Stoff zur rechten Stoffseite durch und halten Sie den Faden mit dem Daumen nach unten. Die Nadel neben der Austrittsstelle des Fadens wieder einstechen, dabei fast den ganzen Faden zur linken Stoffseite durchziehen, jedoch eine kleine Schlinge auf der rechten Stoffseite stehen lassen. Die Nadelspitze entlang des ersten Stichs und innerhalb der Fadenschlinge wieder ausstechen, Nadel und Faden durchziehen.

2 Den Arbeitsfaden über die Schlinge führen und die Nadel direkt daneben wieder einstechen, sodass sie dicht an der ersten Austrittstelle des Fadens wieder herausticht. Den Faden durchziehen. Arbeiten Sie in Kreisform weitere Stiche, um eine Margerite mit vier oder fünf Blättern zu sticken. (Gruppe der Kettenstiche)

Knötchenstich

1 Stechen Sie die Nadel an der Stelle des gewünschten Stichs durch den Stoff zur rechten Stoffseite. Halten Sie den Faden mit der anderen Hand und wickeln Sie ihn ein- oder zweimal um die Nadel, je nach gewünschter Knötchengröße.

2 Halten Sie den Faden weiterhin fest, stechen Sie mit der Nadel an der gleichen Stelle wieder in den Stoff und ziehen Sie den Faden durch. Bei einem einfachen Knötchenstich den Faden sichern, für einen weiteren Stich an einer nahegelegenen Stelle wieder ausstechen. (Gruppe der Knötchenstiche)

Couching

Couching wird an den Konturen eines Motivs gearbeitet, dabei wird ein dickerer Faden mit einem dünneren Faden überstickt. Legen Sie entlang der gewünschten Motivkontur einen dickeren Faden auf die rechte Stoffseite oder führen Sie ihn von unten zur Stoffoberseite, falls der Faden nicht zu dick ist. Halten Sie den Faden mit der linken Hand. Arbeiten Sie nun mit einer Nadel und dünnerem Faden kleine Querstiche über den dickeren Faden. (Gruppe der Couchingstiche)

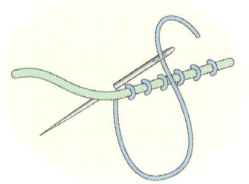

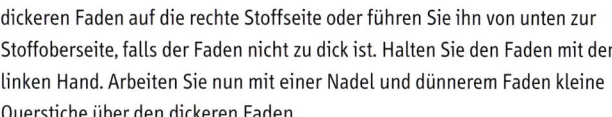

Saatstich

Dieser einfache Füllstich besteht aus kleinen geraden Stichen gleicher Länge, die willkürlich auf den Stoff gesetzt werden. (Gruppe der Füllstiche)

TIPP

Schneiden Sie aus dünner Pappe eine Vorlage in der fertigen Größe der Tasche zu und verwenden Sie diese als Orientierungshilfe beim Bügeln und Nähen.

Taschen nähen

Angeblich gibt es unzählige Taschenvarianten, aber tatsächlich sind es nur zwei Grundtypen: aufgesetzte Taschen, bei denen in Form geschnittene Stoffstücke auf das Kleidungsstück aufgenäht werden und ihm ein dekoratives Detail verleihen, und eingesetzte Innentaschen, die in Nähte oder Schlitze eingenäht werden und in der Regel vor allem einen funktionellen Zweck erfüllen.

Aufgesetzte Taschen nähen

Aufgesetzte Taschen können quadratisch, rechteckig, gerundet oder sogar mit Raffungen genäht werden. Sie sind ein eindeutiger Hinweis auf die Qualität des Kleidungsstücks – gehen Sie bei der Platzierung also sorgfältig vor. Werden Taschen paarweise aufgenäht, sollten sie die gleiche Form und Größe haben.

Tasche mit geraden Ecken

Diese Variante der aufgesetzten Tasche ist ein Stück Stoff, das an der oberen Kante (der Taschenkante) und den Nahtzugaben nach innen gefaltet wird – damit die Tasche aber professionell aussieht, sollten die unteren Ecken diagonal gelegt werden.

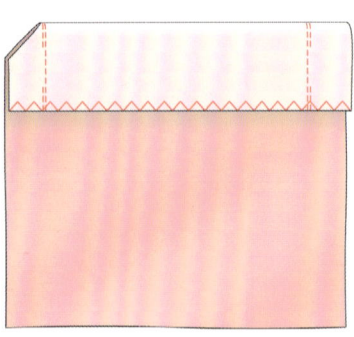
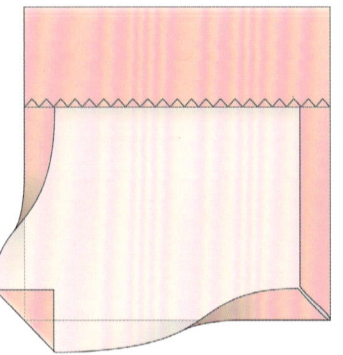
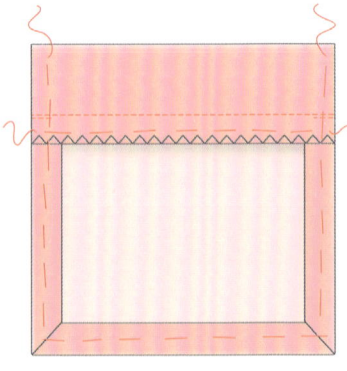

1 Versäubern Sie die Oberkante der Tasche (siehe Seite 39). Schlagen Sie die Oberkante entlang der Faltkante zur rechten Stoffseite um. Stecken, heften und nähen Sie dann mit der Maschine an beiden Seiten mit 1,5 cm Nahtzugabe von der Faltkante bis zur versäuberten Kante. Nahtanfang und -ende mit Rückstichen sichern (siehe Seite 36). Die oberen Ecken abschrägen, damit die Tasche schön flach liegt (siehe Seite 38).

2 Wenden Sie die Oberkante auf die linke Stoffseite, schieben Sie mithilfe einer kleinen Schere die Ecken heraus und bügeln Sie diese. Die Nahtzugaben an den Seiten und der unteren Kante zur linken Stoffseite bügeln. Öffnen Sie die Nahtzugaben an den unteren Ecken und falten Sie sie diagonal, sodass die gebügelten Faltlinien aufeinandertreffen. Bügeln Sie die Diagonale. Schneiden Sie die Ecken bis auf 6 mm Nahtzugabe zurück.

3 Taschenkante und Nahtzugaben mit Heftstichen fixieren und, falls gewünscht, die Taschenkante 1 cm oberhalb der versäuberten Kante absteppen.

Tasche mit abgerundeten Ecken

Sind die Ecken einer aufgesetzten Tasche abgerundet, werden Sie feststellen, dass an den Rundungen zuviel Nahtzugabenstoff ist, wenn diese zur linken Stoffseite gebügelt werden. Diese Stoffweite muss entfernt werden, damit die Stoffe nicht mehr wulstig übereinanderliegen.

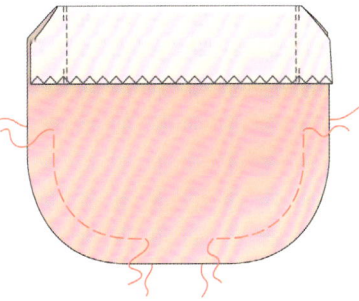  

1 Folgen Sie Schritt 1 der aufgesetzten Tasche auf Seite 74. Stellen Sie dann die längste Stichlänge ein und nähen Sie auf der rechten Stoffseite knapp innerhalb der Nahtzugabe eine Einkräuselnaht (Einhaltenaht) um jede der unteren Ecken. Schneiden Sie die Nahtzugaben auf 1 cm zurück.

2 Wenden Sie die Oberkante auf die linke Seite der Tasche und schieben Sie die Ecken vorsichtig mit einer kleinen Schere heraus. Bügeln Sie die Ecken flach. Ziehen Sie vorsichtig an der Einhaltenaht, um die Rundungen zu formen.

3 Bügeln Sie die Nahtzugaben zur linken Stoffseite und schneiden Sie kleine Kerben entlang der Rundungen ein (siehe Seite 38), dabei jedoch nicht in die Einkräuselnaht schneiden. Heften Sie Oberkante und Nahtzugaben. Falls gewünscht, die Oberkante ca. 1 cm oberhalb der versäuberten Kante absteppen.

Taschen aufnähen

Aufgesetzte Taschen können von Hand oder mit der Maschine aufgenäht werden. Mit der Maschine geht es schneller und die Naht wird strapazierfähiger. Allerdings sollten die Nähte sorgfältig und akkurat gefertigt werden.

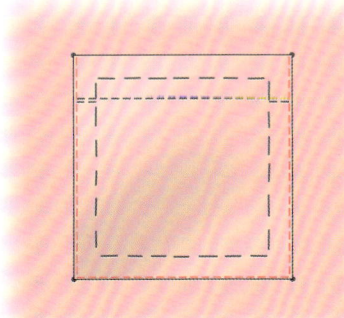

Nachdem Sie die Taschenposition auf der rechten Seite des Kleidungsstoffs markiert haben, (siehe rechts) legen Sie die Tasche darauf. Stellen Sie eine mittlere Stichlänge ein und nähen Sie die Tasche an beiden Seiten sowie der Unterkante knappkantig (siehe Seite 42) auf. Verknoten Sie die Fadenenden (siehe Seite 36) auf der linken Stoffseite und entfernen Sie alle Heftfäden.

Taschenposition auf dem Stoff markieren

Die Position der Tasche ist in der Regel auf dem Schnittmusterbogen eingezeichnet. Für eine aufgesetzte Tasche mit geraden Ecken können Sie auch einfach die vier Ecken auf dem Stoff markieren und dann die Tasche entsprechend auflegen. Am schnellsten geht das mit einem Kreidestift (siehe Seite 10): Setzen Sie damit an allen Ecken einen Punkt auf die rechte Stoffseite.

Bei aufgesetzten Taschen mit gerundeten Ecken markieren Sie wie beschrieben die oberen Eckpunkte, dann pausen Sie die unteren gerundeten Ecken mit einem Kopierrädchen und Schneiderkopierpapier (siehe Seite 10) auf die rechte Stoffseite ab.

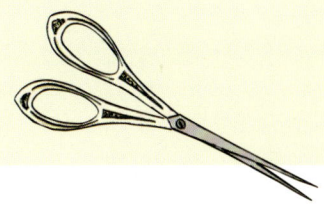

TIPP

Damit Taschen professionell ausse-hen und lange ihre Form bewahren, sollten sie mit einer leichten Einlage belegt werden (siehe Seite 18). Wenn Sie eine gewebte Einlage verwenden, schnei-den Sie diese im diagonalen Fadenlauf zu (siehe Seite 27), damit die Tasche nicht zu steif wirkt.

Taschenecken verstärken

Taschen müssen einiges aushalten, wenn man mit den Händen hineingreift. Daher ist es empfehlenswert, die Taschenecken zu verstärken.

Genähte Dreiecke

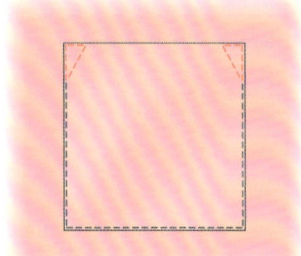

Nähen Sie ca. 6 mm dicht an der obe-ren Kante, dann diagonal zur Seiten-kante ein kleines Dreieck. Verknoten Sie die Fadenenden (siehe Seite 36). Diese Technik wird häufig bei Ober-hemden verwendet.

Zickzackstiche

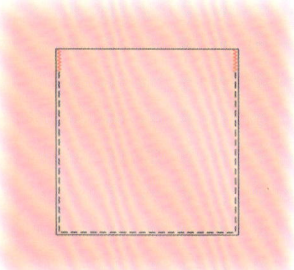

Nähen Sie mit engen, ca. 3 mm breiten Zickzackstichen (siehe Seite 39) von der Oberkante aus ca. 1 cm entlang der Seitenkanten über die Geradstichnaht, mit der die Tasche aufgenäht wurde. Die Fadenenden verknoten (siehe Seite 36).

Rückstiche

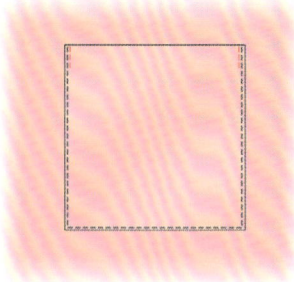

Nähen Sie Rückstiche von der Ober-kante aus ca. 1 cm entlang der Sei-tenkanten, um die Ecken zu verstär-ken. Verknoten Sie die Fadenenden (siehe Seite 36). Diese Technik wird häufig bei Blusen verwendet.

Geraffte Taschen

Aufgesetzte Taschen können auf vielfältige Weise verziert werden, von einer einfachen Steppnaht (siehe Seite 42) bis hin zu Falten oder Raffungen. Geraffte Taschen wirken sehr feminin und sind häufig bei Klei-dungsstücken für kleine Mädchen zu finden. In der Regel haben die Taschen abgerundete Unterkanten, die Oberkante ist entweder elastisch oder wird mit einem zusätzlichen Band genäht.

Raffen mit Gummiband

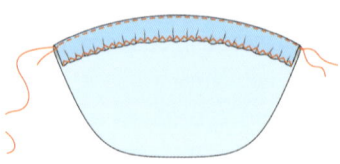

1 Versäubern Sie die Taschenoberkante, diese ist je nach Schnittmuster entweder gerade geschnitten oder leicht gerundet. Bei gerader Oberkante diese entlang der Faltlinie zur linken Stoffseite falten und bü-geln. Ist die Oberkante abgerundet, müssen Sie zunächst entlang der oberen Kante eine Reihe von Heftstichen steppen (siehe Seite 43) um die Mehrweite einzuhalten, bevor Sie wie abgebildet die Kante zur linken Stoffseite umbügeln.

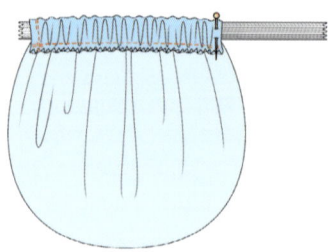

2 Die Oberkante heften und mit der Ma-schine 6 mm oberhalb der versäuberten Kante aufnähen, dann die Heftfäden ent-fernen. Mit einer Durchzugs- oder Sicher-heitsnadel (siehe Seite 9) ein Gummiband durch den entstandenen Tunnel ziehen. Ein Gummibandende feststecken und mit der Maschine am Tunnel festnähen. Das andere Ende auf die gewünschte Länge zurückschneiden und ebenso am Tunnel befestigen.

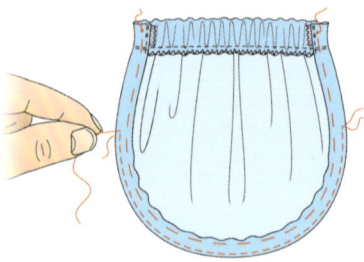

3 Steppen Sie eine Reihe von Heftstichen entlang der unteren gerundeten Kante. Ziehen Sie am Unterfaden, sodass der Stoff sich zusammenschiebt. Bügeln Sie die Naht-zugaben zur linken Stoffseite und schneiden Sie diese entlang der Rundungen ein, damit die Tasche schön flach liegt (siehe Seite 38), dabei nicht in die Einhaltenaht schneiden. Nahtzugaben heften. Die Tasche kann nun auf das Kleidungsstück genäht werden (siehe Seite 75).

Taschen mit angesetzter Kante

1 Steppen Sie zwei Reihen mit Heftstichen (siehe Seite 104-106) entlang der oberen Kante, dann den Stoff auf die gewünschte Weite raffen.

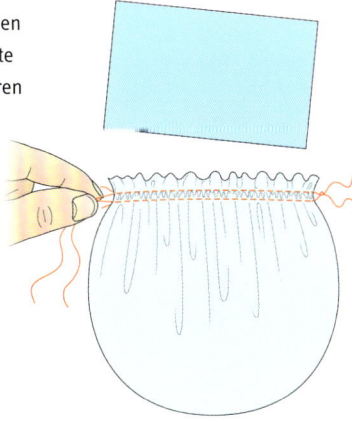

2 Aufbügelbare Einlage auf die linke Stoffseite des Kantenstreifens aufbügeln (siehe Seite 19). Stecken und heften Sie die gekräuselte Oberkante rechts auf rechts kantenbündig an eine lange Seite der anzusetzenden Taschenkante. Mit der Maschine entlang der Nählinie festnähen, in der Regel 1 cm innerhalb der unversäuberten Kante. Die Nahtzugaben zur angesetzten Taschenkante hin bügeln.

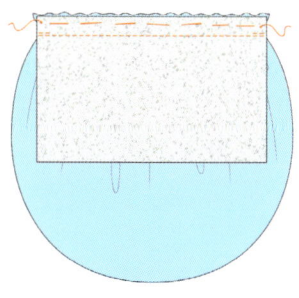

3 Versäubern Sie die restlichen offenen Kanten des Kantenstreifens und falten Sie diesen entlang der oberen Faltlinie rechts auf rechts. Stecken, heften und mit der Maschine 1 cm innerhalb der Seitenkanten zusammennähen, Nahtanfang und -ende mit Rückstichen sichern. Die oberen Ecken abschrägen, damit die Tasche schön flach liegt (siehe Seite 38).

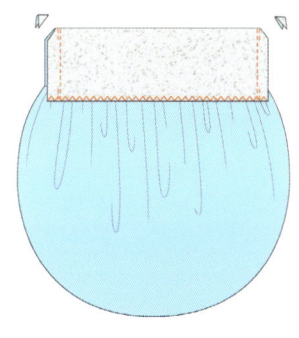

4 Taschenkante auf rechts wenden, die Ecken vorsichtig mit einer kleinen Schere herausschieben und bügeln. Die lose Kante heften. Auf der rechten Stoffseite die Taschenkante entlang der Nählinie (siehe Seite 43) im Nahtschatten an die Tasche nähen. Folgen Sie Schritt 3 der Anleitung für eine geraffte Tasche mit Gummiband (siehe gegenüberliegende Seite), um die Tasche fertigzustellen.

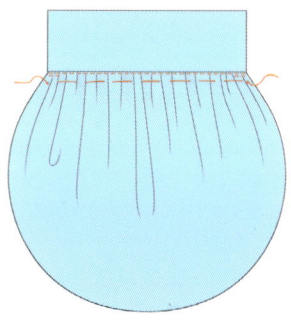

Innentaschen

Innentaschen sind funktionell und im Inneren des Kleidungsstücks versteckt. Im Gegensatz zu den aufgesetzten Taschen, die mehr oder minder nach Belieben positioniert werden können, um der Figur zu schmeicheln, muss eine Innentasche leicht zugänglich sein.

Innentaschen sind entweder Hüfttaschen, die an der Taillen- und Seitennaht sitzen (siehe nächste Seite), oder als Seitentasche in eine Naht eingearbeitet. (Details zu Nahttaschen finden Sie im ersten Buch, „Mein großes Nähmaschinen-Atelier".) Es gibt auch andere dekorative Taschenformen wie Eingriffstaschen und Pattentaschen, bei denen die Tasche in einen Schlitz eingefasst wird, diese sind aber etwas kniffliger. Warten Sie mit dem Nähen dieser Taschenform, bis Sie Ihre Kenntnisse vertieft haben.

Hüfttaschen

Vordere Hüfttaschen finden vor allem bei Hosen und Röcken Verwendung. Die Taschenöffnung kann gerundet, gerade oder angeschrägt sein, häufig wird die Tasche dekorativ abgesteppt. Hüfttaschen bestehen aus einem rückwärtigen Teil, der zum Kleidungsstück gehört, und dem Innenteil. Das rückwärtige Teil wird aus Oberstoff zugeschnitten, das Innenteil meist aus Futterstoff. Bei leichten oder mitteldicken Stoffen kann auch das Innenteil aus dem Oberstoff genäht werden. Die Taschenkante wird meist mit einem Beleg (siehe Seite 18) verstärkt, um ein Ausdehnen zu verhindern.

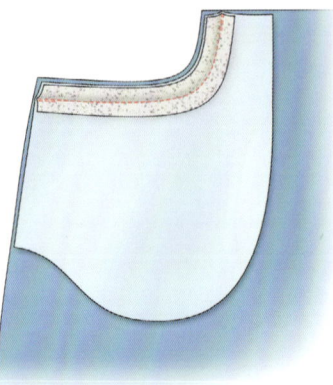

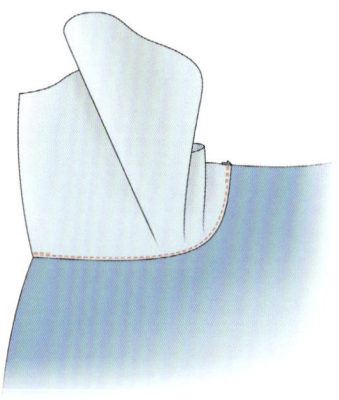

1 Schneiden Sie einen 2,5 cm breiten Streifen aufbügelbare Einlage in der Form der Taschenöffnung zu. Bügeln Sie die Einlage auf die linke Stoffseite des Taschenfutters (siehe Seite 19). Stecken und heften Sie entlang der Taschenöffnung das Innenteil rechts auf rechts an das Vorderteil, dabei die Taillen- und Seitennähte ausrichten. Nähen Sie die Kanten zusammen, dabei Nahtanfang und -ende mit Rückstichen sichern. Ihr Kleidungsstück hat wahrscheinlich zwei dieser Taschen, aber diese Anleitung ist für eine Tasche.

2 Die Nahtzugaben abgestuft zurückschneiden und an den Rundungen einkerben (siehe Seite 38), dann in Richtung des Futterstoffs bügeln. Die Nahtzugaben an den Futterstoff flachsteppen (siehe Seite 43), dann den Futterstoff zur linken Stoffseite des Vorderteils bügeln. Die Taschenöffnung an der offenen Kante nach Belieben dekorativ absteppen (siehe Seite 42).

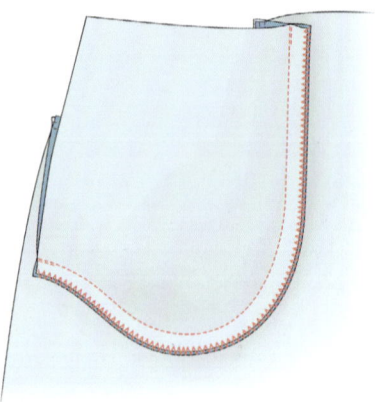

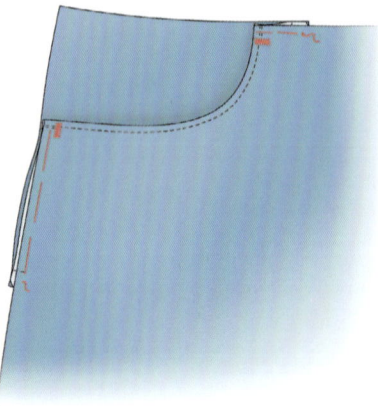

3 Stecken und heften Sie die Taschenrückseite entlang der langen abgerundeten Kanten rechts auf rechts an das Innenteil. Nähen Sie beides aufeinander, dabei Nahtanfang und -ende mit Rückstichen sichern. Die Nahtzugaben gemeinsam versäubern.

4 Heften Sie die Tasche vorne an der Taillen- und Seitennaht an das Kleidungsstück. Verstärken Sie beide Enden der Taschenöffnung mit einer kleinen Reihe von Zickzackstichen (siehe Seite 76), dicht neben und parallel zu den Taillen- und Seitennähten.

Bestickte Schürze im 50er-Jahre-Stil

Diese wunderbare Schürze, inspiriert von den mit Federstich bestickten Schürzen der 50er Jahre, ist bestens geeignet, Ihre neu erworbenen Fähigkeiten des Handstickens in die Tat umzusetzen. Verwenden Sie die Fotos als Orientierungshilfe, in welchen Farben Sie die verschiedenen Stickstiche – darunter Kettenstich, Festonstich und Knötchenstich – sticken möchten. Falls Sie sehr wagemutig sind, wählen Sie andere Sticharten aus und kreieren Sie einen individuellen Effekt.

Stoff zuschneiden

Sie benötigen die Schnittteile 1, 2A & 2B, 3, 4 und 5. Lesen Sie auch Seite 29-30 mit den Zuschneidetipps und Seite 23 zu Schnittmarkierungen.

Die schraffierten Partien des Taillenbunds/Bindebandes von Schnittteil 2 A und 2 B überlappend legen und zu einem Teil zusammenfügen. Legen Sie den Kontraststoff auf eine glatte Unterlage und schneiden Sie zwei Taillenbund/ Bindeband-Teile zu. Für die Saumblende schneiden Sie ein 19 cm x 82,5 cm großes Rechteck aus, die beiden kurzen Enden parallel zur Webkante. Ebenso aus Kontraststoff ein 33 cm großes Quadrat für die Stickerei zuschneiden, die Seiten parallel zum geraden Fadenlauf.

Aus dem Karostoff ein Schürzenteil und eine Tasche zuschneiden.

Aus der Einlage eine vordere Mitte Taillenbund, eine Taschenkante und zwei Taillenbund/ Bindeband-Teile zuschneiden, jedoch nur die schraffierten Partien.

Sie benötigen

■ Schnittmuster für die Schürze und zwei Stickvorlagen, abgepaust von den Schnittmusterbögen am Ende des Buches (siehe Seite 192)

■ 60 cm Karostoff aus Baumwolle, 112 cm breit

■ 90 cm unifarbenen Kontraststoff, 112 cm breit

■ 20 cm leichte aufbügelbare Einlage, 90 cm breit

■ farblich passende Nähfäden

■ Stickgarn in sechs verschiedenen Farben

■ 1 m Zackenlitze in drei Farben, passend zum Stickgarn

■ Schneiderkopierpapier

■ Stickrahmen, 25,5 cm ⌀

Hinweis:

Falls nicht anders angegeben, ist eine Nahtzugabe von 1 cm bereits enthalten.

Nähen Sie rechts auf rechts mit passgenau ausgerichteten Markierungen, sofern nicht anders angegeben.

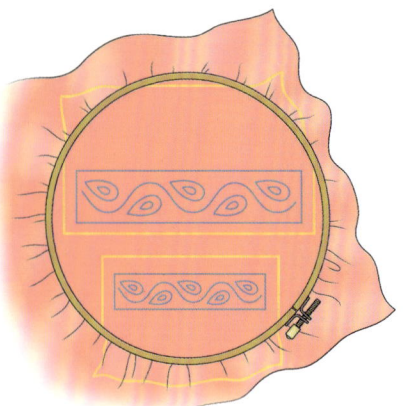

1 Legen Sie das Quadrat aus Kontraststoff mit der rechten Stoffseite nach oben. Mit Schneiderkreide die äußeren Konturen der Schnittteile für die vordere Mitte Taillenbund und die Taschenkante abpausen, dabei darauf achten, dass der Fadenlauf parallel zu den Seitenkanten des Quadrats liegt. Übertragen Sie mithilfe von Schneiderkopierpapier die Stickmotive auf beide Teile (siehe Seite 70). Mit dem Stickrahmen und jeweils drei Fäden Stickgarn die Motive im Kettenstich, Festonstich und Knötchenstich (siehe Seite 72 und 73) aufsticken.

2 Die bestickte vordere Mitte des Taillenbunds und die Taschenkante sorgfältig ausschneiden. Nähen Sie die Tasche wie in der Anleitung für eine geraffte Tasche mit Kante auf Seite 77 beschrieben. Bügeln Sie wie eingezeichnet die übrigen Teile der Einlage auf die linke Stoffseite der vorderen Mitte des Taillenbunds und der Taillenbund/Bindeband-Teile.

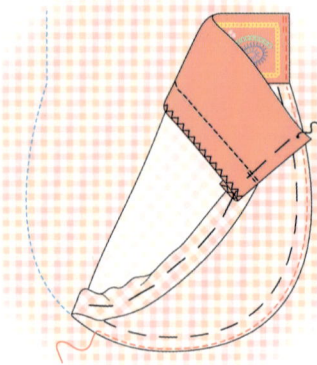

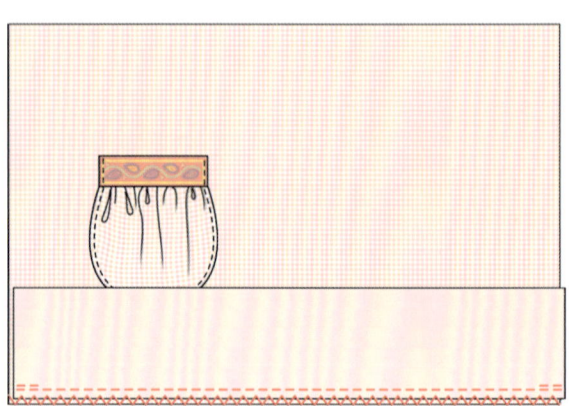

3 Markieren Sie die Taschenposition auf der Schürze wie auf Seite 75 für das Markieren von Taschen mit gerundeten Ecken beschrieben. Nähen Sie die Tasche gemäß Anleitung auf Seite 75 und verstärken Sie die oberen Ecken mit Rückstichen (siehe Seite 76).

4 Stecken, heften und nähen Sie die Saumblende rechts auf rechts mit ausgerichteten Kanten und 1,5 cm Nahtzugabe an die untere Stoffkante der Schürze. Nahtzugaben gemeinsam versäubern und zur Schürze hin bügeln.

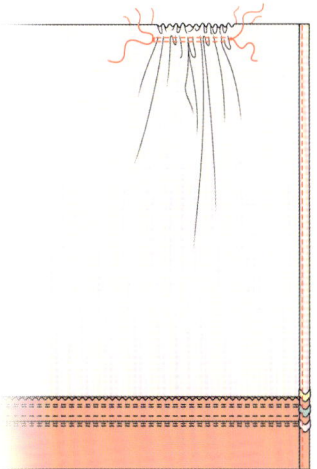
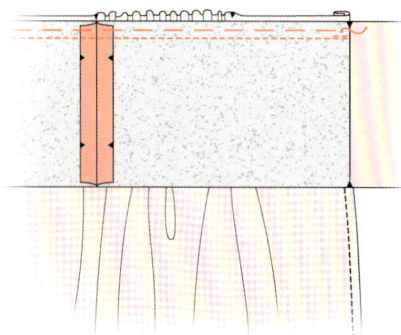

5 Nähen Sie einen 6 cm breiten doppelten Saum (siehe Seite 63) an der unteren Kante der Saumblende, dazu den Stoff zunächst 1 cm, dann weitere 5 cm umschlagen. Wenn der Saum genäht ist, die drei Zackenlitzen aufnähen. Die oberste Zackenlitze überdeckt die Saumblendennaht, die untere Zackenlitze die Saumnaht. Die dritte Zackenlitze mittig dazwischen aufnähen. Heften und nähen Sie die Zackenlitze mit farblich passendem Nähfäden mit einer mittigen Naht auf. Entfernen Sie die Heftfäden.

6 Nähen Sie einen schmalen, 1 cm breiten doppelten Saum entlang der Seitenkanten der Schürze (siehe Seite 62). Steppen Sie zwei Reihen Kräuselnähte (siehe Seite 104-106) entlang der Oberkante der Schürze, zwischen den Markierungen des Schnittmusters. Raffen Sie den Stoff auf 9,5 cm zusammen (siehe Seite 105).

7 Stecken, heften und nähen Sie ein Taillenbund/Bindeband-Teil rechts auf rechts mit ausgerichteten Markierungen an jedes Ende der bestickten vorderen Mitte des Taillenbunds. Nähte auseinanderbügeln. Stecken und heften Sie eine lange Kante des zusammengefügten Taillenbunds rechts auf rechts an die Oberkante der Schürze. Richten Sie hierbei die seitlichen Stoffkanten der Schürze an den mit Einlage verstärkten Kanten aus und die Taillennähte am Beginn der Raffungen. Auch alle weiteren Markierungen passgenau legen. Nähen Sie die Teile mit der Maschine zusammen und sichern Sie Nahtanfang und -ende mit Rückstichen (siehe Seite 36). Bügeln Sie die Nähte zum Taillenbund hin.

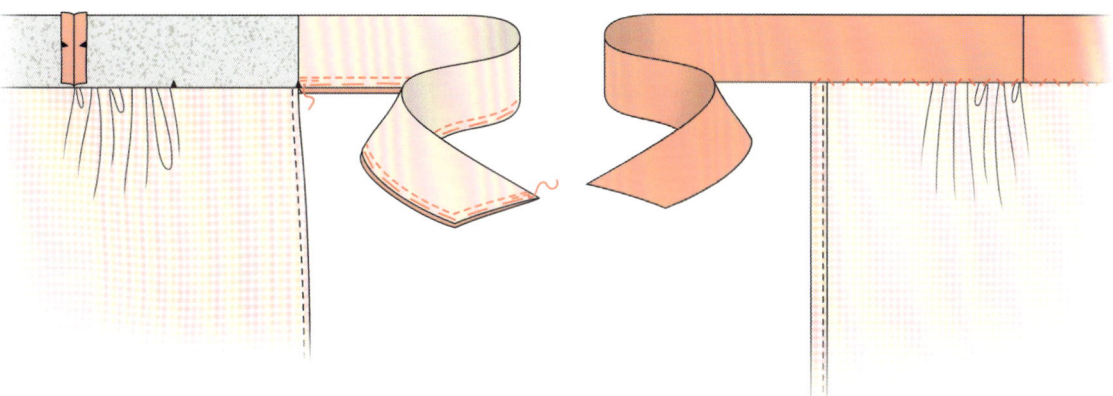

8 Falten Sie die beiden Bindebänder rechts auf rechts der Länge nach zur Hälfte. Achten Sie darauf, die unversäuberten Kanten gerade zu halten, und stecken und heften Sie das Band über die gesamte Länge zusammen. Nun mit der Maschine zusammennähen, Nahtanfang und -ende mit Rückstichen sichern.

9 Entfernen Sie die Heftfäden und schrägen Sie die Nahtzaben an den Ecken des Bandes ab, damit kein Wulst entsteht (siehe Seite 38). Auf rechts wenden und mit einem spitzen Gegenstand, z. B. einer Stricknadel, die Ecken vorsichtig herausschieben. Die Bindebänder bügeln, dabei darauf achten , dass die Naht genau an der Kante liegt. An der noch unbefestigten Kante des Taillenbundes 1 cm zur linken Stoffseite bügeln und an der Oberkante der Schürze feststecken, dabei die gebügelte Kante an der Naht des Taillenbunds ausrichten. Im Saumstich die unbefestigte Kante des Taillenbunds annähen (siehe Seite 34).

Workshop 5

Quilts und Applikationen

Als Ergänzung zu den Stickstichen, die Sie in Workshop 4 erlernt haben, zeigt Ihnen dieser Workshop zwei weitere Möglichkeiten, Ihre Nähprojekte dekorativ zu verzieren: Quilten und Applizieren. Die Quilt-Technik kann bei Tagesdecken, Kleidung und vielen anderen Projekten zum Einsatz kommen, etwa bei dem schönen Kissen am Ende dieses Workshops. Das Kissen ist zudem mit Applikationen verziert.

Quilten

Der Begriff „Quilten" kann sich auf zwei Dinge beziehen: entweder das Nähen eines Quilts oder das Zusammennähen von zwei oder mehr Materialschichten zur Herstellung eines dickeren, wattierten Materials. Dieser Workshop wird sich mit Letzterem beschäftigen. Gequiltet wird in der Regel mit drei Lagen: dem Oberstoff, der Wattierung und dem Rückseitenstoff. Die drei Lagen werden per Hand oder mit der Maschine in einem Muster oder Design zusammengenäht. Die Nähte lassen den Stoff voluminöser wirken, so ergibt sich ein schöner plastischer Effekt.

Nähen eines Quilt-Sandwichs

Die einzelnen Lagen des gequilteten Stoffs werden gerne als „Sandwich" bezeichnet, da wie bei einem Sandwich die Wattierung zwischen zwei Stofflagen eingebettet wird.

Die Wattierung

Es gibt unterschiedliche Wattierungen oder Vlieseinlagen für die verschiedensten Nähprojekte zu unterschiedlichen Preisen. Die Einlagen werden meterweise in unterschiedlichen Breiten angeboten, von 86 cm bis zur massiven Breite von 315 cm für Quiltbettdecken. Rollenware ist ideal, da sie keine Falten hat, es gibt jedoch auch Wattierungen, die in kleineren und vorgeschnittenen Größen erhältlich sind. Diese werden dann gefaltet angeboten.

Polyester: Die preisgünstigste Wattierung, erhältlich in verschiedenen Stärken. Ebenso ist aufbügelbares Vlies in mittlerer Stärke erhältlich, die Klebeseite ist als Raster gestaltet, um das Zuschneiden und Nähen zu erleichtern. Polyesterwattierung ist maschinenwaschbar.

Baumwolle: Wattierung aus reiner Baumwolle oder auch einer Baumwollmischung ist für Anfänger gut geeignet, da sie sich beim Nähen nicht so leicht verschiebt. Dies ist besonders beim Quilten größerer Stücke hilfreich. Auch diese Wattierung ist maschinenwaschbar.

Wolle: Die teuerste Wattierung, zudem muss sie von Hand gewaschen werden. Allerdings lassen sich daraus wunderbare Quilts nähen.

Quilt-Sandwich vorbereiten

1 Bügeln Sie den Rückseitenstoff und schneiden Sie ihn rundherum mindestens 7,5 cm größer als den Oberstoff zu. Bei kleineren Projekten wie Kissen oder Baby-Quilts können Sie rundherum etwas weniger Stoff zugeben. Bei größeren Projekten müssen eventuell mehrere Stoffbahnen zusammengefügt werden, um die gewünschte Größe zu erzielen. Fertigen Sie in diesem Fall einfache Nähte (siehe Seite 36). Schneiden Sie die Webkanten (siehe Seite 27) ab, bevor Sie mit dem Nähen beginnen, da sonst die Nähte Beulen werfen könnten, besonders wenn das Modell gewaschen wird.

2 Die Einlage auf die gleiche Größe wie den Rückseitenstoff zuschneiden. Auch hier gilt: Bei größeren Projekten müssen Teile eventuell zusammengefügt werden, jedoch sind bei einigen Qualitäten Einlagen in größeren Breiten erhältlich. Falls Sie Teile zusammenfügen müssen, fertigen Sie eine überlappende Naht (siehe Seite 41).

TIPPS

Einige Patchwork- und Quilt-Geschäfte bieten Probepakete mit unterschiedlichen Wattierungseinlagen an. So können Sie unterschiedliche Qualitäten ausprobieren und feststellen, welche Einlage am besten zu Ihrem Nähprojekt passt.

Wurde Vlieseinlage gefaltet oder eng zusammengerollt aufbewahrt, entrollen Sie die Einlage und lassen Sie sie „entfalten", bevor Sie mit dem Zuschneiden beginnen.

3 Legen Sie den Rückseitenstoff mit der linken Seite nach oben auf den glatten Boden oder eine große Arbeitsunterlage. Beschweren Sie die Ecken, damit sich der Stoff nicht wellt. Legen Sie die Wattierung auf den Rückseitenstoff und glätten Sie beide Lagen. Nun den Oberstoff, rechte Stoffseite oben, auf die Wattierung legen und noch einmal alle Fältchen vorsichtig glätten. Stecken Sie die Lagen an den Ecken und mittig entlang der Seitenkanten zusammen, dicht an der Kante.

Stofflagen heften

Beginnen Sie in der Mitte und heften Sie mit ca. 7,5 cm langen Stichen in diagonalen Linien zu den Ecken. Wiederum in der Mitte beginnend nun nun waagerechte und senkrechte Linien zu den Kanten heften, bis Sie ein Raster im Abstand von je 10 cm über den gesamten Quilt-Sandwich genäht haben.

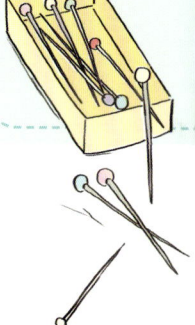

TIPP

Soll es schneller gehen, können Sie statt zu heften rostfreie Sicherheitsnadeln jeweils im Abstand von 10 cm setzen.

Für kleinere Projekte ist auch ein temporärer Sprühkleber geeignet, der in Quilt-Geschäften oder online erhältlich ist.

Quilt-Motiven und Designs übertragen

Das Zubehör zum Markieren eines Quilt-Motivs sollte sorgfältig ausgewählt werden. Ein einzelner Trickmarker passt nicht zu allen Farben, Stoffqualitäten und Texturen. Deshalb ist es sinnvoll, verschiedene Stifte auf einem Probestück des Stoffes auszuprobieren. So sehen Sie, wie deutlich die Markierung zu sehen ist und wie einfach sie sich nach dem Nähen abbürsten oder auswaschen lässt.

Stifte auf Kreidebasis

Hierzu zählen Kreidestifte und Schneiderkreide (siehe Seite 10), die in verschiedenen Farben erhältlich sind. Mit Kreide lassen sich deutliche Linien zeichnen, die nach dem Nähen von selbst verschwinden oder abgebürstet werden. Kreidestifte sollten regelmäßig angespitzt werden.

Markierstifte

Silber- und Specksteinstifte, die es in speziellen Quilt-Geschäften gibt, zeichnen feine Linien, die nach dem Quilten fast unsichtbar sind. Farbige Stifte sind auch auf dunklen Stoffen anwendbar, die Linien wasserlöslicher Stifte lassen sich nach dem Nähen mit einem Schwämmchen abtupfen. Bei hellen Stoffen ist es etwas schwieriger: Wenn Sie einen Bleistift verwenden, nehmen Sie Härte „H", sodass nur eine hauchfeine Linie gezeichnet wird.

Kopierrädchen

Zum Übertragen der Motive von einer Papiervorlage auf den Stoff können die Konturen mit einem gezahnten Kopierrädchen (siehe Seite 10) nachgezogen werden. Bei vielen Stoffen bleiben diese Konturen lang genug sichtbar, um die Näharbeit oder zumindest einen Teil davon zu beenden.

Schneiderkopierpapier

Schneiderkopierpapier (siehe Seite 10) ist in verschiedenen Farben erhältlich und kann in Kombination mit einem Bleistift für durchgezogene Linien oder mit einem Kopierrädchen (siehe oben) verwendet werden, das eine gepunktete Linie auf dem Stoff hinterlässt.

Quilt-Klebeband

Dies ist ein schmales, wiederverwendbares Klebeband, das auf den Stoff geklebt wird und als Orientierungshilfe zum Nähen gerader Quiltlinien dient.

Transparentpauspapier

Bei einigen Stoffen ist es schwierig, die Quilt-Linien vorzuzeichnen. In diesen Fällen kann das Motiv auf spezielles Transparentpauspapier übertragen werden, das auf der Oberseite des Quilt-Sandwiches festgesteckt wird. Dann wird das Papier mit angenäht und anschließend mit einem stumpfen Nahttrenner (siehe Seite 9) entfernt.

Freezer Paper

Das Freezer Paper (ursprünglich zum Einfrieren im Haushalt gedacht) ist vor allem bei amerikanischen Quilterinnen sehr beliebt, bei uns ist es im Internet erhältlich. Wird die glänzende Seite des Papiers auf Stoff gebügelt, haftet sie auf dem Stoff. Das Papier kann wieder entfernt und mehrmals verwendet werden, bis die Haftfähigkeit nachlässt. Das Papier ist praktisch, da es transparent ist und sich Motive damit leicht abpausen lassen. Einzelne Motive können ausgeschnitten und auf den Stoff gebügelt werden, sodass Sie entlang der Konturen nähen können. Aufwendigere Designs können auf die matte Papierseite abgepaust und dann komplett auf den Stoff gebügelt werden, sodass Sie die Konturen durch das Papier aufnähen können. Nach der Fertigstellung des Motivs kann das Papier mithilfe eines stumpfen Nahttrenners vorsichtig herausgerissen werden, um das Motiv freizulegen.

Quilt-Techniken

Es gibt diverse Quilt-Techniken, die von Hand oder mit der Maschine gearbeitet werden können. Doch die gebräuchlichsten Stiche sind der Geradstich mit der Maschine (siehe Seite 36) und der von Hand genähte Vorstich (siehe Seite 34).

Gerade Nähte

Einige Maschinen haben ein Kantenführungslineal, das an die Rückseite des Nähfüßchens angesetzt wird und wie eine Nahtführung zum Nähen paralleler Nähte auf dem Quilt benutzt werden kann. Wenn dies bei Ihrer Maschine nicht vorhanden ist, verwenden Sie eine der bereits beschriebenen Techniken (siehe Seite 83), z. B. Quilt-Klebeband.

Im Nahtschatten nähen

Ist die Oberseite Ihres Quilts, wie beim Patchworken, aus verschiedenen Stoffstücken zusammengesetzt, ist das Nähen im Nahtschatten (siehe Seite 43) eine effektive Technik. Hierbei wird auf den Nähten zwischen den Patchwork-Stücken in geraden Linien genäht.

Motive

Wenn Sie abenteuerlustig sind, können Sie auch Motive in Freisticktechnik und nach Augenmaß aufsticken oder eigene Vorlagen verwenden, die Sie wie bereits beschrieben auf den Stoff übertragen.

Freies Quilten oder Mäander-Sticktechnik

Eine weitere Alternative sind Sticklinien, die sich über den Oberstoff des Quilts schlängeln. Hierfür ist es empfehlenswert, einen Stopffuß zu verwenden, außerdem muss der Transporteur der Nähmaschine versenkt werden (siehe Seite 85).

Quilten mit der Nähmaschine

Bevor Sie mit dekorativen Nähten beim Quilten beginnen, sollten Sie einige Dinge beachten, die das Leben erleichtern und für mehr Spaß beim Quilten sorgen.

- Große Quilts können sehr voluminös sein und sind daher mit einer normalen Haushaltsnähmaschine schwer zu handhaben. Um das Handling zu vereinfachen, rollen Sie einfach den übrigen Quilt sorgfältig auf, sodass er unter den Näharm geschoben werden kann.
- Nutzen Sie einen Tisch oder Stuhl, um das Gewicht eines größeren Quilts aufzufangen, dessen Stoffmassen hinter der Maschine liegen. Das verhindert auch, dass das Gewicht beim Nähen an der Nähnadel zerrt.

- Beginnen Sie mit dem Nähen in der Mitte des Quilts und arbeiten Sie in Richtung der Kanten. Nähen Sie zuerst die geraden Quilt-Nähte, dann Motive oder freie Stickmotive.
- Kleinere Projekte, wie das Kissen am Ende dieses Workshops, können mit einem Universalnähfuß genäht werden. Damit der Quilt jedoch schön glatt und flach wird, verwenden Sie für gerade Quilt-Nähte am besten immer einen Obertransportfuß und für freies Sticken einen Stopffuß (siehe Spezialzubehör auf der gegenüberliegenden Seite).

Quilten von Hand

Dies gelingt am besten, wenn der Quilt in einen Rahmen oder einen großen Stickrahmen (siehe Seite 71) gespannt wird. Wenn Sie jedoch das Quilt-Sandwich ausreichend geheftet haben, ist dies nicht immer erforderlich. Legen Sie den Quilt mit dem Oberstoff nach oben und beginnen Sie von der Mitte aus mit gleichmäßigen Vorstichen (siehe Seite 34) entlang des Designs. Dabei sind gleichmäßige Stiche auf beiden Seiten des Quilts wichtiger als das Nähen möglichst kleiner Stiche. Sichern Sie die Nähte mit Rückstichen (siehe Seite 33) und verstecken Sie die Fadenenden in der Wattierung.

Spezialzubehör

Hier zeigen wir Ihnen eine kleine Auswahl an Spezialzubehör, das in Quilt-Geschäften erhältlich ist und Quilts, Applikationen sowie Patchwork (siehe Workshop 6) ein professionelles Ergebnis verleiht. Wenn Sie feststellen, dass Sie diese Techniken lieben und sich vorstellen können, sie häufig anzuwenden, dann ist die Investition es wert. Vielfach hilft das Zubehör auch dabei, Probleme bei anderen Projekten zu lösen, z. B. beim Nähen von Kleidungsstücken.

Quilt- und Patchwork-Füße

Beim Quilten mit der Maschine sollten die Stofflagen gleichmäßig unter dem Nähfüßchen transportiert werden. Allerdings ist dies bei dicken Stoffen und mehreren Stofflagen mit einem Universalnähfuß nicht immer einfach. Diese Spezialnähfüße sind so konzipiert, dass sie die spezifischen Aufgaben problemlos meistern.

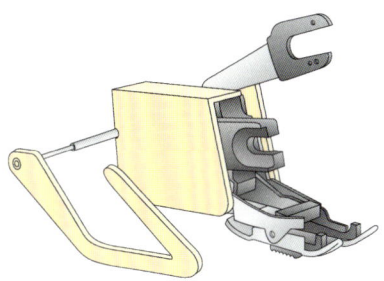

Stopffuß

Dieser „tanzende" Fuß macht das Stopfen, freies Maschinensticken und freies Quilten supereinfach! Außer bei sehr dünnen Stoffen ist bei der Verwendung dieses Fußes kein Stickrahmen notwendig. Damit der Stoff allerdings wirklich komplett frei beweglich ist, müssen Sie den Transporteur (die Zähnchen unter dem Nähfuß) versenken und damit ausschalten, sonst werden diese den Stoff wie gewohnt nach hinten transportieren. Schauen Sie im Handbuch nach, ob dies bei Ihrer Maschine möglich ist und wie Sie den Transporteur versenken. Üben Sie das Nähen mit diesem Fuß zunächst auf Stoffresten – es ist wirklich ganz anders, als Sie es bisher gewohnt sind, denn Sie müssen den Stoff von Hand hin- und herbewegen, statt dass die Maschine dies für Sie erledigt.

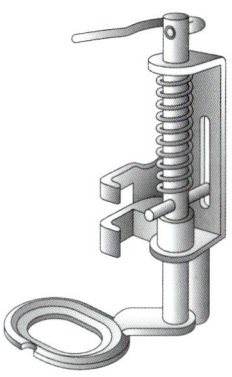

Obertransportfuß

Dieser große Nähfuß gleitet mühelos über den Stoff. Die wunderbare Erfindung des Obertransports sorgt dafür, sodass der Stoff gleichmäßig von oben und unten transportiert wird und sich nicht verschiebt – so erhalten Sie gleichmäßige Nähte. Dieser Nähfuß ist zwar recht teuer, aber ebenso ideal beim Nähen von Kleidungsstücken aus dickeren Stoffen wie Denim oder bei Samt und rutschigen Stoffen – eigentlich bei allen Stoffen. Außerdem ist der Nähfuß gut zum Absteppen geeignet. Er ist mit oder ohne abnehmbare Quilt-/ Nahtführung erhältlich.

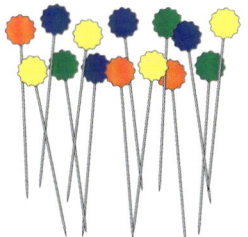

Mini-Quilt-Bügeleisen

Dieses Bügeleisen im Miniformat ist ein Federgewicht und leicht zu transportieren. So lässt es sich einfach neben der Nähmaschine aufbewahren, um kleine Bügelaufgaben zu erledigen. Das ist besonders praktisch, wenn Sie kein separates Nähzimmer zur Verfügung haben. Die kleine Sohle glättet im Nu Applikationen und Patchwork-Projekte. Das Bügeleisen kann aber auch für weitere kleine Projekte eingesetzt werden, z. B. an schwer erreichbaren Stellen wie den Innenseiten von Kragen und Manschetten, in die ein herkömmliches Bügeleisen nicht hineinpasst und bei denen Sie sonst riskieren, sich die Finger zu verbrennen.

Quilt-Stecknadeln

Quilt-Stecknadeln sind lang und schmal, entweder mit einem großen Kopf oder als Flachkopfnadeln erhältlich. Sie sind einfach zu handhaben und lassen sich mühelos auch durch mehrere Stofflagen stecken.

Applikationen

Beim Applizieren werden Stoffe, Stickereien oder andere Materialien auf ein anderes Stück Stoff aufgenäht. So entstehen Motive, Muster oder Bilder. Die Applikationstechnik wird seit Jahrhunderten überall auf der Welt verwendet, in verschiedenen Stilrichtungen und mit unterschiedlichen Methoden. Hier zeigen wir Ihnen einige einfache Techniken: Satinstich-Applikation mit der Maschine, Applikationen mit Freezer Paper (entweder mit der Maschine oder von Hand) sowie zwei Methoden, Applikationen von Hand aufzunähen.

Satinstich-Applikation mit der Maschine

Es gibt unterschiedliche Techniken, um Applikationen mit der Maschine aufzunähen. Diese sorgt für glatte und gleichmäßig aufgenähte Motive und verhindert ein Verrutschen der Motive während des Nähens, da die Motivteile zuerst mit einem Klebevlies auf den Trägerstoff aufgebügelt werden.

1 Schneiden Sie ein Stück Applikationsstoff und ein Stück Klebevlies (im Kurzwarenhandel erhältlich) zu, das groß genug ist, um das Motiv zu bedecken. Mit einem heißen Bügeleisen das Klebevlies auf die linke Seite des Applikationsstoffs bügeln. Folgen Sie dabei den Anweisungen des Herstellers.

2 Übertragen Sie das Motiv auf die Papierseite des Klebevlieses und schneiden Sie es an den Rändern aus. Falls Sie ein Motiv verwenden, das aus einem gemusterten Stoff ausgeschnitten wurde, müssen Sie die Konturen nicht auf das Papier übertragen – schneiden Sie es einfach um die Konturen herum aus.

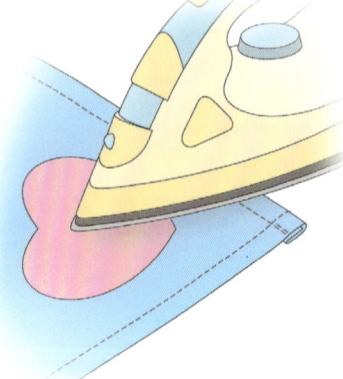

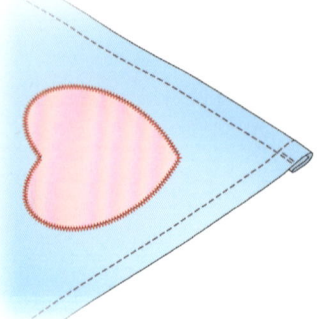

3 Entfernen Sie das Trägerpapier des Klebevlieses und legen Sie das Motiv mit der Klebeseite nach unten auf die rechte Seite des Trägerstoffs. Mit einem heißen Bügeleisen das Motiv aufbügeln. Folgen Sie dabei den Anweisungen des Herstellers.

4 Stellen Sie einen Zickzackstich mit kurzer Stichlänge und mittlerer Breite ein und nähen Sie um alle Konturen, dabei werden die offenen Kanten bedeckt. Sie können entweder eine zur Applikation passende oder eine farblich kontrastierende Fadenfarbe verwenden.

Applikation mit Freezer Paper

Wie bereits auf Seite 83 beschrieben hat Freezer Paper (Tiefkühlpapier) eine glänzende Seite, die auf den Stoff gebügelt werden kann und sich leicht wieder entfernen lässt. Sie können das Papier mehrmals verwenden, somit ist es gerade für Applikationen gut geeignet.

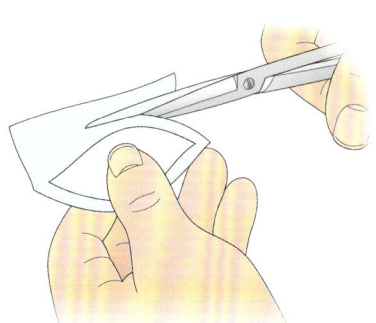

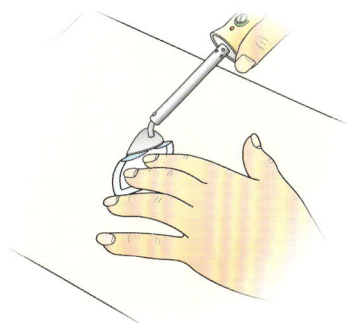

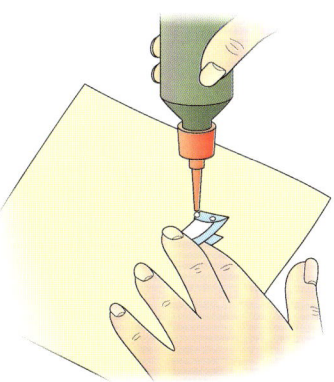

1 Übertragen Sie das Motiv auf die matte Seite des Papiers und schneiden Sie es entlang der Konturen aus. Mit der glänzenden, gewachsten Seite nach unten die Motivvorlage nun auf die rechte Seite des gewünschten Applikationsstoffes aufbügeln. Schneiden Sie das Motiv mit einer Zugabe von 3-6 mm rundherum aus.

2 Ziehen Sie das Papier ab und wenden Sie den Stoff, sodass die linke Seite oben liegt. Legen Sie das Papier mit der gewachsten Seite nach oben auf den Stoff. Mit einem Mini-Quilt-Bügeleisen (siehe Seite 85) die Stoffkanten vorsichtig über die Vorlage bügeln. Bildet sich ein auf der rechten Stoffseite sichtbares Fältchen, ziehen Sie einfach den Stoff vorsichtig ab und bügeln Sie die Stelle erneut.

3 Geben Sie einige Tropfen Textilkleber auf die umgeschlagenen Kanten an der Motivrückseite. Dabei darauf achten, dass der Kleber nicht zu nah an den Außenkanten aufgetragen wird, wo später die Naht verläuft. Nun das Motiv, rechte Seite oben, an der gewünschten Position auf die rechte Seite des Oberstoffs legen. Vorsichtig bügeln, anschließend einige Minuten trocknen lassen.

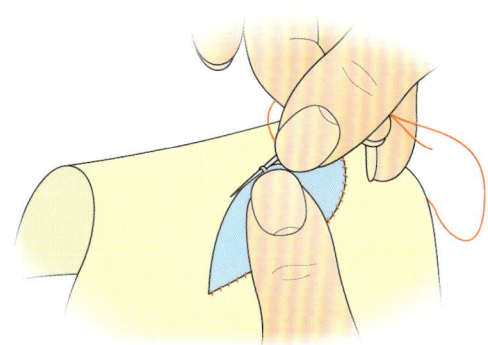

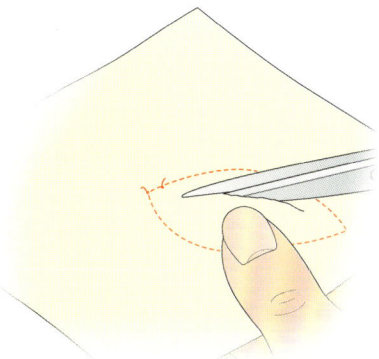

4 Nun können Sie nähen, entweder mit der Maschine oder von Hand. Für das Nähen mit der Maschine wählen Sie einen kleinen, offenen Zickzackstich oder einen ähnlichen Zierstich, der so unauffällig wie möglich sein sollte. Verwenden Sie eine feine Nadel in der Größe 10 (70). Für das Aufnähen von Hand nähen Sie im Blindstich (siehe Seite 88) rundherum entlang der Konturen.

5 Im Anschluss an das Aufnähen drehen Sie den Stoff um und schneiden einen kleinen Schlitz in die Stoffrückseite innerhalb der Konturen oder schneiden Sie die Rückseite innerhalb der Nähte komplett aus. Nun vorsichtig das Papier herausziehen.

Applikationen von Hand

Eine gute Vorbereitung ist hier unerlässlich, damit die Applikation schnell von der Hand geht und die Naht akkurat wird. Zwei Techniken erleichtern die Arbeit. Die Pappvorlagen-Technik ist ideal für auffällige, aber einfache Motive wie Kreise. Das Drehen um die Nadel ist gut geeignet für einfache Formen wie Blätter und Blumen, besonders in Zusammenhang mit der hier gezeigten „Finger-Faltmethode".

Vorlagen aus Pappe

1 Schneiden Sie einen Kreis ohne Nahtzugaben aus dünner Pappe zu. Den Kreis aus Stoff zuschneiden, dabei nach Augenmaß rundherum 6 mm Nahtzugabe hinzufügen. Sie benötigen für jeden Kreis, den sie applizieren möchten, eine Vorlage. Mit farblich passendem Nähfaden eine gerade Naht aus Vorstichen dicht an der Kante des Stoffkreises nähen, dabei lange Fadenenden stehen lassen. Legen Sie die Vorlage auf der linken Stoffseite in die Mitte des Kreises.

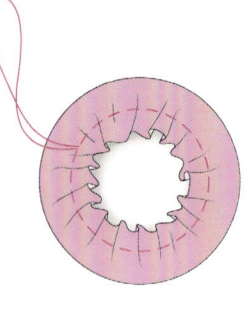

2 Vorsichtig an den Fäden ziehen, um den Stoff um die Vorlage herum zu raffen. Ohne Dampf bügeln, sodass keine Fältchen auf der rechten Seite sichtbar sind. Die Vorlage vorsichtig herausziehen. Das Motiv auf den Applikationsstoff feststecken und von Hand im Blindstich festnähen (siehe links unten).

Drehen um die Nadel

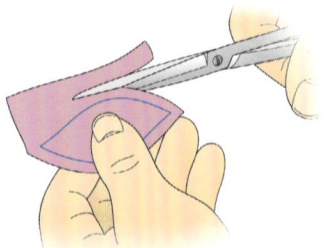
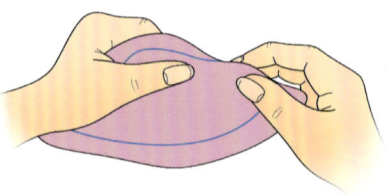

Blindstich

Mit diesem Stich wirken Applikationen wie unsichtbar aufgenäht. Mit einem farblich passenden Nähfaden die Nadel von der Stoffrückseite her

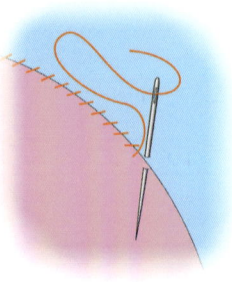

durch die umgeschlagene Kante des Motivs stechen, jedoch nicht in die Oberseite. Stechen Sie die Nadel nun etwas nach links versetzt durch den unteren Stoff direkt unter die umgeschlagene Kante ein und durch die Kante wieder aus. Wiederholen Sie die Schritte rundherum entlang der Konturen und sichern Sie den Faden auf der Rückseite. Die Stiche sollten klein, gleichmäßig und dicht an dicht genäht werden, damit sich die Nahtzugabe nicht öffnet und ausgefranste Kanten sichtbar werden. Den Faden nicht zu fest anziehen, sonst beult das Motiv.

Hinweis: Diese Anleitung ist für Rechtshänder formuliert Linkshänder arbeiten gegengleich.

1 Übertragen Sie das Motiv ohne Nahtzugaben auf steife Pappe und schneiden Sie es aus. Zeichnen Sie die Konturen der Vorlage auf der rechten Stoffseite mit einem spitzen Bleistift nach. Nach Augenmaß 6 mm Nahtzugabe hinzufügen und das Motiv ausschneiden.

2 Nehmen Sie das Motiv in die Hand, rechte Seite nach oben zeigend, und schlagen Sie die Nahtzugaben entlang der gezeichneten Linie um. Mit den Fingern umkniffen, dabei darauf achten, dass die Bleistiftlinie an der Rückseite gerade eben verdeckt ist. Arbeiten Sie rundherum, dabei die Rundungen einschneiden, damit sie sich leichter umschlagen lassen. Das Motiv sollte nicht zu stark gedehnt werden, damit es seine Form behält.

3 Das erste Motiv mit der rechten Seite nach oben auf die rechte Seite des Trägerstoffes stecken. Beginnen Sie dicht an einem Ende des Motivs. Schieben Sie die Nahtzugabe mit der Nadelspitze nach unten bis zur Bleistiftlinie unter und halten Sie sie mit dem Daumen fest. Im Blindstich (siehe links) von Hand das Motiv rundherum aufnähen. Vor dem Einstechen der Nadel jeweils die Nahtzugabe vorsichtig unterschieben.

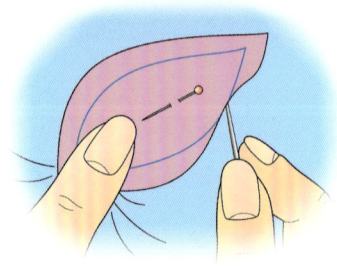

Kissen im Vintage-Look

Aus einer Kissenhülle lässt sich leicht ein kleines Kunstwerk machen. Mit den Quilt-, Applikations- und Sticktechniken, die Sie nun gelernt haben, können Sie ein hübsches Kissen gestalten, das perfekt ins Schlafzimmer oder zu einem Wohnzimmer im Landhausstil passt. Die applizierten Blüten sind aus einem Stoff mit Blumendruck ausgeschnitten.

Stoff zuschneiden

Schneiden Sie aus Hauptstoff, Wattierung und Futterstoff im geraden Fadenlauf je ein Quadrat in der Größe 47 cm x 47 cm für die Vorderseite der Kissenhülle zu. Aus dem Hauptstoff schneiden Sie außerdem zwei Rechtecke in der Größe 43 cm x 23 cm für die Rückseite der Kissenhülle. Schneiden Sie im geraden Fadenlauf vier 26 cm x 4 cm große Streifen aus dem Kontraststoff für die Zierstreifen zu.

1 Fertigen Sie einen Quilt-Sandwich (siehe Seite 82) aus den zugeschnittenen Quadraten von Hauptstoff, Wattierung und Futterstoff und heften Sie die Stofflagen zusammen (siehe Seite 83). Mit einem Bleistift (siehe Seite 83) auf dem Futterstoff zwei Diagonalen aufzeichnen, die von Ecke zu Ecke führen und sich in der Mitte kreuzen. Zeichnen Sie nun in Abständen von 3 cm parallele Linien dazu über die gesamte Oberfläche. Alternativ können Sie auch Quilt-Klebeband verwenden (siehe Seite 83). Nun auf der linken Stoffseite mit einem Geradstich mit mittlerer Länge auf den Quilt-Linien nähen. Nähen Sie zunächst die Parallellinien der einen Richtung, dann die der anderen. Entfernen Sie die Heftfäden und schneiden Sie die äußeren Kanten zurück, sodass Sie ein Quilt-Stück in der Größe 43 cm x 43 cm vor sich haben.

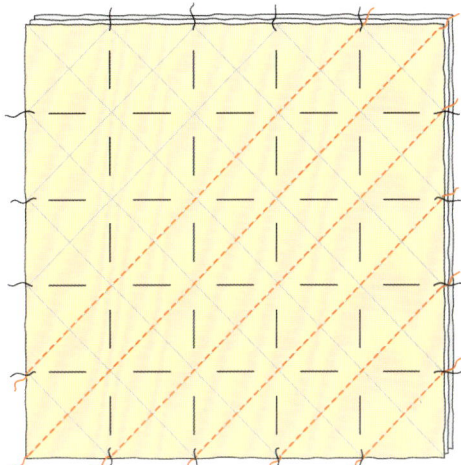

2 Für die Zierstreifen die Längskanten der vier Stoffstreifen 1 cm zur linken Stoffseite umschlagen und vorsichtig bügeln. Ein Quilt-Bügeleisen (siehe Seite 85) erweist sich hierfür als äußerst praktisch, aber Sie erzielen ebenfalls ein gutes Ergebnis, wenn Sie ein herkömmliches Bügeleisen verwenden und etwas Geduld aufbringen.

Sie benötigen

■ 60 cm Baumwollstoff mit kleinem Blümchendruck, 112 cm breit, für die Vorderseite der Kissenhülle

■ 60 cm Baumwollfutterstoff für die Quiltrückseite, 112 cm breit

■ 60 cm leichte Wattierung aus Baumwolle, 86 cm breit

■ Stoffreste von zwei kontrastierenden Blumenstoffen, ein kleines Muster für die Zierstreifen und ein größeres Muster für die Applikationen

■ Reste von Klebevlies mit Trägerpapier

■ zu den Stoffen passende Nähfadenfarben

■ verschiedene Stickgarne in Farben, die zu den Stoffen passen

■ Reißverschluss, 30 cm lang, farblich passend zum Hauptstoff

■ Kissenfüllung in der Größe 41 cm x 41 cm

Hinweis:

Falls nicht anders angegeben, ist eine Nahtzugabe von 1,5 cm bereits enthalten.

Nähen Sie rechts auf rechts mit passgenau ausgerichteten Markierungen, sofern nicht anders angegeben.

3 Legen, stecken und heften Sie die Stoffstreifen mit der rechten Seite nach oben im Abstand von 8,5 cm zu den Außenkanten auf die rechte Stoffseite der Hüllenvorderseite, um die Zierstreifen zu bilden. Die kurzen Enden überlappend legen. (Es spielt keine Rolle, dass die Enden unversäubert sind, da sie von den Applikationen verdeckt werden.) Nähen Sie die Stoffstreifen mit der Maschine knappkantig an den Innen- und Außenkanten mit einem Geradstich auf. Entfernen Sie die Heftfäden.

4 Wählen Sie aus dem zweiten Kontraststoff die Blüten- und Blättermotive aus, die Sie auf die Vorderseite der Kissenhülle applizieren möchten. Bügeln Sie aufbügelbares Klebevlies mit Trägerpapier auf die Motivrückseiten, wie auf Seite 86 in Schritt 1 und 2 der Applikation im Satinstich beschrieben. Sind die Motive ausgeschnitten, entfernen Sie das Trägerpapier und legen Sie die Motive auf die Ecken der Zierstreifen, erst die Blätter, dann die Blüten, diese überlappen die Blätter. Folgen Sie Schritt 3 und 4 der Applikation im Satinstich und bügeln und nähen Sie die Motive an die gewünschte Stelle. Wechseln Sie je nach Motiv die Farbe des Nähfadens.

5 Sticken Sie von Hand Knötchenstiche (siehe Seite 73) mittig auf die Blumenapplikationen und nach Belieben auf die Vorderseite der Kissenhülle, um zusätzliche Akzente zu setzen. Versäubern Sie die Kanten der fertiggestellten Vorderseite.

6 Versäubern Sie die Kanten an beiden Rückseiten. Nähen Sie beide Stücke mit einer rückwärtigen Mittelnaht zusammen und setzen Sie den Reißverschluss ein, folgen Sie dabei der Anleitung zum Einsetzen eines Reißverschlusses auf Seite 54. Öffnen Sie den Reißverschluss und nähen Sie die Rückseite der Kissenhülle rechts auf rechts und kantenbündig an die Vorderseite. Ecken abschrägen (siehe Seite 38), die Hülle auf rechts wenden und vorsichtig die Ecken herausschieben. Die Kissenfüllung durch die Reißverschlussöffnung einstecken.

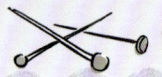

Workshop 6

Patchwork und Einfassungen

Patchwork wird häufig zum Fertigen von Quilts genutzt, kann jedoch auch zum Nähen von Kissenhüllen, Tischdecken, Tagesdecken, Wandbehängen, Taschen und Kleidung verwendet werden. In diesem Workshop erlernen Sie die Grundlagen dieser Technik, sodass Sie Ihre eigenen Projekte entwickeln und die schicke Tagesdecke am Ende dieses Workshops nähen können, mit einem selbst angefertigten Einfassstreifen zum Versäubern der Kanten.

Patchwork

Patchwork ist eine Nähtechnik, bei der verschiedene Stoffstücke (Patches) zu einem größeren Muster zusammengefügt werden. Dies kann vom Zusammensetzen einfacher Quadrate bis zum Kreieren von komplexen Blöcken reichen, die aus einzelnen farbenfrohen Stoffstücken gestaltet wurden und sich wiederholen, sodass innerhalb jedes Blocks ein Muster entsteht. Egal ob Sie mit einfachen Quadraten oder mit Blöcken arbeiten, sie werden in der Regel in Reihen zusammengenäht, um eine größere Fläche zu bilden. Die Patches können von Hand oder mit der Maschine zusammengenäht werden. Mit der Maschine geht es schneller, aber beim Nähen von Hand bietet sich die Möglichkeit, auch unterwegs zu nähen. Sie haben die Wahl – auch wenn die gewählte Methode so manches Mal von der Form der Patches bestimmt wird. Wofür Sie sich auch entscheiden – akkurates Zuschneiden und Zusammenfügen sorgen für professionell wirkende Ergebnisse.

Spezielles Patchwork-Zubehör

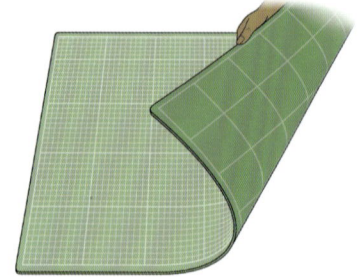

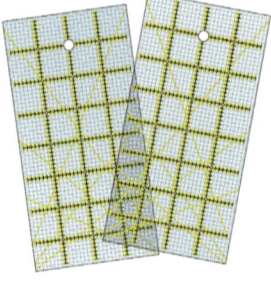

Rollschneider

Der Rollschneider hat eine drehbare runde Klinge und wird für Patchwork und beim Quilten beim Zuschneiden des Stoffes verwendet. Die Klingen sind sehr scharf und in verschiedenen Größen erhältlich – kleinere Klingen für kleine Rundungen, größere Klingen für gerade Linien und große Rundungen. Es können mehrere Stofflagen gleichzeitig geschnitten werden, das erleichtert das Zuschneiden von exakt gleichen Patches. Beim Arbeiten mit Rollschneidern benötigen Sie eine Schneideunterlage und ein Lineal, z. B. ein großes Quilt-Lineal.

Schneideunterlage

Die Schneideunterlage wird beim Zuschneiden mit dem Rollschneider benötigt und besteht aus einem speziellen „selbst-heilenden" Material, das die Klingen des Rollschneiders nicht stumpf werden lässt. Sie ist in unterschiedlichen Größen erhältlich und mit einem Raster bedruckt, an dem die Stoffkanten ausgerichtet werden können, um das Zuschneiden zu erleichtern. Schneideunterlagen sind ebenso ideal beim Arbeiten mit Cuttern oder Kopierrädchen (siehe Seite 10).

Quilt-Lineal

Das Lineal wird beim Zuschneiden von Stoffen mit dem Rollschneider benutzt. Es ist ein dickes, transparentes Lineal mit aufgedruckten Parallellinien im exakten Abstand von ¼ Inch, also 6 mm. Dies entspricht der gängigen Nahtzugabe bei Patchwork.

Natürlich sind auch Lineale mit einer cm-Skala – skaliert auf 5 mm und 1 cm – erhältlich. Eventuell haben die Lineale auch Diagonallinien im Winkel von 45 Grad und 60 Grad.

Zuschneiden der Patches

In der Anleitung für ein Patchwork-Projekt werden Sie eine Zusammenfassung aller für das jeweilige Projekt benötigten Patches finden. Selbst wenn Sie nach einem eigenen Entwurf arbeiten, sollten Sie die Stücke in der folgenden Reihenfolge zuschneiden, um den vorhandenen Stoff möglichst effektiv zu nutzen: Die Randstücke und Einfassstreifen zuerst, dann die größten Patches, zuletzt die kleinsten Patches. Verwenden Sie zum Zuschneiden der Ränder und Einfassstreifen einen Rollschneider und eine Schneideunterlage (siehe gegenüberliegende Seite).

Schneiden mit dem Rollschneider

Sie benötigen einen Rollschneider, ein Quilt-Lineal und eine Schneideunterlage. Beim Zuschneiden von Stoffstreifen mit dem Rollschneider werden diese meist – wenn auch nicht immer – über die gesamte Breite des Stoffes von Webkante zu Webkante zugeschnitten.

Hinweis: Die Anleitungen sind für Rechtshänder formuliert. Falls Sie Linkshänderin sind, arbeiten Sie gegengleich.

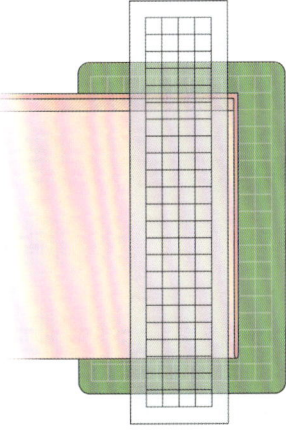

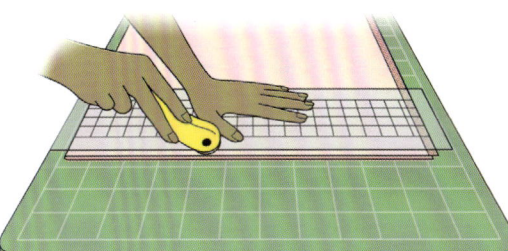

2 Begradigen Sie die unversäuberten Stoffkanten. Dazu legen Sie das Lineal auf den Stoff und richten ein Ende des Lineals an der Bruchkante des Stoffes aus. Drücken Sie das Lineal mit der linken Hand auf den Stoff und achten Sie darauf, dass die Finger ausreichend Abstand zur Kante haben. Die meisten Rollschneider haben einen Schutzmechanismus, also drücken Sie diesen weg, um die Klinge freizulegen. Schieben Sie mit einer gleichmäßigen Bewegung und in einem Zug die Klinge vom Körper weg, entlang der Linealkante. Machen Sie keine sägenden Bewegungen und ziehen Sie die Klinge niemals in Richtung Ihres Körpers. Bevor Sie das Lineal verschieben, den abgeschnittenen Stoff entfernen. Falten Sie den Stoff auseinander und überprüfen Sie, ob die Kante gerade ist. Keine Sorge, falls es doch nicht perfekt ist – eine kleine Delle wird nach dem Vernähen nicht mehr zu sehen sein!

1 Bevor Sie mit dem Zuschneiden beginnen, sollten alle Falten und Knicke aus dem Stoff gebügelt werden. Falten Sie den Stoff der Länge nach zur Hälfte, die Webkanten liegen auf der gesamten Länge bündig übereinander.

Wenn Sie ein größeres Stück zuschneiden möchten, müssen Sie es eventuell mehrmals wie eine Ziehharmonika falten, bis es auf die Schneideunterlage passt. Ein großer, scharfer Rollschneider kann mehrere Stofflagen gleichzeitig durchschneiden. Bei einfacher Faltung legen Sie die Faltkante so hin, dass sie zu Ihnen weist, der Stoff zeigt nach links. Damit die Streifen gerade und gleichmäßig geschnitten werden, müssen die Bruchkanten genau parallel zu den Webkanten liegen und an einer Rasterlinie der Schneideunterlage ausgerichtet werden.

3 Falten Sie den Stoff erneut wie bei Schritt 1 und legen Sie den Stoff auf die Schneideunterlage, diesmal jedoch zeigt der Stoff nach rechts und die Schnittkante zur linken Seite. Legen Sie das Lineal in der Breite des gewünschten Stoffstreifens über die Schnittkante. Nehmen Sie dabei die Skalierung des Lineals zu Hilfe. Achten Sie darauf, dass es exakt senkrecht zur Bruchkante liegt, damit die Streifen gerade geschnitten werden. Halten Sie das Lineal mit der Hand und schieben Sie den Rollschneider entlang des Lineals vom Körper weg. Prüfen Sie, ob die Kante des Stoffstreifens gerade geschnitten ist. Schneiden Sie weitere Streifen zu, bis Sie die benötigte Anzahl geschnitten haben.

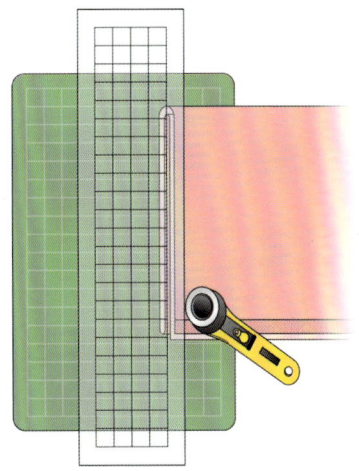

TIPPS

Nachdem Sie viel Mühe und Arbeit für ihr Projekt aufgewendet haben, wäre es wirklich schade, wenn bei der ersten Wäsche die Farben ausbluten oder der Stoff einläuft. Vorgeschrumpfte Stoffe sind zwar erhältlich, aber wenn Sie sich nicht sicher sind, ob dies bei Ihrem Stoff der Fall ist, sollten Sie alle Stoffe vor dem Beginn der Näharbeit waschen (vorausgesetzt, der Stoff ist waschbar). Bügeln Sie den Stoff in leicht feuchtem Zustand.

Die Klingen von Rollschneidern sind extrem scharf, bewahren Sie diese also sicher und vor dem Zugriff von Kindern geschützt auf. Gewöhnen Sie sich an, nach jedem Schnitt die Sicherung über die Klinge zu ziehen.

Vorlagen herstellen

Patchwork erinnert ein wenig an ein Puzzle, deshalb ist es wichtig, dass die Stücke korrekt zusammenpassen und jedes Teil dem anderen gleicht. Das gelingt problemlos, wenn Sie beim Ausschneiden der einzelnen Stücke Vorlagen verwenden. Vorlagen aus transparentem Kunststoff sind am besten geeignet, die Kunststoffbögen für Schablonen gibt es in Spezialgeschäften oder im Internet. Das Material ist sehr strapazierfähig und erlaubt den Blick auf den darunterliegenden Stoff, sodass Sie mühelos ein Motiv auswählen können. Eine Alternative sind Vorlagen aus dünner Pappe.

1 Übertragen Sie die Schnittzeichnung entweder direkt auf eine transparente Kunststofffolie oder Transparentpapier und dann auf dünne Pappe. Nehmen Sie ein Lineal zu Hilfe, um die geraden Schnittlinien, Nählinien (sofern angegeben) und den Fadenlauf zu übertragen.

2 Schneiden Sie die übertragenen Konturen mit einem Cutter, Lineal und einer Schneideunterlage aus (siehe Spezialzubehör für Patchwork, Seite 92).

3 Stechen Sie in jede Ecke der Vorlage mithilfe einer Ahle ein Loch an die Stellen, wo sich die Nählinien kreuzen.

Vorlagen verwenden

Als effizienteste Technik, Patches anhand von Vorlagen anzufertigen, schneiden Sie mit einem Rollschneider einen Stoffstreifen in der Breite der Vorlage zu und zeichnen die Länge dann im benötigten Winkel auf dem Streifen an. Dies spart Stoff und verleiht den Patches einen „Zufallseffekt". Weniger effizient ist das „Fussy Cutting", bei dem die Vorlage auf bestimmte Motive oder Streifen gelegt wird, um nach dem Zusammennähen bestimmte Effekte zu erzielen. Dies ist zwar zeitintensiv und verschlingt viel Stoff, aber die Ergebnisse sind sehr dekorativ.

1 Legen Sie die Vorlage mit der Oberseite auf die linke Seite des Stoffes, der Fadenlauf entlang des geraden Fadenlaufs des Stoffes, falls so vorgegeben. Beachten Sie die Anleitung – bei einigen Projekten sollen die Patches anders zugeschnitten werden. Halten Sie die Vorlage auf dem Stoff fest und zeichnen Sie rundherum die Konturen mit einem spitzen Bleistift nach, dabei die Eckpunkte oder Nählinien markieren. Um Stoff zu sparen, positionieren Sie die Stücke dicht nebeneinander auf dem Streifen oder sogar so, dass sie sich berühren.

2 Sind alle benötigten Stücke aufgezeichnet, können Sie den Stoff zuschneiden, entweder mit einer scharfen Schere oder mit Rollschneider, Lineal und Schneideunterlage (siehe Seite 92).

Vorbereitung der Patches

Nach dem Zuschneiden haben Sie eine Menge einzelner Stoffstücke, deshalb sollten Sie den Überblick behalten, um welche Zuschnitte es sich handelt und wo sie hingehören. Bei Patchwork-Anleitungen ist immer ein Plan enthalten, wie die einzelnen Patches zum fertigen Muster zusammengefügt werden sollen. Sie können zwar die Patches nach Belieben zusammennähen, aber das Ergebnis fällt in der Regel besser aus, wenn Sie einem konkreten Plan folgen.

1 Legen Sie die Patches auf dem Boden aus oder stecken Sie sie an eine große Pinnwand. Treten Sie einen Schritt zurück und betrachten Sie das Ergebnis. Tauschen Sie die einzelnen Stücke aus, bis Ihnen das Muster zusagt.

2 Schreiben Sie die Reihen- oder Blocknummer auf einen Klebezettel oder stecken Sie eine Notiz mit Stecknadeln auf das erste Patch einer Reihe oder eines Blocks. Hilfreich ist es ebenso zu notieren, ob es die rechte oder linke Seite des Designs ist, damit Sie die Patches nicht an der falschen Kante zusammennähen.

3 Stapeln Sie die Patches für jede Reihe oder jeden Block in der korrekten Reihenfolge, das Anfangsstück obenauf. So können Sie jeweils einen Stoffstapel mit zur Nähmaschine nehmen.

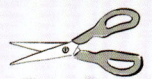

Zusammenfügen der Patches

Patches werden in einer bestimmten Reihenfolge zusammengefügt: zuerst Blöcke, dann Reihen, dann die Mitte und schließlich die Randeinfassungen. Folgen Sie der Reihenfolge, die in Ihrer Anleitung vorgesehen ist oder die Sie selbst festgelegt haben, um die einzelnen Patches zu Blöcken zusammenzufügen. Aus den Blöcken werden dann Reihen gefertigt. Besteht Ihr Patchwork aus einfachen Quadraten, betrachten Sie beim Lesen dieser Anleitung jedes Quadrat als einen Block.

Zusammenfügen mit der Nähmaschine

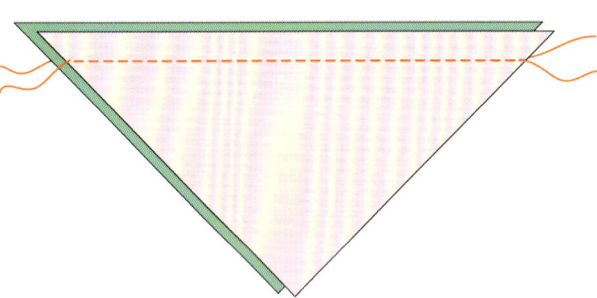

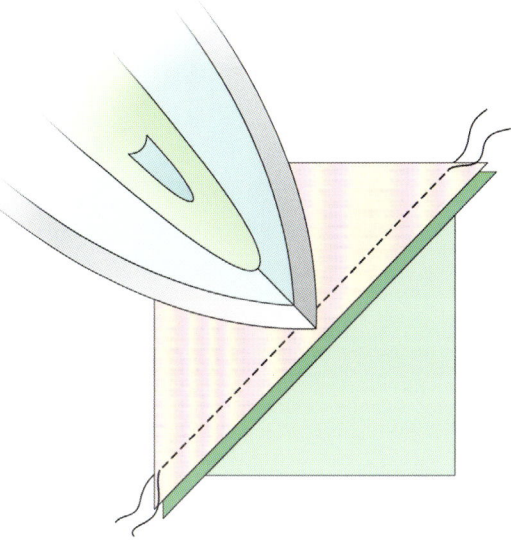

1 Stecken Sie zwei Patches rechts auf rechts kantenbündig zusammen. Stellen Sie an der Nähmaschine 2,5 mm Stichlänge ein und nähen Sie mit 6 mm Nahtzugabe von Kante zu Kante, dabei beim Nähen nach und nach die Stecknadeln entfernen. Sie können die Patches vor dem Nähen auch heften. In der gezeigten Skizze besteht ein Block aus nur zwei Dreiecken, die mit einer Naht zum Quadrat verbunden werden. Besteht ein Block aus mehreren Patches, können die Stücke in derselben Weise zusammengefügt werden.

2 Wiederholen Sie die Schritte für alle Blöcke. Bügeln Sie die Nähte zu einer Seite.

3 Stecken Sie nun in der korrekten Reihenfolge die einzelnen Blöcke zusammen, um Reihen zu bilden. Nach Belieben heften, dann nähen und bügeln wie bei Schritt 1 und 2 beschrieben. Achten Sie beim Bügeln der Nähte darauf, dass Sie diese in die entgegengesetzte Richtung zu den Nahtzugaben der benachbarten Reihen bügeln, damit die Nähte nicht zu wulstig werden und das Zusammenfügen leichter von der Hand geht.

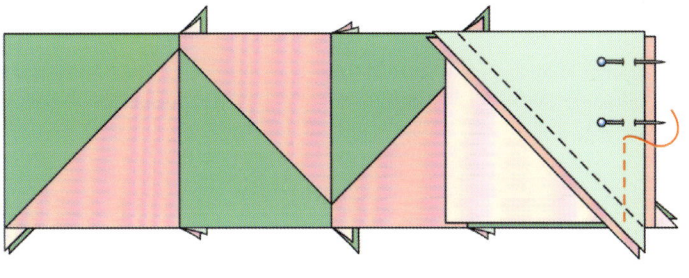

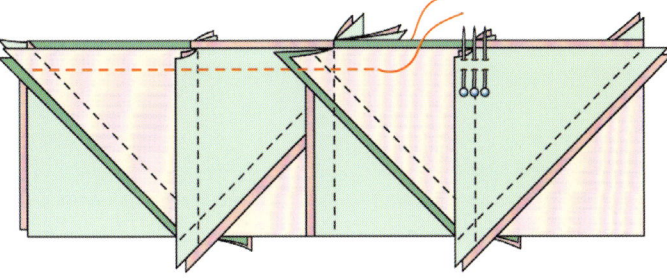

4 Nun können die Reihen zusammengefügt werden. Stecken Sie zwei Reihen aus Blöcken zusammen, dabei die Nählinien ausrichten, die Nahtzugaben sind entgegengesetzt gebügelt. Stecken Sie die Stecknadeln direkt durch die Nähte sowie links und rechts davon, damit sich die Nahtzugabe nicht verschiebt. (Auch hier können Sie nach Belieben zuvor die Stücke heften.) Nähen und bügeln Sie wie bei Schritt 1 und 2. Wiederholen Sie die Arbeitsschritte, bis alle Reihen zusammengefügt sind.

Zusammenfügen der Patches von Hand

Markieren Sie auf jedem Patch die Eckpunkte der Nahtzugaben mit einem Bleistift. Stecken Sie zwei Patches rechts auf rechts kantenbündig zusammen. Mit einem starken Faden die Eckpunkte der Nählinie mit einigen Rückstichen sichern (siehe Seite 33). Nähen Sie mit kleinen Vorstichen (siehe Seite 34) entlang der markierten Nählinie, dabei ca. 8-10 Stiche pro 2,5 cm setzen. An der gegenüberliegenden Ecke wiederum die Naht mit Rückstichen sichern. Beim Zusammenfügen der Patches von Hand nie über die Nahtzugabe nähen – beginnen und enden Sie jeweils an den Eckpunkten. Nähen Sie die anderen Patches ebenso zusammen, folgen Sie dabei der Anleitung zum Zusammenfügen und Bügeln der Patches mit der Nähmaschine auf Seite 95.

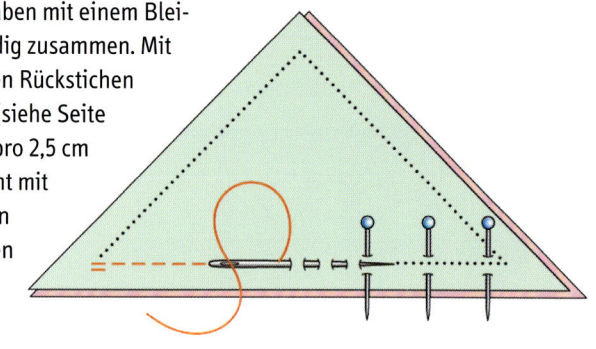

Papierschablonentechnik

Bei der Papierschablonentechnik (Paper Piecing oder Foundation Piecing) werden die Patches zunächst als Block auf eine Papierschablone genäht, einschließlich der Nahtzugaben an den Außenkanten. Beim Nähen werden die Patches durch das Papier hindurch miteinander zum Block vernäht, anschließend wird das Papier vorsichtig ausgerissen. Einige Projekte der Papierschablonentechnik werden äußerst akkurat und genau gearbeitet, andere erlauben mehr Freiheiten – dabei entsteht ein ganz anderer Effekt.

Präzises Arbeiten

Um präzise Blöcke herzustellen, werden die Stoffstreifen akkurat mit einem Rollschneider und einem Lineal (siehe Seite 93) auf die in der Anleitung angegebene Breite zugeschnitten.

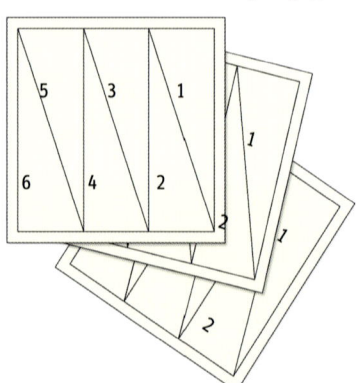

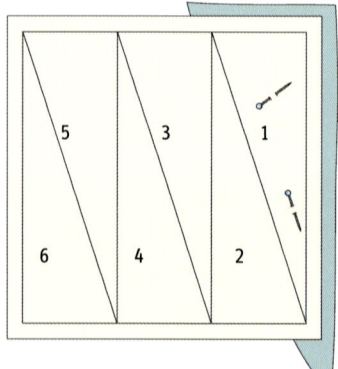

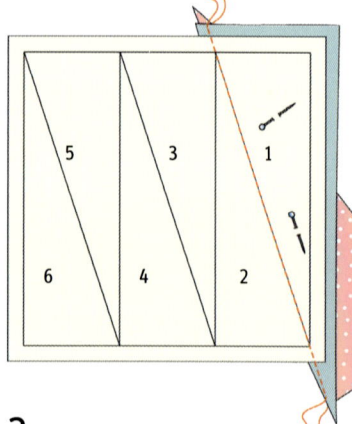

1 Zur Herstellung einer Papierschablone übertragen Sie die benötigte Anzahl von Blöcken auf möglichst unbedrucktes Zeitungspapier oder Pergamentpapier oder fotokopieren Sie auf dünnes Papier. Jeder Block sollte die in der Anleitung angegebene Größe haben – die fertige Blockgröße plus 6 mm Nahtzugabe an allen vier Seiten. (Nahtzugaben sind bei den einzelnen Patches für jeden Block nicht enthalten). Nummerieren Sie die Stücke innerhalb jedes Blocks. Die gezeichnete/gedruckte Seite des Blocks ist meist die linke Seite. Schneiden Sie die Papierschablonen aus.

2 Schneiden Sie die Patches aus Stoff für den ersten Block großzügig von der linken Stoffseite aus zu, dabei rundherum mindestens 6 mm Nahtzugabe zugeben. Die Patches dürfen durchaus zu groß, aber keinesfalls zu klein sein. Legen Sie das mit Nr. 1 beschriftete Patch unter die Schablone, linke Stoffseite auf die nicht beschriftete/unbedruckte Schablonenseite. Stecken Sie beide zusammen und achten Sie dabei darauf, dass das Stoffteil den Bereich bedeckt und die Nählinien an allen Seiten um mindestens 6 mm überlappt.

3 Legen Sie das Stoffstück Nr. 2 rechts auf rechts unter Stoffstück Nr. 1, sodass die offenen Kanten über Nählinie an den Außenkanten überlappen, und stecken Sie es fest. Nähen Sie mit der Papierseite nach oben entlang der markierten Nählinie zwischen Stoffstück Nr. 1 und Nr. 2, dabei jeweils an den Stoffkanten beginnen und enden. Sie müssen keine Rückstiche nähen, da die Nähte mit der folgenden überlappenden Naht gesichert werden.

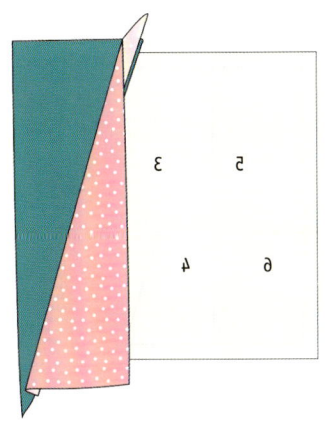 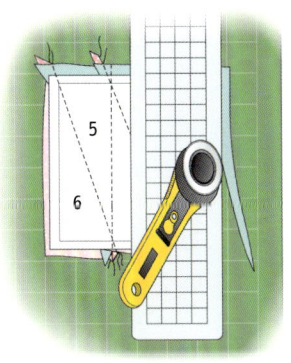 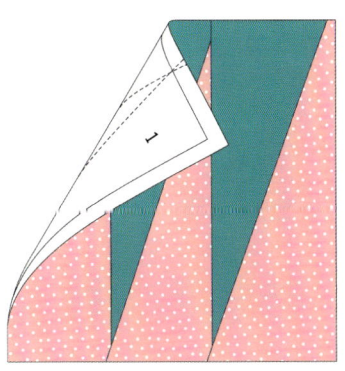

4 Schneiden Sie die Nahtzugaben auf ca. 6 mm zurück. Klappen Sie Stoffstück Nr. 2 heraus und bügeln Sie die Naht bei hoher Temperatur ohne Dampf zu einer Seite. Bügeln Sie ohne Dampf, da sich sonst das Papier wellen würde.

5 Fügen Sie auf diese Weise die übrigen Patches zum Block hinzu und folgen Sie dabei der Farb-Stoff-Reihenfolge des Projekts. Ist das letzte Patch angenäht, schneiden Sie den überschüssigen Stoff an den Blockkanten mit Rollschneider, Lineal und Schneideunterlage bis auf die vorgegebene Nahtzugabe an den Außenkanten zurück. Die Papierschablone noch nicht entfernen.

6 Fügen Sie die restlichen Blöcke in der gleichen Weise zusammen. Sind alle Blöcke zusammengefügt, reißen Sie vorsichtig das Papier heraus.

Freies Papierschablonen-Patchwork

Hier werden die Streifen ohne Lineal frei Hand zugeschnitten, daher sind die Kanten nicht perfekt und gerade – kleine Schlangenlinien untermalen den Effekt. Schneiden Sie einige Streifen keilförmig zu und variieren Sie die Breite. Die Anleitung wird keine definitive Streifenbreite vorgeben – Sie haben die Wahl, also lassen Sie Ihrer Kreativität freien Lauf. Um die aus freier Hand zugeschnittenen Blöcke zusammenzufügen, gehen Sie wie bei den präzise geschnittenen Blöcken vor (siehe gegenüber). Legen Sie die Streifen auf und nähen Sie durch das Papier, allerdings werden die Blöcke keine markierten Nählinien haben. Fertigen Sie die Nähte deshalb auf der Stoffseite des Blockes, damit Sie sehen, welche Nähte Sie gerade nähen.

Patchen über Papier von Hand (English Paper Piecing)

Das English Paper Piecing ist eine einfache Nähtechnik, um Patches von Hand mit einem Überwendlichstich (siehe Seite 34) zusammenzufügen. Dies ist besonders bei sechseckigen Patches praktisch.

1 Schneiden Sie aus dickem Papier oder dünner Pappe die Patchformen ohne Nahtzugabe aus. Sie werden eine Menge Papier brauchen und Sie müssen dieses sehr akkurat zuschneiden.

2 Schneiden Sie die Stoffpatches rundherum 1,2 cm größer als das Papier. Legen Sie ein Papier auf die linke Patchseite und falten Sie die Stoffkanten über das Papier. Den Stoff mit langen Heftstichen am Papier fixieren.

3 Wenn Sie mehrere Patches vorbereitet haben, verbinden Sie diese miteinander, indem Sie zwei Patches rechts auf rechts legen und mit winzigen Überwendlichstichen entlang der Kante zusammenfügen. Nachdem alle Kanten eines Patches mit anderen Patches vernäht wurden, entfernen Sie die Heftfäden und das Papier. Die Papiere können Sie später wiederverwenden, bis sie zu zerknittert sind.

Fertigstellen des Patchworks

Wenn Sie alle Patches zusammengefügt und die Randeinfassungen genäht haben, können Sie das fertige Stück vorsichtig bügeln. Nun kann es gequiltet (siehe Seite 82-85) und nach Anleitung fertiggestellt werden.

Einfassungen selbst anfertigen

Eine Einfassung ist ein Stoffstreifen mit gefalteten Kanten, der zur praktischen oder dekorativen Versäuberung bei geraden oder gerundeten Kanten verwendet wird. Zum Einfassen einer gerundeten Kante benötigen Sie einen Streifen, der im diagonalen Fadenlauf (siehe Seite 27) zugeschnitten wurde, damit er sich ausreichend dehnt, um sich um die Rundungen zu legen. Bei geraden Kanten können Sie einen im geraden Fadenlauf (siehe Seite 27) zugeschnittenen Stoffstreifen verwenden, das spart Stoff. Fertige Einfassbänder gibt es in Kurzwarengeschäften, meist ist jedoch die Farbauswahl eingeschränkt und die Bänder nur in bestimmten Breiten erhältlich. Selbst gefertigte Bänder können perfekt passend zum Projekt hergestellt werden.

Schrägstreifen herstellen
Schrägstreifen werden im diagonalen Fadenlauf zugeschnitten – dieser verläuft schräg über den Stoff.

1 Um den diagonalen Fadenlauf zu finden, falten Sie die Schnittkante (die quer über die Breite des Stoffs von Webkante zu Webkante verläuft) zu einem Dreieck nach unten, sodass eine Seite parallel zu einer Webkante liegt. Die diagonale Bruchkante entspricht dem schrägen Fadenlauf.

2 Bügeln und schneiden Sie das Dreieck im diagonalen Fadenlauf ab. Zeichnen Sie Bleistiftlinien parallel zum schrägen Fadenlauf in der gewünschten Breite auf – die Zuschneidebreite muss doppelt so breit wie die fertige Breite sein. Schneiden Sie entlang der Linien weiter, bis Sie ausreichend Streifen zugeschnitten haben, um die gesamte Länge des Kleidungsstücks einzufassen, zuzüglich ca. 2,5 cm.

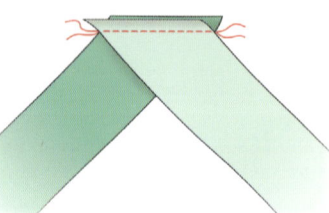

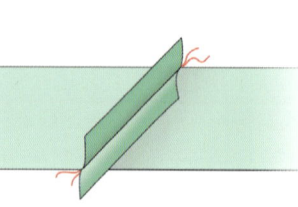

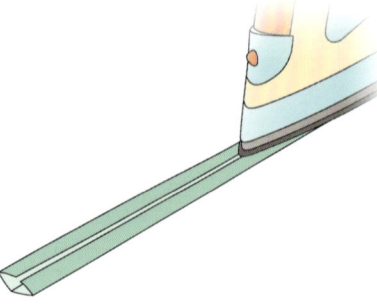

3 Um die Schrägstreifen aneinander zu nähen, müssen die Enden im 45 Grad- Winkel geschnitten werden. Dies ist der Fall, wenn die Streifen bis zur Stoffkante zugeschnitten wurden, wie in Schritt 2 beschrieben. Legen Sie die beiden Streifen rechts auf rechts übereinander, wie oben gezeigt, und nähen Sie mit 6 mm Nahtzugabe quer darüber.

4 Bügeln Sie die Naht auseinander wie oben abgebildet und schneiden Sie die überstehenden Ecken der Nahtzugaben kantenbündig zurück.

5 Falten Sie den Streifen der Länge nach links auf links und bügeln Sie die Bruchkante, sodass eine Seite einen Bruchteil breiter als die andere ist. Den Streifen wieder auseinanderfalten und nun die beiden Längskanten zur Mitte bügeln.

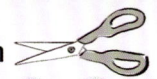

Einfassband herstellen

Mit einem Einfassband können Sie jede Stoffkante einfassen und versäubern, zum Beispiel die Kanten eines Quilts oder die Seitenkanten eines Vorhangs – dies funktioniert bei allen geraden Kanten. Schneiden Sie die benötigte Anzahl Stoffstreifen mit einem Rollschneider (siehe Seite 92) zu. Die Zuschneidebreite der Stoffstreifen entspricht der doppelten Breite des fertigen Streifens. Nähen Sie die Enden rechts auf rechts mit 6 mm Nahtzugabe zusammen und bügeln Sie die Nähte auseinander.

Kanten einfassen

Mit einem Einfassband können Sie jede Kante einfassen, entweder mit identischem Stoff oder mit einem Kontraststoff. Es gibt zwei Techniken zum Einfassen von Kanten: das Einfassen mit der Nähmaschine oder die Kombination von Nähmaschine und dem Säumen von Hand.

Kanten mit der Nähmaschine einfassen

Sind beide Seiten des Modells sichtbar, wird meist diese Technik verwendet – es geht schneller und es muss nicht von Hand gesäumt werden. Allerdings ist die Naht auf der rechten Stoffseite sichtbar.

TIPP

In Kurzwarengeschäften bekommen Sie spezielle Schrägbandformer. Sie schieben den ungefalzten Schrägstreifen ein, dieser wird automatisch gefaltet. Beim Herausziehen bügeln Sie den Schrägstreifen in Form.

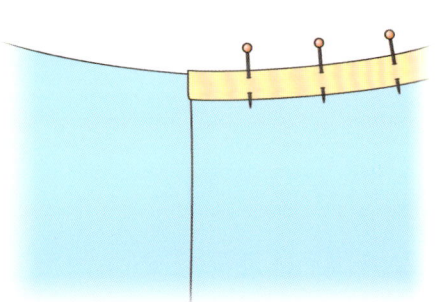
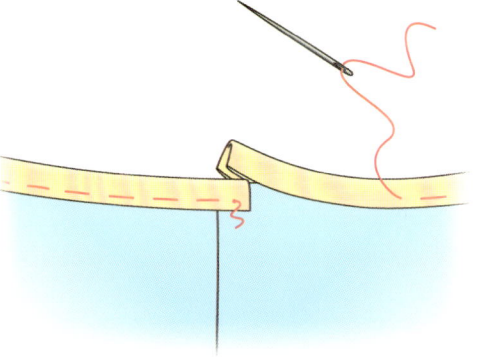
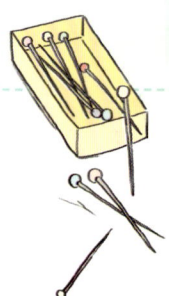

1 Falten Sie den Anfang des Schrägbandes 1 cm breit um und bügeln Sie das Ende. Arbeiten Sie auf der rechten Stoffseite und richten Sie das kurze, gebügelte Ende des Schrägstreifens an einer Kleidungsnaht aus, falls vorhanden, und schieben Sie den Schrägstreifen über die Stoffkante, sodass der breitere Falz des Schrägstreifens innen liegt. Stecken Sie den Schrägstreifen rundum fest.

2 Am Ende schneiden Sie den überschüssigen Schrägstreifen zurück, sodass er ca. 1 cm mit dem Anfang des Streifens überlappt. Den Schrägstreifen heften und mit der Maschine von der rechten Stoffseite aus durch alle Stofflagen hindurch knappkantig festnähen. Entfernen Sie die Heftfäden.

Kanten mit der Nähmaschine und von Hand einfassen

Diese beiden Schritte zum Einfassen werden eingesetzt, wenn eine Seite des Projekts später nicht sichtbar ist, wie bei einem Halsausschnitt. Auf der rechten Seite sind keine Nähte sichtbar, allerdings ist diese Methode etwas zeitaufwendiger.

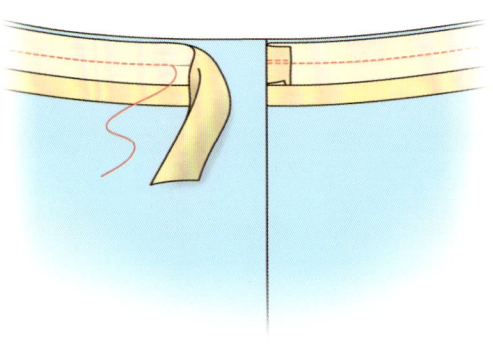

1 Zuerst wird die schmalere Seite des Schrägstreifens rechts auf rechts auf das Kleidungsstück genäht. Falten Sie den Schrägstreifen auseinander und schlagen Sie ein Ende 1 cm breit um. Richten Sie das Ende an einer Kleidungsnaht aus, falls vorhanden aus. Legen Sie den Schrägstreifen um die Kante des Kleidungsstücks, stecken und heften Sie den Streifen fest. Nähen Sie mit der Maschine entlang der oberen Bruchkante und sichern Sie Nahtanfang und -ende mit Rückstichen. Enden Sie ca. 5 cm vor dem Startpunkt.

2 Schneiden Sie den überschüssigen Schrägstreifen zurück, so-dass die beiden Enden ca. 1 cm breit überlappen. Nähen Sie den restlichen Schrägstreifen knappkantig durch alle Stofflagen auf. Entfernen Sie die Heftfäden und bügeln Sie die Nahtzugaben zum Schrägstreifen. Falten Sie nun die gegenüberliegende lange Seite des Schrägstreifens nach unten, sodass sie auf der linken Stoffseite auf die Nählinie trifft und die offene Kante umschließt. Feststecken und die gefalteten Kante im Blindstich (siehe Seite 64) von Hand annähen.

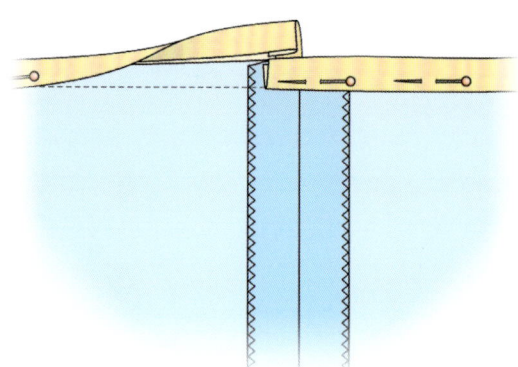

Ecken einfassen

Manchmal müssen Sie eine quadratische oder rechteckige Kante einfassen, wie bei einem Patchwork-Quilt, einer Kissenhülle oder einem Tischset. Um dann ein saubereres Ergebnis zu erzielen, sollten Sie Briefecken nähen.

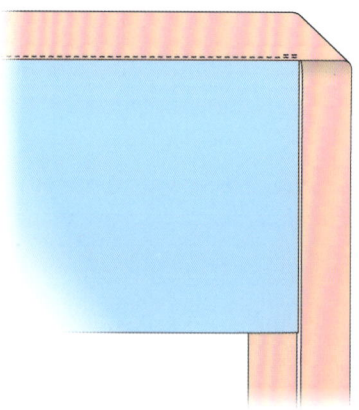

1 Beginnen Sie an einer langen Seitenkante und schieben Sie die Stoffkanten zwischen den Schrägstreifen (oder das Einfassband), der breitere Falz liegt dabei unten. Stecken und heften Sie den Schrägstreifen nur bis zur ersten Ecke. Den Schrägstreifen nun an der gefalteten Kante mit der Maschine knappkan-tig vom Anfang bis zur ersten Ecke aufnähen. Sichern Sie Nahtanfang und -ende mit Rück-stichen.

2 Das offene Ende im 45-Grad-Winkel nach unten zur zweiten Kante umschlagen.

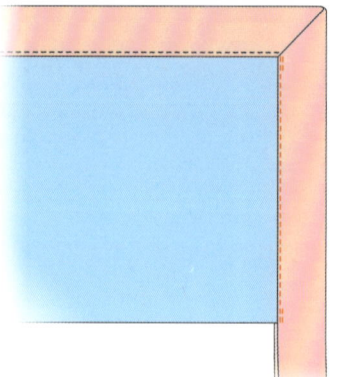

3 Vergewissern Sie sich, dass die 45-Grad-Winkel noch korrekt liegen, und falten Sie den Schrägstreifen um, sodass dieser die zweite offene Kante umschließt. Stecken und heften Sie den Schrägstreifen. Beginnen Sie an der Ecke und nähen Sie mit der Maschine den Schräg-streifen auf die zweite Seite bis an die Ecke heran. Sichern Sie Nahtanfang und -ende mit Rückstichen.

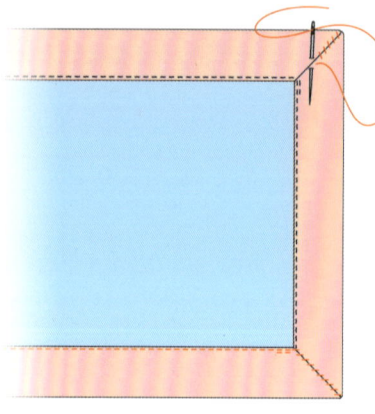

4 Wiederholen Sie Schritt 2 und 3, um die übrigen Kanten und Ecken einzufassen. Schneiden Sie überschüssiges Schrägband am Ende der Strecke zurück, sodass es ca. 2 cm überlappend liegt. Die überlappenden Enden ca. 1 cm nach unten umschlagen, mit der Maschine festnähen und die Heft-fäden entfernen. Bei breiten Ein-fassstreifen können Sie die Brief-ecken (siehe Seite 67, Schritt 3) im Saumstich fixieren, damit sich später nichts darin verfangen kann.

Tagesdecke aus recyceltem Stoff

Wandeln Sie mit diesem Projekt auf den Ursprüngen einer alten Tradition. Traditionelle Patchwork-Quilts wurden aus wiederverwendetem Stoff genäht, diese wunderschöne Tagesdecke ist aus alten Herrenhemden gefertigt. Die hier beschriebene Anleitung ist für eine Tagesdecke für zwei Einzelbetten bzw. ein Einzelbett gedacht und hat reichlich Überhang, jedoch ist es ganz einfach, zusätzliche Patches hinzufügen und die Decke zu vergrößern.

Stoffe zuschneiden

Vorlage A (Quadrat): Aus den Vorder- und Rückenteilen der Hemden mit der „Fussy-Cutting-Methode" 60 quadratische Patches zuschneiden (siehe „Vorlagen verwenden" auf Seite 94).

Vorlage B (Rechteck): Aus den Ärmeln mit der „Fussy-Cutting-Methode" 30 rechteckige Patches zuschneiden.

Rückseitenstoff: Aus dem Rückseiten- und Einfassstoff ein Rechteck in der Größe 113 x 254 cm zuschneiden sowie zwei Rechtecke in der Größe 43 x 254 cm.

Einfassung: Aus dem übrigen Rückseiten/Einfassstoff mit dem Rollschneider (siehe Seite 92) zwei Einfassstreifen im geraden Fadenlauf über die verfügbare Stofflänge mit einer Breite von 5 cm zuschneiden. Insgesamt benötigen Sie 9,20 m.

Patches zusammenfügen

Patchwork-Diagramm zum Zusammenfügen

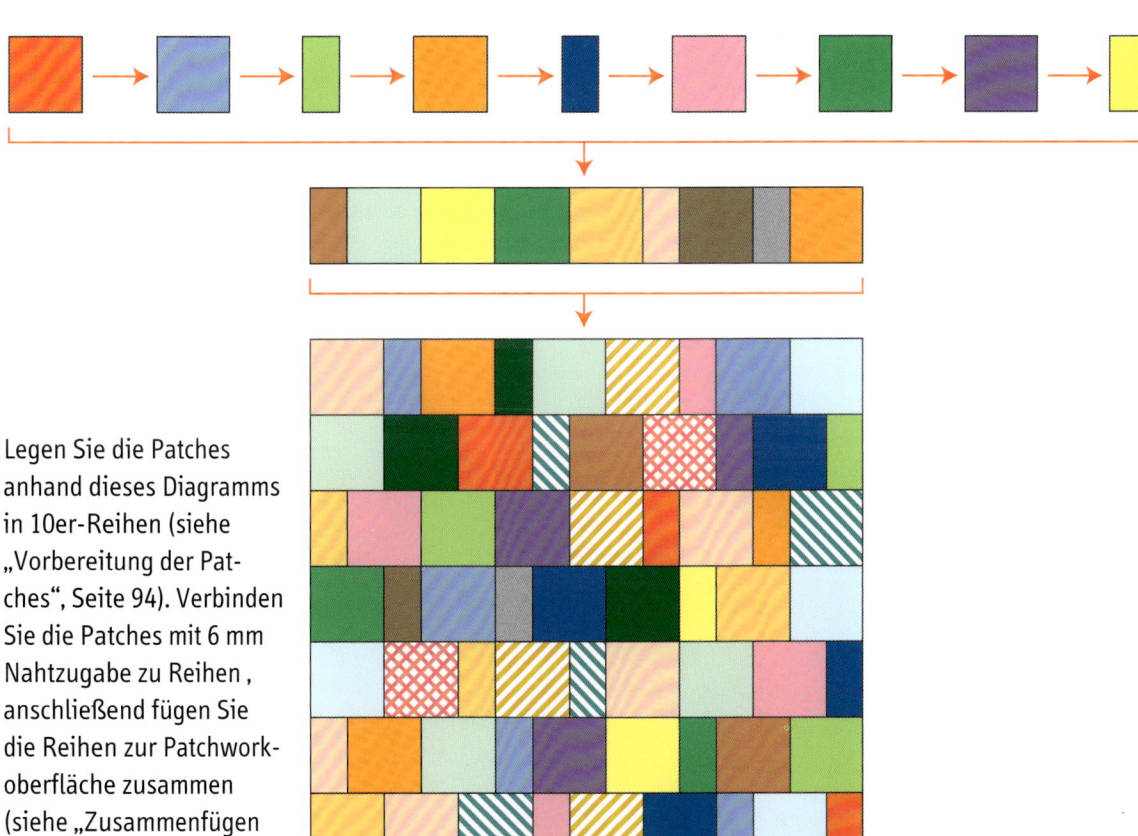

Legen Sie die Patches anhand dieses Diagramms in 10er-Reihen (siehe „Vorbereitung der Patches", Seite 94). Verbinden Sie die Patches mit 6 mm Nahtzugabe zu Reihen, anschließend fügen Sie die Reihen zur Patchworkoberfläche zusammen (siehe „Zusammenfügen mit der Nähmaschine", Seite 95).

Sie benötigen

- Patch-Vorlagen A und B, übertragen von den Schnittmustern am Ende dieses Buches (siehe Seite 192)

- verschiedene alte Hemden oder Blusen, z. B. aus Second-Hand-Läden, von Flohmärkten oder Internet-Auktionshäusern

- Baumwollwattierung, 229 x 275 cm

- 5,20 m Stoff in passender Farbe für Rückseite und Einfassung, 112 cm breit

- farblich passende Nähfäden

- Hemdenknöpfe von den verwerteten Hemden

Hinweis:

Nähen Sie rechts auf rechts, sofern nicht anders angegeben.

Maße der fertigen Tagesdecke

Die fertige Tagesdecke ist etwa 187,5 cm x 250 cm groß.

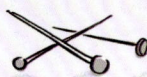

Herstellung eines Quilt-Sandwichs

Bügeln Sie die aus Patches zusammengesetzte Oberseite. Nähen Sie die drei Teile der Rückseite mit 1,5 cm Nahtzugabe zusammen, legen Sie dabei jeweils die kleineren Stücke an das größere. Die Nähte auseinanderbügeln. Legen Sie die Oberseite, die Wattierung und die Rückseite übereinander (siehe auch „Quilt-Sandwich vorbereiten" und „Stofflagen heften" auf den Seiten 82 und 83).

Fertigstellung der Tagesdecke

Schneiden Sie die Rückseite und Wattierung kantenbündig zur Oberseite zurück und fassen Sie die Kanten ein wie bei „Ecken einfassen" auf Seite 100 beschrieben. Zur Fertigstellung der Decke nähen Sie die Hemdenknöpfe nach Belieben auf die Ecken der Patches, dabei zur Verstärkung einen Unternähknopf annähen (siehe Seite 46). Die Knöpfe verbinden die Stofflagen, bedenken Sie dies bei der Positionierung der Knöpfe. Entfernen Sie alle Heftfäden.

Tagesdecke vergrößern

Die nachstehenden Angaben sollen Ihnen dabei helfen, die korrekte Materialmenge für eine größere Tagesdecke zu kaufen. Fertigen Sie die Patchwork-Oberseite wie beschrieben an. Nehmen Sie Maß, um herauszufinden, in welcher Größe Sie Rückseite, Wattierung und Einfassung zuschneiden müssen. Vergessen Sie nicht, die Rückseite so zusammenzunähen, dass das größere Stück mittig liegt.

Tagesdecke für ein Doppelbett
Ungefähre Größe nach Fertigstellung ca. 237,5 cm x 250 cm
Vorlage A: 80 Patches zuschneiden
Vorlage B: 30 Patches zuschneiden
Die Patches in 10 Reihen mit 8 Patches von Vorlage A und 3 Patches von Vorlage B legen, ähnlich wie im Diagramm auf Seite 101 gezeigt.
7,70 m in farblich passendem Stoff für Rückseite und Einfassung, 112 cm breit.
305 cm x 305 cm Baumwollwattierung

Tagesdecke für US-Queensize-Betten (britische Kingsize-Größe)
Ungefähre Größe nach Fertigstellung ca. 250 cm x 250 cm
Vorlage A: 80 Patches zuschneiden
Vorlage B: 40 Patches zuschneiden
Die Patches in 10 Reihen mit 8 Patches von Vorlage A und 4 Patches von Vorlage B legen, ähnlich wie im Diagramm 7,70 m farblich passendem Stoff für Rückseite und Einfassung, 112 cm breit.
305 cm x 305 cm Baumwollwattierung

Workshop 7

Raffen, Kräuseln und Smoken

Weiche Raffungen, Kräuselungen und das Smoken verleihen einem flachen Stück Stoff eine dekorative Form und ermöglichen es, dass sich der Stoff dem Körper anpasst. Dieser Workshop stellt Ihnen diese Techniken vor, die vielseitig einzusetzen sind und viel Raum lassen, Ihren Projekten eine individuelle Note zu verleihen. Am Ende des Workshops finden Sie einige Tipps zum Nähen von Kinderkleidung und als krönenden Abschluss im Projekt ein hübsches, gekräuseltes Sommerkleid für kleine Mädchen.

Raffen

Beim Raffen (Einkräuseln) entstehen weiche, kleine Falten, die einen Stoff zusammenziehen. Sie verleihen einem Kleidungsstück Fülle, am beliebtesten ist jedoch das Nähen von Rüschen – ein dekoratives Element, das bei Kleidung wie bei Heimtextilien gleichermaßen gut zur Geltung kommt. Zum Raffen größerer Abschnitte verwendet man am besten die Nähmaschine – dies erleichtert das gleichmäßige Kräuseln. Kleinere Stücke können jedoch auch von Hand gearbeitet werden, falls Sie dies vorziehen.

Tipps zum Raffen mit der Nähmaschine

Halten Sie sich an diese einfachen Schritte, um die Arbeit gut zu organisieren und den Stoff mit der Nähmaschine zu raffen.

- Nähen Sie alle zu raffenden Stoffe zusammen, dann die Nähte fertigen, bügeln und versäubern. Zum Nähen von Rüschen die offene Kante säumen.
- Lockern Sie die Oberfadenspannung ein wenig, damit der Stoff beim Zusammenziehen leichter am Unterfaden entlanggleitet.
- Stellen Sie eine längere Stichlänge ein: 2 mm Stichlänge für leichte, dünnere Stoffe, 4 mm Stichlänge für dickere, schwerere Stoffe. Pobieren Sie die Fadenspannung und Stichlänge zunächst auf einem Probestück des Stoffs aus.
- Nähen Sie stets auf der rechten Stoffseite, damit die Unterfäden, an denen Sie zum Einkräuseln ziehen müssen, leicht erreichbar sind, wenn Sie anschließend auf der linken Stoffseite die Kräusel über die Stoffbreite verteilen.
- Lassen Sie lange Fadenenden stehen und nähen Sie nicht über vorhandene Nähte oder die Nahtzugabe, denn eine doppelte Stofflage lässt sich nicht so gut raffen.

Stoffmenge für das Raffen berechnen

Wenn Sie nach einem Schnitt arbeiten, ist die benötigte Stoffmenge angegeben. Möchten Sie jedoch eine Rüsche hinzufügen oder einen gerafften Rock ohne Schnittmuster nähen, müssen Sie zunächst ermitteln, wie viel Stoff Sie benötigen. Die Menge hängt davon ab, wie viel Fülle Sie erzielen wollen, und natürlich, welchen Stoff Sie verwenden – dicke, schwerere Stoffe benötigen weitaus weniger Fülle als weiche, leichte Stoffe. Nehmen Sie zunächst ein Probestück des Stoffs und kräuseln Sie es auf eine vorgegebene Breite ein, um herauszufinden, wie viel Stoff Sie brauchen. Als Faustregel gilt: dreimal die Stoffbreite für sehr füllige Kräusel, zweimal die Stoffbreite für mitteldichte Kräusel und anderthalbmal die Stoffbreite für leichte Raffungen. Bei Bedarf können mehrere Stoffbahnen zusammengenäht werden, um die benötigte Breite zu erhalten.

Raffen mit der Nähmaschine

Beim Raffen mit der Nähmaschine werden innerhalb der Nahtzugaben zwei Reihen langer Stiche entlang der zu raffenden Kante genäht. Anschließend wird der Stoff durch Ziehen an den Unterfäden gerafft.

Den Stoff mit der Nähmaschine einkräuseln

Bevor Sie mit dem Raffen beginnen, lesen Sie die Tipps zum Raffen mit der Nähmaschine auf der Seite gegenüber.

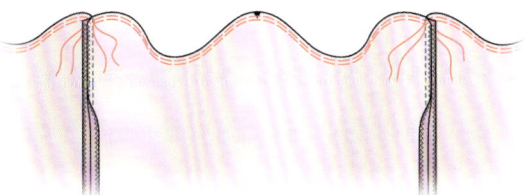 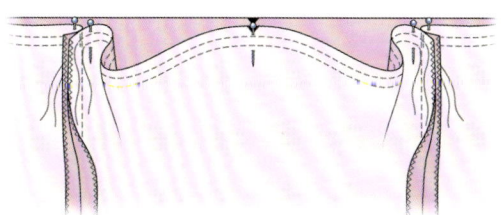

1 Lassen Sie ein langes Fadenende stehen und nähen Sie im Abstand von 6 mm zwei parallele Reihen mit Heftstichen in der Nahtzugabe. Nähen Sie entlang der Stoffkante, die äußere Naht liegt eine Fadenbreite neben der Nählinie. Nähen Sie nicht über vorhandene Nähte, sondern unterbrechen Sie die Stepplinien, sobald Sie auf eine Naht treffen.

2 Markieren Sie an der genähten und der zu raffenden Kante jeweils ein Viertel (oder mehr) der Strecke mit Stecknadeln. Stecken Sie die gesteppte Kante rechts auf rechts an die andere Kante, sodass die Stecknadeln aufeinandertreffen. Wenn Sie mit einem Schnittmuster arbeiten, achten Sie darauf, dass auch die Markierungen und Nähte ausgerichtet sind.

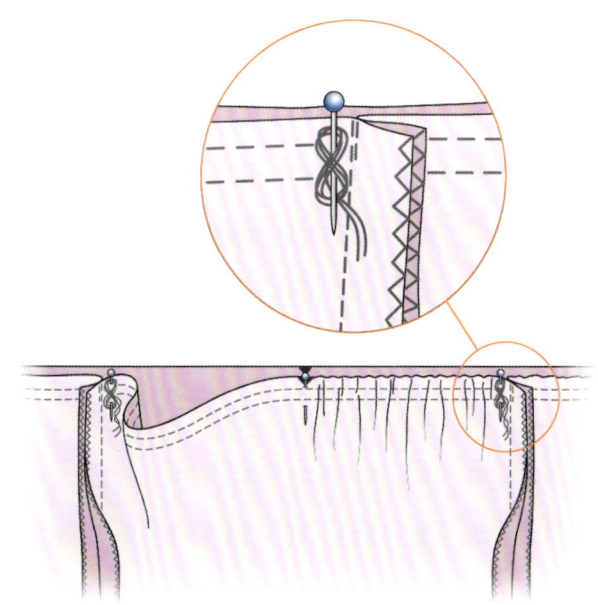

3 Sichern Sie den Unterfaden an einem Ende, indem Sie ihn in Form einer Acht um eine Stecknadel wickeln. Am anderen Ende halten Sie beide Unterfäden fest und schieben den Stoff entlang der Fäden zusammen. Wenn die geraffte Strecke auf die geplante Stelle passt, die Fäden wie zuvor um eine Nadel wickeln. Bei langen Strecken ziehen Sie den Stoff von beiden Seiten bis zur Mitte zusammen – das ist einfacher, als von einem Ende aus die gesamte Strecke zu raffen.

4 Wickeln Sie die Fadenenden von den Stecknadeln ab und verknoten Sie die Fäden, beide Enden auf ca. 2,5 cm zurückschneiden. Heften Sie beide Stofflagen von der gerafften Seite aus zwischen den parallelen Nähten mit kurzen Stichen zusammen. Entfernen Sie die Stecknadeln.

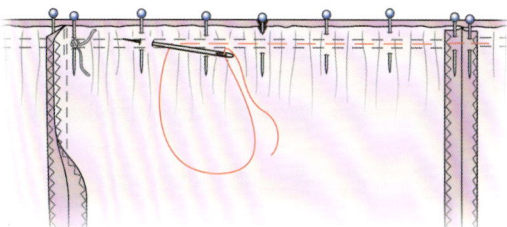

5 Stellen Sie die Nähmaschine wieder auf die normale Stichlänge und Fadenspannung ein. Mit der gekräuselten Seite oben liegend nun die geraffte Kante an die entsprechende Kante des Hauptstoffs nähen, dabei Nahtanfang und -ende mit Rückstichen sichern. Halten Sie während des Nähens den Stoff auf beiden Seiten des Nähfüßchens fest, damit die Raffung nicht zusammengeschoben wird und sich Falten bilden. Entfernen Sie die Heftfäden.

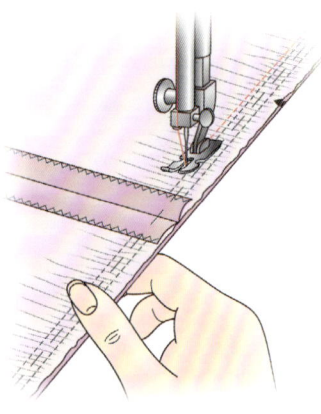

6 Die Nahtzugaben wie abgebildet abschrägen, damit sie flach liegen. Mit der Spitze des Bügeleisens die Nahtzugaben, so wie sie eingenäht wurden, flach bügeln, dabei nicht die Raffungen bügeln. Versäubern Sie die Nahtzugaben beider Stofflagen gemeinsam. Falten Sie die Stoffteile auf und bügeln Sie die Nahtzugaben zum glatten Bereich hin. Bügeln Sie die Raffung, indem Sie die Bügeleisenspitze zur Naht hin in die Kräuselung schieben.

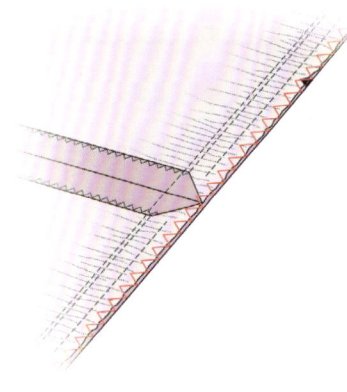

Automatisches Raffen

Einige Maschinen haben einen automatischen Kräuselfuß, der während des Nähens den Stoff rafft. Manche dieser Nähfüße raffen eine Stofflage und nähen diese gleichzeitig auf einen zweiten Stoff auf. Fadenspannung und Stichlänge werden je nach gewünschter Dichte der Raffung erhöht oder vermindert. Deshalb ist ein Kräuselfuß eher nicht so praktisch, wenn Sie mit einem Schnittmuster arbeiten oder wenn Sie eine bestimmte Dichte der Raffung erzielen möchten. Wenn Sie einen Kräuselfuß verwenden möchten, schauen Sie immer zuerst ins Nähmaschinenhandbuch.

Raffen von Hand

Sie können, falls Sie dies bevorzugen, kleinere Strecken auch von Hand mit einem einfachen Vorstich raffen. Beginnen Sie mit mehreren winzigen Rückstichen (siehe Seite 33), um den Faden zu sichern. Nähen Sie eine Reihe von kleinen, gleichmäßigen Vorstichen knapp über der Nählinie, dann eine zweite Reihe parallel zur ersten knapp unterhalb der Nählinie. Ziehen Sie an den losen Fadenenden und kräuseln Sie den Stoff, bis die gewünschte Dichte erreicht ist. Den Faden um eine Stecknadel wickeln (siehe Raffen mit der Nähmaschine, Schritt 3 auf Seite 105), die Fältchen gleichmäßig verteilen und den gerafften Stoff wie in Schritt 4, 5 und 6 beschrieben aufnähen (siehe oben sowie Seite 105).

Smoken mit der Nähmaschine

Smoken ist eine dekorative Technik, bei der mehrere Kräuselreihen für den Effekt sorgen. Leichte Stoffe sind für diese Technik am besten geeignet, besonders jene, die nicht aufwendig gebügelt werden müssen – denn das Bügeln ist nicht mehr so einfach, wenn der Stoff erst gesmokt wurde. Im Schnittmuster ist angegeben, welche Bereiche gesmokt werden sollen. Manchmal sind es kleinere Partien, wie etwa an einer Tasche oder am Ärmelbündchen, aber auch größere Teile für den Körper können gesmokt werden. Die Smok-Reihen müssen gerade, parallel und im gleichmäßigen Abstand genäht werden. Sie können dicht an dicht liegen, ca. 6 mm auseinander, oder mit einem Abstand von 2,5 cm, abhängig vom gewünschten Effekt. Die Stoffbreite, die gesmokt werden muss, ist im Schnittmuster vorgegeben.

Elastisches Smoken

Elastisches Einkräuseln sorgt für Dehnbarkeit, sodass sich der Stoff den Bewegungen des Körpers anpasst. Genäht wird mit einem normalen Nadelfaden und einem elastischen Unterfaden.

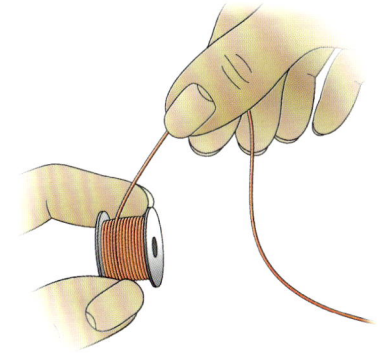

1 Wickeln Sie von Hand oder mit der Maschine einen elastischen Faden auf die Unterfadenspule, dabei den Faden leicht dehnen, bis die Spule fast voll ist. Stellen Sie eine Stichlänge von 3 mm ein und prüfen Sie das Ergebnis zunächst auf einem Probestoff. Korrigieren Sie, falls erforderlich, Stichlänge und Fadenspannung (lesen Sie im Handbuch nach). Manchmal muss zum Erreichen der gewünschten Smokdichte der Unterfaden nach dem Nähen leicht angezogen werden, wie bei der Kräuseltechnik (siehe Schritt 3 auf Seite 105).

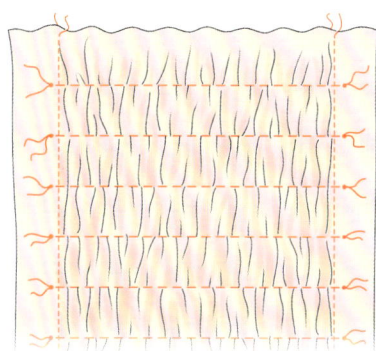

2 Markieren Sie die Smokreihen auf der rechten Stoffseite mit einem Kreidestift (siehe Seite 10). Falls Ihre Nähmaschine ein Kantenführungslineal hat, das in einen normalen Nähfuß passt, können Sie auch nach dem Markieren der ersten Smokreihe das Lineal als Abstandhalter verwenden. Nähen Sie entlang der Markierungslinien und halten Sie dabei den Stoff straff und flach, indem Sie ihn in den vorherigen Reihen auf seine Originalgröße dehnen.

3 Zum Sichern der Fadenenden die Fäden zur linken Stoffseite führen und verknoten. Nähen Sie innerhalb der Nahtzugabe über alle Knoten, um diese zu fixieren.

Smoken ohne Elastikfaden

Smokeffekte lassen sich auch ohne Elastikfäden erzielen. Es entsteht ein dekorativer Effekt, der allerdings nicht elastisch ist. Diese Smokelemente werden häufig bei Dessous und leichten Blusen verwendet.

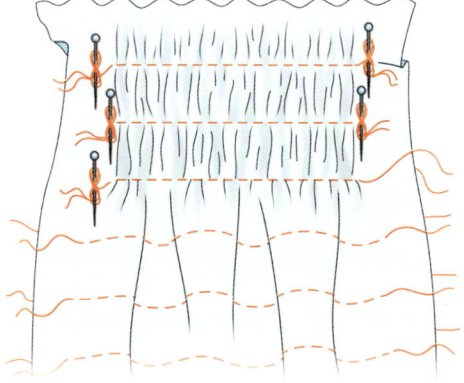

Verwenden Sie einen normalen Nähfaden als Nadel- und Unterfaden. Markieren Sie auf der rechten Stoffseite, wie in Schritt 2 „Elastisches Smoken" beschrieben, die Smokreihen. Nähen Sie mehrere Kräuselnähte (siehe Seite 105) über die zu smokende Stoffpartie. Arbeiten Sie nun auf der linken Stoffseite und ziehen Sie in jeder Reihe am Unterfaden, um den Stoff zusammenzuschieben. Messen Sie die erste Reihe, damit alle folgenden Reihen gleich lang sind. Wickeln Sie die Fadenenden um eine Stecknadel (siehe Kräuseln mit der Nähmaschine, Schritt 3 auf Seite 105). Um die Fäden dauerhaft zu sichern, verknoten Sie die Fadenenden und steppen Sie innerhalb der Nahtzugabe über die Fadenenden aller Reihen (siehe Schritt 3, „Elastisches Smoken", oben).

Smoken mit der Hand – Nähtechnik mit Tradition

Das Handsmoken ist eine traditionelle englische Nähtechnik mit bäuerlichen Ursprüngen, die seit vielen Jahrhunderten für dekorative Effekte eingesetzt wird. Die eigentlichen Wurzeln dieser Technik entstanden jedoch durch die Notwendigkeit, die Weite einfacher, gerade geschnittener Kleidung zu reduzieren. Das Smoken entsteht durch mehrere Reihen von Fältchen, die in gleichmäßigen Abständen mit einem dekorativen Zierfaden umstickt werden. Wie auch beim Kräuseln wird das Smoken vor dem Zusammennähen der Stoffteile gearbeitet. Sehr beliebt sind Smok-Effekte an Passen, Miedern und Taschen. Es ist eine sehr zeitaufwendige Handarbeit, die Geduld erfordert, aber ein handgearbeitetes Kleidungsstück mit klassischen Smok-Elementen kann schnell zum geschätzten Erinnerungsstück avancieren.

Die Stoffe

Eine Vielzahl von Stoffen – Baumwollstoffe, Leinen, feine Wolle, Voile und Seide – ist für das Smoken geeignet. Bei der Stoffauswahl sollte jedoch auch der Fall des Stoffes berücksichtigt werden. Eine feine Textur ist von Vorteil und das Muster sollte das Design unterstreichen, nicht es dominieren – Sie wollen schließlich die wunderschöne Näharbeit bewundern!

Die benötigte Stoffmenge ist abhängig vom verwendeten Material, dies kann die dreifache Länge des fertigen Stoffteils sein oder auch die vierfache Länge, etwa bei sehr feinen Stoffen. Der Stoff sollte im geraden Fadenlauf zugeschnitten werden, die Kräuselreihen werden entlang der Schussfäden genäht (siehe Seite 15).

Vorbereiten zum Smoken

Bereiten Sie zunächst den Stoff vor, legen Sie den gewünschten Effekt fest und wählen Sie die passenden Nähfäden für Ihr Projekt aus.

Kräuselfäden

Die Kräuselfäden werden beim Smoken von Hand eingezogen. Beim traditionellen Smoken wurde früher die fadengebundene Methode verwendet mit gleichmäßigen Vorstichreihen (siehe Seite 34 und 106), die über und unter der gleichen Zahl von Gewebefäden gearbeitet wurden. Inzwischen gibt es Techniken, die schneller von der Hand gehen.

TIPP

Bevor Sie die Transferpunkte auf dem eigentlichen Stoff verwenden, testen Sie die Transferfolie zunächst auf einem Probestück. So stellen Sie sicher, dass die Markierungen auf Ihrem Stoff auch sichtbar sind.

Markierungspunkte zum Aufbügeln

Diese Transferpunkte (smocking dots) können auf die linke Stoffseite gebügelt werden, die Vorlagen sind im Internet erhältlich. Die Abstände zwischen den Punkten variieren, bei einigen sind es 6 mm mit einem Reihenabstand von 9 mm. Entscheiden Sie sich zunächst für das gewünschte Design und die Dichte des gesmokten Bereichs und schneiden Sie dann die benötigte Transferfolie zu. Ziehen Sie das Rückseitenpapier ab, damit die Punkte freiliegen.

Kopierstift und Lineal

Steht Ihnen keine Transferfolie zur Verfügung, können Sie die Markierungspunkte auch mithilfe eines Lineals und eines auswaschbaren Kopierbleistifts aufzeichnen. Alternativ gibt es in Kurzwarengeschäften auch farbige Trickmarker. Zeichnen Sie die Punkte in gleichmäßigen Abständen auf wie links unter „Markierungspunkte zum Aufbügeln" beschrieben.

Karostoffe

Wenn Sie einen Karostoff verwenden, kann das Muster wie ein Raster verwendet werden. Bei 3 mm großen Karos nehmen Sie jedes zweite Karo auf. Bei Karos in der Größe von 6 mm nehmen Sie die Ecke jedes Karos auf.

Kräuselfäden einziehen

Verwenden Sie einen Universalnähfaden in einer Farbe, die mit Ihrem Stoff kontrastiert, damit der Faden gut zu sehen ist und sich später leichter entfernen lässt.

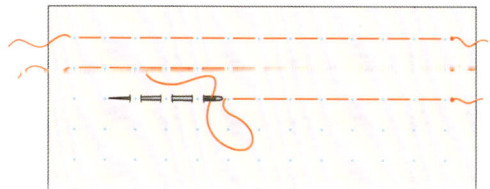

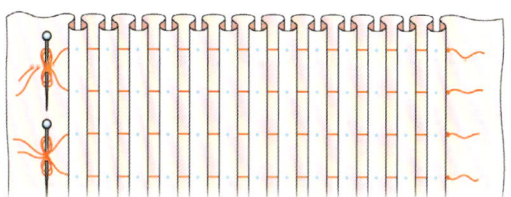

1 Beginnen Sie die Kräuselfäden auf der linken Stoffseite mit einem kleinen Knoten und Rückstichen (siehe Seite 33). Nehmen Sie jeden Punkt wie abgebildet mit der Nadel auf und nähen Sie eine Reihe von Vorstichen (siehe Seite 34) über die gesamte Stoffbreite. Lassen Sie den Faden an den Enden der Reihen stehen.

2 Sind alle Kräuselreihen eingezogen, ziehen Sie die Fäden zusammen, bis die Falten recht dicht sind, und lockern Sie dann die Fäden wieder ein wenig. Zwischen den Falten muss ausreichend Platz sein, um eine Sticknadel leicht durchzuführen. Wickeln Sie die Fadenenden in Form einer Acht um eine Stecknadel, wie bei „Raffen mit der Nähmaschine", Schritt 3 auf Seite 105 beschrieben.

Smok-Design erstellen

Arbeiten Sie Ihr Smok-Design zunächst auf Papier aus. Zählen Sie die zylinderartigen Falten auf dem fertig gekräuselten Stoff und ermitteln Sie die Mitte, damit das Muster später symmetrisch ist. Beginnen Sie mit einem einfachen Design – jeder der Stiche auf den Seiten 110-111 ist geeignet. Denken Sie daran, dass alle Punkte symmetrisch sein und in dekorativen Abständen gesetzt werden müssen. Vermeiden Sie es, zu viele Reihen in ein Muster einzubeziehen – die wahre Schönheit des Smokens ist seine Einfachheit. Ein fester Stich wie beispielsweise der Stielstich oder Korbstich (siehe Seite 110) sollte in der ersten Reihe verwendet werden – dieser fixiert die Falten und erleichtert das Ansetzen z. B. der Passe.

Nähfäden

Stickgarn ist optimal für die Smok-Stiche geeignet, Sie können jedoch auch Perlgarn verwenden. Drei Fäden ergeben in der Regel einen schönen Effekt, aber für plastischere Smokeffekte und bei dickeren Stoffen sind 4-6 Fäden empfehlenswert. Die Farbe kann zum Stoff passen oder auch in Kontrastfarben gewählt werden. Verwenden Sie eine Sticknadel (siehe Seite 71); diese sollte nicht zu fein sein, damit der Faden leicht durch das Öhr gleitet.

Smok-Stiche nähen

Die erste Reihe wird auf der rechten Stoffseite des gekräuselten Stoffes ca. 2 cm unterhalb der oberen Kante genäht. So bleiben ca. 1,2 cm zum Einsetzen in eine Passe oder Bund sowie Platz zwischen der ersten Reihe und der Passe bzw. dem Bund. Alle Smok-Stiche werden auf der rechten Stoffseite gearbeitet.

Hinweis: Die Anleitungen sind für Rechtshänder formuliert. Falls Sie Linkshänderin sind, arbeiten Sie gegengleich.

Um mit dem Smoken zu beginnen, sichern Sie das Fadenende mit einem Knoten und einem kleinen Rückstich (siehe Seite 33). Achten Sie darauf, dass der Faden lang genug ist, damit die Reihe komplett fertiggestellt werden kann und die Fäden nicht unschön auf der Rückseite verbunden werden müssen, was sich auch als Schwachstelle erweisen könnte. Arbeiten Sie von links nach rechts und führen Sie die Nadel von hinten durch die linke Seite der Falte.

Achten Sie auf gleichmäßige Fadenspannung und nähen Sie einen der auf den Seiten 110-111 gezeigten Stiche. Nehmen Sie mit jedem Stich nicht mehr als etwa ein Viertel der Faltentiefe auf – ca. 1 mm – und halten Sie die Stiche in einer geraden, parallel zur Oberkante verlaufenden Linie. Ziehen Sie den Faden nicht zu fest an, damit das fertige Stück elastisch bleibt.

> **TIPP**
> Um den Stich zu üben und die richtige Fadenspannung zu finden, nähen Sie zunächst einige Probestiche auf einem Stoffrest, bevor Sie das Kleidungsstück besticken.

TIPP

Um das Nähen sauberer und gerader Smok-Stiche zu vereinfachen, nähen Sie parallele Reihen von Heftstichen über die rechte Stoffseite, im gleichen Abstand wie die Kräuselfäden.

Stickstiche beim Handsmoken

Die hier gezeigten Stiche sind alle einfach zu nähen und basieren meist auf dem Rückstich und dem Stielstich (siehe Seite 34 und 72). Durch die Kombination der einzelnen Stiche lassen sich vielfältige Muster gestalten.

Stiel- oder Grobstich

Dieser feste Stich ist gut für die erste Reihe des Designs geeignet, da er nur wenig elastisch ist.

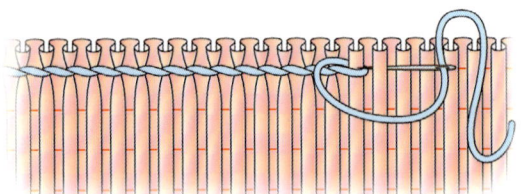

Arbeiten Sie von links nach rechts, die Nadel zeigt nach links. Setzen Sie einen kleinen Rückstich in jede Falte, der Arbeitsfaden liegt unter der Nadel. Wiederholen Sie die Schritte bis zum Ende der Reihe.

Zopf- oder Korbstich

Ein Korbstichmuster ergibt eine feste Oberfläche für die Smok-Arbeit. Sticken Sie fortlaufende Reihen im Zopf- oder Korbstich direkt untereinander.

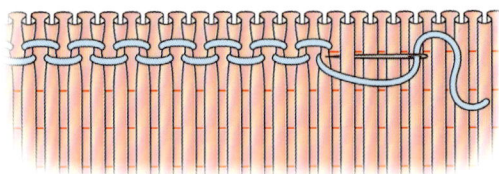

Arbeiten Sie von links nach rechts, die Nadel zeigt nach links. Machen Sie einen kleinen Rückstich durch die zweite Falte, der Arbeitsfaden liegt über der Nadel. Legen Sie den Faden unter die Nadel und machen Sie einen kleinen Rückstich durch die dritte Falte. Arbeiten Sie jeweils an einer Falte und legen Sie den Faden abwechselnd über und unter die Nadel, bis die Reihe fertiggestellt ist.

Zickzackstich (Chevronstich)

Dieser Stich wird von links nach rechts genäht und bildet ein Zickzack- oder Halb-Diamant-Muster. Mehrere Reihen können nebeneinander gestickt werden, so ergibt sich ein dichtes Chevron-Muster. Wird jede zweite Reihe rückwärts gearbeitet, ergibt sich ein Diamantmuster. Sie müssen jedoch darauf achten, dass Sie im Musterverlauf immer die gleiche Anzahl von Stichen bzw. Schritten nach oben und unten haben. Wenn Sie ein volles Diamantmuster sticken möchten, müssen die Spitzen direkt über- und untereinander liegen.

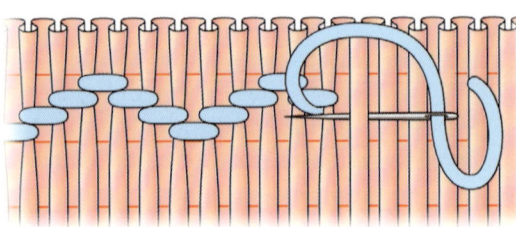

1 Arbeiten Sie von links nach rechts, die Nadel zeigt nach links. Stechen Sie Nadel und Faden auf der linken Seite der ersten Falte aus. Mit dem Faden über der Nadel den nach unten gerichteten Zacken nähen, indem Sie einen kleinen Rückstich durch die zweite Falte machen, dabei die Nadel knapp unter dem ersten Stich wieder ausstechen. Führen Sie die Nadel über die dritte Falte und machen Sie wieder einen kleinen Rückstich. Nähen Sie weiter über die Falten, bis die gewünschte Zackenbreite erreicht ist, in der Regel 3-5 Stiche.

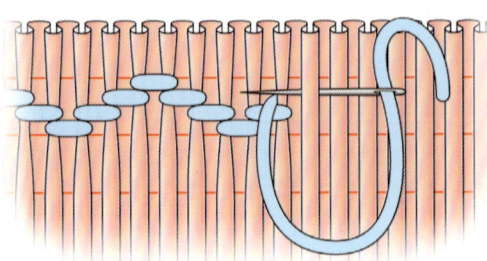

2 Legen Sie den Faden unter die Nadel und arbeiten Sie den aufwärtsgerichteten Teil des Stiches wie zuvor, mit der gleichen Anzahl von Stichen über den Falten. Die Nadel sticht jeweils knapp über dem vorherigen Stich aus. Wiederholen Sie Schritt 1 und 2 bis zum Ende des gemokten Bereichs.

Wabenstich

Wenn Sie den Wabenstich beim Smoken verwenden, entsteht ein sehr elastischer Bereich. Dies ist besonders bei Kinderkleidung praktisch, da sich das Kleidungsstück dem Wachstum des Kindes anpasst.

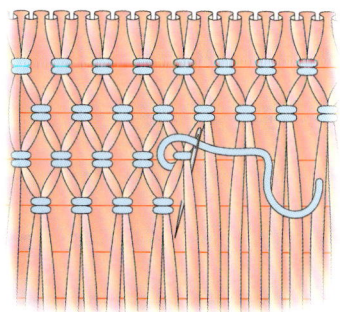

1 Arbeiten Sie von links nach rechts, die Nadel zeigt nach links. Mithilfe von zwei Kräuselfäden oder Heftstichlinien, zwischen denen Sie die Stiche platzieren, Nadel und Faden auf der linken Seite der ersten Falte am oberen Kräuselfaden ausstechen.
Mit dem Arbeitsfaden über der Nadel einen kleinen Rückstich über die erste und zweite Falte arbeiten. Nun einen zweiten Stich über diese beiden Falten setzen, diesmal jedoch die Nadel durch das Innere der zweiten Falte führen und auf der Höhe des unteren Kräuselfadens an der linken Seite der Falte wieder ausstechen.

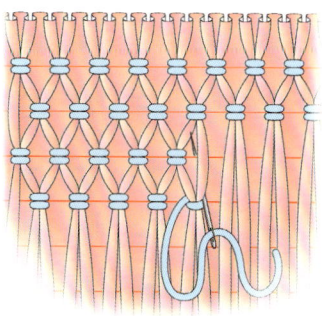

2 Mit dem Arbeitsfaden unter der Nadel auf diese Weise zwei Stiche über die zweite und dritte Falte setzen, dabei die Nadel auf der linken Seite der dritten Falte in Höhe des ersten Kräuselfadens wieder ausstechen. Arbeiten Sie auf diese Weise bis zum Ende der Reihe weiter.
Die folgende Reihe wird auf der Höhe des dritten und vierten Kräuselfadens gearbeitet.

TIPP
Wenn Sie sich aus Versehen in den Finger gestochen und den Stoff mit Blut verschmutzt haben, handeln Sie sofort – lassen Sie das Blut nicht eintrocknen. Nehmen Sie einen weißen Nähfaden und rollen Sie ihn in den Handflächen zu einem Bällchen zusammen. Befeuchten Sie das Fadenbällchen im Mund und tupfen Sie dann den Fleck ab (die Enzyme im Speichel zersetzen die Proteine im Blut). Wiederholen Sie den Vorgang, bis der Fleck entfernt ist.

Imitierter Kettenstich

Dies ist ein weiterer fester, unelastischer Stich, der für die erste Smok-Reihe geeignet ist, denn er fixiert die Falten, ohne sie dabei zu dehnen.

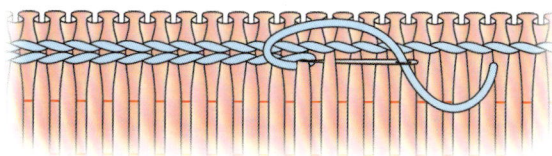

Arbeiten Sie eine Reihe von Stiel- oder Grobstichen (siehe gegenüberliegende Seite) über den gesmokten Bereich, dabei liegt der Arbeitsfaden über der Nadel. Nähen Sie nun eine zweite Reihe dicht entlang der ersten, diesmal liegt der Arbeitsfaden jedoch unter der Nadel. Werden zwei eng zusammenliegende Reihen genäht, ergibt sich ein kettenartiger Effekt.

Gesmokte Partien fertigstellen

Sind alle Reihen bestickt, entfernen Sie vorsichtig die Heftfäden sowie – bis auf die oberste Reihe – auch die Kräuselfäden. Diese bleibt im Stoff, um die Falten beim Einsetzen in die Passe oder den Bund zu stützen. Nach dem Einsetzen kann dieser Faden entfernt werden. Um eine gleichmäßige Positionierung sicherzustellen, teilen Sie die Passe und den gesmokten Bereich in vier gleiche Teile und markieren Sie die Abschnitte mit Stecknadeln, die dann das passgenaue Ausrichten an den anzusetzenden Kanten erleichtern.

Gesmokte Stoffe dürfen nicht gebügelt werden, da die Falten dabei zerdrückt werden. Wenn Sie jedoch bemerken, dass das gesmokte Element zu dicht ist, halten Sie den gesmokten Stoff vorsichtig an einen dampfenden Wasserkocher und dehnen Sie den gesmokten Bereich auf die gewünschte Breite. Achten Sie darauf, sich nicht zu verbrühen oder die Näharbeit zu stark zu dehnen.

Kinderkleidung nähen

Das Nähen von Kinderkleidung ist vor allem für Nähanfänger sehr verlockend, denn schließlich sind die Kleidungsstücke kleiner und schneller genäht als Kleidung für Erwachsene. Auch wenn Kinderkleidung ähnlich konstruiert ist, muss sie besonders strapazierfähig sein, um mit den Aktivitäten der Kinder mitzuhalten und auch das häufige Waschen zu überstehen. Zudem soll Kinderkleidung einfach an- und auszuziehen sein und praktisch „mitwachsen" können.

Auswahl der Schnittmuster

Schnittmuster für Kinderkleidung sind meist auf die Entwicklungsstufen abgestimmt, beispielsweise für Babys, Kleinkinder, Schüler, Mädchen und Jungen. Allerdings sollten Sie nicht davon ausgehen, dass Ihr Kind genau diesen Maßen entspricht. Wie bei Kleidungsstücken für Erwachsene sollten Sie beim Kind genau Maß nehmen und die Werte mit der Größentabelle des Schnittmusters vergleichen. Versuchen Sie ein Schnittmuster und eine Größe auszuwählen, bei der möglichst wenig geändert werden muss.

Achten Sie beim gewählten Modell darauf, dass es bequem sitzt und ausreichend Weite am Halsausschnitt, den Ärmelöffnungen und zwischen den Beinen hat. Bei langärmeligen Modellen sollten die Ärmel lang genug sein. Auch sollte eine Reserve am Rücken vorhanden sein – mit anderen Worten sollte das Modell berücksichtigen, wie schnell Kinder wachsen, besonders in die Höhe!

Körpermaße abnehmen

Ein Kind zu messen kann sich schwierig gestalten, denn es steht nicht lange still. Wenn Sie damit Probleme haben, nehmen Sie die Maße von einem gut sitzenden Kleidungsstück und vergleichen Sie sie mit den im Schnittmuster angegebenen Maßen. Zum Ermitteln der Körpermaße ziehen Sie das Kind bis auf die Unterwäsche aus. Verwenden Sie ein hochwertiges Maßband (siehe Seite 9). Tragen Sie die Maße in die Tabelle auf der folgenden Seite ein. Für Säuglinge und Kleinkinder, die noch nicht laufen, benötigen Sie lediglich das Gewicht und die Körperlänge – gemessen mit dem Fuß im rechten Winkel zum Bein, als ob das Baby steht.

> **TIPP**
> Überprüfen Sie in regelmäßigen Abständen die Maße Ihres Kindes, da sich diese rasch verändern können.

Die wichtigsten Maße

1 BRUSTUMFANG
Messen Sie unter den Armen, das Maßband liegt über dem breitesten Punkt der Brust, am Rücken knapp unter den Schulterblättern.

2 TAILLENUMFANG
Messen Sie an der engsten Stelle des Rumpfes. Binden Sie eine Schnur um die Taille, dieser rutscht von selbst an die korrekte Stelle und erleichtert das Maßnehmen.

3 HÜFTEN
Messen Sie an der breitesten Partie des Gesäßes.

4 HALS-TAILLEN-HÖHE
Messen Sie ab dem Nackenwirbel mittig nach unten bis zur Schnur um die Taille.

5 SCHULTERBREITE
Messen Sie vom Nackenansatz (bitten Sie das Kind, die Schultern zu heben, um die richtige Stelle zu finden) bis zum äußeren Schulterknochen.

6 ARMLÄNGE
Messen Sie vom Schulterpunkt am Oberarm über den leicht angewinkelten Ellenbogen bis zum Handgelenk.

7 KÖRPERGRÖSSE
Stellen Sie das Kind ohne Schuhe an eine Wand. Legen Sie ein Lineal auf den Kopf des Kindes, parallel zum Fußboden, und markieren Sie die Stelle, an der die Unterseite die Wand berührt. Messen Sie die Länge bis zum Boden.

SCHRITTMASS
Messen Sie an einer gut sitzenden Hose die Beinaußenseite. Ziehen Sie von diesem Maß die innere Beinlänge ab, um die Schritthöhe zu ermitteln.

Besondere Hinweise

- **Elastizität:** Nähen Sie Hosen und Röcke, die sich schnell an- und ausziehen lassen. Dafür sorgt ein elastischer Taillenbund mit einem Tunnel für das Gummiband (siehe Seite 119-121). Elastisches Kräuseln (siehe Seite 107) erlaubt rasches An- und Ausziehen bei Kleidern und Oberteilen.
- **Klettverschlüsse:** Dieser Verschluss (siehe Seite 137) erleichtert es besonders jüngeren Kindern, die Knöpfe noch nicht beherrschen, sich selbst anzuziehen.
- **Druckknöpfe:** Druckknöpfe sind auch für Kinder einfach zu öffnen und zu schließen. Sie können einzeln oder als Druckknopfband eingesetzt werden (siehe Seite 135-137).

- **Taschen:** Vergessen Sie nie die Taschen (siehe Seite 74-77), selbst wenn das Schnittmuster keine vorsieht. Kinder sammeln bei ihren täglichen Abenteuern gerne die verschiedensten Dinge, zudem lassen sich in den Taschen auch Taschentücher und Kleingeld unterbringen.
- **Strapazierfähigkeit:** Fertigen Sie in Bereichen, die stark beansprucht werden, doppelte Nähte für zusätzliche Stabilität. Verwenden Sie waschbare und pflegeleichte Stoffe, um die Lebensdauer von Kleidungsstücken zu verlängern.
- **Platz zum Wachsen:** Fügen Sie zusätzlichen Stoff zur Rocklänge hinzu, z. B. durch rundum eingenähte Falten (siehe Seite 132), die später wieder herausgelassen werden können.

Die Nähte lassen sich durch das Aufnähen von Borten kaschieren. Nähen Sie bei jedem Kleidungsstück einen doppelten Saum (siehe Seite 63), sofern dies nicht zu sehr aufträgt. Säumen Sie von Hand mit Blindstichen (siehe Seite 64) anstatt mit der Maschine. Um ein Kleidungsstück zu verlängern, das keine Saumzugabe hat, setzen Sie einfach einen Saumstreifen in einer Kontrastfarbe an.

Maßtabelle

Behalten Sie die Körpermaße Ihres Kindes im Blick. Tragen Sie die Maße mit einem Bleistift in die Tabelle ein. Notieren Sie die Körpermaße in der ersten Spalte, die Schnittmaße in der zweiten und die Unterschiede zwischen beiden in der dritten Spalte. Bei einer Differenz von 6 mm in der Länge und 1 cm in der Breite müssen Sie das Schnittmuster ein wenig anpassen (siehe Seite 24-26).

	Maße des Kindes	Schnittmaße	Differenz
Brustumfang			
Taillenumfang			
Hüftumfang			
Hals-Taillen-Höhe			
Schulterbreite			
Armlänge			
Körpergröße			
Schrittmaß			

Gekräuseltes Sommerkleid für Mädchen

Das perfekte Sommerkleid für ein kleines Mädchen: Es ist aus kühlendem Baumwollstoff mit einem spitzenverzierten Saum genäht. Das gekräuselte Oberteil ist elastisch und wächst dadurch mit – und wenn das Kleid zu kurz wird, kann es mit Leggings kombiniert werden.

Stoffempfehlungen

- weicher Baumwollstoff oder Mischfaser mit Muster oder uni, Baumwollstoffe mit Längsmuster, Linon, Käseleinen, Chambray

Sie benötigen außerdem

- Vorlagen, übertragen vom Schnittmuster am Ende dieses Buches (siehe Seite 192)
- farblich passende Nähfäden
- Elastikfaden zum Einkräuseln
- 1,5 m farblich passende oder kontrastierende Spitzenborte mit zwei versäuberten Kanten

Hinweis:

Falls nicht anders angegeben, ist eine Nahtzugabe von 1,5 cm bereits enthalten.

Nähen Sie rechts auf rechts mit passgenau ausgerichteten Markierungen, sofern nicht anders angegeben.

Größentabelle

Alter	5-6 Jahre	7-8 Jahre	9-10 Jahre
Brustumfang	61 cm	66 cm	72 cm
Taillenumfang	57 cm	59 cm	62 cm
Körpergröße	116 cm	128 cm	140 cm
Länge (Hals bis Saum, ohne Zierborte)	70 cm	77 cm	85 cm

Vorderansicht   Rückenansicht

Stoffmengen

bei 112 cm und 150 cm breiten Stoffen		
1,70 m	1,70 m	1,80 m

Stoff zuschneiden

Verwenden Sie die Schnittteile 1, 2, 3 sowie 4A & 4B.

Sommerkleid – alle Größen
Stoffbreite 112 - 150 cm

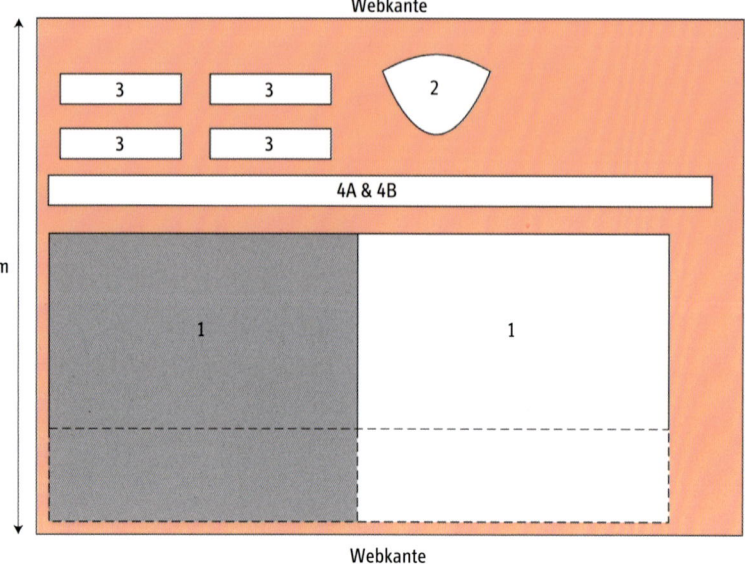

Webkante

112–150 cm

Webkante

Farbkennung

- Rechte Stoffseite
- Schnitt umgedreht
- Erweiterung des Schnittteils

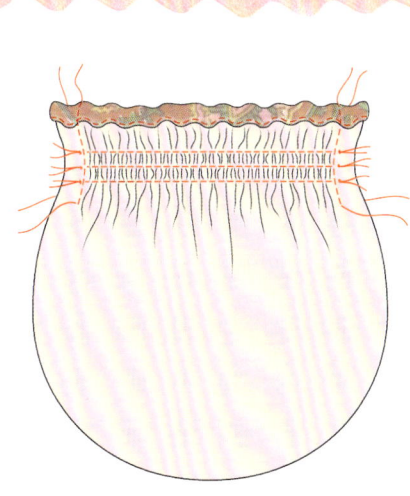

1 Schneiden Sie mithilfe des Zuschneideplans alle Stoffstücke zu (Tipps zum Zuschneiden siehe Seite 29-30, Schnittmustermarkierungen siehe Seite 23).

Schlagen Sie den Stoff an der Taschenoberkante 6 mm breit zum doppelten Saum um (siehe Seite 62) und nähen Sie den Saum. Markieren Sie die oberste Kräuselreihe der Tasche 1,5 cm unterhalb der oberen Saumkante und nähen Sie in füßchenbreiten Abständen – also ca. 6 mm – drei Reihen elastischer Kräuselnähte (siehe Seite 107).

2 Nähen Sie die Tasche mithilfe der Anleitung auf Seite 75 für eine aufgesetzte Tasche mit abgerundeten Ecken an der vorgesehenen Stelle auf. Verstärken Sie die oberen Ecken mit Dreiecksnähten (siehe Seite 76).

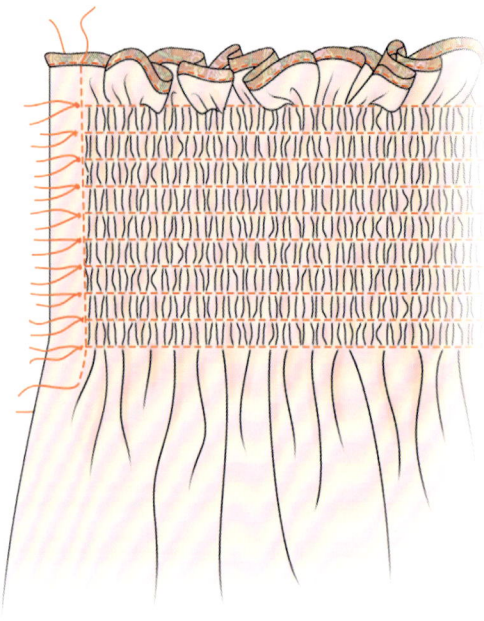

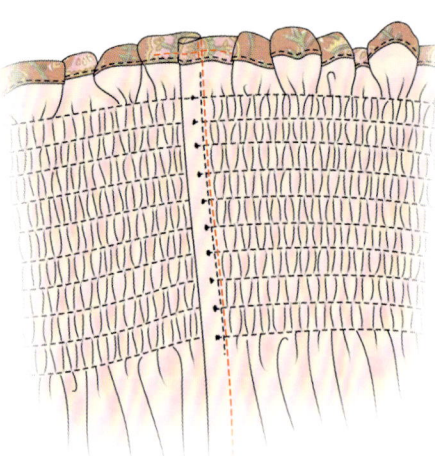

3 Schlagen Sie die Oberkante des Kleides 6 mm breit zum doppelten Saum um. Markieren Sie die erste Kräuselreihe 11,5 cm unterhalb der Oberkante und nähen Sie 10 Kräuselreihen in füßchenbreitem Abstand wie bei Schritt 1.

4 Verbinden Sie die linke Seitennaht mit einer französischen Naht (siehe Seite 41), dabei die Kräuselreihen und die obere gesäumte Kante bündig legen. Bügeln Sie die Naht zur Rückseite des Kleides und nähen Sie die Nahtzugabe entlang der oberen Saumlinie fest, um sie zu fixieren.

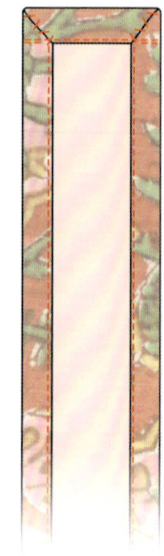

5 Versäubern Sie die untere Saumkante (siehe Seite 39) und bügeln Sie diese 1 cm breit zur linken Stoffseite um. Mit Heftstichen fixieren. Auf der rechten Stoffseite, beginnend an der Seitennaht, vom Ende der Spitzenborte 1 cm überstehen lassen, dann die Borte ca. 3 mm überlappend auf die Saumkante legen und feststecken. Am anderen Ende der Spitzenborte ca. 2 cm zugeben und die überschüssige Borte abschneiden. Dieses Ende 1 cm nach innen umschlagen, sodass es das erste Ende überlappt, die Faltkante des oben liegenden Endes schließt dabei bündig mit der Seitennaht ab. Die Borte heften und knappkantig aufsteppen, die losen Enden der Spitzenborte von Hand zusammennähen. Die Heftfäden entfernen.

6 Schlagen Sie den Stoff an beiden Längskanten der Schulterträger 6 mm breit zum doppelten Saum um. Bügeln Sie an jeweils einem Trägerende einen doppelten Saum und fixieren Sie diesen mit Stecknadeln. Diese Säume an den Ecken diagonal falten und bügeln. Die diagonal gefalteten Ecken von Hand festnähen, dann mit der Maschine die restlichen Säume steppen. Nahtanfang und -ende mit Rückstichen sichern.

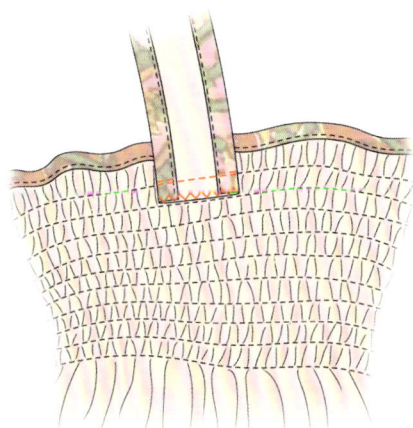

7 Versäubern Sie die zweite kurze Kante des Trägers. Stecken und heften Sie diese Enden an die Oberkante des Kleides wie im Schnittmuster vorgegeben. Dazu die rechte Stoffseite des Trägers an die linke Stoffseite des Kleides stecken und dabei die versäuberten Kanten an der zweiten Kräuselreihe ausrichten. Lassen Sie das Kind das Kleid anprobieren und verknoten Sie die Träger, sodass sie auf die Schultern passen. Korrigieren Sie die Position der Träger, falls nötig. Ziehen Sie das Kleid vorsichtig wieder aus und nähen Sie die Träger mit der Maschine entlang der oberen Kräuselreihe fest, diese während des Nähens dehnen. Nahtanfang und -ende mit Rückstichen sichern.

8 Schlagen Sie den Stoff an beiden Längskanten der Taillenbänder 6 mm breit zum doppelten Saum um und nähen Sie den Saum. Zum Versäubern der kurzen Seitenkanten folgen Sie Schritt 6 zum Versäubern der Schulterträger. Nähen Sie nun für die Taillenbänder eine Fadenschlaufe (siehe Seite 124) an der linken Seitennaht, wie im Schnittmuster angegeben. Legen Sie das Kleid auf eine glatte Unterlage, die linke Seitennaht an der Umbruchlinie, und markieren Sie die Position der Fadenschlaufe auf der anderen Seite des Kleides (dort, wo die rechte Seitennaht wäre, wenn es eine gäbe). Nähen Sie dort passend zur ersten eine weitere Fadenschlaufe. Ziehen Sie das Taillenband durch die Schlaufen und binden Sie es auf der Rückseite des Kleides zur Schleife.

Workshop 8

Abnäher und Taillenabschlüsse

Abnäher zählen zu den grundlegenden formgebenden Elementen beim Nähen von Kleidungsstücken. Ein Abnäher verleiht einem flachen Stück Stoff eine bestimmte Kontur, sodass dieses sich den Körperlinien anpasst. Häufig finden sich Abnäher im Taillenbereich. In diesem Workshop stellen wir Ihnen außerdem verschiedene Nähtechniken für Taillenabschlüsse vor. Wenn Sie diese erlernt haben, können Sie Ihre neuen Kenntnisse bei einem Rock im Jeans-Stil anwenden.

Abnäher

Ein Abnäher ist eine spitz zulaufende, in den Stoff genähte Falte, die dem Kleidungsstück Form verleiht. Bei Damenkleidung werden Abnäher vor allem im Bereich der Büste, der Hüften und der Taille eingesetzt. Bei sehr aufwendig geschneiderter Garderobe können Sie ebenso die hintere Schulterpartie und die Ellenbogen modellieren. Es gibt zwei Varianten: kurze Abnäher und Taillenabnäher. Vielleicht haben Sie auch schon einmal von französischen Abnähern gehört, die speziell konstruiert sind, aber damit werden wir uns in diesem Buch nicht beschäftigen.

Kurze Abnäher

Die normalen Abnäher sind spitz zulaufend genähte Falten. Im Schnittmuster ist diese Abnähervariante durch ein Dreieck mit zwei Nählinien gekennzeichnet, manchmal auch mit einer mittleren Umbruchlinie. Ebenso können zwei Kerben an den Kanten und ein Punkt an der Spitze abgebildet sein (siehe Seite 23).

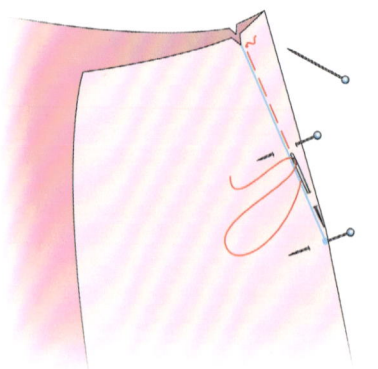
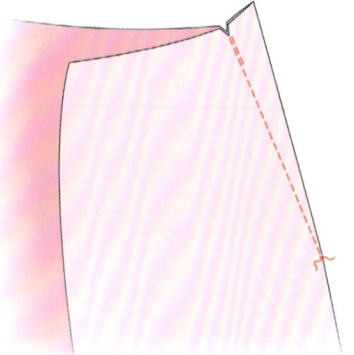
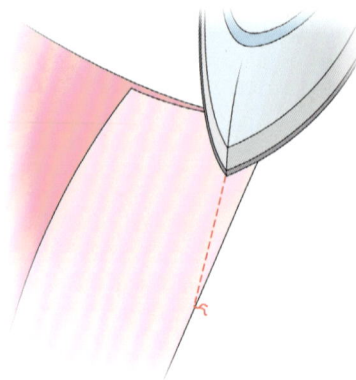

1 Übertragen Sie die Markierungen für den Abnäher auf die linke Stoffseite (siehe Markierungen übertragen, Seite 31). Von der linken Stoffseite aus nun den Abnäher entlang der Umbruchlinie zur Hälfte falten, die Markierungen und Nählinien treffen aufeinander. Stecken und heften Sie den Abnäher.

2 Beginnen Sie am breiten Ende des Abnähers und nähen Sie in Richtung Spitze, dabei Nahtanfang und -ende mit Rückstichen sichern. Beenden Sie die Naht eine Fadenbreite vor der Umbruchlinie. Schneiden Sie die Fadenenden bis auf 10 cm ab und verknoten Sie die Enden, ohne den Faden jedoch zu fest anzuziehen. Schneiden Sie die Fadenenden nun bis auf 1 cm zurück. Entfernen Sie die Heftfäden.

3 Legen Sie den Abnäher zum Bügeln flach auf das Bügelbrett, die Bruchkante des Abnähers auf einer Seite. Bügeln Sie in Richtung der Spitze, jedoch nicht darüber hinaus, da sonst der Rest des Kleidungsstücks zerknittert.

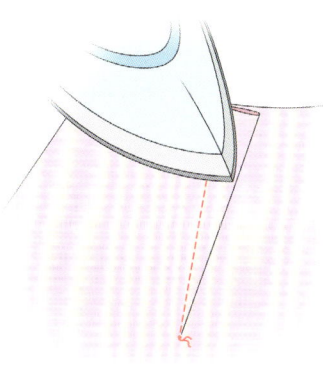

4 Falten Sie den Stoff auseinander und bügeln Sie den Abnäher in die vorgegebene Richtung. In der Regel ist dies bei Taillenabnähern zur Mitte hin, an der Büste in Richtung der Taille.

Taillenabnäher

Diese langen Abnäher haben an beiden Enden eine Spitze und werden am häufigsten bei figurnahen Kleidern eingesetzt. Der breiteste Teil des Abnähers liegt in Taillenhöhe und läuft dann schmal auf Brust und Hüfte oder auch auf Rücken und Hüfte zu. Im Schnittmuster sind sie als lange, schmale Rauten eingezeichnet, mit Nählinien und einigen Markierungspunkten.

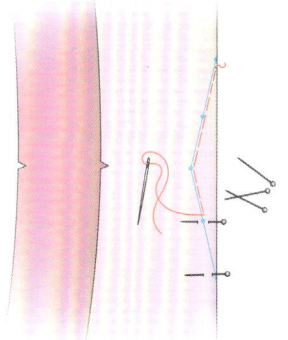
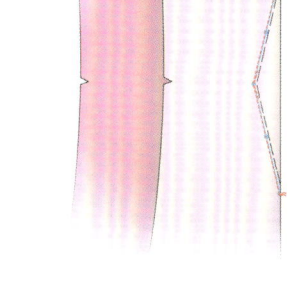
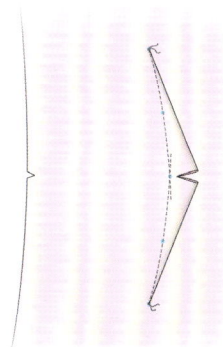

1 Übertragen Sie die Markierungen für den Abnäher auf die linke Stoffseite (siehe Markierungen übertragen, Seite 31). Von der linken Stoffseite aus nun den Abnäher entlang der Umbruchlinie zur Hälfte falten. Die Markierungen und Nählinien ausrichten und den Abnäher feststecken, erst an der Taille, dann an der Spitze sowie an weiteren Passpunkten dazwischen. Heften Sie den Abnäher knapp innerhalb der Nählinien fest und entfernen Sie die Stecknadeln.

2 Ein Taillenabnäher wird in zwei Arbeitsschritten genäht. Beginnen Sie immer in der Mitte (Taille) und nähen Sie zur Spitze hin. Anstelle von Rückstichen lassen Sie die Stiche an der Taille überlappen und verknoten die Fadenenden an beiden Spitzen, wie in Schritt 2 beim Nähen eines kurzen Abnähers auf Seite 118 beschrieben.

3 Entfernen Sie die Heftfäden und knipsen Sie den Abnäher an der Taille bis auf 3 mm an die Naht heran ein, so kann sich der Abnäher an die Taille schmiegen. Bügeln Sie den Abnäher zur Mitte des Kleidungsstücks.

Taillenabschlüsse

Der Taillenabschluss ist wie ein Anker, der das Kleidungsstück am Körper in der richtigen Position hält. Es gibt zwei Methoden, einen Taillenabschluss zu nähen: entweder fest in Form eines Taillenbunds oder Belegs (siehe Seite 122-123) oder als flexible Lösung wie ein elastischer Bund oder ein Bund mit Zugband. Gummi- oder Zugband werden durch einen genähten Tunnel gezogen, um die Weite zu regulieren – eine einfache Technik und eine praktische dazu, denn die Weite lässt sich mühelos anpassen. Dabei gibt es zwei verschiedene Tunnel: den gefalteten (siehe Seite 120) und den angenähten (siehe Seite 121).

Gefalteter Tunnel

Hierbei wird ein Stoffansatz an der Taille des Kleidungsstücks wie ein Saum nach innen zu einem Tunnel umgeschlagen und festgenäht. Diese Variante ist gut geeignet für gerade Kanten, sehr schmale Tunnel können aber auch bei gerundeten Kanten genäht werden.

Tunnel mit Gummizug

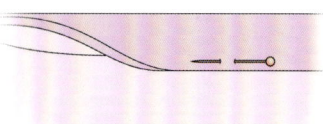 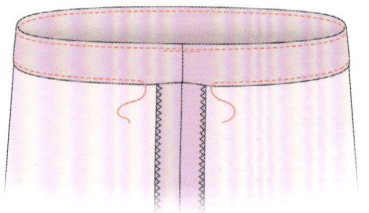 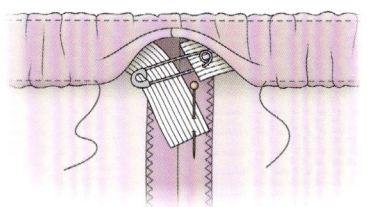

1 Falten und bügeln Sie die Saumzugabe des Stoffansatzes um und schneiden Sie überschüssige Breite auf eine 6 mm breite Saumzugabe zurück. Nun den Tunnel umfalten, feststecken und -heften.

2 Nähen Sie die untere Kante des Tunnels fest, dabei eine kleine Öffnung zum Durchziehen des Gummibands offen lassen. Eine zweite Naht dicht an der oberen Bruchkante steppen, dabei das Nahtende überlappen lassen. Die Heftfäden entfernen.

3 Befestigen Sie eine Sicherheits- oder Durchzugsnadel (siehe Seite 9) an einem Ende des Gummibandes und stecken Sie das zweite Ende am Kleidungsstück fest, damit es nicht in den Tunnel rutscht. Schieben Sie die Sicherheitsnadel durch den Tunnel, ohne dabei das Gummiband zu verdrehen. Passen Sie das Gummiband auf die gewünschte Weite an, lassen Sie die Enden überlappen und stecken Sie sie fest. Vernähen Sie die Enden des Gummibandes mit einer quadratischen Naht wie unten abgebildet. Überschüssiges Gummiband abschneiden und die Sicherheitsnadel entfernen.

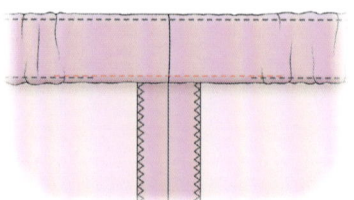

4 Halten Sie das Gummiband leicht gedehnt und nähen Sie an der Öffnung entlang der unteren Tunnelkante, dabei zur Nahtsicherung überlappend über die zuerst gefertigte Naht nähen. Achten Sie darauf, das Gummiband nicht zu erfassen.

Nähen im Quadrat

Diese Technik wird zur Verstärkung beispielsweise bei Bandenden wie bei einem Gummiband in einem Stofftunnel angewendet, aber auch bei Bindebändern an Kleidungsstücken oder Taschenhenkeln. Genäht wird im Quadrat und dann über Kreuz, ohne den Stoff beim Richtungswechsel aus der Maschine zu nehmen.

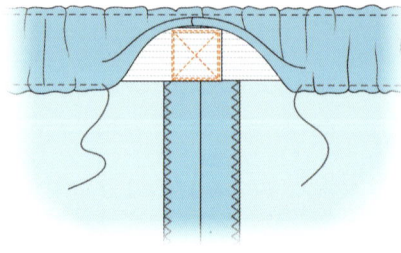

Beginnen Sie an einer Kante und nähen Sie über die Breite des Gummibands oder Henkels rundherum ein Quadrat bis zu dem Punkt, an dem Sie begonnen haben. Lassen Sie die Nadel im Stoff und drehen Sie den Stoff um die Nadel herum. Nähen Sie quer über das Quadrat zur gegenüberliegenden Ecke, dann an der Seite entlang auf der zuerst gefertigten Naht. Nähen Sie nun nochmals quer zur gegenüberliegenden Ecke. Zur weiteren Verstärkung nähen Sie noch einmal rund um das Quadrat. Nehmen Sie die Arbeit aus der Maschine und schneiden Sie die Nähfäden ab.

Tunnel für ein Zugband

1 Arbeiten Sie zwei Knopflöcher (siehe Seite 36-38) an den im Schnittmuster vorgesehenen Stellen und folgen Sie Schritt 1 des gefalteten Tunnelbunds mit Gummizug (siehe gegenüberliegende Seite). Nähen Sie die untere Tunnelkante und lassen Sie die Stiche am Ende der Naht überlappen, um sie zu sichern. Nähen Sie eine zweite Naht, dicht an der oberen Tunnelkante, wieder mit überlappenden Nahtenden.

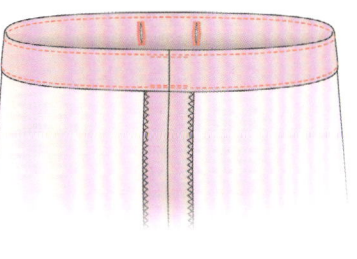

2 Befestigen Sie eine Sicherheits- oder Durchzugsnadel (siehe Seite 9) an einem Ende des Zugbandes. Schieben Sie die Nadel durch eines der Knopflocher und ziehen Sie das Band durch den Tunnel bis zum zweiten Knopfloch. Entfernen Sie die Sicherheitsnadel.

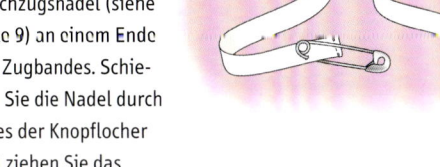

TIPP
Verwenden Sie, anstatt eines selbst hergestellten Zugbands ein fertiges, breites Schrägband für einen schnell genähten Tunnelbund.

Angesetzter Tunnelbund

Ein gefalteter Tunnel ist nicht immer optimal für ein Nähprojekt, vor allem dann nicht, wenn der Taillenbund in Form genäht ist oder wenn es Hüfttaschen gibt, die bis zur Taillennaht reichen. In diesem Fall ist ein angesetzter Tunnelbund empfehlenswert. Er wird umlaufend gearbeitet, damit das fertige Kleidungsstück mühelos an- und ausgezogen werden kann. Gibt es einen Reißverschlussschlitz, kann auch ein flach liegender Tunnel genäht werden – z. B. am unteren Ende einer Blousonjacke.

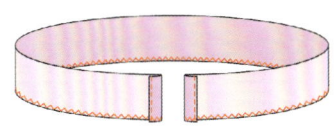

1 Berechnen Sie die Länge des Tunnelbunds (siehe rechts) und schneiden Sie einen Streifen Stoff im geraden Fadenlauf zu oder – wenn der Bund gerundet ist – im schrägen Fadenlauf (siehe Seite 27). Versäubern Sie eine lange Kante des Streifens (siehe Seite 39). Beide kurzen Kanten 1 cm breit zur linken Stoffseite umbügeln und mit der Maschine festnähen.

2 Die Nahtzugabe an der Taille auf 1 cm zurückschneiden. Beginnen und enden Sie an einer Seitennaht und stecken und heften Sie den Tunnel rechts auf rechts an die Taillenkante des Kleidungsstücks. Nähen Sie mit ca. 1 cm Nahtzugabe und lassen Sie die Naht an Anfang und Ende überlappen, um sie zu sichern. Entfernen Sie die Heftfäden und schneiden Sie die Nahtzugabe auf 6 mm zurück. Bügeln Sie die Naht.

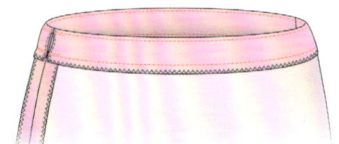

3 Falten Sie den Bundstreifen zur linken Seite des Kleidungsstücks um. Stecken, heften und nähen Sie die Unterkante 1 cm innerhalb der langen versäuberten Kante fest, dabei die Naht an Anfang und Ende überlappen lassen, um sie zu sichern. Entfernen Sie die Heftfäden und steppen Sie knapp unterhalb der oberen Tunnelkante, auch hier die Naht an Anfang und Ende überlappen lassen.

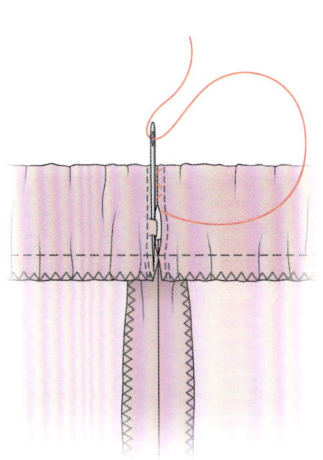

4 Folgen Sie Schritt 3 des gefalteten Tunnelbunds mit Gummizug (siehe gegenüberliegende Seite). Nähen Sie die offenen Kanten im Saumstich (siehe Seite 34) zusammen. Dabei darauf achten, das Gummiband nicht zu erfassen.

Berechnen der Tunnelbundmaße
Der Tunnel sollte mindestens 6 mm höher als das einzufädelnde Band sein plus 2 cm für die Nahtzugaben. Die Länge wird durch den Umfang des Kleidungsstücks an dieser Stelle vorgegeben plus 2 cm für die umgeschlagenen Säume an jedem Ende.

TIPP

Für gerade Taillen-
bündchen ist soge-
nanntes Bundvlies in
verschiedenen Breiten
erhältlich. Schneiden
Sie das Bundvlies in
der gewünschten Länge
zu, bügeln Sie es auf
die linke Stoffseite und
schneiden Sie es kan-
tenbündig ab. Die Per-
forierungen sind akku-
rate Orientierungshilfen
zum Falten und Nähen
eines perfekt geraden
Taillenbunds.

Feste Taillenbündchen

Feste Taillenbündchen sind zwar unelastisch, werden aber passend zum Taillenumfang genäht – mit ein biss-
chen Mehrweite zugunsten der Bequemlichkeit. Es gibt gerade Taillenbündchen, den Formbund mit Besatz und
den Taillenabschluss mit Ripsband. Die ersten beiden Varianten müssen mit einer Einlage verstärkt werden.

Taillenbund verstärken

Damit ein fester Taillenbund auf Dauer formbeständig bleibt, muss er mit einer Einlage (siehe Seite 18
und 19) verstärkt werden. Welche Einlage geeignet ist, hängt vom Stoff ab. Es muss allerdings eine stabile,
dennoch flexible und knitterfreie Einlage sein, mit den gleichen Pflegeeigenschaften wie der Stoff. Für den
Taillenbund sollten Sie eine dickere Einlagenqualität als beispielsweise an Kragen oder Ärmelbündchen verwenden.

Gerader Taillenbund

Er verleiht einem Kleidungsstück einen schönen Taillenabschluss. Der Taillenbund kann unterschiedlich breit
sein, sollte jedoch nicht breiter als 5 cm sein, da er sonst instabil wird. Der Bund wird passend zum Taillenumfang genäht, mit einem kleinen Übertritt an einem Ende, an dem ein Knopfloch genäht oder auch ein Haken
mit einer Öse befestigt werden kann.

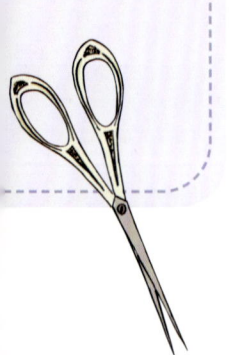

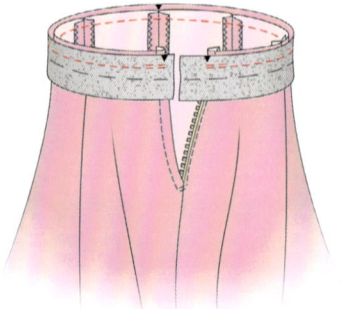

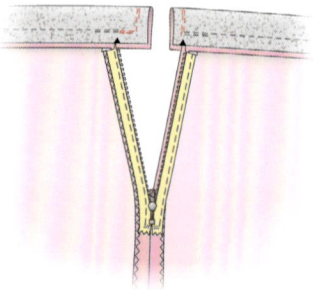

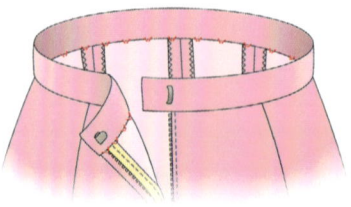

1 Bügeln Sie die Einlage auf die linke
Seite des Bundstreifens. Nun den Bundstreifen der Länge nach links auf links umbügeln. Den Streifen wieder auffalten. Stecken, heften und rechts auf rechts entlang
der langen Kante mit den Markierungen an
die Taillenkante steppen. Alle Markierungen
müssen dabei aufeinanderliegen.

2 Falten Sie den Taillenbund rechts auf
rechts entlang der Bügellinie. Stecken,
heften und nähen Sie die kurze Bundkante
an der linken Reißverschlussöffnung, von
der gefalteten Kante bis zur Ansatznaht.
Stecken, heften und nähen Sie ebenso das
andere Ende, von der gefalteten Kante bis
an die Ansatznaht um den Übertritt herum.
Entfernen Sie die Heftfäden.

3 Die Ecken der Nahtzugaben am Taillenbund abschneiden (siehe Seite 38), dann
den Bund auf rechts wenden. Die offene
Kante zur linken Seite bügeln und mit
Blindstichen (siehe Seite 64) an die Maschinennaht nähen, dabei die offenen Kanten
umschließen. Befestigen Sie einen Verschluss am Taillenbund (siehe Seite 136).

Formbund mit Besatz

Ein Formbund ergibt einen gleichmäßigen Abschluss, der nicht über die Taillenlinie herausragt.

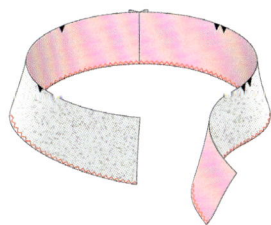

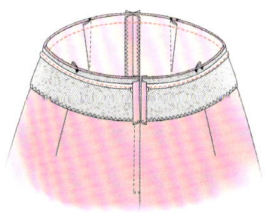

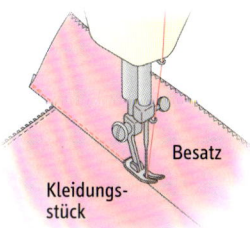

1 Befestigen Sie die Einlage auf der linken Stoffseite und nähen Sie Stoff und Einlage mit einer einfachen Naht (siehe Seite 36) zusammen, dabei den zur Reißverschlussblende gehörenden Bereich noch nicht steppen. Die Naht auseinanderbügeln und die untere Kante versäubern (siehe Seite 39).

2 Stecken Sie den Besatz kantenbündig rechts auf rechts an das Kleidungsstück. Stecken Sie ein 6 mm breites Baumwollband über die Taillen-Nählinie und heften Sie es fest. Die Naht steppen und die Nahtzugaben abgestuft zurückschneiden. An den Rundungen die Nahtzugaben einkerben (siehe Seite 38). Entfernen Sie die Heftfäden.

3 Bügeln Sie Besatz und Nahtzugaben des Kleidungsstücks nach außen. Von der rechten Stoffseite aus die Nahtzugaben an den Besatz flachsteppen (siehe Seite 43). Dadurch kann sich der Besatz beim Tragen des Kleidungsstücks nicht einrollen.

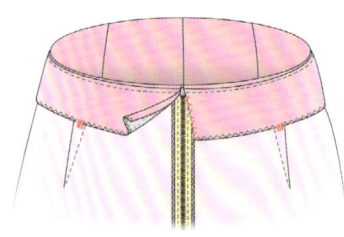

4 Falten Sie den Besatz zur Innenseite des Kleidungsstücks und bügeln Sie entlang der Taillenkante. Heften Sie die untere Besatzkante an das Kleidungsstück, dabei darauf achten, dass diese flach liegt. Die Nahtzugaben an den Enden des Besatzes nach innen umschlagen und feststecken. Vergewissern Sie sich, dass sie nicht am Reißverschluss hängen bleiben. Die Besatzkanten mit Saumstichen (siehe Seite 34) auf das Reißverschlussband nähen. Befestigen Sie die unteren Besatzkanten mit einigen Handstichen an den Seitennähten und Abnähern. Entfernen Sie die Heftfäden und bringen Sie einen Verschluss an (siehe Seite 136).

Abschluss mit Ripsband

Geformtes Ripsband mit einer Breite von 2,5 cm ist in Kurzwarengeschäften erhältlich, entweder als Meterware oder abgepackt. Der Taillenabschluss mit Ripsband hat einen ähnlichen Effekt wie ein Bund mit Besatz, ist aber schneller genäht. Hier wird keine Einlage zur Verstärkung benötigt, da das Ripsband sehr stabil und steif ist.

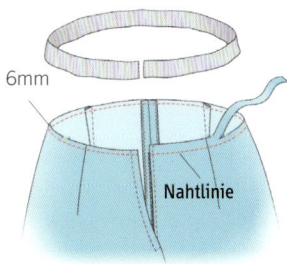

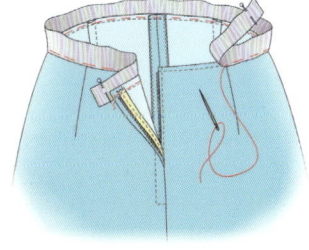

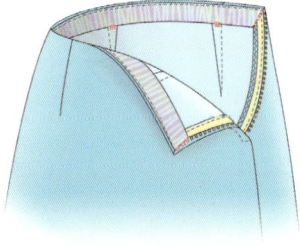

1 Fertigen Sie eine Stütznaht entlang der Nahtlinie (siehe Seite 43), achten Sie dabei darauf, dass sich der vom Schnittmuster vorgegebene Taillenumfang nicht verändert. Messen Sie die Taillenweite entlang dieser Linie und schneiden Sie das Ripsband in dieser Länge plus 3 cm zum Säumen zu. Schneiden Sie die Nahtzugaben des Kleidungsstücks auf 6 mm zurück.

2 Legen Sie die linke Seite des Ripsbandes über die rechte Seite der Taillenkante, sodass die innere Rundung des Bandes über der Stütznaht liegt und die Enden 1,5 cm über die Reißverschlussöffnung hinausragen. Stecken, heften und nähen sie das Band dicht an der Oberkante entlang auf. Entfernen Sie die Heftfäden.

3 Falten Sie das Ripsband zur Innenseite des Kleidungsstücks und bügeln Sie entlang der Taillenkante. Die Bandenden nach innen einschlagen und feststecken, sie dürfen sich nicht am Reißverschluss verhaken. Die Bandenden mit Saumstichen auf das Reißverschlussband nähen (siehe Seite 34). Die Unterkanten des Ripsbandes mit einigen Handstichen an die Seitennähte und Abnäher nähen. Zuletzt einen Verschluss anbringen (siehe Seite 136).

Gürtelschlaufen

Gürtelschlaufen an der Taille halten den Gürtel an der gewünschten Stelle und können aus Stoff genäht oder als Fadenschlaufen gearbeitet werden. Sie müssen jedoch groß genug sein, dass der Gürtel mühelos hindurchgezogen werden kann.

Fadenschlaufen

Fadenschlaufen aus einer Fadenkette sind so gut wie unsichtbar. Sie finden hauptsächlich bei Kleidern und Mänteln Verwendung und halten den Gürtel an den Seitennähten am Platz. Die Fadenkette kann so lang wie nötig gefertigt werden.

Hinweis: Diese Anleitung ist für Rechtshänder formuliert. Linkshänderinnen arbeiten gegengleich.

1 Markieren Sie auf dem Kleidungsstück mit Stecknadeln Anfang und Ende der Schlaufe – also die Breite des Gürtels plus ein wenig Zugabe. Fädeln Sie einen langen Faden auf eine Nadel und sichern Sie den Faden im Inneren des Kleidungsstücks an der ersten Stecknadelposition. Stechen Sie den Faden zur rechten Stoffseite durch. Machen Sie einen kleinen Stich durch den Stoff und ziehen Sie den Faden durch, dabei eine 10 cm große Schlaufe bilden. Halten Sie die Schlaufe mit dem Daumen und den beiden ersten Fingern der linken Hand geöffnet, rechter Daumen und Zeigefinger halten den Arbeitsfaden.

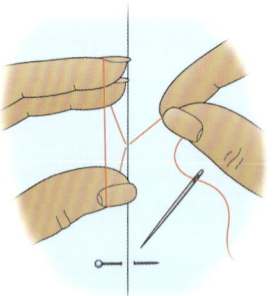

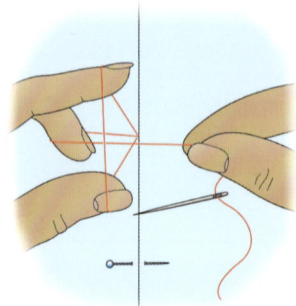

3 Beim Durchziehen der neuen Schlaufe wird die erste Schlaufe von den Fingern rutschen und immer kleiner werden. Halten Sie die neue Schlaufe wie bei Schritt 1 und bilden Sie immer weitere Schlaufen, bis die Fadenkette die gewünschte Länge hat. Zum Sichern der Fadenenden die Nadel durch die letzte Schlaufe führen und den Faden fest anziehen. Nähen Sie das Ende der Fadenkette an der zweiten Stecknadelmarkierung an das Kleidungsstück und sichern Sie das Fadenende auf der linken Stoffseite.

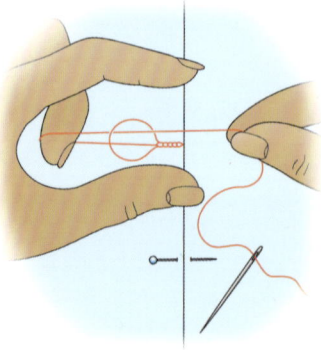

2 Mit dem zweiten Finger der linken Hand den Arbeitsfaden holen und durch die Schlaufe ziehen, um eine zweite Schlaufe zu bilden.

Gürtelschlaufen aus Stoff

Je nach Stil des Kleidungsstücks können Gürtelschlaufen breit oder schmal sein. Sie können bereits beim Nähen des Kleidungsstücks, aber auch nachträglich angesetzt werden. In der Regel werden Gürtelschlaufen an strategischen Stellen platziert, etwa am Bund, den Seitennähten oder der hinteren Mitte sowie seitlich der hinteren und vorderen Mitte.

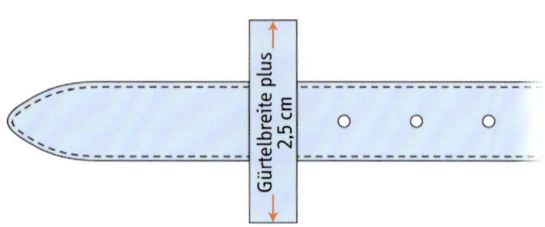

Gürtelbreite plus 2,5 cm

1 Die Länge der Gürtelschlaufe ist meist im Schnittmuster angegeben. Ist dies nicht der Fall, sollte die Länge der Gürtelschlaufe der Breite des Gürtels plus 2,5 cm entsprechen. Wenn Sie allerdings einen sehr dicken Stoff verarbeiten, müssen Sie ein wenig mehr Nahtzugabe hinzurechnen. Schneiden Sie einen Stoffstreifen im geraden Fadenlauf in dreifacher Breite der fertigen Gürtelschlaufe und in der Gesamtlänge aller benötigten Gürtelschlaufen.

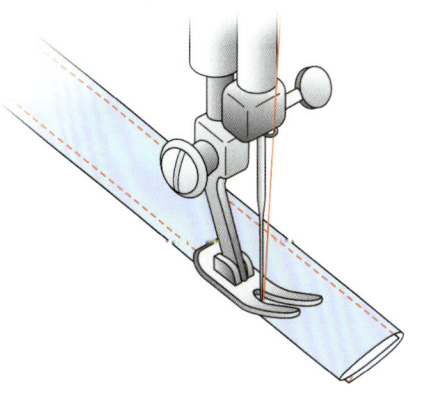

2 Versäubern Sie eine der langen Kanten des Stoffstreifens und falten Sie den Streifen auf ein Drittel seiner ursprünglichen Breite, die unversäuberte Kante liegt innen. Steppen Sie beide langen Kanten ab (siehe Seite 42). Schneiden Sie den Streifen auf die benötigte Länge der Gürtelschlaufen zu, wie in Schritt 1 ermittelt, und nähen Sie die Schlaufe anhand einer der unten genannten Techniken an das Kleidungsstück.

(siehe Seite 42)

Gürtelschlaufen mitfassen

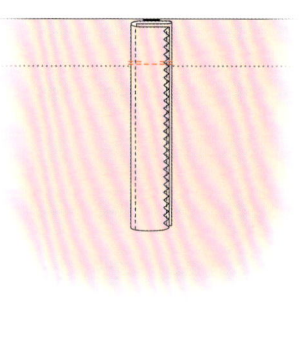

1 Positionieren Sie die Gürtelschlaufen an den im Schnittmuster angegeben Stellen, bevor der Bund angenäht wird. Stecken Sie die Gürtelschlaufen rechts auf rechts an das Kleidungsstück, ein Ende kantenbündig mit der Taillenkante. Nähen Sie die Gürtelschlaufen an der Taillenkante fest.

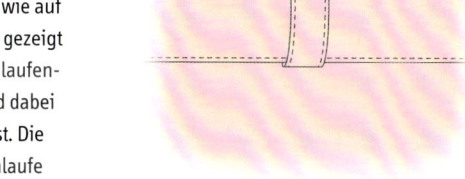

2 Nähen Sie den Bund an, wie auf Seite 122 gezeigt – das Schlaufenende wird dabei mitgefasst. Die Gürtelschlaufe nach oben bügeln, die unversäuberte Kante nach innen umschlagen und durch alle Stofflagen an der oberen Bundkante aufsteppen. Nahtanfang und -ende mit Rückstichen sichern.

wie auf Seite 122 gezeigt

Gürtelschlaufen an einen Bund mit Besatz nähen

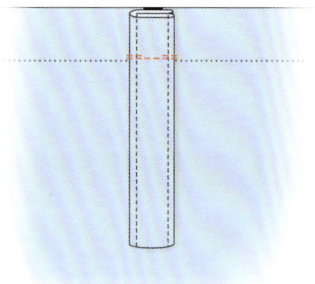

1 Positionieren Sie die Gürtelschlaufen mit der rechten Seite oben liegend an den im Schnittmuster angegeben Stellen auf der rechten Stoffseite, bevor Sie den Besatz annähen. Eine kurze Kante der Gürtelschlaufe liegt kantenbündig mit der Taillenkante. Nähen Sie den Besatz wie auf Seite 123 beschrieben an – das Ende der Gürtelschlaufe wird in der Naht mitgefasst.

wie auf Seite 123 beschrieben

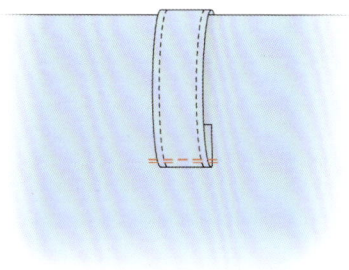

2 Legen Sie die Gürtelschlaufe nach unten auf die rechte Stoffseite des Kleidungsstücks. Das unversäuberte Ende 6 mm nach innen umschlagen. Beide Enden durch alle Stofflagen aufsteppen, dabei Nahtanfang und -ende mit Rückstichen sichern.

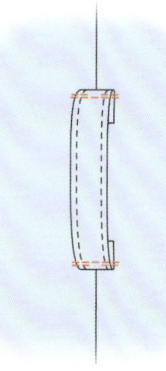

Gürtelschlaufen bei Kleidern

Beide Enden der Gürtelschlaufen 6 mm nach innen umschlagen und bügeln. Die Gürtelschlaufen an den im Schnittmuster angegeben Stellen feststecken. Eine Steppnaht über die gebügelten Enden nähen, dabei Nahtanfang und -ende mit Rückstichen sichern.

Rock im Jeans-Stil

Dieser Minirock mit tief angesetzter Taille ist perfekt an heißen Sommertagen. Genäht aus Feincord mit einem kontrastierenenden Besatz am Bund sowie an den Vordertaschen, die gleichzeitig als Gürtelschlaufen dienen, werden Sie den Rock immer wieder gerne tragen.

Stoffempfehlungen

- Hauptstoff: Feincord, Denim, Baumwolldrillich, Moleskin, Samt
- Kontraststoff: weicher Baumwolldruckstoff, Webkaro, Nesselstoff

Sie benötigen außerdem

- Schnittteile für den Rock, übertragen vom Schnittmuster am Ende dieses Buches, siehe Seite 192
- farblich passende Nähfäden
- Reißverschluss, 10 cm lang
- mitteldicke aufbügelbare Einlage (siehe Stoffmengen)
- Baumwollband, 1,20 m lang, 6 mm breit
- Knopf, 20 mm ø

Hinweis:

Falls nicht anders angegeben, ist eine Nahtzugabe von 1,5 cm bereits enthalten.

Nähen Sie rechts auf rechts mit passgenau ausgerichteten Markierungen, sofern nicht anders angegeben.

Größentabelle

Größe	US 6/UK 8/ D 36	US 8/UK 10/ D 38	US 10/UK 12/ D 40	US 12/UK 14/ D 42	US 14/UK 16/ D 44	US 16/UK 18/ D 46
Taillenweite	60,5 cm	63 cm	68 cm	73 cm	78 cm	83 cm
Hüftweite	85,5 cm	88 cm	93 cm	98 cm	103 cm	108 cm
Fertige Länge (Taille bis Saum)	42 cm	42 cm	42 cm	42 cm	42 cm	42 cm

Stoffmengen

Stoffbreite 112 cm						
Hauptstoff	1,20 m	1,20 m	1,20 m	1,20 m	1,20 m	1,20 m
Kontraststoff	30 cm	30 cm	30 cm	30 cm	30 cm	30 cm
Stoffbreite 150 cm						
Hauptstoff	90 cm	90 cm	90 cm	90 cm	90 cm	90 cm
Kontraststoff	30 cm	30 cm	30 cm	30 cm	30 cm	30 cm
Mitteldicke aufbügelbare Einlage, 90 cm breit						
	40 cm	40 cm	40 cm	40 cm	40 cm	40 cm

Rock – alle Größen
Hauptstoff, 112 cm breit

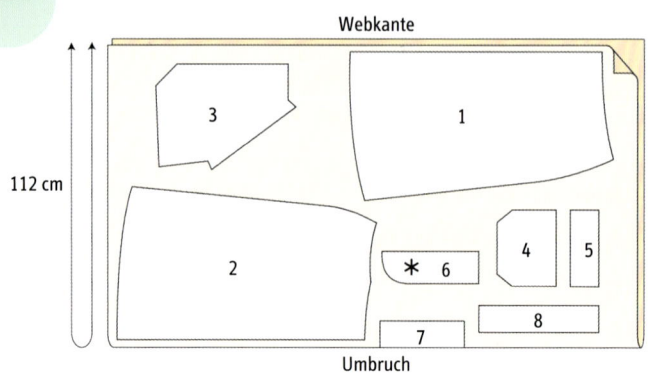

Rock – alle Größen
Hauptstoff, 150 cm breit

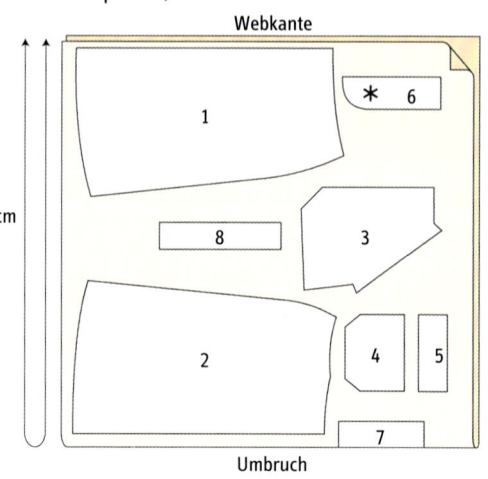

Vorderansicht

Rückenansicht

Stoff zuschneiden

Sie benötigen die Schnittteile 1, 2, 3, 4, 5, 6, 7, 8, 9,
10, 11 und 12

Hinweis

Die Stoffmengen und der
Zuschneideplan gelten für
Stoffe mit Musterrichtung bzw.
Strich. Wenn Sie andere Stoffe
verwenden, können Sie die
Schnitteile dichter auflegen.
Denken Sie aber daran, alle
Teile im geraden Fadenlauf
parallel zu den Webkanten
aufzulegen.

Farbkennung

▨	rechte Stoffseite
☐	linke Stoffseite
▨	Rückseite des Schnittmusterteils
*	zum Zuschneiden Stoff auffalten und flach hinlegen

Einlagen
Alle Größen
Breite 90 cm

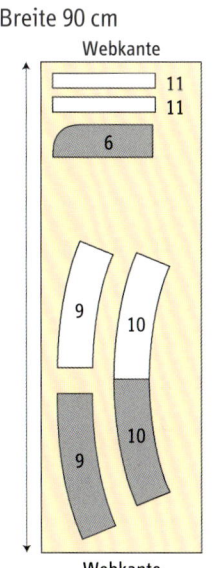

90 cm

Kontraststoff
Größen US 6-14/UK 8-16/D 36-44
Breite 112-150 cm

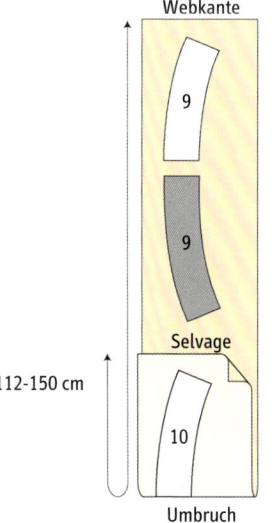

112-150 cm

Kontraststoff
Größe US 16/UK 18/D 46
Breite 112-150 cm

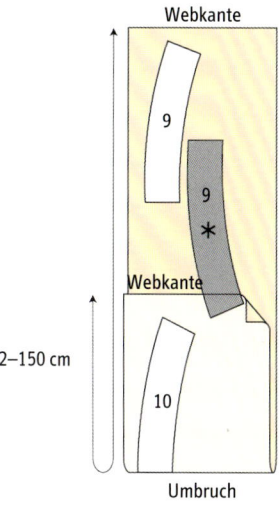

112–150 cm

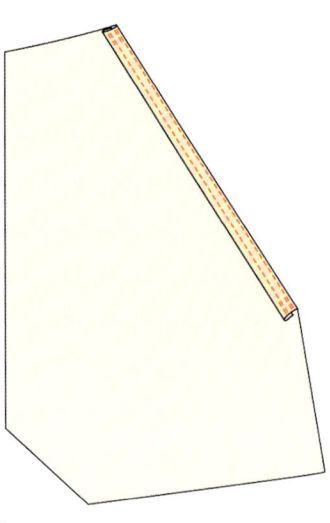

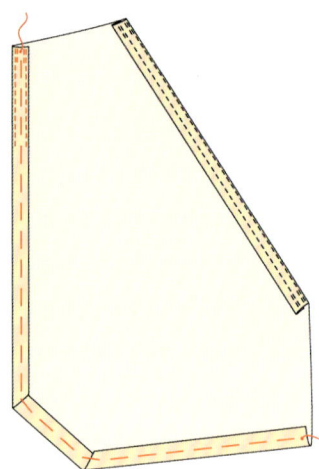

1 Folgen Sie dem passenden Zuschneideplan und schneiden Sie alle benötigten Schnittteile aus Stoff und Einlage zu (siehe Tipps zum Zuschneiden, Seite 29-30, sowie Schnittmustermarkierungen, Seite 23). Bügeln Sie an beiden Vordertaschen die Einlagestreifen entlang der diagonalen Taschenkanten auf die linke Stoffseite. An den diagonalen Kanten 6 mm zur linken Stoffseite umbügeln, dann weitere 1 cm umbügeln und dabei die unversäuberte Kante umschließen. Die gebügelten Kanten mit zwei Steppnähten (siehe Seite 42) festnähen, dabei die erste Naht dicht an der gebügelten Kante nähen, die zweite im Abstand von 6 mm.

2 Bügeln Sie die Längskanten der Vordertaschen 1 cm breit nach innen um, dabei die Taillenkante und die Seitennahtkante aussparen. Heften Sie die Kanten fest. Beginnen Sie an der Taillenkante und steppen Sie die langen gebügelten Kanten jeder Tasche mit zwei Steppnähten wie bei der Schrägung, jedoch nur 6,5 cm weit. Nahtanfang und -ende mit Rückstichen sichern.

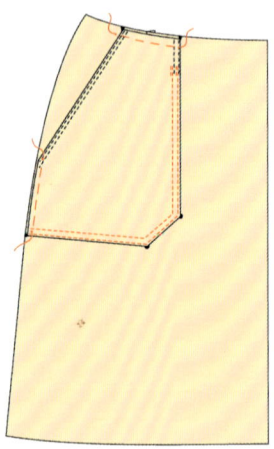

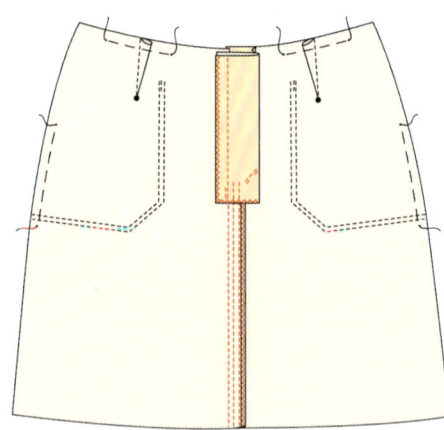

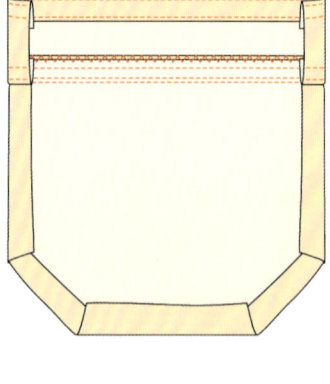

3 Steppen Sie die Abnäher an Vorder- und Rückenteil (siehe Seite 118-119) und bügeln Sie sie zur vorderen bzw. hinteren Mitte. Ein Rockvorderteil mit der rechten Stoffseite oben auf eine glatte Unterlage legen und die dazugehörige Vordertasche mit der rechten Seite nach oben darauf legen. Die Taschenecken an den markierten Punkten ausrichten, ebenso die Taillen- und Seitennahtkanten ausrichten. Die Taschen rundherum feststecken und heften. Wiederholen Sie die Schritte am zweiten Rockvorderteil und der Tasche.
Arbeiten Sie auf der rechten Stoffseite und beginnen Sie an der Seitennahtkante. Nähen Sie beide Taschen mit zwei Steppnähten auf, beenden Sie dabei die Naht 5 cm unterhalb der Taillenkante. Nahtanfang und -ende mit Rückstichen sichern.

4 Versäubern Sie die Kanten an der vorderen Mitte und nähen Sie diese von den Markierungspunkten bis zur Saumkante zusammen. Bügeln Sie die Einlage auf die linke Seite des Reißverschlussbelegs und versäubern Sie die gerundete Kante. Setzen Sie den Reißverschluss wie auf den Seiten 56-57, Einsetzen eines Reißverschlusses mit Übertritt, beschrieben ein, beginnen Sie dabei mit Schritt 2. Falls Sie es noch nicht getan haben, schneiden Sie die Nahtzugabe an der linken Mittelnaht am unteren Ende des Reißverschlusses ein und bügeln Sie die Nahtzugaben zur rechten Vorderseite. Nähen Sie die Nahtzugaben mit zwei Steppnähten fest, dabei vom unteren Ende des Reißverschlusses bis zur Saumkante steppen.

5 Nähen Sie mit 1 cm Nahtzugabe eine Taschenkante an die Oberkanten der beiden Gesäßtaschen, dabei die Markierungen passgenau legen. Die Nahtzugaben gemeinsam versäubern und zur Taschenkante hin bügeln. Steppen Sie die Nahtzugaben fest, dabei eine Naht dicht an der Nählinie, die zweite mit 6 mm Abstand nähen. Zuerst 6 mm, dann nochmals 1 cm zur linken Stoffseite der Oberkante umbügeln, dabei die offenen Kanten umschließen. Die gebügelten Kanten wie zuvor mit zwei Steppnähten festnähen. An den übrigen Kanten jeweils 1 cm zur linken Stoffseite umbügeln.

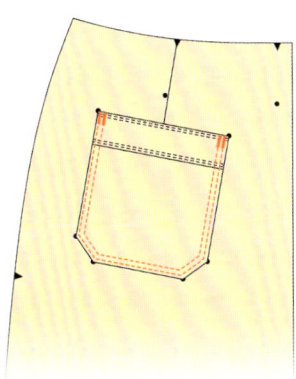
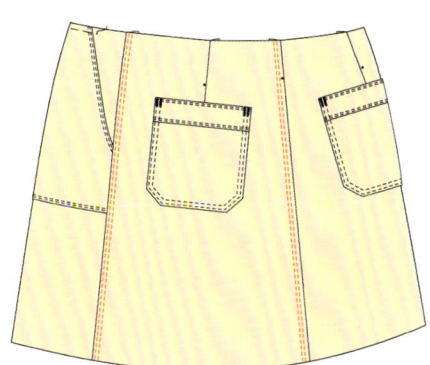

6 Nähen Sie die Gesäßtaschen wie auf Seite 75 unter „Aufgesetzte Taschen" beschrieben mit zwei Steppnähten entlang der gebügelten Kanten auf, sodass sie optisch den Oberkanten entsprechen. Verstärken Sie die Ecken mit Zickzackriegeln wie auf Seite 76 beschrieben.

7 Nähen Sie Rockvorder- und -rückenteil an den Seitennähten zusammen. Versäubern Sie die Nahtzugaben gemeinsam und bügeln Sie diese zur Rückseite. Steppen Sie die Nahtzugaben wie bei den Taschen mit zwei Nähten fest. Nähen Sie das Rückenteil an der hinteren Mittelnaht zusammen. Versäubern Sie die Nahtzugaben gemeinsam, bügeln Sie diese zur linken Rückseite und steppen Sie sie fest.

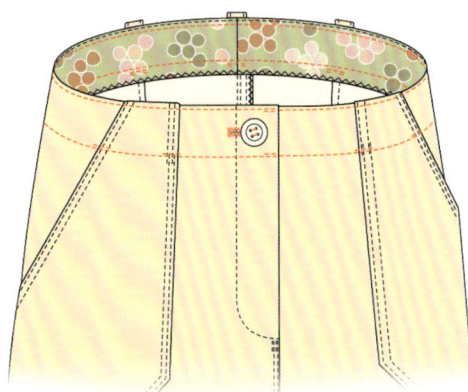

8 Fertigen Sie die Gürtelschlaufen wie in Schritt 2 auf Seite 125, „Gürtelschlaufen aus Stoff", beschrieben und schneiden Sie den Stoffstreifen in drei gleiche Teile. Befestigen Sie die Gürtelschlaufen wie in Schritt 1, „Gürtelschlaufen an Bund mit Besatz" auf Seite 125 beschrieben, jedoch noch ohne Verankerung. Steppen Sie den Besatz an, dabei eine Naht dicht an der Taillenkante nähen, eine zweite 3,5 cm unterhalb der Taillenkante. Nähen Sie einige Rückstiche über die Taschenkanten am Vorderteil. Entfernen Sie alle Heftfäden und nähen Sie die losen Enden der Gürtelschlaufen wie in Schritt 2 auf Seite 125 beschrieben auf. Nähen Sie ein Knopfloch in die rechte Taillenkante und einen Knopf an die linke Seite (siehe Seite 44-48). Zur Fertigstellung die Saumzugaben versäubern (siehe Seite 39), 4 cm zur linken Stoffseite umbügeln und festnähen.

Workshop 9

Biesen und Falten, weitere Verschlüsse

Biesen und Falten bieten eine weitere Möglichkeit, die Stoffweite zu reduzieren oder einem Stoff Passform zu geben. Dieser Workshop beschäftigt sich außerdem mit verschiedenen Verschlüssen – von stoffbezogenen Knöpfen über Haken und Ösen sowie Druckknöpfen bis zum Klettband. Am Ende des Workshops wartet ein wunderschöner festlicher Rock mit vielen Falten und Biesen auf Sie.

Einseitige Falten

Falten werden durch eine Naht in Form gehalten. Im Schnittmuster sind Falten durch zwei Nählinien gekennzeichnet, die aufeinandergelegt werden. Die Faltenbreite und der Abstand zwischen den Falten sind abhängig von der Dicke des Stoffes und dem gewünschten Effekt. Die meisten Falten sind rein dekorativ, sie können aber auch zur Reduzierung der Stoffweite oder – bei rund genähten Falten – zur Längenreduzierung verwendet werden (siehe Nähen für Kinder, Seite 113).

Arten von Falten

Falten werden in der Regel im geraden Fadenlauf genäht, parallel zum Stoffbruch. Dies bedeutet, dass sie gleichmäßig breit sind. Es gibt vier Haupttypen: enge Falten, weitere Falten, offene Falten und Biesen.

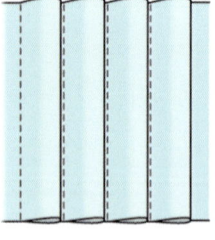
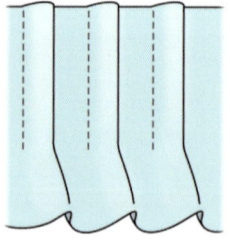
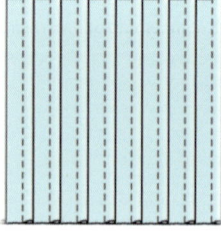

| enge Abstände | weitere Abstände | offene Falten | Biesen |

Enge Falten: Diese Falten treffen aufeinander oder überlappen sich.

Weitere Falten: Diese Falten werden mit größeren Abständen genäht.

Offene Falten: Diese Falten sind nur bis zu einem bestimmten Punkt zugenäht und können zum Formen der Oberweite oder auch zur Weitenregulierung an den Hüften verwendet werden.

Biesen: Biesen sind rein dekorativ, diese sehr schmalen Fältchen sind nur ca. 3 mm breit.

Stoffmengen

Die für jede Falte benötigte Stoffmenge entspricht in der Regel dreimal der fertigen Faltenbreite, d. h. die Faltenunterseite plus Oberseite plus die Strecke, die von der Falte bedeckt wird. Für vier Falten mit einer Breite von 2,5 cm wird also eine Stoffmenge von 30 cm benötigt.

Einseitige Falten nähen

Wenn Sie Falten auf dem Stoff markieren, ist es nicht nötig, sämtliche Nählinien vom Schnittmuster zu übertragen. Markieren Sie die Linie der ersten Falte einer Gruppe, nähen Sie die Falten und verwenden Sie dann eine einfache Pappschablone, um weitere Falten einzuheften, wie hier gezeigt.

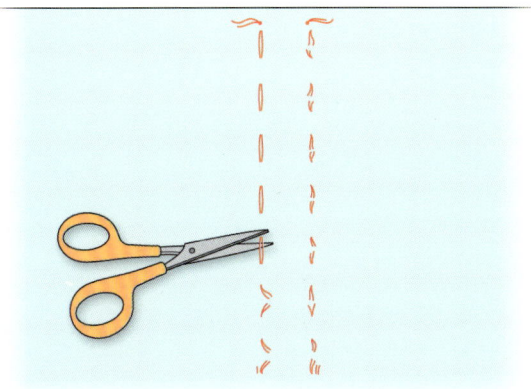

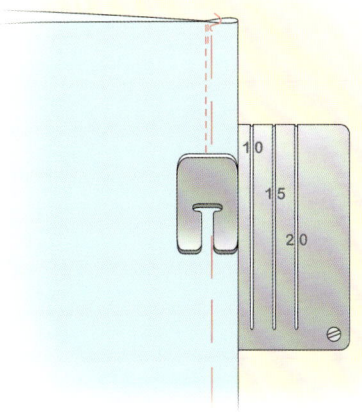

1 Um die Nählinien für die erste Falte zu übertragen, nähen Sie mit doppeltem Faden eine Reihe von großen ungleichen Heftstichen (siehe Seite 33) durch das Schnittmusterpapier und den Stoff. Schneiden Sie die Fäden der großen Stiche mittig auf und entfernen Sie vorsichtig das Papier, ohne dabei die Fäden herauszuziehen. Legen Sie die Falte links auf links entlang der Bruchkante, sodass die Nählinien (gekennzeichnet durch die Fäden) aufeinanderliegen. Stecken Sie die Falte dicht an der Nählinie fest und bügeln Sie die Bruchkante, dabei nicht über die Stecknadeln bügeln. Heften Sie die Falte dicht innerhalb der Markierungsfäden, dann die Stecknadeln und Markierungsfäden entfernen.

2 Sichern Sie den Nahtanfang mit Rückstichen und nähen Sie die Falte entlang der zuvor entfernten Markierungsfäden. Nehmen Sie dabei den Nähfuß oder die Nahtführung als Abstandhalter (siehe Seite 35), damit die Naht gleichmäßig und gerade wird. Die Fäden auf der linken Stoffseite verknoten (siehe Seite 36) . Die Heftfäden entfernen und den Stoff ausbreiten. Mit einem Bügeltuch zwischen Stoff und Bügeleisen die Falte nun in die gewünschte Richtung bügeln.

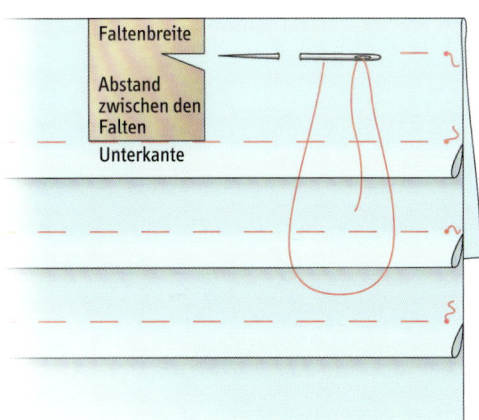

3 Zum Markieren und Nähen weiterer Falten messen Sie die Faltenbreite und den Abstand zwischen den Nählinien – beides sollten Sie auf dem Schnittmuster finden. Schneiden Sie ein Rechteck aus Pappe in der Länge der Summe beider Maße und ca. 2,5 cm breit. Markieren Sie die Faltenbreite. Falten Sie den Stoff links auf links und legen Sie die Schablone auf – die Unterkante liegt an der vorherigen Nählinie, die Oberkante an der Bruchkante. Stecken Sie die Falte an der Markierung über die gesamte Länge fest und heften Sie die Stofflagen knapp unterhalb der Stecknadellinie zusammen. Steppen Sie die Falte wie in Schritt 2 beschrieben, bügeln Sie jedoch die Linie, die zuvor mit Stecknadeln markiert war. Wiederholen Sie die Arbeitsschritte für die weiteren Falten. Nähen Sie zum Abschluss innerhalb der Nahtzugabe über die Enden der fertigen Falten, um sie zu fixieren.

Rund genähte Falten

Mit rundum eingenähten Falten lässt sich ein Rock oder auch ein Oberteil kürzen, dabei entsteht ein dekorativer Effekt an der Unterkante. Wenn Sie einen blickdichten Stoff verwenden, können diese Falten auch „diskret" für zusätzliche Länge sorgen, indem sie eine Verbindungsnaht kaschieren. Rund genähte Falten werden tatsächlich „in der Runde" genäht, Sie müssen also zuerst die Seitennähte schließen.

1 Bei rund genähten Falten ist es einfacher, die Bruchkanten anstatt der Nählinien zu markieren. Folgen Sie dazu Schritt 1 der Anleitung „Einseitige Falten nähen" auf Seite 131. Wenn das Schnittmusterpapier entfernt ist, nähen und bügeln Sie alle Seitennähte sowie die hintere Mittelnaht. Das

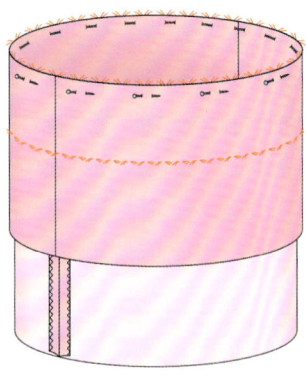

Kleidungsstück links auf links zur Hälfte entlang der vorgegebenen Bruchkante falten, dabei darauf achten, dass die Markierungsfäden genau auf der Bruchkante liegen. Stecken Sie beide Stofflagen rundherum zusammen und bügeln Sie die Bruchkante.

2 Stecken und heften Sie das Kleidungsstück mithilfe eines Maßbandes oder einer Pappschablone in der Breite der gewünschten Falte rundherum entlang der Nählinie wie bei Schritt 3, „Einseitige Falten nähen", auf Seite 131. Nähen Sie die Falte mit der Maschine knapp neben der Heftstichlinie. Nehmen Sie die Nahtführung zu Hilfe, damit die Naht gerade wird (siehe Seite 131). Lassen Sie die

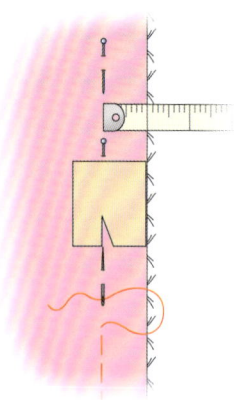

Stiche am Nahtende überlappen, um sie zu sichern. Entfernen Sie alle Heftfäden und klappen Sie den Stoff auf. Mit einem Bügeltuch zwischen Stoff und Bügeleisen bügeln Sie die Falte zum Saum.

Falten

Mit Falten lässt sich die Stoffweite auf eine dekorative Art und Weise regulieren. Falten verlaufen senkrecht im geraden Fadenlauf und werden nicht bis zum Ende der Falte genäht, sondern fallen meist beispielsweise vom Taillenbund aus ohne weitere Fixierung, auch wenn sie manchmal bis zur Hälfte festgesteppt werden. Es können einzelne Falten genäht werden, eine Gruppe von Falten, eine komplett in Falten gelegte Fläche, die Falten können scharf abgenäht und gebügelt werden oder ungebügelt und weich fallend sein. Falten können auf unterschiedliche Weise gelegt werden, um verschiedene Effekte zu erzielen, die einfachsten sind jedoch die Kellerfalte und die Quetschfalte (siehe gegenüberliegende Seite).

Stoffauswahl für Falten

Der richtige Stoff ist entscheidend beim Nähen von Falten. Für weiche, ungebügelte Falten wählen Sie einen fließenden, knitterarmen Stoff wie Crêpe de Chine. Nicht jeder Stoff hält eine gebügelte Falte gut – hier ist ein weicher, leichter bis mittelschwerer und fest gewebter Stoff wie Leinen oder Gabardine ideal. Scharf gebügelte Falten halten besser bei Stoffen, die chemisch gereinigt werden, denn hier werden die Falten nachgebügelt. Wenn Sie den Stoff selbst waschen möchten, müssen die Falten wahrscheinlich erneut geformt und gebügelt werden. (Sie können es sich auch einfacher machen und die Falten vor dem Waschen mit Heftstichen fixieren.) Eine weitere Alternative für leichteres Bügeln ist das knappkantige Absteppen der Falten (siehe Seite 42).

Aufbau einer Falte

Jede Falte hat eine Bruchkante und eine Anstoßlinie. Beide sind auf dem Schnittmuster angegeben und müssen auf den Stoff übertragen werden
(siehe Seite 31). Die Richtung der Falte ist mit
Pfeilen gekennzeichnet.

Um die Falte zu legen, legen Sie den Faltenbruch an die
Anstoßlinie. Der Bereich dazwischen ist die Unterfalte,
die innenliegende Faltenfläche ist die Innenkante.

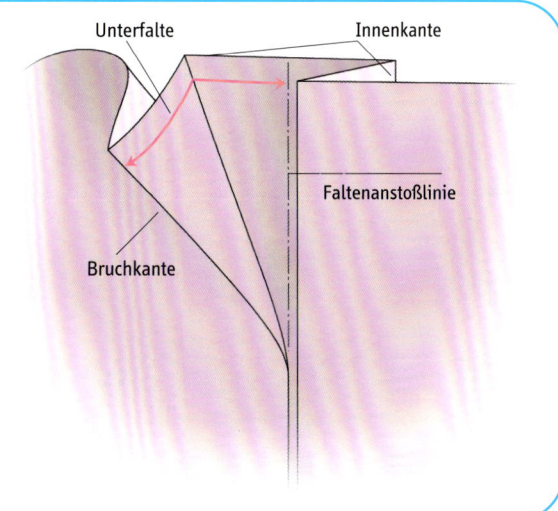

Unterfalte · Innenkante · Faltenanstoßlinie · Bruchkante

TIPP
Wenn Sie eine Kel-
ler- oder Quetschfalte
nähen möchten und
ohne Schnittmuster
arbeiten, falten Sie
den Stoff im geraden
Fadenlauf, wie links
abgebildet. Stecken
Sie die Falte fest und
prüfen Sie den Effekt.
Als Faustregel sollten
Sie für jede Unterfalte
ca. 7,5-10 cm rechnen,
damit die Falten gut
hängen.

Keller- und Quetschfalten

Kellerfalten sind vielseitiger und können bei Kleidungsstücken wie Röcken
oder Mänteln Verwendung finden, aber
ebenso bei Heimtextilien wie einem
Bettvolant, Schabracken oder Hussen.
Sie können einzeln oder als Gruppe eingesetzt werden. Quetschfalten werden
dagegen meist in Gruppen genäht.

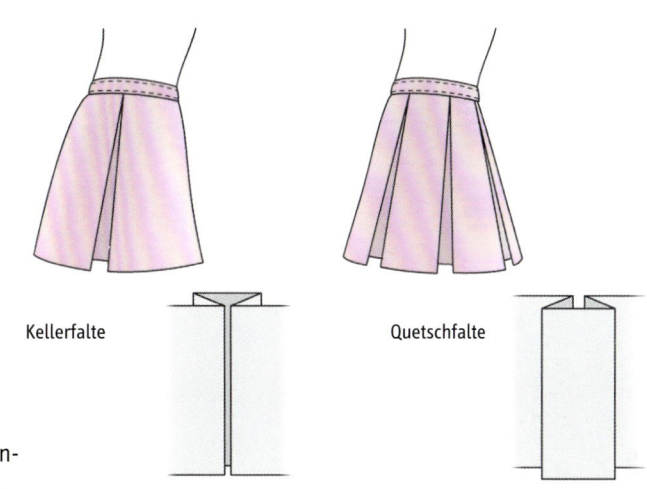

Kellerfalte · Quetschfalte

Kellerfalten haben zwei Bruchkanten, die an der Anstoßlinie aufeinandertreffen. Die Unterfalten weisen
voneinander weg. Es gibt auch eine Variante, bei der
ein Rückseitenstoff hinter die Falte genäht wird, sodass
Hauptstoff gespart werden kann und sich die Möglichkeit
bietet, mit Kontrasten zu spielen.

Quetschfalten haben zwei Bruchkanten und zwei An-
stoßlinien, die Falten weisen voneinander weg, die Unterfalten weisen zueinander hin.

Kellerfalten und Quetschfalten legen

Beide Varianten werden von der rechten Stoffseite her gelegt und gleich gearbeitet – mit dem Unterschied, dass jede in
eine andere Richtung zur Anstoßlinie gefaltet wird. Die Abbildungen zeigen, wie eine einfache Kellerfalte gelegt wird.

1 Nähen Sie durch Schnittmusterpapier und Stoff
mit doppeltem Faden eine
Reihe großer ungleicher
Heftstiche (siehe Seite 33),
um die Faltenmarkierungen
auf die rechte Stoffseite zu
übertragen. Schneiden Sie
den Faden in der Mitte jedes
Stiches auf und entfernen Sie
vorsichtig das Papier, ohne die Fäden herauszuziehen.

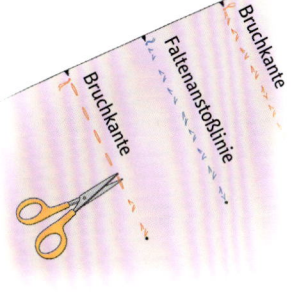

Bruchkante · Faltenanstoßlinie · Bruchkante

2 Auf der rechten Stoffseite falten Sie den Stoff
entlang der Bruchkante.
Legen Sie die Bruchkante
an die Anstoßlinie und
stecken Sie die Falte durch
alle Stofflagen fest. Wiederholen Sie die Schritte an
der gegenüberliegenden
Bruchkante und legen Sie auch diese an die Anstoßlinie. Entfernen
Sie während des Feststeckens die Fadenmarkierungen. Heften Sie
die Falten durch alle Stofflagen dicht entlang der Bruchkanten fest
und entfernen Sie nach und nach die Stecknadeln.

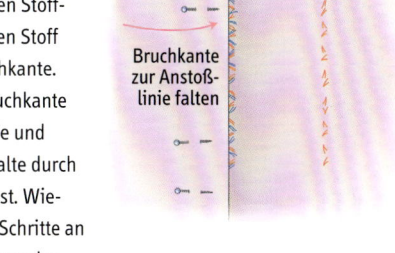

Bruchkante zur Anstoß-
linie falten

TIPP
Verwenden Sie zum
Nähen der Heftstiche
eine Fadenfarbe für die
Bruchlinie und eine an-
dere für die Anstoßlinie.

3 Wenn Sie scharfe Kanten an den Falten einbügeln möchten, arbeiten Sie auf der rechten Stoffseite und bügeln Sie die Falte mit einem feuchten Bügeltuch zwischen Stoff und Bügeleisen. Lassen Sie die Falte trocknen, bevor Sie sie vom Bügelbrett nehmen und das Bügeltuch entfernen. Nun die Falte von der linken Stoffseite aus nochmals mit einem Bügeltuch bügeln.

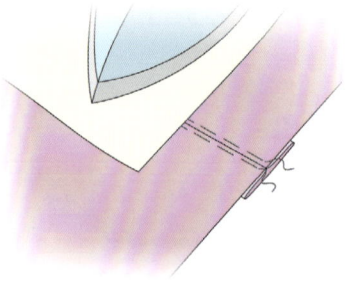

4 Sollte die Falte beim Bügeln Druckspuren auf der Vorderseite des Kleidungsstücks verursacht haben, schieben Sie unter jede Seite der Falte einen Streifen dickes Papier und bügeln Sie die Falte erneut von der rechten Stoffseite. Belassen Sie beim Fertigstellen des Kleidungsstücks die Heftstiche so lange wie möglich in der Arbeit.

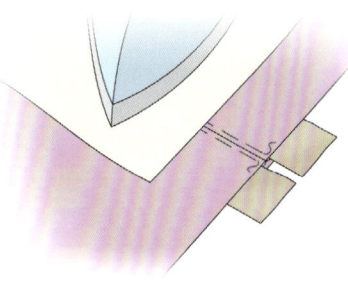

Kellerfalte mit eingesetztem Rückseitenstoff

Diese Variante der Kellerfalte wird mit einem Rückseitenstoff unterlegt, der an den Innenfalten angenäht wird.

1 Übertragen Sie die Bruchlinien auf die linke Stoffseite, wie bei Schritt 1 der Kellerfalten und Quetschfalten auf Seite 133 beschrieben. Legen Sie beide Seiten der Falte rechts auf rechts, sodass die Bruchkanten aufeinandertreffen. Heften Sie entlang der Bruchlinie. Klappen Sie die Unterfalten auf und bügeln Sie sie flach.

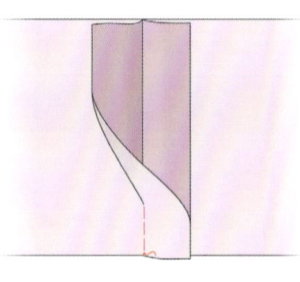

2 Legen Sie den Rückseitenstoff rechts auf rechts mit ausgerichteten Markierungen auf die gehefteten Unterfalten. Stecken und heften Sie beides an den offenen Kanten aneinander. Nähen Sie die Kanten, indem Sie zwei Saumbreiten unterhalb der Saumkante beginnen und die Naht an der Oberkante beenden. Sichern Sie die Naht mit Rückstichen. Entfernen Sie die Heftfäden und bügeln Sie die Nähte.

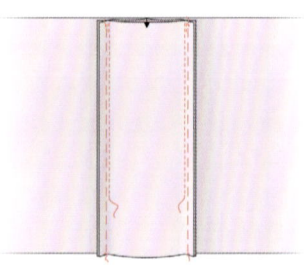

3 Trennen Sie die Heftstiche an der Bruchkante auf. Versäubern Sie die Saumkante des Kleidungsstücks und des Rückseitenstoffs. Falten Sie die Säume zur linken Stoffseite und nähen Sie sie fest (siehe Seite 64). Die offenen Kanten der Unterfalte und den Rückseitenstoff erneut zusammenstecken und heften. Nähen Sie beide Seiten von den Saumkanten bis zur vorherigen Naht und lassen Sie die Stiche überlappen, um die Naht zu sichern.

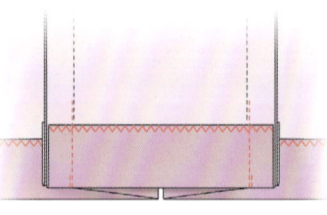

4 Bügeln Sie die Nähte, so wie sie zuerst genäht wurden. Schneiden Sie nun die Ecken der Nahtzugaben an der Saumkante schräg ab. Versäubern Sie die Nahtzugaben gemeinsam, dann die Ecken an der Saumkante mit dichten Überwendlichstichen (siehe Seite 34) versäubern.

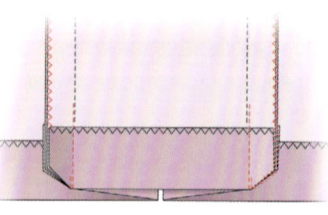

Falten absteppen

Werden Falten abgesteppt, hängen sie perfekt und liegen schön flach. Meist dient das Absteppen (siehe Seite 42), nur einem dekorativen Zweck, aber in diesem Fall ist es eine praktische Technik, um die Falten von der Taille bis zur Hüfte zu fixieren. Die Steppnaht wird durch alle Stofflagen der Falte genäht.

Absteppen einer Quetschfalte

Arbeiten Sie auf der rechten Stoffseite und markieren Sie mit einer Stecknadel den Anfang der Steppnaht. Nähen Sie durch alle Stofflagen entlang des Faltenbruchs, von der Stecknadel bis zur Faltenoberkante. Machen Sie jedoch keine Rückstiche am Anfang und

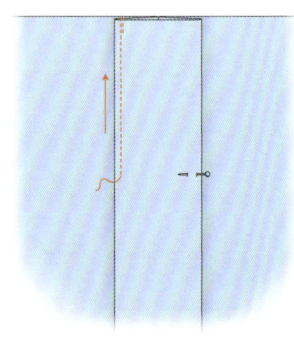

Ende der Naht, sondern verknoten Sie die Fadenenden auf der linken Stoffseite (siehe Seite 36). Wiederholen Sie die Schritte an der zweiten Faltenkante.

Absteppen einer Kellerfalte

Auf der rechten Stoffseite mit einer Stecknadel den Anfang der Steppnaht markieren. Die Maschinennadel an der Stecknadel in den Faltenbruch einstechen und die Stecknadel entfernen. Zwei oder drei Stiche quer über die Falte nähen, dann den Stoff um die Nadel dre-

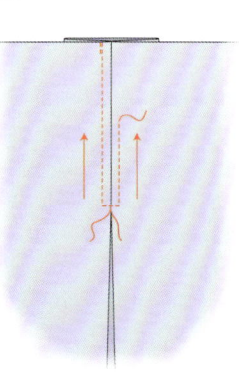

hen (siehe Seite 37) und zur Oberkante steppen, parallel zum Faltenbruch. Nochmals von der Position der Stecknadel ausgehen und die zweite Seite der Falte gegengleich zur Oberkante hin steppen. Die Fadenenden auf der linken Stoffseite verknoten (siehe Seite 36).

Verschlüsse

Knöpfe, Knopflöcher und Reißverschlüsse, die gebräuchlichsten Verschlussformen, wurden bereits in Workshop 1 und 2 aufgegriffen. Jetzt werden wir uns mit verschiedenen anderen Verschlussoptionen beschäftigen. Manche sind versteckt und rein funktionell, andere dienen gleichzeitig als dekoratives Detail.

Druckknöpfe

Druckknöpfe gibt es zum Annähen oder auch als nähfreie Variante (siehe Seite 136). Beide haben ein Teil mit einer Kugel, die in die Vertiefung im Basisteil gedrückt wird. Druckknöpfe zum Annähen sind rein funktionell und können überall dort eingesetzt werden, wo ein leichter Verschluss gewünscht wird. Sie können auch als zusätzliche Verschlüsse dienen, häufig beispielsweise am Halsabschluss eines Kleidungsstücks, das mit einem Knopf geschlossen wird. Erhältlich sind sie aus schwarzem oder silbernem Metall oder transparentem Kunststoff. Nähfreie Druckknöpfe werden in den Stoff gestanzt. Sie halten sehr gut und sind auch für schwere Stoffe geeignet. Es gibt verschiedene Farben und Ausführungen in unterschiedlichen Stärken und Größen, daher sind sie auch für Kinderkleidung (siehe Seite 113), Freizeitkleidung, Sportkleidung und Heimtextilien ideal.

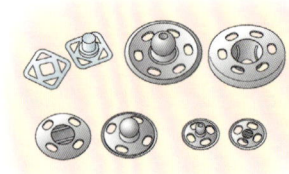

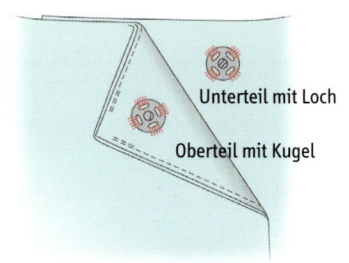

Unterteil mit Loch

Oberteil mit Kugel

HERKÖMMLICHE HAKEN UND ÖSEN

Die normalen Haken und Ösen sind aus Metall und in Schwarz und Silber erhältlich, in Größen von 1 (die kleinste) bis 3 (die größte). Die Ösen können gerade oder gerundet sein. Ein gerader Riegel ist optimal bei überlappenden Stoffkanten, eine gerundete Öse bei aneinanderstoßenden Kanten.

Haken und gerader Riegel

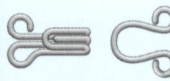

Haken und gerundete Öse

Druckknöpfe zum Annähen

Druckknöpfe zum Annähen aus Metall sind in der Regel rund und in Größen von 6 mm bis 20 mm Durchmesser erhältlich. Sie sind gut geeignet für mittelschwere bis schwere Stoffe. Druckknöpfe aus Kunststoff sind quadratisch oder rund und etwas feiner. Verwenden Sie sie für leichte, halbtransparente Stoffe und Dessous. Sie sind in Größen von 6 mm bis 10 mm erhältlich.

Zum Annähen das Oberteil auf die Rückseite des Übertritts legen mit genug Abstand zur Kante, sodass der Knopf später nicht sichtbar ist. Vier Handstiche durch jedes Randloch nähen, dabei nicht bis zur rechten Stoffseite durchstechen. Die Fäden an der Knopfkante mit Rückstichen sichern (siehe Seite 33). Das Unterteil auf die rechte Stoffseite des Untertritts legen, genau unter dem Kugelteil des Druckknopfes, und ebenso aufnähen.

Nähfreie Druckknöpfe

Diese sind vierteilig: Zwei Kappen bilden Ober- und Unterteil, ein gezahntes Kugelteil und ein Unterteil mit Vertiefung verankern den Druckknopf im Stoff. Es gibt auch eine Version für Strickstoffe mit einem Ring, durch den der Strickstoff sichtbar ist. Manchmal ist die Anordnung der Verzahnung anders, die Befestigungstechnik jedoch meist gleich. Die Mehrknopf-Packungen enthalten ein kleines Werkzeug zum Anbringen der Knöpfe, achten Sie dabei auf die Hinweise des Herstellers.

Haken und Ösen annähen

Haken und Ösen sind kleine, stabile Metallverschlüsse, die in verschiedenen Größen und Stärken erhältlich sind. Sie sind ideal als Verschlüsse am Taillenbund oder als zusätzliche Sicherung oberhalb eines Reißverschlusses. Berücksichtigen Sie bei der Wahl von Haken und Ösen die Platzierung, welcher Belastung sie ausgesetzt sein werden und das Stoffgewicht – ein kleiner Standardhaken macht sich gut an einem Halsausschnitt, ist jedoch an einer Taillenbundkante gänzlich ungeeignet. Dort wäre ein spezieller, stärkerer Haken mit einem Riegel die bessere Wahl. Es gibt auch große, mit Faden umwickelte Haken und Ösen, die vor allem bei Mänteln, Jacken und Kleidungsstücken aus Florstoffen verwendet werden.

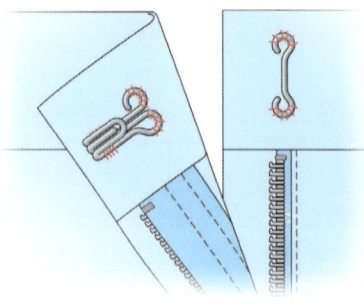

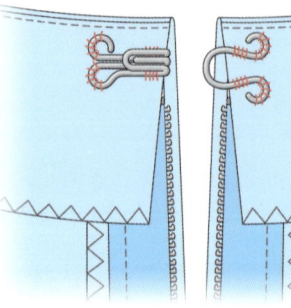

An überlappenden Kanten: Platzieren Sie den Haken auf der Unterseite des Übertritts, ca. 3 mm innerhalb der Kante. Markieren Sie die Stelle mit einem Kreidestift. Sichern Sie den Arbeitsfaden und nähen Sie über jedes Loch, ohne dass die Stiche auf der rechten Seite zu sehen sind. Führen Sie Nadel durch die Stofflagen zum Ende des Hakens und nähen Sie noch einige Stiche um den Hals des Hakens, damit dieser flach auf dem Stoff fixiert wird. Sichern Sie das Fadenende mit winzigen Stichen. Legen Sie die Kanten des Kleidungsstücks überlappend hin und markieren Sie die Position des Riegels. Nähen Sie den Riegel mit Stichen durch beide Löcher auf.

An aneinanderstoßenden Kanten: Haken und Öse auf die Innenseite des Kleidungsstücks nähen. Den Haken 2-3 mm innerhalb der Kante auflegen, Position markieren und den Haken wie unter „Annähen an überlappenden Kanten" beschrieben festnähen. Die Öse in gleicher Höhe wie den Haken auf die gegenüberliegende Kante legen, die Ösenkante ragt knapp über die Stoffkante hinaus. Stelle markieren, das Fadenende sichern und die Öse durch die Löcher festnähen. Die Nadel durch die Stofflagen führen und die Seiten der Öse dicht an der Stoffkante mit je drei kleinen Stichen befestigen, damit sie flach auf dem Stoff liegt. Den Faden mit Rückstichen sichern.

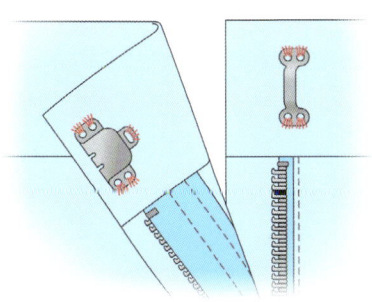

Bundhaken und Riegel festnähen: Legen Sie den Haken mittig auf die Unterseite des Übertritts, ca. 3 mm innerhalb der Stoffkante, sodass der Haken später nicht sichtbar ist. Nähen Sie den Haken mit mehreren Stichen durch die Löcher fest wie auf der gegenüberliegenden Seite beschrieben. Hier muss das vordere Hakenteil jedoch nicht flach auf dem Stoff fixiert werden. Schließen Sie den Bund überlappend und legen Sie den Riegel auf die rechte Bundseite, sodass er auf den Haken trifft. Markieren Sie die Stelle mit Stecknadeln und nähen Sie den Riegel durch jedes Loch und alle Stofflagen fest. Sichern Sie den Faden auf der Unterseite mit einigen Rückstichen.

Verschlussbänder

Es gibt zwei Arten von Verschlussbändern: Klettband und Druckknopfband. Klettband besteht aus zwei Streifen, einem mit Schlaufen und einem mit kleinen Häkchen. Werden diese zusammengedrückt, verhaken sich die Oberflächen – bis man sie wieder auseinanderzieht. Bei einem Druckknopfband sind an einem Streifen die Oberteile mit der Kugel, an dem anderen Streifen die Unterteile der Knöpfe mit der Vertiefung befestigt, die man zusammendrücken und wieder auseinanderziehen kann.

Klettband

Klettband ist in Breiten von 10 mm bis 20 mm erhältlich, in Weiß, Schwarz und Beige, in Spezialgeschäften manchmal auch in weiteren Farben. Es gibt viele verschiedene Ausführungen – zum Annähen, zum Festkleben oder als Kombination von beidem sowie ein spezielles, breites Klettband mit extra starker Klebehaftung. Selbstklebendes Klettband wird zum Verbinden von steifen Oberflächen verwendet. Klettband zum Nähen und Aufkleben, bei dem ein Streifen auf Stoff genäht und der andere Streifen auf eine Oberfläche geklebt wird, ist praktisch zum Aufhängen von Fensterrollos oder Schabracken. Die Variante zum Aufnähen wird bei Kleidungsstücken und Heimtextilien verwendet, z. B. Kissen und Hussen.

Druckknopfband

Das Druckknopfband, auch als Body-Verschluss bekannt, ist leichter und weicher als ein Klettband und wird häufig bei Baby- und Kinderkleidung (siehe Seite 113), Sportbekleidung und Bettwäsche verwendet. Verwenden Sie für das Annähen eines Druckknopfbandes einen Reißverschlussfuß, sodass Sie dicht am Band entlangnähen können. Im Schnittmuster ist meist angegeben, wie das Band eingenäht wird, in der Regel werden jedoch die Bandenden in einer Naht mitgefasst. Achten Sie deshalb auf genügend Abstand zwischen Druckknopfband und Naht.

Klettverschluss annähen:

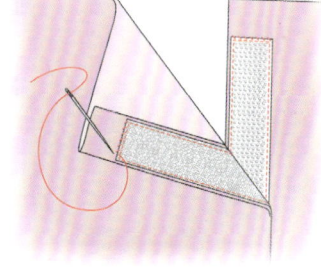

Klettband auf die richtige Länge schneiden, die Häkchenseite auf die Oberseite des Untertritts stecken und heften. Das Band ist recht steif – verwenden Sie einen Fingerhut (siehe Seite 9). Das Band entlang aller Kanten mit der Maschine aufnähen, dabei die Stiche überlappen lassen. Das Gegenstück des Bandes auf das bereits angenähte drücken, den Übertritt darauflegen. Das Klettband so feststecken, dass es später nicht sichtbar ist. Klettbänder trennen, heften und wie zuvor ansteppen. Heftfäden entfernen und die abgeschnittenen Enden mit Überwendlichstichen (siehe Seite 34) übernähen, dabei nur durch eine Stofflage nähen.

Druckknopfband annähen:

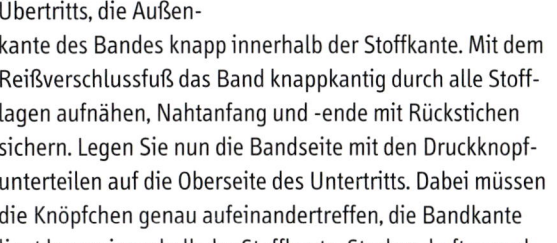

Schneiden Sie das Druckknopfband auf die benötigte Länge und stecken und heften Sie die Seite mit den Druckknopfoberteilen auf die Innenseite des Übertritts, die Außenkante des Bandes knapp innerhalb der Stoffkante. Mit dem Reißverschlussfuß das Band knappkantig durch alle Stofflagen aufnähen, Nahtanfang und -ende mit Rückstichen sichern. Legen Sie nun die Bandseite mit den Druckknopfunterteilen auf die Oberseite des Untertritts. Dabei müssen die Knöpfchen genau aufeinandertreffen, die Bandkante liegt knapp innerhalb der Stoffkante. Stecken, heften und nähen Sie das Band wie zuvor beschrieben fest.

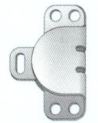 

ÜBERZOGENER HAKEN UND ÖSE

Große, mit Fäden überzogene Haken und Ösen werden als Verschlüsse an Mänteln und (Kunst-)Fellmänteln verwendet. Bei Stoffmänteln werden sie wie normale Haken und Ösen aufgenäht, bei Fellmänteln fasst man sie in die Kantennaht ein.

BUNDHAKEN UND RIEGEL

Dies sind spezielle Metallverschlüsse für Rock- oder Hosenbündchen. Sie sind flach und stabil und der Haken rutscht nicht so leicht aus dem Riegel heraus. Befestigen Sie die Teile mit kräftigem Garn, da sie beim Tragen des Kleidungsstücks hoher Belastung ausgesetzt sind.

Stoffröllchen mit Kordeleinlage

Die genähten Schläuche mit Kordeleinlage werden als Schulterträger, Bindebänder oder auch als Schlingenverschluss für Knöpfe verwendet.

1 Schneiden Sie einen 2,5 cm breiten Schrägstreifen zu (siehe Seite 38). Den Schrägstreifen der Länge nach rechts auf rechts zur Hälfte legen und die Längskanten ca. 6 mm von der Bruchkante festnähen, dabei den Streifen leicht dehnen. Fädeln Sie einen starken Faden oder Kordel auf eine große Nadel oder Durchzugsnadel (siehe Seite 9). Befestigen Sie den Faden an einem Ende an einer der Nahtzugabe. Führen Sie die Nadel mit dem Öhr voran in den Stoffschlauch ein.

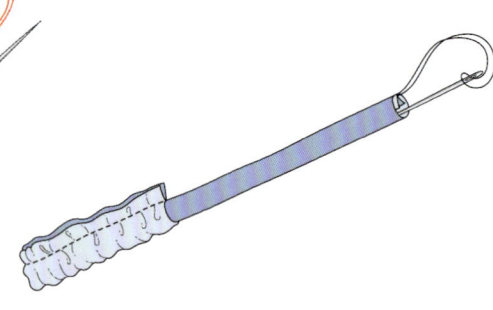

2 Schieben Sie die Nadel zum anderen Ende des Stoffröllchens und wenden Sie dabei gleichzeitig das Röllchen auf rechts, indem Sie vorsichtig am Faden ziehen und die Nahtzugaben ins Innere des Röllchens schieben.

Schlingenverschluss für Knöpfe

Ein Schlingenverschluss für Knöpfe kann ein Knopfloch ersetzen – dies ist besonders bei feineren Stoffen eine geeignete Wahl. Schlingenverschlüsse finden sich häufig bei Braut- und Abendmoden. Sie werden am besten mit bezogenen Knöpfen oder Kugelknöpfen kombiniert, können aber auch bei Ösenknöpfen zum Einsatz kommen. Ein Schlingenverschluss eignet sich vor allem für Ärmelmanschetten sowie Vorder- und Rückteile bei Kleidern, Blusen und Taillenbündchen. Er wird aus kleinen Stoffröllchen gefertigt.

Stoffkanten anpassen

Wenn Sie einen Schlingenverschluss anstatt eines anderen Verschlusses verwenden, müssen Sie das Schnittmuster anpassen, da die Schlingen an die Kante eines Kleidungsstücks gesetzt und nicht wie normale Knopflöcher innerhalb der Kante genäht werden. Schneiden Sie zunächst gemäß Schnittmuster den Teil des Kleidungsstücks, an dem die Knöpfe angesetzt werden sollen, aus Stoff zu. Markieren Sie auf dem Schnittmuster die vordere oder hintere Mitte der Seite, auf der die Schlingenverschlüsse befestigt werden sollen. Fügen Sie 1,5 cm Nahtzugabe hinzu und zeichnen Sie eine neue Schnittlinie ein. Passen Sie auch den entsprechenden Beleg/Besatz entsprechend an. Schneiden Sie die korrigierten Schnittmusterteile aus dem Stoff zu.

Papierschablone

Mithilfe einer Papierschablone können Sie sicherstellen, dass alle Schlingen die gleiche Größe aufweisen und in gleichmäßigem Abstand befestigt werden. Entscheiden Sie zunächst, ob Sie einzelne Schlingen oder eine Schlingenreihe möchten. Als Faustregel gilt: Verwenden Sie einzelne Schlingen bei größeren, eine Schlingenreihe bei kleineren Knöpfen. Sie benötigen zudem einen Stoffschlauch in der Gesamtlänge aller benötigten Schlingen.

1 Schneiden Sie einen Papierstreifen in der Länge der gesamten Verschlusskante zu. Zeichnen Sie die Knopfpositionen entlang einer Linie ein (entlang dieser Linie werden die Knöpfe aufgenäht), ca. 1,5 cm innerhalb der rechten Kante, dies entspricht der Nahtzugabe. Zeichnen Sie innerhalb der Nahtzugabe eine zweite Linie parallel mit 6 mm Abstand zur ersten auf – diese markiert das Schlingenende nach dem Annähen.

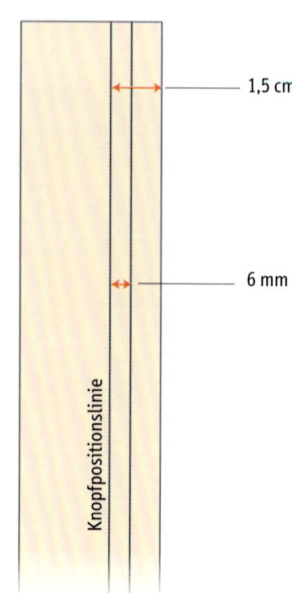

1,5 cm

6 mm

Knopfpositionslinie

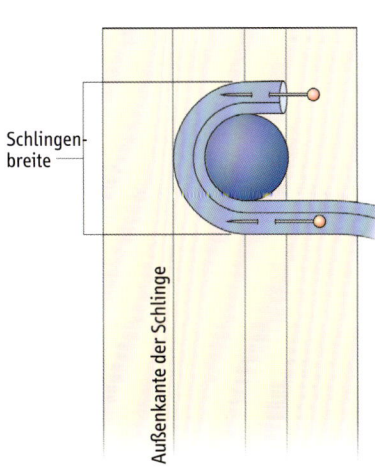

Schlingen-
breite

Außenkante der Schlinge

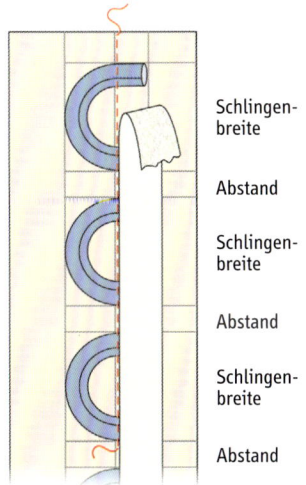

Schlingen-
breite

Abstand

Schlingen-
breite

Abstand

Schlingen-
breite

Abstand

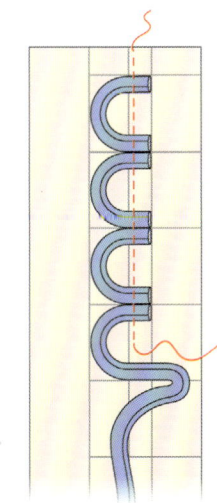

2 Legen Sie im oberen Schablonenteil einen Knopf mittig auf die Knopfpositionslinie an die Stelle, wo der erste Knopf sitzen soll. Wickeln Sie ein Stück Stoffschlauch um den Knopf, die Naht nach oben, und stecken Sie den Anfang an der 6-mm-Linie fest. Stecken Sie das andere Ende des Stoffschlauchs unterhalb des Knopfes an der Stelle fest, wo es auf die 6-mm-Linie trifft. Markieren Sie auf der Schablone ober- und unterhalb des Knopfes die Außenkante der Schlinge. Der Abstand zwischen beiden Markierungen entspricht der Schlingenbreite. Zeichnen Sie auch die Außenkante der Schlinge ein und ziehen Sie an dieser Stelle eine weitere Parallellinie über die gesamte Schablonenlänge.

3 Arbeiten Sie bei einzelnen Schlingen bei diesem Schritt weiter, überspringen Sie jedoch Schritt 4. Für Schlingenreihen gehen Sie direkt zu Schritt 4. Markieren Sie die weiteren Schlingen und ihre Abstände über die gesamte Länge der Schablone. Nehmen Sie die erste festgesteckte Schlinge als Orientierungshilfe und schneiden Sie den Stoffschlauch auf die für die Schlingen benötigten Längen zu – ein Stück für jede Schlinge. Legen Sie die Schlingen auf die Schablone und fixieren Sie sie mit Klebeband. Heften Sie die Schlingen mit einem Maschinenheftstich (siehe Seite 35) auf die Schablone, dicht an der Knopfpositionslinie.

4 Für dicht gesetzte Schlingenreihen ordnen Sie den gesamten Stoffschlauch auf der Schablone an und stecken ihn fest. Beginnen Sie mit der nächsten Schlinge jeweils an der 6-mm-Linie innerhalb der Nahtzugabe. Wiederholen Sie die Schritte für jede gewünschte Schlinge. Schneiden oder kerben Sie den Stoffschlauch an der Wendestelle ein, sodass die Schlingen dicht aneinander und flach liegen. Fixieren Sie die Schlingen mit Klebeband und nähen Sie sie mit einem Maschinenheftstich auf die Schablone, dicht an der Knopfpositionslinie.

Schlingenverschlüsse annähen

1 Um die Schlingen am Kleidungsstück zu befestigen, stecken Sie die Papierschablone auf die rechte Stoffseite des Kleidungsstücks, die Schlingen oben liegend, die 1,5 cm breite Nahtzugabenlinie und die Nählinie des Kleidungsstücks treffen aufeinander. Entfernen Sie das Klebeband und heften Sie Schablone und Schlingen vorsichtig mit einem Maschinenheftstich entlang der ersten Naht fest. Vergewissern Sie sich, dass die Maschine die Stoffschläuche sauber übernäht und keine Fehlstiche macht. Wenn nötig, fertigen Sie eine zweite Naht. Entfernen Sie vorsichtig die Papierschablone.

2 Stecken und heften Sie den Beleg des Kleidungsstücks rechts auf rechts an den Oberstoff, sodass die Schlingen dazwischen liegen. Nähen Sie den Beleg entlang der Heftstichlinie fest, schneiden Sie die Nahtzugaben zurück und steppen Sie den Beleg flach an die Nahtzugaben (siehe Seite 43). Bügeln Sie den Beleg entlang der Nählinie nach innen.

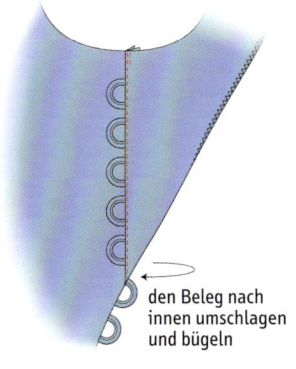

den Beleg nach innen umschlagen und bügeln

Festlicher Rock aus Organdy

Dieser schöne doppellagige Rock mit dekorativen Fältchen ist perfekt für einen besonderen Abend. Wenn Sie dabei den Futterrock separat nähen, haben Sie gleich einen tollen Rock in A-Linie für den Tages-Look!

Stoffempfehlungen

- Hauptstoff, für den oberen Rock: Organdy oder Organza

- Kontraststoff, für das Futter: Shantung- oder Schussseide, Acetat oder Futterstoff aus Polyester

Sie benötigen außerdem

- Vorlagen, übertragen vom Schnittmuster am Ende dieses Buches (siehe Seite 192)

- farblich passende Nähfäden

- Reißverschluss, 20 cm lang

- mitteldicke aufbügelbare Einlage (siehe Stoffmengen)

- Knopf zum Beziehen mit Stoff, 10 mm ø

Hinweis:

Falls nicht anders angegeben, ist eine Nahtzugabe von 1,5 cm bereits enthalten.

Nähen Sie rechts auf rechts mit passgenau ausgerichteten Markierungen, sofern nicht anders angegeben.

Größentabelle

Größe	US 6/UK 8/ D 36	US 8/UK 10/ D 38	US 10/UK 12/ D 40	US 12/UK 14/ D 42	US 14/UK 16/ D 44	US 16/UK 18/ D 46
Taillenweite	60,5 cm	63 cm	68 cm	73 cm	78 cm	83 cm
Hüftweite	85,5 cm	88 cm	93 cm	98 cm	103 cm	108 cm
Fertige Länge (Taille bis Saum)	61 cm	61 cm	61 cm	61 cm	61 cm	61 cm

Stoffmengen

Stoffbreite 112 cm						
Hauptstoff	2,30 m	2,30 m	2,50 m	2,60 m	2,80 m	2,90 m
Kontraststoff	1,40 m	1,40 m	1,40 m	1,40 m	1,40 m	1,40 m
Mitteldicke, aufbügelbare Einlage, 90 cm breit						
	10 cm	10 cm	10 cm	10 cm	10 cm	10 cm

Rock – alle Größen
Hauptstoff, 112 cm breit

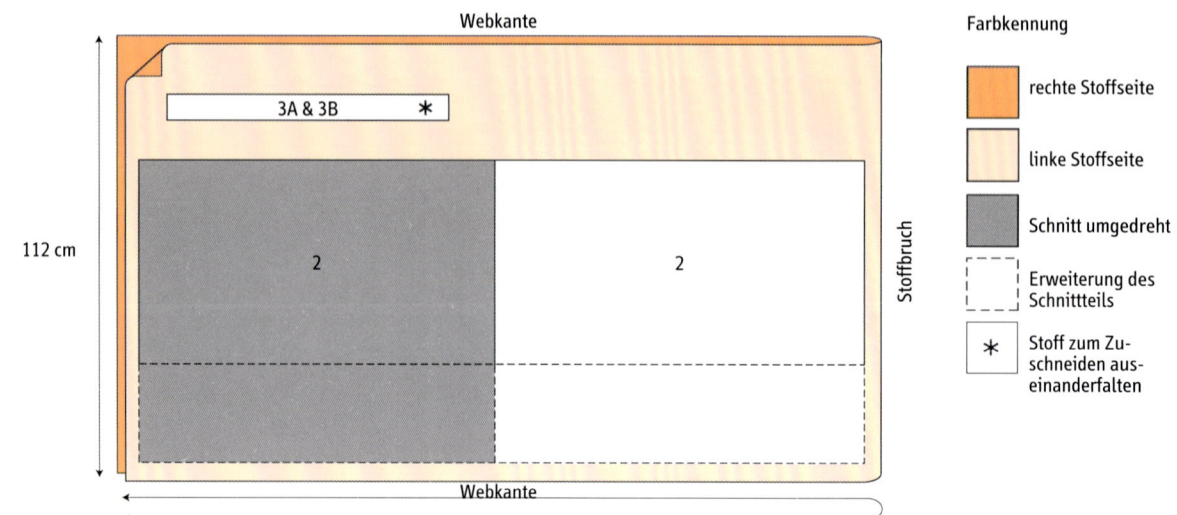

Vorderansicht

Rückenansicht

Stoffe zuschneiden
Schnittteile 1, 2, 3A & 3B, 4.

Hinweis
Die Stoffmengen und der Zuschneideplan gelten für Stoffe
mit Musterrichtung/Strich.
Wenn Sie Stoffe mit einem
mehrseitigen Muster verwenden, können Sie die Schnittteile dichter auflegen. Denken
Sie aber daran, alle Teile im
geraden Fadenlauf parallel zu
den Webkanten aufzulegen.

Rock – alle Größen
Stoffbreite 150 cm

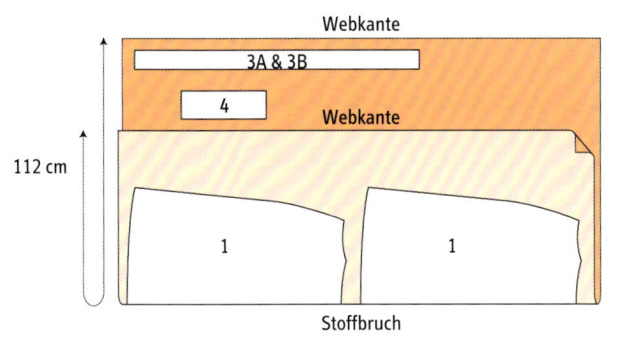

Aufbügelbare Einlage
Größen US 16/UK 18/D 46
Breite 90 cm

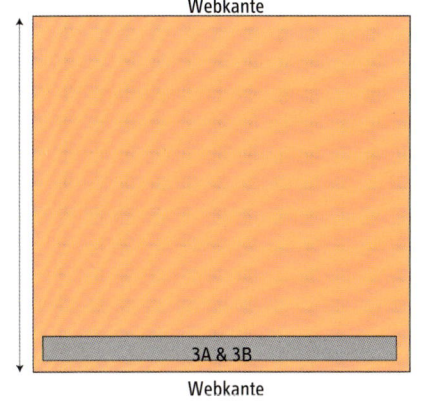

Aufbügelbare Einlage
Größen US 6-14/UK 8-16/
D 36-44, Breite 90 cm

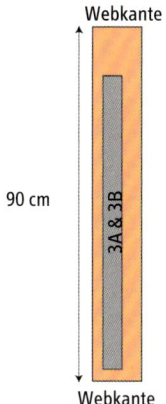

TIPPS

Wenn Sie den Rock lieber ein Stückchen länger hätten, lesen Sie die Tipps zum Anpassen eines Schnittmusters für Röcke und Hosen auf Seite 25.

Um einen einfachen Rock in A-Linie zu nähen, folgen Sie den Schritten 1, 2, 3 und 4 und nähen Sie dann den Taillenbund wie bei „Gerader Taillenbund" auf Seite 122 beschrieben an. Befestigen Sie am Taillenbund einen Bundhaken mit Riegel (siehe Seite 137).

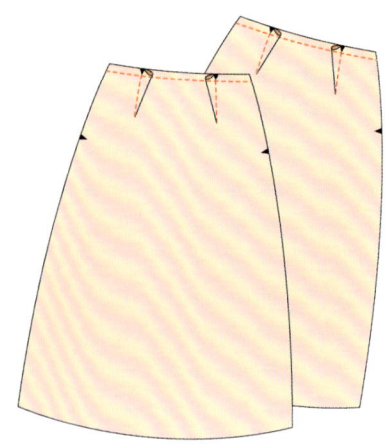

1 Wählen Sie das korrekte Schnittmuster aus und schneiden Sie alle Teile aus Stoff und Einlage zu (siehe Tipps zum Zuschneiden, Seite 29-30, und Schnittmustermarkierungen, Seite 23). Fertigen Sie eine Stütznaht an den Taillenkanten des Futters (siehe Seite 43). Nähen Sie die Abnäher in die Vorder- und Rückseite des Futterstoffs (siehe Seite 118) und bügeln Sie diese zur vorderen und hinteren Mitte.

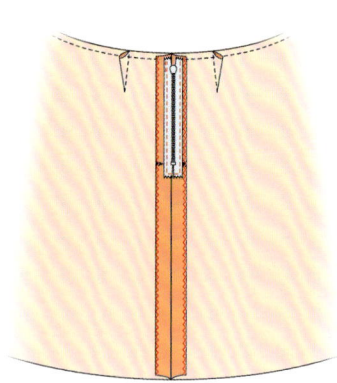

2 Stecken und heften Sie die Vorderseite aus Futterstoff rechts auf rechts entlang der linken Seitennaht an das rückwärtige Futterteil. Nähen Sie die Seitennaht von der Saumkante bis zu den Reißverschlussmarkierungen und sichern Sie die Naht mit Rückstichen. Versäubern Sie die Nahtzugaben einzeln, auch die Reißverschlussöffnungen. Setzen Sie einen Reißverschluss ein wie auf Seite 55 beschrieben.

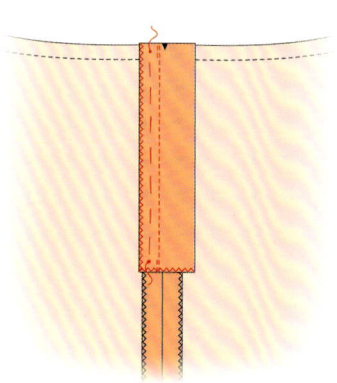

3 Bügeln Sie die Reißverschlussblende links auf links der Länge nach zur Hälfte und versäubern Sie die lange und die unmarkierte kurze Seite gemeinsam. Auf der linken Stoffseite legen Sie die Blende über den Reißverschluss, die unversäuberten Stoffkanten treffen aufeinander und die obere Markierung liegt auf gleicher Höhe mit den Reißverschlusszähnchen. Heften und nähen Sie die langen versäuberten Seitenkanten der Blende an die hintere Nahtzugabe des Futterstoffs.

4 Stecken, heften und nähen Sie das hintere und das vordere Teil aus Futterstoff rechts auf rechts entlang der rechten Seitennaht zusammen. Bügeln Sie die Naht auseinander und versäubern Sie die Nahtzugaben einzeln. Nähen Sie an der unteren Kante einen schmalen doppelten Saum (1 cm; siehe Seite 62).

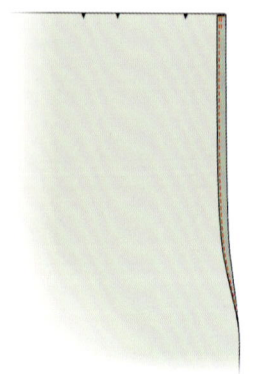

5 Bügeln Sie am oberen Rock an beiden Seiten der Reißverschlussöffnung der linken Seitennaht einen sehr schmalen doppelten Saum (3 mm) nach innen. Lassen Sie beide Säume sehr schmal knapp unter den Reißverschlussmarkierungen auslaufen. Nähen Sie die Säume mit der Maschine fest.

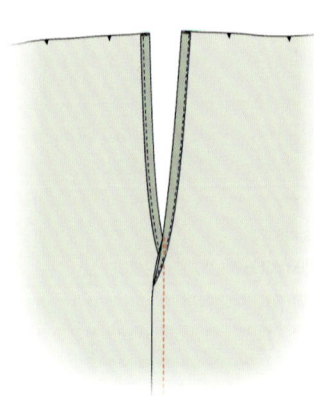

6 Verbinden Sie die linke Seitennaht mit einer französischen Naht (siehe Seite 41). Nähen Sie dabei von der Saumkante des Oberrocks bis zu den Reißverschlussmarkierungen. Die rechte Seitennaht von der Taille bis zum Saum ebenso nähen. Bügeln Sie beide Nähte zum rückwärtigen Teil des oberen Rocks.

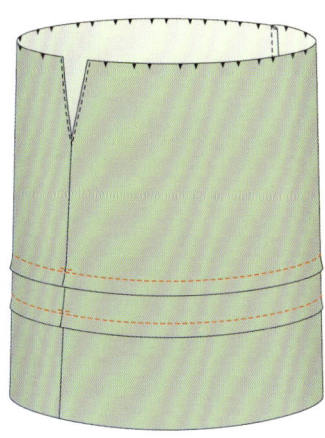

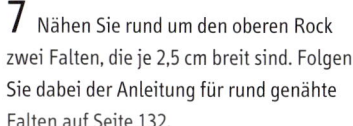

7 Nähen Sie rund um den oberen Rock zwei Falten, die je 2,5 cm breit sind. Folgen Sie dabei der Anleitung für rund genähte Falten auf Seite 132.

8 An der Taillenkante des oberen Rocks die Falten legen. Legen Sie dazu die Markierungen aufeinander, die Richtung ist im Schnittmuster vorgegeben. Stecken Sie die Falten durch beide Stofflagen. Die linke Stoffseite des oberen Rocks entlang der Taille auf die rechte Stoffseite des Futterstoffs stecken, die Seitennähte liegen bündig. Korrigieren Sie die Falten, wenn nötig. Heften Sie die Stofflagen dicht über der Nählinie an der Taille zusammen.

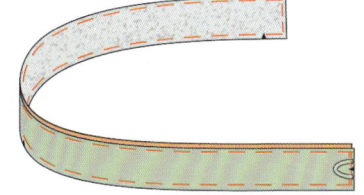

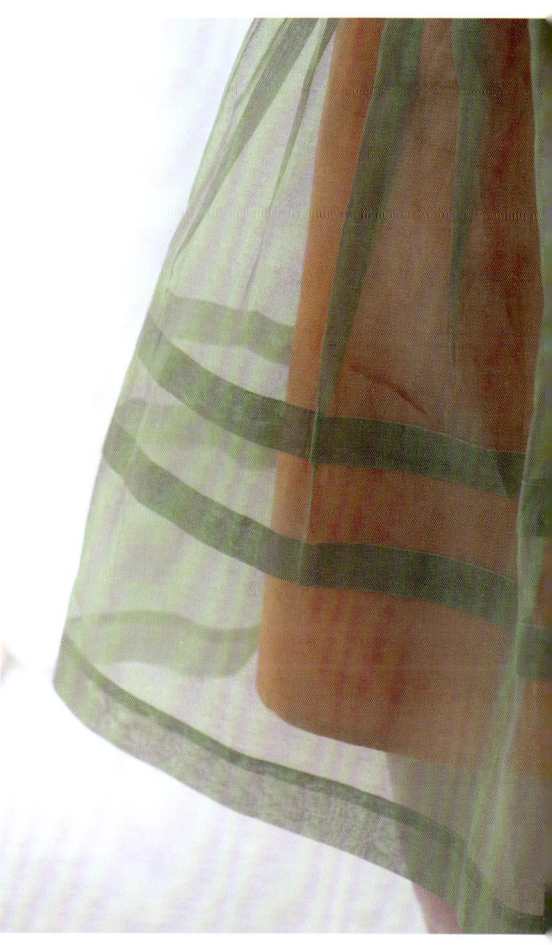

9 Bügeln Sie die aufbügelbare Einlage auf die linke Stoffseite des Taillenbunds aus Futterstoff. Legen Sie den Bund des oberen Rocks kantenbündig mit der linken Seite auf die rechte Seite des Futterstoff-Bunds. Stecken und heften Sie die Bundteile an den Außenkanten zusammen. Nähen Sie einen Schlingenverschluss aus dem Hauptstoff (siehe Stofffröllchen, Seite 138). Schneiden Sie das Stofffröllchen auf eine Länge von 5,5 cm. Falten Sie es zur Hälfte, legen Sie es kantenbündig auf die im Schnittmuster angegebenen Stellen der rechten Stoffseite des Taillenbunds aus Hauptstoff und nähen Sie es fest. Nähen Sie den Taillenbund an den Rock wie auf Seite 122 beschrieben. Achten Sie darauf, das lose Ende des Schlingenverschlusses beim Nähen nicht mitzufassen.

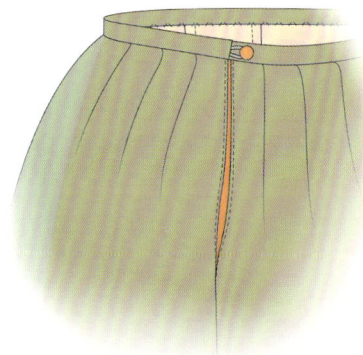

10 Fertigen Sie einen 4 cm breiten doppelten Saum an der Unterkante des oberen Rocks (siehe Seite 63). Zur Fertigstellung den Knopf mit dem Futterstoff beziehen, folgen Sie dabei den Anweisungen des Herstellers. Nähen Sie den Knopf als Gegenstück zum Schlingenverschluss an den Taillenbund. Entfernen Sie alle Heftfäden.

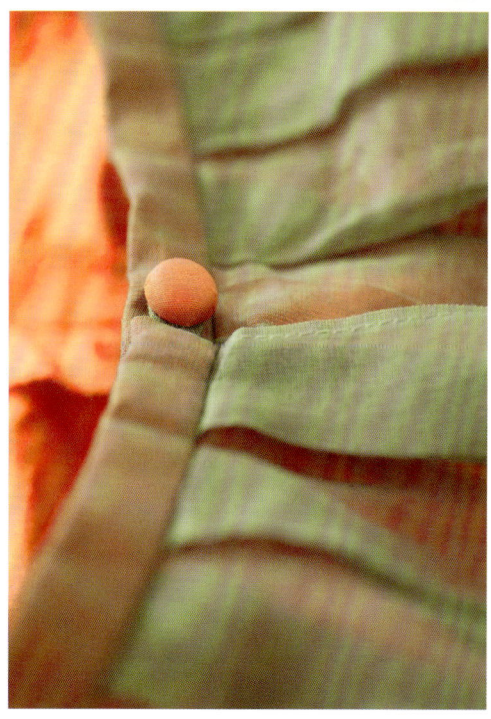

Workshop 10

Halsabschlüsse und Kragen

Dieser Workshop stellt Ihnen einige einfache Halsabschlüsse vor und zeigt, wie Sie diese auf professionelle Weise nähen. Alle Oberteile und Kleider haben schließlich irgendeine Form eines Ausschnitts, mit oder ohne Kragen. Gibt es keinen Kragen, wird der Ausschnitt entweder mit einem Beleg oder einer Einfassung versäubert. Am Ende dieses Workshops finden Sie ein großartiges Sommerkleid mit einem Flachkragen, auch Bubikragen genannt, und einem Tellerrock. Dazu gibt es als Bonus einen abnehmbaren Kragen.

Halsausschnitt mit Beleg

Ein Beleg ist ein Stück Stoff, das in Form und Größe dem Ausschnitt des Kleidungsstücks entspricht und auf die Innenseite eingenäht wird, um die Kante zu versäubern. Belege werden meist aus dem Hauptstoff zugeschnitten, können aber als kreatives Detail auch aus einem Kontraststoff oder – bei dicken Stoffen – aus einem dünneren Stoff gefertigt werden. Meist sind Belege separate Teile. Bei geraden Kanten wie an einer offenen Vorderkante können sie auch als Schnittteilerweiterung eingezeichnet sein, als sogenannter angeschnittener Beleg.

    Wir haben bereits in den Workshops 3 und 8 Belege an Säumen und am Taillenbund besprochen. In diesem Workshop erfahren Sie mehr über Belege an Halsabschlüssen zur Kantenversäuberung. Die Technik ist fast immer gleich, egal ob bei einem gerundeten, eckigen oder herzförmigen Ausschnitt. Bei Kleidungsstücken mit Knöpfen und Knopflöchern an Vorder- oder Rückenteil werden die Belegteile in der Regel zusammengefügt. Die Belege für die Verschlusskanten können entweder separate Schnittteile oder auch angeschnitten sein.

    Die drei gängigsten Arten von Belegen sind der Formbeleg, der bei rückwärtigen Verschlusskanten – meist in Verbindung mit einem Reißverschluss – verwendet wird, der Formbeleg mit separatem Vorderbeleg (häufig bei Jacken mit Knopfverschluss) sowie der Formbeleg mit angeschnittenem Vorderbeleg (meist bei Blusen mit Knöpfen auf der Vorderseite). Eine andere Variante, der kombinierte Beleg, wird in der Regel bei ärmellosen Kleidungsstücken eingesetzt.

Verschlusskante mit dreiteiligem Beleg

Dieser Beleg besteht aus mehreren Teilen, einem Vorder- und zwei Rückenteilen, die zusammengenäht werden müssen. Bevor Sie damit beginnen, setzen Sie zunächst den Reißverschluss in die hintere Mittelnaht des Kleidungsstücks ein (siehe Seite 54) und nähen Sie die Schulternähte zusammen.

1 Bügeln Sie die Einlage auf die linke Stoffseite der Belege. Nähen Sie den vorderen Beleg rechts auf rechts mit entsprechender Nahtzugabe an den Schulternähten an die hinteren Belege. Die Nähte auseinanderbügeln und die Außenkante des Belegs versäubern (siehe Seite 39).

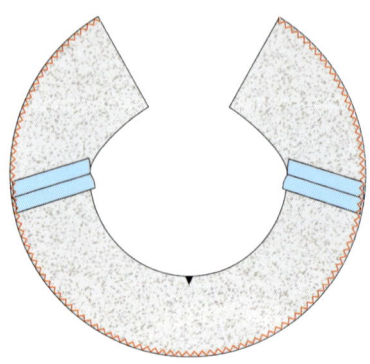

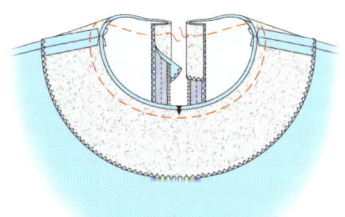

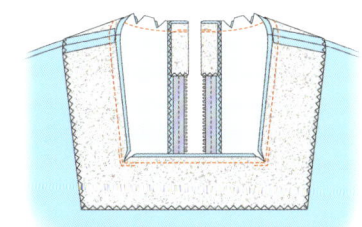

2 Stecken Sie den Beleg mit ausgerichteten Schulternähten und Markierungen rechts auf rechts an den Halsausschnitt. Öffnen Sie den Reißverschluss und legen Sie die kurzen hinteren Belegkanten auf beiden Seiten des Reißverschlusses zur Innenseite des Kleidungsstücks. Heften Sie den Beleg an der Ausschnittkante fest.

3 Nähen Sie den oben aufliegenden Beleg mit entsprechender Nahtzugabe auf das Kleidungsstück. Nahtanfang und -ende mit Rückstichen sichern. Überprüfen Sie, ob die Halsnähte an der hinteren Mitte bei geschlossenem Reißverschluss aufeinandertreffen. Korrigieren Sie die Nähte, falls nötig, und entfernen Sie die Heftfäden. Die Nahtzugaben abgestuft zurückschneiden, die gerundeten Nahtzugaben einkerben (siehe Seite 38). Ist der Ausschnitt eckig oder V-förmig, wie auf der Abbildung gezeigt, verstärken Sie die Ecken durch Übernähen der vorherigen Naht. Die Ecken einschneiden.

WAS IST EIN SCHNEIDERSCHINKEN?

Auch Bügel-Ei genannt, ist das Bügelkissen, das meist auf einer Seite mit Karostoff, auf der anderen mit unifarbenem Stoff bespannt ist, ein praktisches Utensil beim Bügeln von Abnähern, Armkugeln, Prinzessnähten und anderen gerundeten Stoffbereichen.

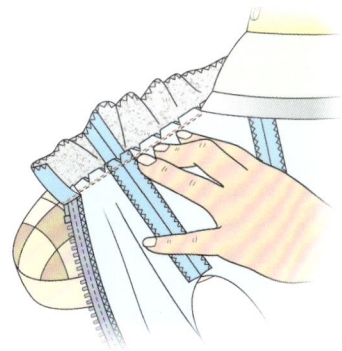

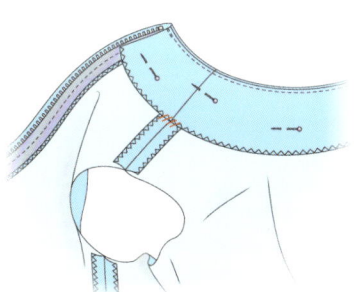

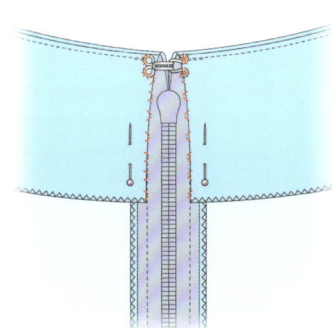

4 Mithilfe der Spitze des Bügelbretts (oder einem Schneiderschinken, wenn dieser zur Verfügung steht, siehe Kasten) die Nahtzugaben vorsichtig zum Beleg bügeln. Achten Sie darauf, dabei nicht Beleg oder Kleidungsstück zu zerknittern. Damit sich der Beleg nicht einrollt, diesen an die Nahtzugaben flachsteppen (siehe Seite 43).

5 Schlagen Sie den Beleg zur Innenseite des Kleidungsstücks um, dabei darf sich die Nahtlinie ein wenig nach innen rollen. Stecken und bügeln Sie den Beleg. Achten Sie auf ausgerichtete Schulternähte und nähen Sie die Belegkante mit Überwendlichstichen (siehe Seite 34) an die Nahtzugaben.

6 An der hinteren Mitte die Belegkanten so umfalten, dass sie sich nicht am Reißverschluss verhaken können, und feststecken. Den Reißverschluss öffnen und die Enden des Belegs mit Saumstichen (siehe Seite 34) auf das Reißverschlussband nähen. Den Reißverschluss schließen und an der Oberkante Haken und Öse aufnähen (siehe Seite 136).

Verschlusskanten mit separaten Vorderteilen

Dieser Beleg besteht aus drei Teilen: der rückwärtige Beleg wird an zwei vordere Belegteile genäht. Bügeln Sie die Einlage auf die linke Stoffseite der Belegteile. Nähen Sie das rückwärtige Belegteil rechts auf rechts entlang der Schulternaht mit der entsprechenden Nahtzugabe an die vorderen Belege. Bügeln Sie die Nähte auseinander und versäubern Sie die Außenkante des Belegs. Die Schulternähte ausrichten und den Beleg rechts auf rechts an die Vorder- und Halsausschnittkanten stecken und heften. Mit dem Beleg oben liegend nähen Sie diesen mit der Maschine und der entsprechenden Nahtzugabe fest. Nahtanfang und -ende mit Rückstichen sichern. Entfernen Sie die Heftfäden. Die Nahtzugaben abgestuft zurückschneiden, die Rundungen einkerben. Den Beleg wie oben bei Schritt 4 und 5 beschrieben fertigstellen.

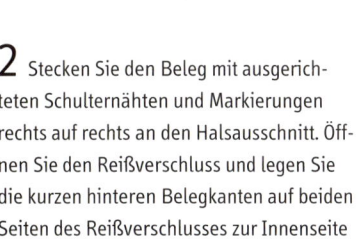

Verschlusskanten mit angeschnittenem Vorderbeleg

Hier wird der rückwärtige Beleg an zwei vordere, angeschnittene Belegteile genäht. Die vorderen Belegteile sind Schnittteilerweiterungen des Kleidungsstücks und keine separaten Belege. Bügeln Sie die Einlage auf die linke Seite der Belegteile, diese dann an den Schulternähten rechts auf rechts zusammennähen. Die Nähte auseinanderbügeln und die äußeren Belegkanten versäubern. Richten Sie Markierungen und Schulternähte aus, dann den angeschnittenen vorderen Beleg rechts auf rechts zum Kleidungsstück wenden. Stecken und heften Sie die Kanten des Halsausschnitts. Arbeiten Sie auf der Seite des Belegs und nähen Sie diesen mit entsprechender Nahtzugabe am Ausschnitt fest. Nahtanfang und -ende mit Rückstichen sichern. Entfernen Sie die Heftfäden. Die Nahtzugaben abgestuft zurückschneiden, Rundungen einkerben (siehe Seite 38). Den Beleg wie bei Schritt 4 und 5 auf Seite 145 beschrieben fertigstellen.

Kombinierte Belege

Bei ärmellosen Oberteilen oder Kleidern werden die Belege für Hals- und Armausschnitte häufig in einem Stück zugeschnitten. So wirkt die Innenseite professioneller, jedoch verlangt dies nach einer anderen Technik. Diese ist für mittlere bis breite Schulterpartien geeignet, bei Kleidungsstücken aus leichten Stoffen auch für schmale Schultern.

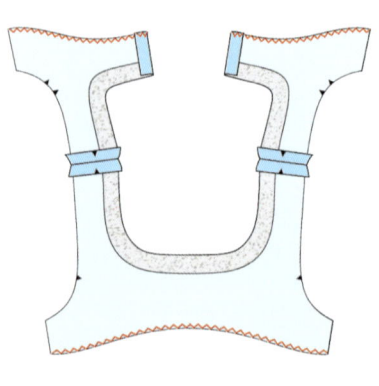 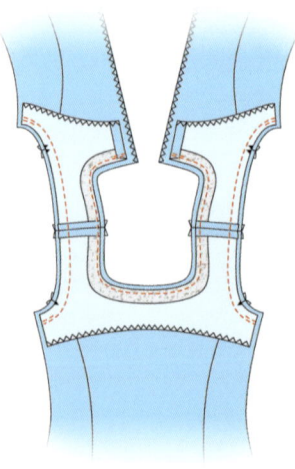 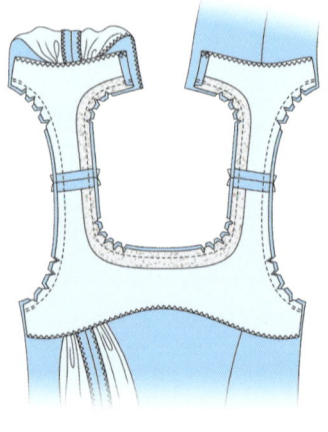

1 Steppen Sie die Schulternähte und schließen, versäubern und bügeln Sie alle Nähte, die am Hals- und Armausschnitt aufeinandertreffen. Den Reißverschluss noch nicht einsetzen. Bügeln Sie die Einlage an den Ausschnittkanten auf die linke Seite der Belege wie im Schnittmuster angegeben. Den vorderen Beleg an den Schulternähten rechts auf rechts an den rückwärtigen Beleg nähen, die Unterkanten beider Belegteile versäubern und Nähte auseinanderbügeln. Die Nahtzugaben der hinteren Mitte 1,5 cm zur linken Stoffseite umbügeln.

2 Stecken und heften Sie den Beleg rechts auf rechts an die Hals- und Armausschnittkanten des Kleidungsstücks. Beachten Sie alle Markierungen und die Schulternähte und legen Sie die rückwärtigen Belegkanten 1,5 cm innerhalb der rückwärtigen Kleidungsstückkanten. Mit dem Beleg oben liegend nähen Sie den Beleg mit der entsprechenden Nahtzugabe an Hals- und Armausschnitten fest. Achten Sie dabei darauf, dass die Halsnähte an den rückwärtigen Kanten aufeinandertreffen.

3 Die Nahtzugaben an Hals- und Armausschnitten abgestuft zurückschneiden, die Rundungen einkerben (siehe Seite 38). Schieben Sie nun jeden rückwärtigen Teil durch den „Tunnel" an der Schulter, um das Kleidungsstück auf rechts zu wenden. Mithilfe der Spitze des Bügelbretts (oder einem Schneiderschinken, wenn dieser zur Verfügung steht, siehe Seite 145), die Nahtzugaben an Hals- und Armausschnitten zum Beleg bügeln, dabei, falls möglich, bis zu den Schultern arbeiten.

4 Reiben Sie die Nähte der ungebügelten Schulterpartie an Hals- und Armausschnitten leicht zwischen Daumen und Zeigefinger, damit sie auf der Kante liegen. Die Nähte und die restlichen Belegkanten flach bügeln. Damit sich der Beleg nicht einrollt, diesen an die Nahtzugaben flachsteppen (siehe Seite 43), dabei, falls möglich, bis hinauf zu den Schultern steppen. Nahtanfang und -ende mit Rückstichen sichern. Die Vorder- und Rückseiten von Halsausschnitt und Armausschnitten dabei jeweils einzeln arbeiten.

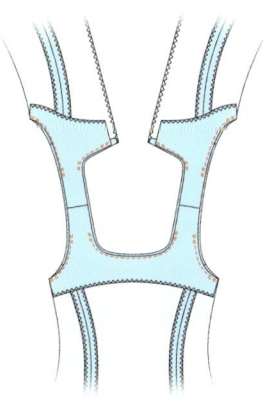

5 Versäubern Sie die Kanten an der Seitennaht des Kleidungsstücks und schlagen Sie den Beleg um. Richten Sie die unteren Armnähte und die versäuberten Belegkanten aus und nähen Sie die Seitennähte des Kleidungsstücks rechts auf rechts mit einer durchgehenden Naht zusammen. Die Nähte flach bügeln und zurückschneiden (siehe Seite 38), um Stoffwülste zu vermeiden. Den Beleg nach innen umschlagen und flach bügeln. Den Beleg mit einigen Überwendlichstichen (siehe Seite 34) an den Nahtzugaben fixieren. Den Reißverschluss einsetzen und den Beleg wie bei Schritt 6 auf Seite 145 beschrieben fertigstellen.

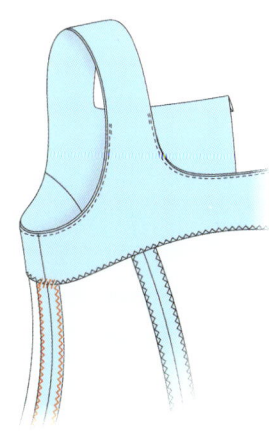

Ausschnitte mit Schrägband versäubern

Eine etwas edlere Methode zum Versäubern runder Ausschnitte ist die Verwendung von Schrägband, das sich aufgrund seiner Dehnbarkeit der Rundung anpasst. Das Schrägband kann zum Einfassen der Stoffkante oder auch wie ein Beleg verwendet werden. Ein eingefasster Ausschnitt ist bestens für Freizeitkleidung geeignet: Das Schrägband wird über die Ausschnittkante gelegt und aufgenäht, somit ist es beidseitig sichtbar. Bei weniger legeren Kleidungsstücken ist ein Beleg aus Schrägstreifen sinnvoller, da er auf der rechten Stoffseite nicht zu sehen ist.

Eingefasster Ausschnitt
Wenn das Schnittmuster keinen eingefassten Ausschnitt vorsieht, müssen Sie die Nahtzugaben am Ausschnitt zurückschneiden, da die Einfassung direkt auf der Kante sitzt. Nähen Sie knappkantig eine Stütznaht (siehe Seite 43) um den Halsausschnitt. Steppen Sie die Schulternähte des Kleidungsstücks zusammen und setzen Sie den Reißverschluss ein. Verwenden Sie entweder fertig gekauftes Schrägband, 20-25 mm breit, oder stellen Sie eigene Schrägstreifen her wie bei Schritt 1-4 auf Seite 98 beschrieben. Nähen Sie das Schrägband, wie unter „Kanten mit der Nähmaschine und von Hand einfassen" auf Seite 99 beschrieben, an die Ausschnittkanten.

Ausschnitte mit Schrägstreifen versäubern
Verwenden Sie ein fertig gekauftes, 10 mm breites Schrägband oder stellen Sie eigene Schrägstreifen her, wie bei Schritt 1-4 auf Seite 98 beschrieben. Fertigen Sie eine Stütznaht am Ausschnitt (siehe Seite 43) und schneiden Sie die Nahtzugaben auf die Breite des gefalzten Schrägstreifens zurück. Nähen Sie die Schulternähte des Kleidungsstücks zusammen und folgen Sie Schritt 1 und 2, „Säumen mit Schrägband" auf Seite 65, falten Sie jedoch die schmale Bandkante vertikal, nicht diagonal, 1 cm breit um. Die gefaltete Kante kantenbündig an die rückwärtige Mitte des Kleidungsstücks legen. Das andere Ende des Schrägstreifens so umfalten, dass es auf die gegenüberliegende rückwärtige Mitte trifft. Überschüssigen Schrägstreifen auf 1 cm zurückschneiden. Zur Fertigstellung des Ausschnitts folgen Sie Schritt 4, „Säumen mit Schrägband", auf Seite 65.

Einfache Kragen

Ein Kragen ist der Teil eines Kleides, Hemdes, einer Bluse oder Jacke, der den Hals umschließt oder ihn sozusagen einrahmt. Er kann fest angenäht oder auch abnehmbar sein. Kragen verleihen einem Ausschnitt einen dekorativen Abschluss und können sehr unterschiedliche Formen haben. Einige werden aus nur zwei Teilen genäht – dem Ober- und dem Unterkragen – andere sind mehrteilig, wie etwa ein Hemdkragen, der mit einem separaten Steg genäht werden kann.

Flacher Kragen

Der flache Kragen, auch als Bubikragen bekannt, liegt flach am Kleidungsstück, denn die Kragennaht folgt der Form der Halsnaht. Dieser Kragen ist einfach zu nähen. Ist das Kleidungsstück vorne zu öffnen, wird der Kragen aus einem Stück gearbeitet. Liegt die Öffnung am Rückenteil, besteht der Kragen aus zwei Teilen.

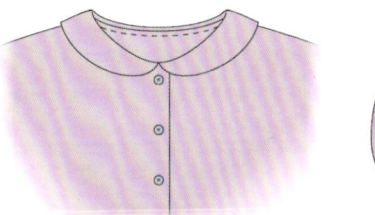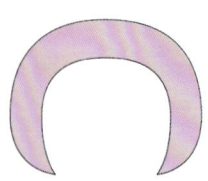

Flachen Kragen ansetzen

Die folgende Anleitung beschreibt die Anfertigung eines Kragens, der aus einem Stück genäht wird. Einen zweiteiligen Kragen können Sie aber ebenso arbeiten. Nähen Sie zunächst eine Stütznaht entlang des Halsausschnitts (siehe Seite 43). Nähen, bügeln und versäubern Sie alle Nähte, die auf die Halsnaht treffen. Ist ein Reißverschluss geplant, müssen Sie diesen vor dem Annähen des Kragens einsetzen (siehe Seite 54). Ihr Schnittmuster wird vorgeben, zwei Kragenstücke aus Stoff (sowie eines aus Einlage) zuzuschneiden – diese sind der Ober- und der Unterkragen. (Bei einem zweiteiligen Kragen müssen Sie zwei Ober- und zwei Unterkragen zuschneiden.)

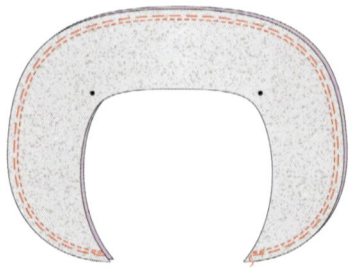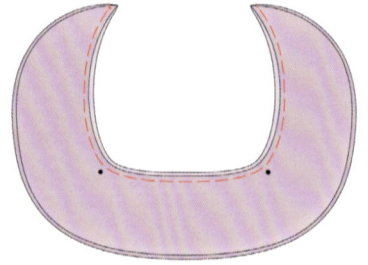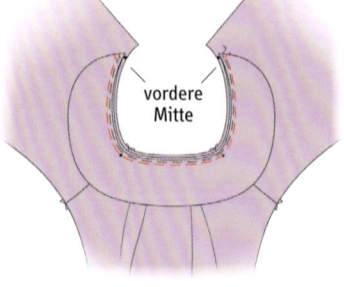

vordere Mitte

1 Einlage auf die linke Stoffseite des Oberkragens bügeln (siehe Seite 19). Stecken und heften Sie den Oberkragen rechts auf rechts und kantenbündig an den Unterkragen, die Halskante jedoch offen lassen. Mit der Maschine entlang der Außenkante zusammennähen, Nahtanfang und -ende mit Rückstichen sichern. Die Heftfäden entfernen und die Nahtzugaben abgestuft zurückschneiden, die Ecken abschrägen, gerundete Nahtzugaben einkerben (siehe Seite 38).

2 Den Kragen auf rechts wenden und die Ecken herausschieben. Bügeln Sie den Kragen, dabei die Naht leicht nach innen einrollen. Nun die Halskanten stecken und heften, dabei die Markierungen ausrichten. Bei einem zweiteiligen Kragen wiederholen Sie Schritt 1 und 2 für das zweite Kragenteil.

3 Arbeiten Sie auf der rechten Stoffseite. Stecken und heften Sie den bzw. die Kragen kantenbündig an den Ausschnitt, dabei die Markierungen an den Schulternähten und die Kragenenden an der Halsnaht der vorderen Mitte (und/oder hinteren Mitte) ausrichten. (Bedenken Sie hierbei, dass sich die vorderen Kragenenden bei einem Kleidungsstück mit Rückenverschluss innerhalb der Nahtzugabe leicht überlappen.) Zur Fertigstellung des Ausschnitts den Beleg ansetzen und den Kragen zwischen zwei Stofflagen einfassen – siehe Seite 144-146. Entfernen Sie die Heftfäden.

Hemdkragen

Dieser Kragen ist typisch für Männerhemden und besteht aus einem Kragenteil und einem Steg. Der Steg ermöglicht es, dass die Krawatte unterhalb des oberen Kragenteils sitzen kann. Dieser Kragentyp mit spitzen Kragenecken wird ebenso bei Damenkleidern, Hemden und Jacken verwendet. Er ist jedoch nur in Verbindung mit einem Vorderverschluss geeignet. Kragen und Steg können einzeln genäht werden, der Steg kann aber auch angeschnitten sein. Die Nähtechnik unterscheidet sich jedoch nicht.

TIPPS

Prüfen Sie, ob der Kragen symmetrisch ist, indem Sie ihn vor dem Annähen zur Hälfte falten, und machen Sie eventuell notwendige Korrekturen.

Um das Herausarbeiten der Kragenecken zu erleichtern, fädeln Sie einen doppelt gelegten Faden auf eine Nadel und verknoten Sie die Enden (siehe Seite 32). Stechen Sie die Nadel von innen durch die Ecke nach außen und ziehen Sie am Faden. Dann den Faden aus dem Stoff entfernen.

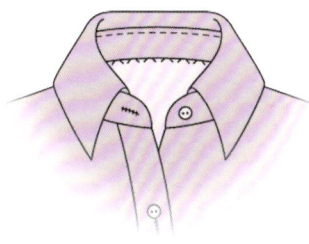

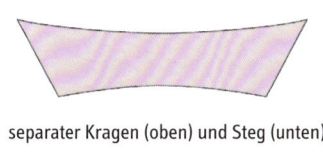

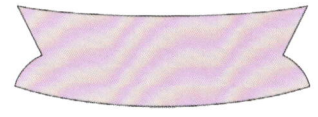

separater Kragen (oben) und Steg (unten)

einteiliger Kragen

Hemdkragen annähen

Bevor Sie beginnen, fertigen Sie zunächst eine Stütznaht am Halsausschnitt des Kleidungsstücks (siehe Seite 43). Nähen Sie die vorderen Teile an den Schulternähten an die rückwärtigen Teile. Versäubern Sie die Nahtzugaben und bügeln Sie die Nähte auseinander. Arbeiten Sie nun die Vorderkanten. Im Schnittmuster ist vorgegeben, wie Sie die Schnittteile für den Kragen (sowie die Einlage) zuschneiden müssen.

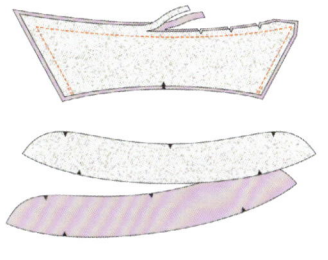

1 Einlage auf die linke Seite eines Kragenteils bügeln sowie auf einen Steg (einzeln, wenn der Steg separat zugeschnitten wurde, oder zusammen mit der Krageneinlage, wenn der Steg angeschnitten ist). Stecken und heften Sie die Kragenteile rechts auf rechts entlang der Seiten- und Oberkanten, dann mit entsprechender Nahtzugabe die Kanten mit der Maschine nähen. Die Heftfäden entfernen, die Nahtzugaben abgestuft zurückschneiden, die Ecken abschrägen (siehe Seite 38). Mithilfe der Spitze des Bügelbretts (oder einem Schneiderschinken, wenn dieser zur Verfügung steht, siehe Seite 145), die Nähte auseinanderbügeln, dann zur Einlage hin bügeln.

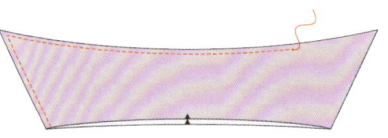

2 Den Kragen auf rechts wenden, dabei vorsichtig die Ecken herausarbeiten. Arbeiten Sie auf der Kragenseite mit dem Beleg und bügeln Sie die vernähten Kanten flach. Steppen Sie, falls gewünscht, die fertigen Kragenkanten ab (siehe Seite 42).

3 Die Nahtzugabe an der Unterseite des Stegteils ohne Einlage (egal, ob es sich um einen angeschnittenen Steg handelt oder nicht) umbügeln und dicht an dem Falz entlang stecken und heften. Stecknadeln entfernen, bügeln und die Nahtzugaben auf 6 mm zurückschneiden.

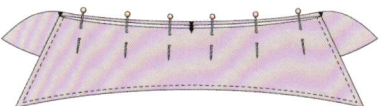

4 Bei einem angeschnittenen Steg diesen und den folgenden Schritt überspringen. Bei einem separaten Steg die untere Kragenkante kantenbündig rechts auf rechts mit ausgerichteten Markierungen an die Oberkante des Stegs mit Beleg stecken. Der Steg ragt an beiden Kragenkanten gleichmäßig hervor.

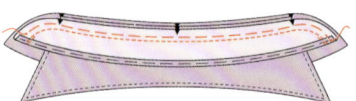
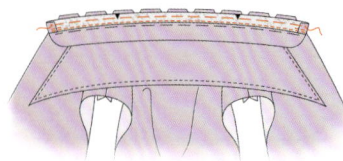
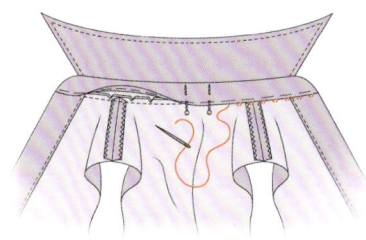

5 Legen Sie das zweite Stegteil rechts auf rechts und kantenbündig darauf, sodass der Kragen zwischengefasst wird. Stecken und heften Sie durch alle Stofflagen. Nähen Sie Kragen und Steg mit der Maschine und entsprechender Nahtzugabe zusammen. Nahtanfang und -ende mit Rückstichen sichern. Entfernen Sie die Heftfäden und schneiden Sie die Nahtzugaben abgestuft zurück. Die Rundungen, wenn nötig, einschneiden (siehe Seite 38). Den Steg auf rechts wenden und die Nähte flach bügeln.

6 Die Halsnaht des Kleidungsstücks einkerben, damit die Naht gerade und flach gezogen werden kann. Dies erleichtert das Annähen des Kragens. Stecken Sie die verstärkte Seite des Stegs rechts auf rechts und kantenbündig an den Halsausschnitt. Die Markierungen für den Kragen und die der Schulternähte müssen aufeinandertreffen, die Stegenden liegen an der vorderen Verschlusskante. Heften und nähen Sie den Kragen mit der Maschine an. Schneiden Sie die Nahtzugaben abgestuft zurück, die Rundungen, wenn nötig, einkerben.

7 Bügeln Sie die Halsnaht auseinander, dann zum Steg hin. Die geheftete Kragenkante nach unten zur Naht legen, feststecken und mit Saumstichen (siehe Seite 34) am Kleidungsstück festnähen. Die Heftfäden entfernen. Den Steg absteppen falls gewünscht (siehe Seite 42).

Abnehmbarer Kragen

In jüngster Zeit machen sich abnehmbare Kragen auf dem modischen Radar zunehmend bemerkbar: Je nach Bedarf verleihen Sie Pullis, Oberteilen und Kleidern einen femininen Touch. Mit ihnen lässt sich ein Outfit im Nu umstylen – mit vielfältigen Optionen.

1 Pausen Sie den abnehmbaren Kragen und die Stegteile vom Schnittmuster am Ende dieses Buches (siehe Seite 192) ab. Schneiden Sie zwei Kragenteile und zwei Stegteile aus Stoff zu sowie ein Kragenteil und ein Stegteil aus Einlage. Bügeln Sie die Einlage auf die linke Seite eines Kragenteils und eines Stegteils. Stecken und heften Sie die beiden Kragenteile rechts auf rechts entlang der langen, gerundeten Außenkante zusammen. Mit 1 cm Nahtzugabe zusammennähen, dann die Nahtzugaben abgestuft zurückschneiden, Rundungen einschneiden und die Heftfäden entfernen.

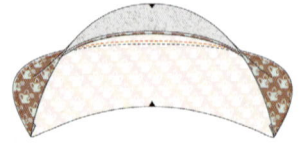

2 Die Nahtzugaben zur unverstärkten Seite des Stegs bügeln und flachsteppen (siehe Seite 43).

3 Den Steg auf rechts wenden und die Naht flach bügeln. An den Unterkanten einen 1 cm breiten Saum umbügeln, dabei die Naht an der gerundeten Vorderkante auseinanderbügeln, damit diese nicht aufträgt. Die gebügelten Kanten zusammenstecken und heften und mit Saumstich oder mit der Maschine dicht an der gefalteten Kante zusammennähen. Die Heftfäden entfernen und entweder einen Knopf mit Knopfloch (siehe Seite 33-38) oder einen Druckknopf (siehe Seite 135-136) als Verschluss anbringen.

TIPP
Es gibt viele verschiedene Möglichkeiten, den Kragen zu verzieren. Nähen Sie ein Schleifchen an oder setzen Sie ein Spitzenbändchen an die Außenkante. Strasssteine oder Stickereien sollten vor dem Nähen des Kragens aufgebracht werden.

Das perfekte Sommerkleid

Erfrischend kühl und umwerfend feminin zeigt sich dieses Sommerkleid im Vintage-Look mit weitem Rock und einem Bubikragen. Das strukturierte Oberteil mit Prinzessnähten und geformter Taille wirkt einfach elegant – tragen Sie dazu einen Unterrock aus Tüll als perfektes Finish für den 50er-Jahre-Stil.

Stoffempfehlungen

■ Hauptstoff, für das Kleid: Baumwolldruckstoff, Baumwollpopeline, Leinen, Chambray, Wollcrêpe

■ Kontraststoff, für den Kragen: unifarbener Baumwollpopeline, Baumwoll-Polyester, Baumwolle, feines Leinen

Sie benötigen außerdem

■ Schnittvorlagen für das Kleid, übertragen vom Schnittmuster am Ende dieses Buches (siehe Seite 192)

■ farblich passende Nähfäden

■ Reißverschluss, 56 cm lang, für die Größen 36-40 (US 6/8/10, UK 8/10/12), oder 61 cm lang, für die Größen 42-46 (US 12/14/16, UK 14/16/18)

■ dünne, aufbügelbare Einlage (siehe Stoffmengen)

■ 1,20 m Baumwollband, 6-10 mm breit

■ 5,40 m farblich passendes Schrägband, 10 mm breit

■ Haken und Öse

Hinweis:

Falls nicht anders angegeben, ist eine Nahtzugabe von 1,5 cm bereits enthalten.

Nähen Sie rechts auf rechts mit passgenau ausgerichteten Markierungen, sofern nicht anders angegeben.

Größentabelle

Größe	US 6/UK 8/ D 36	US 8/UK 10/ D 38	US 10/UK 12/ D 40	US 12/UK 14/ D 42	US 14/UK 16/ D 44	US 16/UK 18/ D 46
Oberweite	79 cm	81,5 cm	86,5 cm	91,5 cm	96,5 cm	101,5 cm
Taillenweite	60,5 cm	63 cm	68 cm	73 cm	78 cm	83 cm
Hüftweite	85, 5 cm	88 cm	93 cm	98 cm	103 cm	108 cm
Fertige Länge (Hals bis Taille)	41,5 cm	42 cm	42,5 cm	43 cm	43,5 cm	44 cm
Fertige Länge (Taille bis Saum)	57 cm	57 cm	57 cm	57 cm	57 cm	57 cm

Stoffmengen

Stoffbreite 112 cm						
Hauptstoff	3,80 m	3,80 m	3,90 m	4,00 m	4,10 m	4,20 m
Kontraststoff	40 cm	40 cm	40 cm	40 cm	40 cm	40 cm
Stoffbreite 150 cm						
Hauptstoff	3,40 m	3,50 m	3,60 m	3,60 m	3,70 m	3,70 m
Kontraststoff	40 cm	40 cm	40 cm	40 cm	40 cm	40 cm
Mitteldicke, aufbügelbare Einlage, 90 cm breit						
	40 cm	40 cm	40 cm	40 cm	40 cm	40 cm

Kleid – alle Größen
Hauptstoff, 112 cm breit

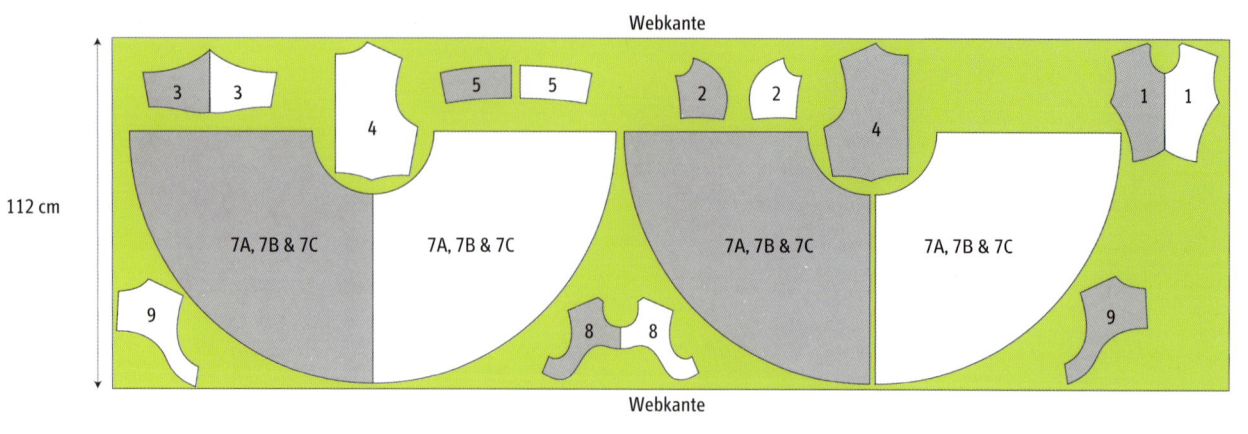

Kleid – alle Größen
Hauptstoff, 150 cm breit

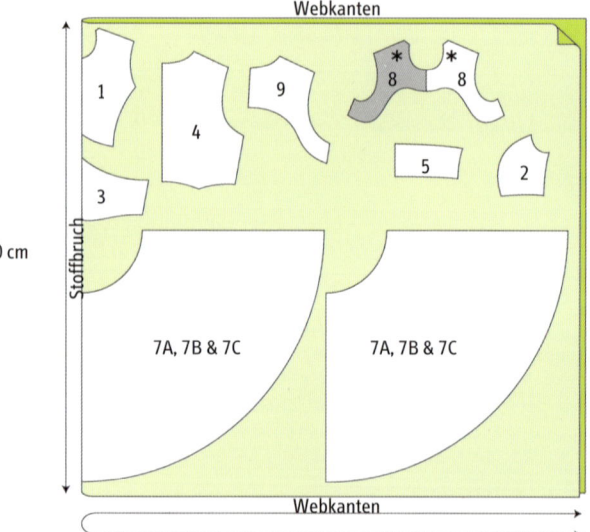

Farbkennung

rechte Stoffseite

linke Stoffseite

Rückseite des Schnitt-
musterteils

* beim Zuschneiden
Stoff auseinander-
falten

Vorderansicht

Rückenansicht

Kleid – alle Größen
Kontraststoff,
112–150 cm breit

Einlage – alle Größen
90 cm breit

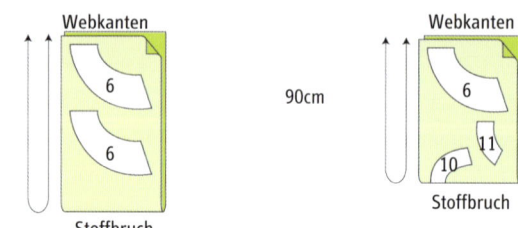

Hinweis
Die Stoffmengen und der Zuschneideplan gelten für
einfarbige Stoffe oder Druckstoffe mit einem allseitigen
Muster. Hat der Stoff ein großes Muster mit Rapport, wie
bei unserem Kleid, benötigen Sie etwas mehr Stoff, um
alle Schnittteile in der korrekten Musterrichtung zuzuschneiden.

Stoff zuschneiden
Schnittteile 1, 2, 3, 4, 5, 6, 7A, 7B & 7C, 8, 9, 10 und 11.

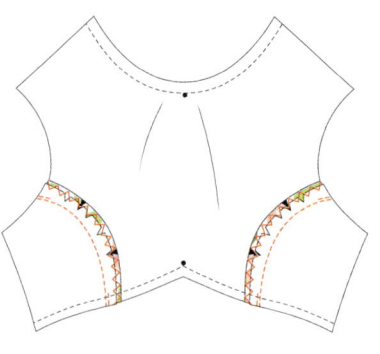

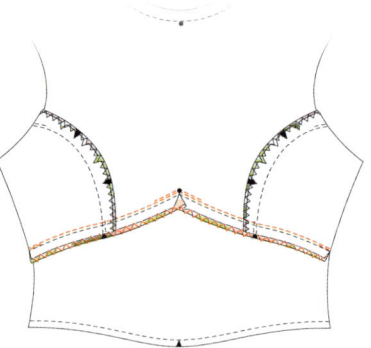

1 Folgen Sie dem passenden Zuschneideplan und schneiden Sie Stoff- und Einlageteile aus (siehe „Stoff zuschneiden", Seite 29-30, und „Zeichener-klärung", Seite 23). Die Ausschnittkanten, Ober- und Unterkante des Taillenteils, die Unterkante des vor-deren Mittelteils und die Seitenteile mit Stütznähten verstärken (siehe Seite 43).

2 Stecken, heften und nähen Sie die vorderen Seitenteile rechts auf rechts mit ausgerichteten Markierungen an das mitt-lere Vorderteil. Heftfäden entfernen und die Nahtzugaben an den vorderen Seitenteilen einschneiden. Die Nahtzugaben gemeinsam versäubern und zum mittleren Vorderteil bügeln.

3 Die Oberkante des vorderen Taillenteils an die zusammengefügten Vorderteile nähen, Nähte und Markierungen sowie Punkte treffen aufeinander. Die Nahtzuga-ben am mittleren Vorderteil bis auf 3 mm Abstand zum Markierungspunkt zurück-schneiden, damit die Ecke einfacher zu wen-den ist. Steppen Sie eine ca. 2,5 cm lange doppelte Naht an jeder Seite des vorderen Mittelpunkts, um den Bereich zu verstärken. Die Nahtzugaben gemeinsam versäubern und zur Taille bügeln.

4 Nähen Sie den Abnäher an den Rückenteilen (siehe Seite 118-119) und bügeln Sie den Abnäher zur hinteren Mittelkante. Stecken, heften und nähen Sie die Unterkanten der beiden Rückenteile rechts auf rechts an die Oberkante der rückwärtigen Taillenteile, dabei Abnäher und Markierungen ausrichten. Die Nahtzugaben gemeinsam versäubern und zur Taille bügeln.

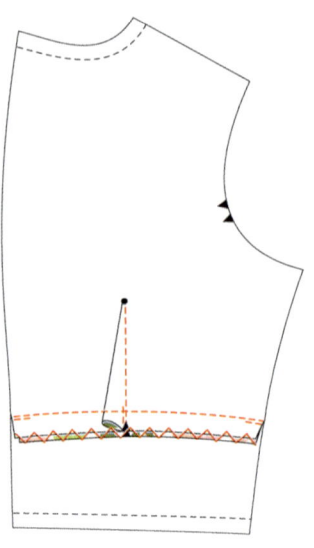

5 Die Vorderteile an den Schulternähten an die Rückenteile nähen und die Nähte auseinanderbügeln. Arbeiten Sie den Kragen und nähen Sie diesen wie auf Seite 148, „Flachen Kragen ansetzen" gezeigt, an. Den Beleg wie bei Schritt 1-4, „Kombinierte Belege", auf Seite 146-147 beschrieben arbeiten.

6 Nutzen Sie die Schnittmuster wie eine Schablone und schneiden Sie das Baumwollband in drei Stücke – in der Länge der Taillenkante der beiden hinteren Taillenstücke sowie des vorderen Taillenstücks. Die Taillenkanten des Rocks auf die Länge der jeweiligen Bänder zusammenraffen (siehe Seite 104-106). Stecken Sie die Bänder an den Taillenkanten auf die linke Stoffseite und nähen Sie sie mit der Maschine an der Nählinie fest.

7 Richten Sie die Unterarm- und Taillennähte an beiden Oberteilen aus. Stecken, heften und nähen Sie die gerafften Rockkanten rechts auf rechts an die Taillenkanten, dabei durch beide Stofflagen und das Baumwollband nähen. Die Nahtzugaben gemeinsam versäubern und zur Taille bügeln.

8 Nähen Sie den Reißverschluss nach der Anleitung für einen verdeckten Reißverschluss auf Seite 55 ein. Versäubern Sie die Stoffkanten an den Seitennähten. Richten Sie Taillen- und Unterarmnähte sowie die Saum- und Belegkanten aus. Die Belege an den Unterarmen hochschlagen und die beiden Seitennähte von Kleidungsstück und Belegen jeweils mit einer durchgehenden Naht zusammennähen. Die Nähte auseinanderbügeln, die Nahtzugaben zurückschneiden (siehe Seite 38). Den Beleg nach innen falten und flach bügeln. Die Belegkante mit einigen Überwendlichstichen (siehe Seite 34) an die Nahtzugaben nähen. Den Beleg am Reißverschluss ausarbeiten wie bei Schritt 6 auf Seite 145 beschrieben und die Saumkante mit Schrägband versäubern (siehe Seite 65).

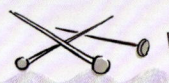

Workshop 11

Ärmel und Ärmelabschlüsse

Ärmel gibt es in modischer Vielfalt: als einfachen oder Formärmel, gerafft oder mit Rüschen besetzt wie die Ärmel bei dem niedlichen Kinder-Outfit am Ende dieses Workshops. Die Beliebtheit der klassischen „Hemdsärmel" ist dagegen weniger der Launenhaftigkeit der Mode unterworfen. In diesem Workshop erklären wir das Einsetzen von Ärmeln, das Nähen von Ärmelbündchen und das Versäubern der Ärmelkanten. Außerdem zeigen wir Ihnen, wie Sie Paspeln anfertigen, die in Kanten oder Manschetten eingesetzt werden können, aber auch an Kragen oder bei Heimtextilien gut zur Geltung kommen.

Ärmel

Ein Ärmel kann aus einem Stück genäht werden, bei aufwendig geschneiderter Kleidung aber auch – für besseren Sitz – aus zwei Teilen. In diesem Workshop steht der am häufigsten bei Damenblusen, Hemden und Kleidern verwendete Ärmel im Blickfeld – der einteilige Ärmel, entweder als eingesetzter Ärmel oder als angesetzter Hemdärmel. Zudem werden wir uns den Raglanärmeln widmen.

Eingesetzte Ärmel

Eingesetzte Ärmel finden sich bei den verschiedensten Kleidungsstücken, jedoch ist der jeweilige Stil unterschiedlich. Einige haben eine leicht gerundete Armkugel (die gebogene Kante), die eine sanfte Kurve von der Schulter aus bildet. Andere Ärmel haben eine voluminöse, gekräuselte Armkugel, das Einsetzen erfolgt jedoch immer nach der gleichen Methode. Bevor Sie mit dem Einnähen beginnen, steppen, bügeln und versäubern Sie alle Nähte, die quer zum Armausschnitt liegen, und arbeiten Sie alle Falten oder Kräusel (siehe Seite 132-134 und 104-106) an den Armkugeln.

1 Bei einer Armkugel ohne Falten oder Kräusel nähen Sie zwischen den äußeren Markierungen um die gebogene Kante zwei parallele Nähte zum Einhalten (siehe Seite 43). Stecken, heften und nähen Sie die Unterarmnaht rechts auf rechts. Entfernen Sie die Heftfäden und bügeln Sie die Naht auseinander. Versäubern Sie die Nahtzugaben einzeln und wenden Sie den Ärmel auf rechts.

2 Stecken Sie den Ärmel rechts auf rechts in den entsprechenden Armausschnitt, dabei die Markierungen ausrichten. Der obere Markierungspunkt liegt an der Schulternaht, die Unterarmnaht an der Seitennaht. Die Fäden der Einhaltenähte so weit anziehen, dass der Ärmel in die Öffnung passt. In Abständen von 1 cm feststecken.

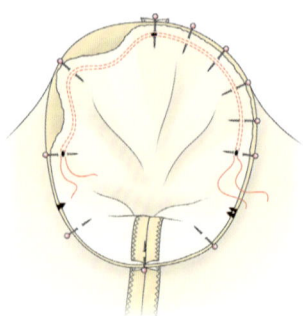

3 Prüfen Sie den Sitz des Ärmels und glätten Sie eventuelle Fältchen. Entfernen Sie die Stecknadeln und den Ärmel. Legen Sie den Ärmel mit der rechten Stoffseite nach oben und bügeln Sie mit Dampf die Innenseite der Armkugel, sodass Fältchen an der Einhaltenaht geglättet werden.

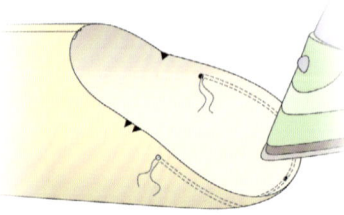

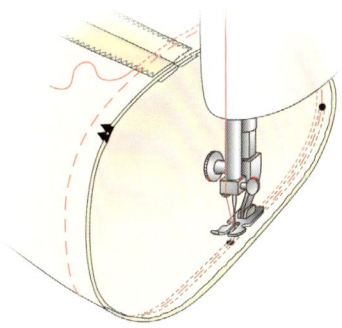

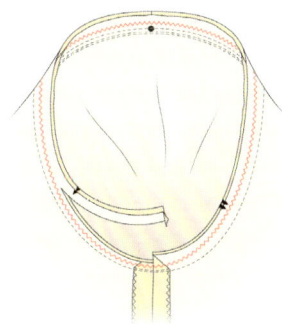

4 Stecken Sie wie zuvor den Ärmel wieder rechts auf rechts in den Armausschnitt und heften Sie ihn mit kleinen Heftstichen fest. Mit der linken Stoffseite des Ärmels oben liegend beginnen Sie an der Unterarmnaht, den Ärmel entlang der Nählinie einzunähen. Die eingehaltene Weite mit den Fingern glätten. Das Nahtende mit einigen überlappenden Stichen sichern und die Heftfäden entfernen.

5 Folgen Sie der Technik für Zickzackstiche ohne Überwendlichnähfuß auf Seite 39 zum Versäubern der Nahtzugaben am Armausschnitt. Versäubern Sie die untere Ärmelkante nach Belieben (siehe Seite 158-162).

TIPPS

Um den Ärmel korrekt einzusetzen, müssen Pass- und Einsetzzeichen stimmen – übertragen Sie alle Markierungen exakt auf den Stoff und achten Sie darauf, dass der obere Markierungspunkt akkurat an der Schulter liegt.

Beim Ermitteln der Ärmellänge bedenken Sie bitte, dass diese nicht nur zum Stil des Kleidungsstücks, sondern auch zu den Proportionen des Trägers passen sollte.

Angesetzte Ärmel

Vor allem Herrenhemden haben angesetzte Ärmel, jedoch findet sich dieser Ärmeltyp auch bei Damenhemden, Freizeitkleidung oder bei Kinderkleidung. Bei dieser Technik wird der Ärmel an den offenen Armausschnitt angesetzt, bevor die Seitennähte geschlossen werden. Die Armkugel ist meist flach und wird nur leicht eingehalten. Eine Ausnahme ist jedoch unser Baby-Outfit am Ende dieses Workshops, bei dem die Armausschnitte so winzig sind, dass das Einsetzen der Ärmel eine echte Herausforderung wäre.

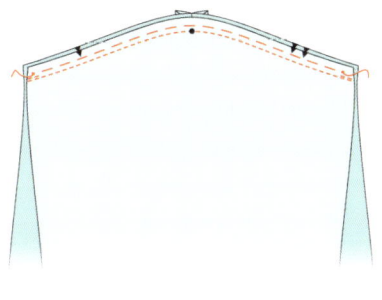

1 Nähen und bügeln Sie zunächst die Schulternähte des Kleidungsstücks. Stecken, heften und nähen Sie die obere Armkugel rechts auf rechts mit der Maschine an die Armausschnittkante mit ausgerichteten Markierungen, der obere Markierungspunkt liegt an der Schulternaht. Entfernen Sie die Heftfäden.

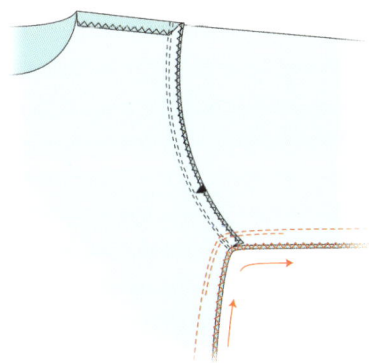

3 Stecken Sie die Seiten- und Unterarmnaht des Ärmels rechts auf rechts zusammen, dabei die Armausschnittnähte ausrichten. Heften und steppen Sie Seiten- und Unterarmnaht mit einer durchgehenden Maschinennaht von der Saumkante des Kleidungsstücks bis zur unteren Ärmelkante. Nahtanfang und -ende mit Rückstichen sichern. Entfernen Sie die Heftfäden und nähen Sie auf jeder Seite an der Armausschnittnaht über der ersten Naht eine 5 cm lange Stütznaht. Versäubern Sie die Nahtzugaben gemeinsam und bügeln Sie diese nach hinten. Die untere Kante des Ärmels nach Belieben fertigstellen (siehe Seite 158-162).

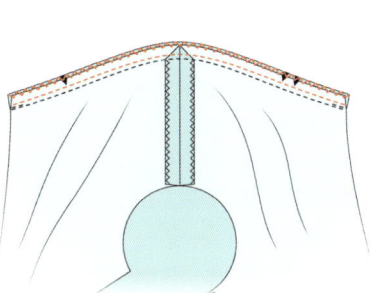

2 Die Nahtzugaben an den Schultern schräg abschneiden, damit sie schön flach liegen (siehe Seite 38). Nähen Sie an jeder Armausschnittkante innerhalb der Nahtzugabe, 6 mm neben der ersten Naht, eine Stütznaht. Versäubern Sie die Nahtzugaben gemeinsam mit Zickzackstichen ohne Überwendlichfuß (siehe Seite 39). Die Nahtzugaben zum Ärmel bügeln.

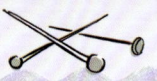

Raglanärmel

Typisch für diese Ärmel sind ihre diagonalen Nähte, die vom Unterarm bis zum Halsausschnitt verlaufen. Raglanärmel bedecken nicht nur den Arm, sondern ebenso die ganze Schulter. Damit sich der flache Raglanärmel an die Schulter schmiegen kann, muss ein Abnäher an der Schulter (siehe Seite 118) gesetzt werden. Der Ärmel kann jedoch auch aus zwei Teilen bestehen, die über der Schulter und entlang des Armes vernäht werden.

Die hier gezeigte Technik gilt für einen einteiligen Ärmel. Bei einem zweiteiligen Raglanärmel ist die Konstruktion ähnlich, Sie müssen jedoch anstelle eines Abnähers eine Naht über den oberen Ärmel arbeiten. Bevor Sie mit dem Ärmel beginnen, nähen und bügeln Sie zunächst die Seitennähte des Kleidungsstücks sowie alle quer zu den Armausschnittkanten verlaufenden Nähte.

1 Nähen Sie die Schulterabnäher (siehe Seite 118) und bügeln Sie sie mithilfe der Spitze des Bügelbretts (oder einem Schneiderschinken, wenn dieser zur Verfügung steht, siehe Seite 145) flach, sodass eine Rundung entsteht. Stecken, heften und nähen Sie mit der Maschine rechts auf rechts die Unterarmnähte. Entfernen Sie die Heftfäden, versäubern Sie die Nahtzugaben einzeln und bügeln Sie die Nähte flach. Wenden Sie den Ärmel auf rechts.

2 Stecken und heften Sie den Ärmel rechts auf rechts, mit ausgerichteten Markierungen und der Unterarmnaht an der Seitennaht des Kleidungsstücks, in den Armausschnitt. Die linke Stoffseite liegt oben.

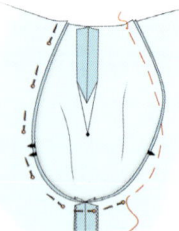

3 Arbeiten Sie von der Ärmelseite aus und nähen Sie den Ärmel mit der entsprechenden Nahtzugabe an, dann die Heftfäden entfernen. Nähen Sie entlang des Unterarms, 6 mm neben der ersten Naht, innerhalb der Nahtzugabe und zwischen den Markierungen eine Stütznaht. Schneiden Sie die Nahtzugaben zurück, damit sie flach liegen (siehe Seite 38), versäubern Sie die Nahtzugaben gemeinsam (siehe Seite 38) und bügeln Sie sie in die Ärmel. Versäubern Sie die untere Ärmelkante nach Belieben (siehe unten).

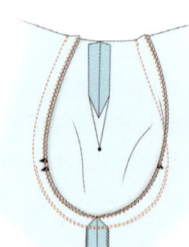

Ärmelabschlüsse

Die Saumkante des Ärmels kann je nach Stil des Kleidungsstücks auf verschiedene Weise versäubert werden – von einem einfachen Saum über einen Saumbeleg bis zu einem elastischen Ärmelabschluss oder einer Manschette.

Gesäumter Ärmelabschluss

Diese Art des Ärmelabschlusses wird häufig bei geraden Ärmeln verwendet. Der Saum wird entweder unsichtbar von Hand oder – bei legerer Kleidung – mit der Maschine genäht. Weitere Details sind auf Seite 62-64 beschrieben.

Mit Besatz

Ist die Unterkante des Ärmels geformt, ist ein Beleg oder Besatz die beste Option. Sie können auch Schrägband verwenden. Lesen Sie mehr dazu auf Seite 65.

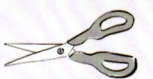

Elastisches Bündchen

Bei voluminösen Ärmeln bildet ein elastisches Bündchen einen weichen, femininen Abschluss. Die Methode ist ideal für Kinderkleidung, da das Gummiband passgenau zugeschnitten werden kann. Genäht wird dieser Ärmelsaum wie ein Taillentunnelbund, weitere Informationen zur Konstruktion dieses Ärmelabschlusses finden Sie auf Seite 120-121.

Manschetten und Ärmelschlitze

Eine Manschette ist ein Stoffstreifen, der den Ärmelabschluss versäubert. Dabei wird die Unterkante des Ärmels entweder gerafft, in Fältchen gelegt oder bleibt gerade. Es gibt zwei Arten von Manschetten: die eng anliegende mit einer Öffnung, die das An- und Ausziehen des Kleidungsstücks ermöglicht, oder ein Bündchen ohne Öffnung. Für die eng anliegende Manschette wird zunächst ein Schlitz gearbeitet, bevor man die Unterarmnaht schließt und den Ärmel an die Manschette näht. Die folgenden zwei einfachen Techniken für einen Ärmelschlitz können beide bei einer eng anliegenden Manschette verwendet werden.

Belegter Schlitz

1 Schneiden Sie für jeden Ärmel einen rechteckigen Beleg aus dem Kleidungsstoff zu. Alternativ können Sie auch einen Kontraststoff verwenden. Schneiden Sie den Beleg 6,5 cm breit und in der Länge des Schlitzes plus 2,5 cm zu. Versäubern Sie die Ober- und Seitenkanten, indem Sie diese 6 mm breit zur linken Stoffseite umbügeln und mit der Maschine absteppen. Markieren Sie den Schlitz auf der linken Belegseite wie abgebildet.

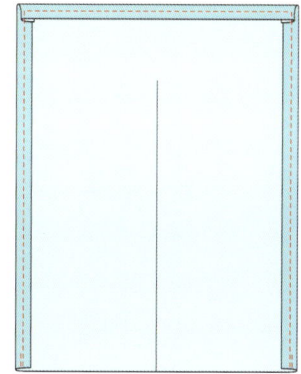

2 Legen Sie den Beleg rechts auf rechts und kantenbündig auf die untere Kante des Ärmels, die markierten Schlitze liegen übereinander. Stecken Sie den Beleg an den Ecken fest. Arbeiten Sie auf der verstärkten Seite und nähen Sie die Schlitzseiten mit einem Abstand von 3 mm zur markierten Linie. Beginnen Sie an der ungesäumten Belegseite und sichern Sie den Nahtanfang mit Rückstichen. Nähen Sie dann eine gerade Naht bis zur Spitze. Drehen Sie die Arbeit um die Nadel (siehe Seite 37) und nähen Sie eine weitere gerade Naht hinunter bis zur Kante. Beenden Sie die Naht mit 3 mm Abstand zur anderen Seite der Linie. Sichern Sie das Ende wieder mit Rückstichen. Nähen Sie eine ca. 2 cm lange Stütznaht über die erste Naht auf jeder Seite der Spitze, dabei die Arbeit um die Nadel drehen.

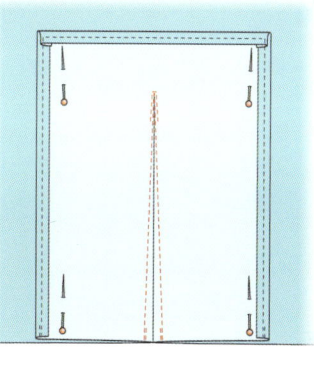

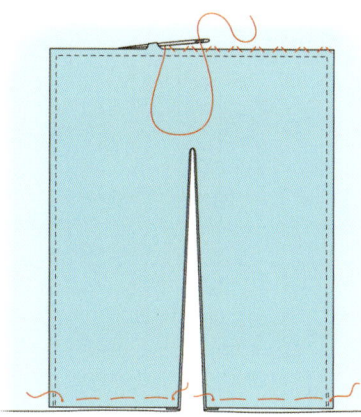

3 Entfernen Sie die Stecknadeln und schneiden Sie die Schlitzlinie mit einer kleinen, spitzen Schere vorsichtig bis knapp an die Spitze heran auf. Bügeln Sie die Nahtzugaben zum Beleg und wenden Sie den Beleg zur linken Seite des Ärmels, dabei die Nähte leicht nach innen einrollen und diese dann flach bügeln. Heften Sie die untere unversäuberte Belegkante fest, sodass die Manschette angesetzt werden kann. Mit einem Blindsaum (siehe Seite 64) die obere Belegkante an den Ärmel nähen oder – für einen legeren Effekt – alle Kanten mit der Nähmaschine annähen.

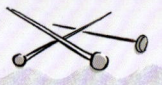

Eingefasster Schlitz

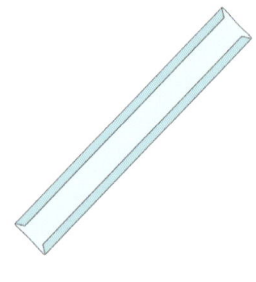

1 Schneiden Sie aus dem Kleidungsstoff im geraden Fadenlauf für beide Ärmel einen rechteckigen Stoffstreifen aus, 5 cm breit und in der doppelten Länge des Schlitzes. Bügeln Sie die Längskanten 6 mm zur linken Stoffseite um.

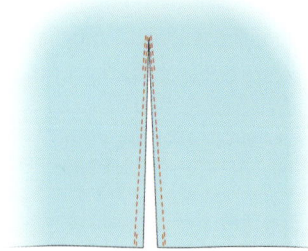

2 Verstärken Sie die Schlitzkanten mit einer Stütznaht wie bei Schritt 2 auf Seite 159 beschrieben, die Angaben zum Beleg können Sie jedoch ignorieren. Schneiden Sie die Naht vorsichtig mittig bis kurz vor die Spitze auf.

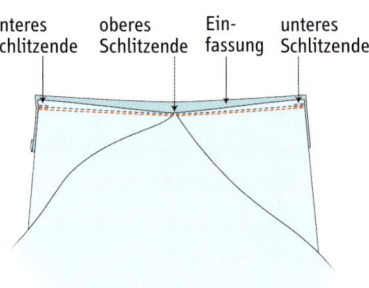

unteres Schlitzende · oberes Schlitzende · Einfassung · unteres Schlitzende

3 Falten Sie eine Bruchkante des Streifens auf. Nehmen Sie beide Schlitzecken in die Hände und ziehen Sie die genähten Kanten gerade auseinander. Die Schlitzkanten rechts auf rechts an die geöffnete Streifenkante legen, die Stütznaht des Schlitzes und die umgebügelte Kante des Streifens treffen aufeinander. Die Kanten feststecken und heften. Von der Ärmelseite aus knapp neben der Stütznaht auf dem Schlitz festnähen. Heftfäden entfernen.

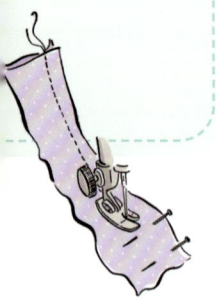

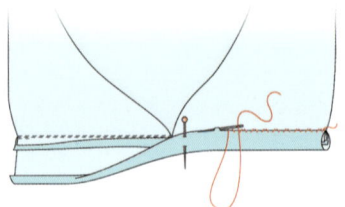

4 Die umgebügelte Kante des Streifens wieder umschlagen und erneut bügeln. Nun die lose Kante des Streifens zur linken Seite falten, dabei die gebügelte Kante an der Stütznaht ausrichten. Stecken, heften und mit einem Blindsaum die Kante festnähen (siehe Seite 64). Heftfäden entfernen.

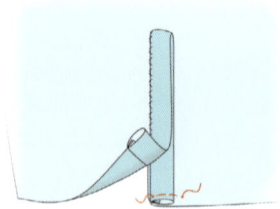

5 Auf der linken Stoffseite des Ärmels legen Sie den Schlitz wieder in seine ursprüngliche Position. Die Streifenkanten übereinanderlegen, sodass sie zum Ärmel zeigen, mit einem Falz an der Spitze des Schlitzes. Flach bügeln und das Streifenende an die untere Ärmelkante heften, damit die Manschette angesetzt werden kann.

Nähen und Einsetzen einer eng anliegenden Manschette

Diese Technik zeigt eine Manschette mit Untertritt, an der ein Knopf befestigt wird. Besteht die Manschette nur aus einem geraden Streifen, wird sie meist aus einem Stück Stoff genäht. Wenn Sie jedoch einen Kontraststoff ansetzen möchten oder die Manschette einen Umschlag hat, benötigen Sie einen Beleg oder eine zweiteilige Manschette. Sowohl die einteilige als auch die zweiteilige Manschette werden hier beschrieben.

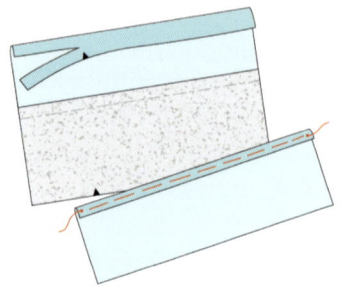

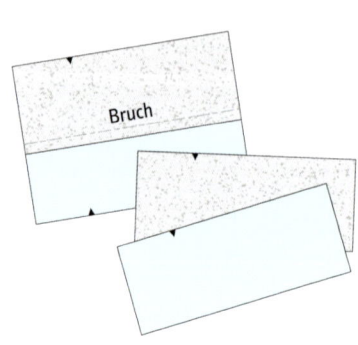

Bruch

1 Für eine einteilige Manschette die Einlage (siehe Seite 19) zuschneiden und auf eine Längshälfte der Manschette aufbügeln oder – wie hier abgebildet – ca. 1 cm über die mittlere Bruchlinie hinaus, wenn der Effekt weicher sein soll. Bei einer zweiteiligen Manschette die Einlage auf die linke Stoffseite eines Manschettenteils aufbügeln.

2 Auf der nicht verstärkten Seite einer einteiligen oder dem nicht verstärkten Teil einer zweiteiligen Manschette die Nahtzugabe der Oberkante zur linken Stoffseite bügeln. Nahtzugabe auf 1 cm zurückschneiden und heften. Bei einer zweiteiligen Manschette Schritt 3 überspringen und bei Schritt 4 fortfahren.

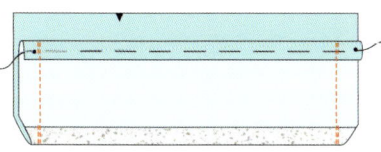 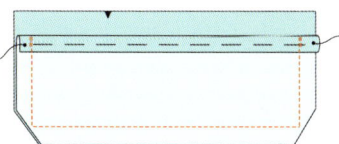 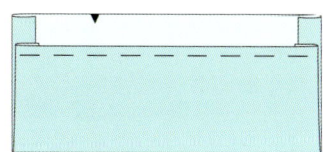

3 Für eine einteilige Manschette die Manschette rechts auf rechts der Länge nach an der Bruchlinie zur Hälfte umfalten, dabei die gebügelte Kante an der gegenüberliegenden Nählinie ausrichten. Stecken, heften und nähen Sie die Seitenkanten mit entsprechender Nahtzugabe mit der Maschine zusammen. Nahtanfang und -ende mit Rückstichen sichern. Nahtzugaben abgestuft zurückschneiden und die Ecken abschrägen (siehe Seite 38). Nun Schritt 4 überspringen und mit Schritt 5 fortfahren.

4 Für eine zweiteilige Manschette je ein verstärktes und ein nicht verstärktes Manschettenteil rechts auf rechts kantenbündig aufeinanderlegen. Stecken, heften und nähen Sie die Seiten- und Unterkanten mit entsprechender Nahtzugabe mit der Maschine zusammen. Nahtanfang und -ende mit Rückstichen sichern. Nahtzugaben abgestuft zurückschneiden und die Ecken abschrägen.

5 Die Nahtzugaben auseinanderbügeln und zur nicht verstärkten Seite der Manschette bügeln. Die Manschette auf die rechte Seite wenden und flach bügeln, dabei die Nähte leicht nach innen rollen.

TIPP
Eventuell ist es leichter für Sie, wenn Sie die Ärmelunterkanten versäubern, bevor Sie die Ärmel in das Kleidungsstück einsetzen. Wenn Sie die Technik für Hemdenärmel (siehe Seite 157) verwenden, nähen Sie die Unterarmnaht bis 10 cm vor der unteren Kante. So können Sie die Manschette einsetzen, haben aber immer noch die Möglichkeit, die Armkugel flach an den Armausschnitt zu nähen.

6 Arbeiten Sie alle Raffungen oder Fältchen an der unteren Kante beider Ärmel (siehe Seite 105-106 oder 131) und nähen Sie die Unterarmnaht. Die Nahtzugaben einzeln versäubern und auseinanderbügeln. Stecken Sie die Manschette rechts auf rechts an die Ärmelunterkante, dabei die Markierung an der Ärmelnaht ausrichten – die Vorderkante der Ärmelöffnung sollte am Manschettenende liegen, das zweite Ende der Manschette über die rückwärtige Öffnung herausragen. Die Manschette festheften.

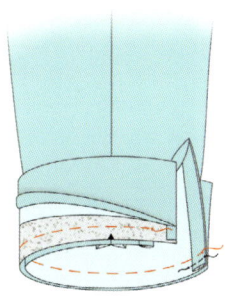

7 Die Manschette mit entsprechender Nahtzugabe mit der Maschine festnähen. Nahtanfang und -ende mit Rückstichen sichern. Nahtzugaben abgestuft zurückschneiden, die breiteste Seite an der Manschette. Die Manschette nach unten ziehen und die Nahtzugaben zur Manschette bügeln. Die lose geheftete Kante an der Naht ausrichten und feststecken. Die gesamte Kantenlänge mit einem Blindsaum fixieren (siehe Seite 64) und bügeln. Alle Heftfäden entfernen. Die Manschette nach Belieben absteppen (siehe Seite 42) und mit einem Knopf auf dem Untertritt und einem Knopfloch auf dem Übertritt (siehe Seite 44-48) oder mit einem nähfreien Druckknopf (siehe Seite 136) verschließen.

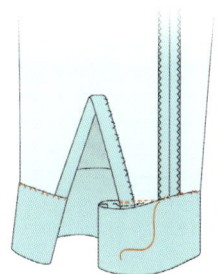

Nähen und Einsetzen eines bequem geschnittenen Ärmelbündchens

Diese Manschettenform hat keine Öffnung – die Stoffstreifen werden in ausreichender Größe so zugeschnitten, dass Hand und Arm mühelos hindurchpassen. Bevor Sie beginnen, nähen und bügeln Sie die Unterarmnähte. Bei einem gekräuselten Ärmel die Einhaltenaht nähen (siehe Seite 104-106) und die Weite passend einhalten.

1 Die Einlage bis an die Bruchlinie aufbügeln oder, wie hier abgebildet, ca. 1 cm über die Bruchlinie hinaus, wenn der Effekt etwas weicher sein soll. Stecken und heften Sie die Bündchenenden rechts auf rechts zum Ring zusammen. Nähen Sie mit der Maschine mit entsprechender Nahtzugabe die geheftete Naht. Schneiden Sie die Nahtzugaben abgestuft zurück, damit sie flach liegen (siehe Seite 38), und bügeln Sie sie auseinander.

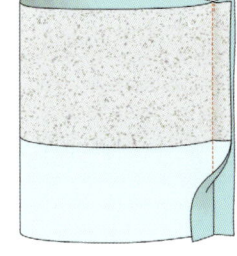

2 Falten und bügeln Sie die Nahtzugabe des nicht verstärkten Bündchenteils zur linken Seite. Nahtzugabe auf 1 cm zurückschneiden und festheften.

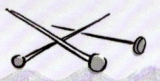

3 Stecken Sie die verstärkte Bündchenkante rechts auf rechts und kantenbündig an die Ärmelunterkante, die Bündchennaht und die Unterarmnaht treffen aufeinander. Festheften und das Bündchen mit der Maschine mit entsprechender Nahtzugabe nähen, dabei das Nahtende überlappen lassen, um die Naht zu sichern. Die Nahtzugaben abschrägen, damit sie flach liegen (siehe Seite 38). Die gerade gefertigte Naht zurückschneiden bzw. abgestuft zurückschneiden.

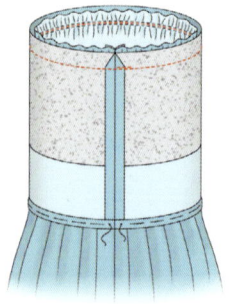

4 Das Bündchen nach unten ziehen und die Nahtzugaben zum Bündchen bügeln. Die lose geheftete Bündchenkante an der Maschinennaht ausrichten und feststecken. Zur Fertigstellung des Bündchens die gesteckte Kante mit Blindstichen (siehe Seite 34) an die Maschinennaht nähen. Die Heftfäden entfernen und bügeln.

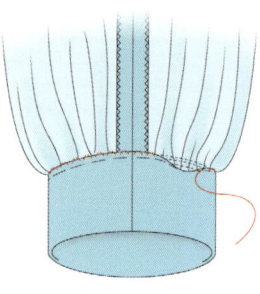

Selbst genähte Paspeln

Paspeln sind mit Stoff umnähte Kordeln, sie werden als dekoratives Element bei Kleidung und auch Heimtextilien verwendet. Die Kordel ist in der Regel weiß oder naturfarben und in verschiedenen Größen erhältlich, von 00 (die feinste) bis 6 (die stärkste). Sie kann entweder gedreht sein (wie ein Seil) oder geflochten. Geflochtene Kordel ergibt einen glatten, weichen Effekt, der für Kleidung gut geeignet ist. Gedrehte Kordel ist optimal für dickere Deko- oder Möbelstoffe. Soll das fertige Nähprojekt waschbar sein, achten Sie darauf, dass auch die Paspeleinlage gewaschen werden kann.

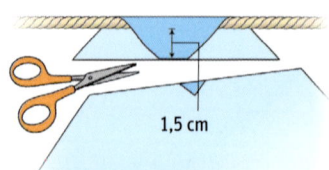

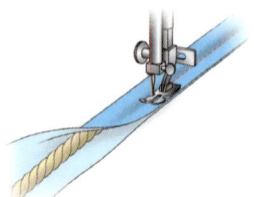

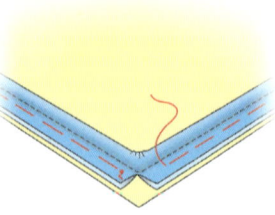

1 Die Breite des Stoffstreifens berechnen Sie anhand des Kordelumfangs plus 3 cm für Nahtzugaben. Oder falten Sie eine Ecke des Stoffs über die Kordel und stecken Sie sie fest, um die Kordel zu umschließen. Schneiden Sie den Stoff im Abstand von 1,5 cm zur Nadel ab. Öffnen Sie den Stoffstreifen, um die benötigte Breite zu ermitteln.

2 Schneiden und nähen Sie die Schrägstreifen wie bei Schritt 1-4 auf Seite 98 beschrieben. Zum Einarbeiten der Kordeln legen Sie diese mittig auf die linke Stoffseite des Schrägstreifens. Kante auf Kante über die Kordel falten und mit einem Reißverschlussfuß dicht an der Kordel zusammennähen.

3 Das Paspelband rechts auf rechts und kantenbündig an ein Stoffteil heften, die Paspel nach innen gerichtet. Verläuft die Paspel um eine Ecke, schneiden Sie die Nahtzugaben ein, damit sich das Band besser anpasst. Bei Rundungen die Nahtzugaben in gleichmäßigen Abständen einkerben (siehe Seite 38).

4 Falls die Kordelenden verbunden werden müssen, trennen Sie an jedem Ende die Maschinenstiche etwa 5 cm weit auf und klappen Sie den Schrägstreifen auf. Die Kordelenden so abschneiden, dass sie aneinanderstoßen, und die Enden mit einem Faden verbinden. Den Stoff an einem Ende des Schrägstreifens 6 mm nach innen umschlagen und über das zweite Ende schieben. Mit Heftstichen dicht an der Kordel fixieren.

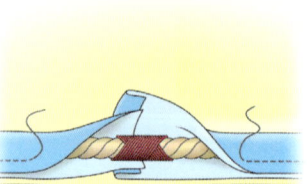

5 Legen Sie das zweite Stoffstück rechts auf rechts kantenbündig über das erste. Stecken, heften und nähen Sie die Stoffteile dicht an der Kordel zusammen, verwenden Sie dafür den Reißverschlussfuß. Entfernen Sie die Heftfäden.

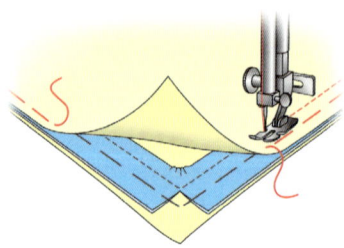

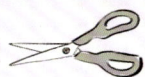

Gesmoktes Babykleid und -höschen

Dieses bezaubernde Babykleid mit passendem Höschen ist die größte Herausforderung in diesem Buch, da hier viele der Techniken einfließen, die Sie in den vorangegangenen Workshops gelernt haben. Dabei ist es das perfekte Outfit für jede Gelegenheit und wenn die süße Kleine für ihr tolles Kleid bewundert wird, das Sie genäht haben, ist es allemal die Mühe wert.

Größentabelle

Größe	6 Monate	12 Monate
Gewicht	6-8 kg	8-9,5 kg
Körpergröße	61-67 cm	67-79 cm
Fertige Länge (Hals bis Saum)	43 cm	48 cm

Stoffmengen

Stoffbreite 112 cm		
Hauptstoff	1,50 m	1,70 m
Kontraststoff	30 cm	30 cm
Stoffbreite 150 cm		
Hauptstoff	1,20 m	1,20 m
Kontraststoff	30 cm	30 cm
Mitteldicke, aufbügelbare Einlage, 90 cm breit		
Hauptstoff	20 cm	20 cm

Stoffempfehlung

■ Hauptstoff, für Kleid und Höschen: weicher Baumwollstoff, Baumwoll-Polyester, Chambray, Webkaro, Dupionseide

■ Kontraststoff, für die Paspel am Kragen: unifarbener weicher Baumwollstoff, Baumwoll-Polyester

Sie benötigen außerdem

■ Schnittteile, übertragen vom Schnittmuster am Ende dieses Buches (siehe Seite 192)

■ farblich passende oder kontrastierende Nähfäden

■ weiche geflochtene Kordel, Stärke 2, 60 cm lang

■ dünne aufbügelbare Einlage (siehe Stoffmengen)

■ 1 Strang Stickgarn in Kontrastfarbe

■ 1 Bogen Smok-Punkte, 9 mm x 6 mm

■ Gummiband, 6 mm breit

■ 2 Knöpfe, 10 mm ø

■ 3 Druckknöpfe zum Annähen

Hinweis:

Falls nicht anders angegeben, ist eine Nahtzugabe von 1 cm bereits enthalten.

Nähen Sie rechts auf rechts mit passgenau ausgerichteten Markierungen, sofern nicht anders angegeben.

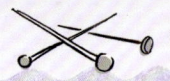

Kleid und Höschen – alle Größen
Stoffbreite 112 cm

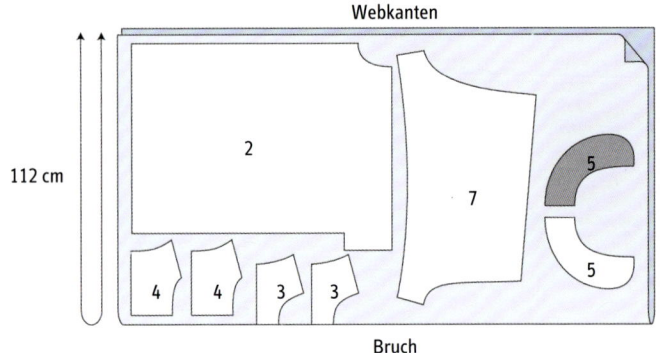

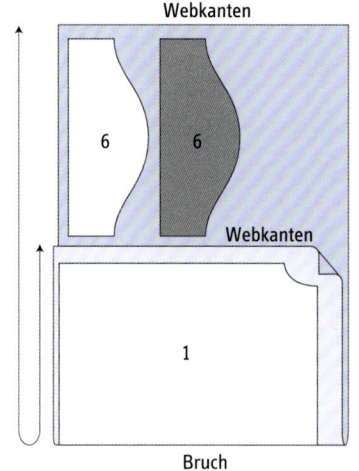

Kleid und Höschen – alle Größen
Stoffbreite 150 cm

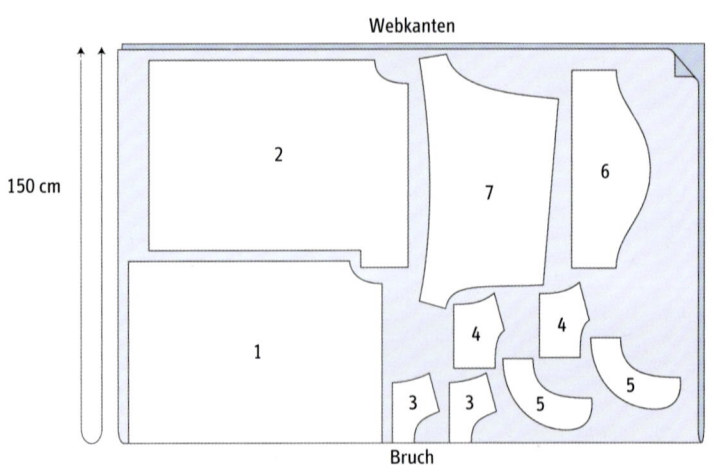

Aufbügelbare Einlage – alle Größen
90 cm breit

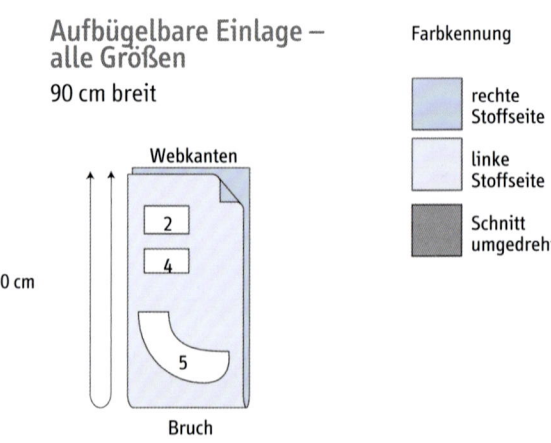

Farbkennung

▨	rechte Stoffseite
☐	linke Stoffseite
▨	Schnitt umgedreht

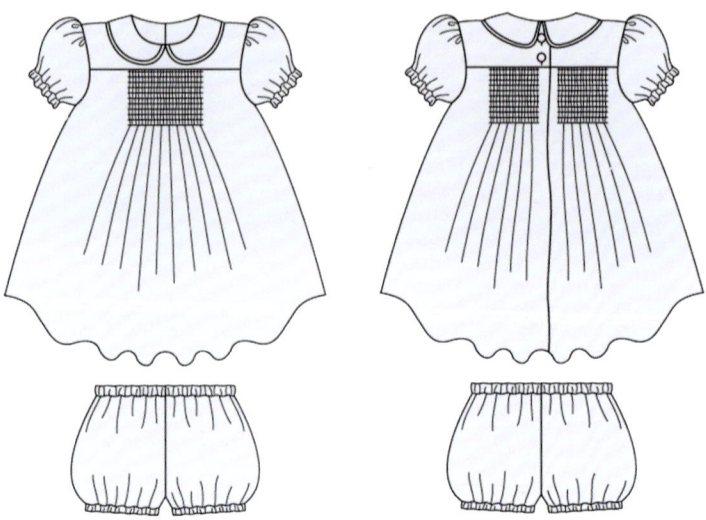

Vorderansicht   Rückenansicht

Stoff zuschneiden
Schnittteile 1, 2, 3, 4, 5, 6 und 7.

Hinweis
Die Stoffmengen und der Zuschneideplan gelten für Stoffe mit Musterrichtung. Wenn Sie Stoffe mit einem allseitigen Muster verwenden, können Sie die Schnittteile dichter auflegen. Denken Sie aber daran, alle Teile im geraden Fadenlauf parallel zu den Webkanten aufzulegen.

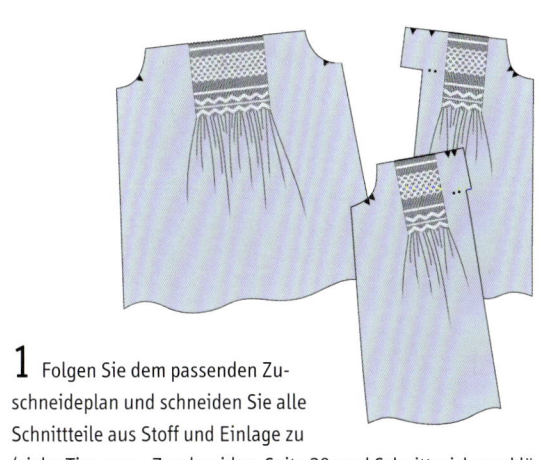

1 Folgen Sie dem passenden Zuschneideplan und schneiden Sie alle
Schnittteile aus Stoff und Einlage zu
(siehe Tipps zum Zuschneiden, Seite 29, und Schnittzeichenerklä-
rungen, Seite 23). Ziehen Sie mithilfe der Smok-Punkte an den im
Schnittmuster markierten Stellen 15 Kräuselnähte auf der Rockvor-
der- und -rückseite ein und arbeiten Sie Ihr Smok-Design mit drei
Fäden Stickgarn wie auf den Seiten 108-111 gezeigt.

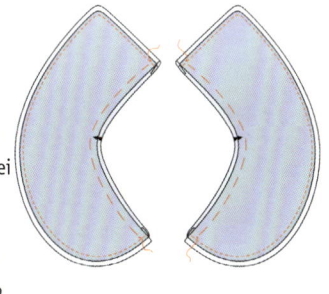

2 Bügeln Sie die Einlage
auf die linke Seite je eines
Kragenteils. Nähen und
befestigen Sie die Paspel an
der Kragenaußenkante, dabei
das Paspelband zwischen
dem verstärkten und dem
nicht verstärkten Kragenteil
einfassen wie bei Schritt 1, 2,
3 und 5 auf Seite 162 gezeigt.
Die markierten Halsausschnittkanten bei jedem Kragenpaar zusammenheften und bis dicht an der Paspel absteppen.

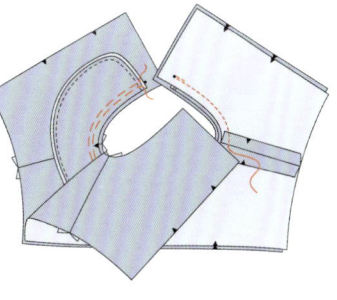

3 Bügeln Sie die
Einlage auf die linke
Stoffseite eines linken
und eines rechten rück-
wärtigen Passenteils
wie im Schnittmuster
angegeben. Nähen Sie
die Passenrückteile an
den Schultern an die Vorderteile und bügeln Sie die Nähte auseinander. Zur Fertigstellung und zum Einsetzen des Kragens folgen Sie
den Schritten 2 und 3 der Anleitung „Flachen Kragen ansetzen" auf
Seite 148. Verwenden Sie die nicht verstärkten Passenteile dabei
wie einen Beleg, der die obere Lage bildet, sodass der Kragen zwischen den beiden Passenlagen eingefasst wird.

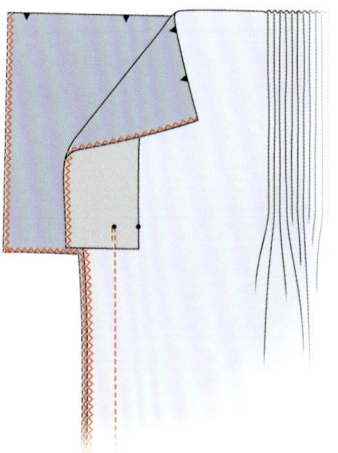

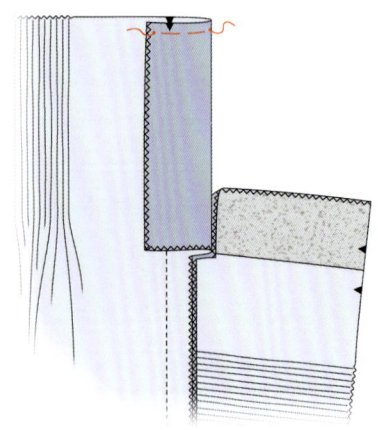

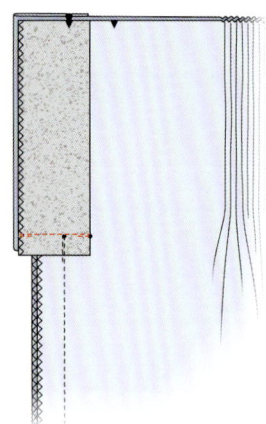

4 Bügeln Sie die Einlage auf die linke Stoffseite der rückwärtigen angeschnittenen Rockbelege wie im Schnittmuster angegeben. Nähen Sie die Rückteile des Rockes rechts auf rechts von den ersten Markierungspunkten bis zur Saumkante zusammen. Nahtanfang und -ende mit Rückstichen sichern. Versäubern Sie die Nahtzugaben einzeln sowie die Kanten der angeschnittenen Belege.

5 Um die Verschlussleiste am Rock zu arbeiten, schlagen Sie am rechten rückwärtigen Beleg 3 cm entlang der verstärkten Kante zur linken Stoffseite um, dabei die Markierungen an der Oberkante ausrichten. Die Oberkanten zusammenheften.

6 Mit der linken Stoffseite des linken rückwärtigen Rockteils oben liegend die Unterkante des verstärkten Bereichs von den inneren Markierungspunkten bis zur versäuberten Kante nähen. Nahtanfang und -ende mit Rückstichen sichern.

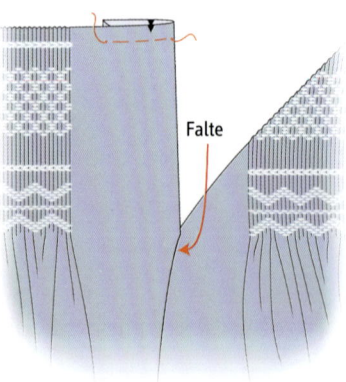

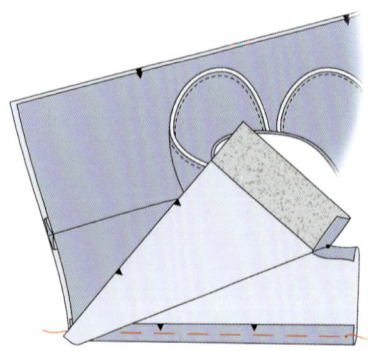

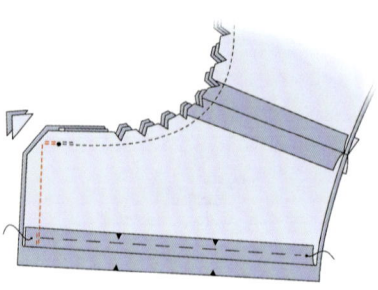

7 Zur Fertigstellung der Verschlussleiste das linke Rückenteil wieder auf rechts falten und die Markierungen an der Oberkante ausrichten. An der Öffnung eine Kante einbügeln, nur oberhalb der Naht, sodass darunter eine Falte entsteht. Die Oberkanten des linken Rückenteils zusammenheften.

8 An der Unterkante der nicht verstärkten Passenrückteile die Nahtzugaben zur linken Seite umschlagen, bügeln und heften. Wiederholen Sie die Schritte für die Passenvorderseite.

9 Nähen Sie die hintere Mitte der linken rückwärtigen Passe rechts auf rechts wie abgebildet, vom Markierungspunkt an der Kragenkante bis zur gebügelten Unterkante, dabei die Arbeit an der Ecke um die Nadel drehen. Nahtanfang und -ende mit Rückstichen sichern. Wiederholen Sie die Schritte für das rechte Passenrückteil. Die Nahtzugaben zurückschneiden, die Ecken abschrägen. Auf rechts wenden und flach bügeln.

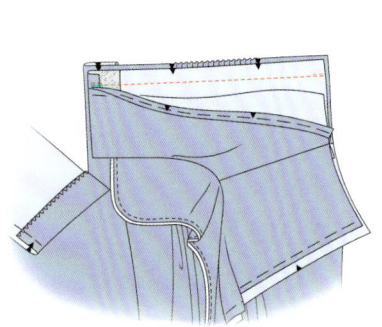
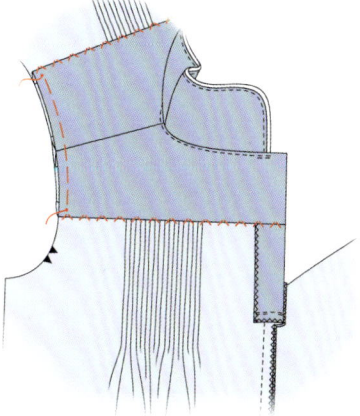

10 Die Unterkante eines verstärkten Passenrückteils rechts auf rechts und kantenbündig an die Oberkante des entsprechenden rückwärtigen Rockteils stecken, die Markierungen ausrichten. Die Passe liegt bündig an den Schlitzblenden. Mit der Maschine festnähen, Nahtanfang und -ende mit Rückstichen sichern und die Nahtzugaben zur Passe bügeln. Wiederholen Sie die Schritte für die weiteren rückwärtigen und vorderen Passenteile.

11 Entfernen Sie die oberste Smok-Kräuselreihe. Legen Sie die losen, gehefteten Unterkanten der Passe an die Maschinennaht und stecken Sie die Kanten fest. Die Kanten mit einem Blindsaum (siehe Seite 64) über die gesamte Länge jedes Passenteils befestigen. Heften Sie die Armausschnitte der Passe zusammen, dabei die Schulternähte ausrichten.

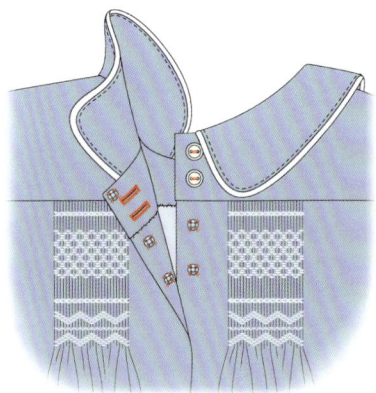
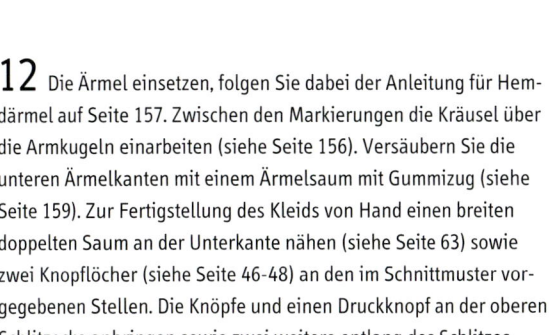
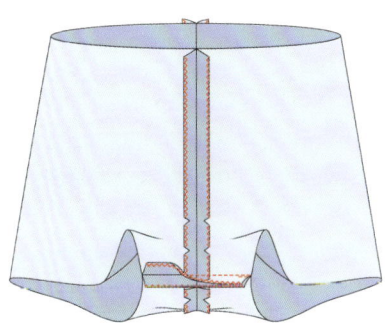

12 Die Ärmel einsetzen, folgen Sie dabei der Anleitung für Hemddärmel auf Seite 157. Zwischen den Markierungen die Kräusel über die Armkugeln einarbeiten (siehe Seite 156). Versäubern Sie die unteren Ärmelkanten mit einem Ärmelsaum mit Gummizug (siehe Seite 159). Zur Fertigstellung des Kleids von Hand einen breiten doppelten Saum an der Unterkante nähen (siehe Seite 63) sowie zwei Knopflöcher (siehe Seite 46-48) an den im Schnittmuster vorgegebenen Stellen. Die Knöpfe und einen Druckknopf an der oberen Schlitzecke anbringen sowie zwei weitere entlang des Schlitzes (siehe Seite 44-46 und 135-136).

13 Für das Höschen die vorderen und hinteren mittigen Schrittnähte rechts auf rechts zusammennähen. Steppen Sie eine zweite Naht über der ersten als Stütznaht. Die Nahtzugaben einzeln versäubern, die Rundungen einschneiden und auseinanderbügeln. Zur Fertigstellung einen elastischen Bund (siehe Seite 120-121) an jedem Beinausschnitt und der Taillenkante nähen.

TIPP
Wenn das Kleid schnell fertig sein soll, ersetzen Sie die gesmokten Partien durch maschinengenähte Raffungen (siehe Seite 106-107).

Workshop 12

Einfache Vorhänge

In diesem Workshop erfahren Sie alles, was Sie wissen müssen, um Vorhänge für Ihr Zuhause zu nähen. Schritt für Schritt wird erklärt – vom Ausmessen, der Stoff- und Zubehörauswahl bis hin zum Nähen der Vorhänge. Sie werden feststellen, dass das Maßnehmen gar nicht so schwierig ist, wie Sie vielleicht glauben. Wenn Sie erst wissen, wie es gemacht wird, möchten Sie wahrscheinlich gleich für alle Zimmer in Ihrem Haus Vorhänge nähen – auch die wunderbaren gefütterten Vorhänge, die wir Ihnen auf Seite 179 vorstellen.

Die Stoffe

Wenn Ihnen ein bestimmtes Design besonders gut gefällt, aber Sie unsicher sind, ob der Stoff auch zu Ihrem Fenster passt, verraten wir Ihnen jetzt, wie Sie ganz sichergehen können. Neben dem Stoffmuster sollten Sie auch die Textur des Stoffes berücksichtigen: Wie lässt sich dieser verarbeiten, wie ist sein Fall, zerknittert er leicht? Prüfen Sie auch die Pflegeempfehlungen und die Lichtdurchlässigkeit des Stoffes – ist er blickdicht, dicht, reflektierend oder transparent?

Leichte Stoffe

Durchsichtige oder locker gewebte Stoffe wie Musselin, Netzstoffe oder Spitze lassen viel Licht in den Raum dringen, schützen aber auch das Mobiliar vor direktem Sonnenlicht. Diese Stoffe können allein oder in Kombination mit schwereren Übergardinen, Jalousien oder Rollos verwendet werden. Sollen nur die Vorhänge zum Einsatz kommen, dann vergessen Sie nicht, ein größeres Stoffstück ans Fenster zu halten, bevor Sie den Stoff kaufen: Die Farbintensität wirkt dann ganz anders aus als auf der Rolle im Geschäft.

Schwere Stoffe

Schwere Stoffe lassen den Raum wärmer wirken, denn sie dämpfen das Licht und stoppen Zugluft. Einige dieser Stoffe, etwa Gobelin, können steif und dick sein und sind deshalb am besten für flache Vorhänge geeignet. Samt wiederum kommt bei voluminösen Vorhängen mit Falten gut zur Geltung.

Farben und Muster

Wenn Sie sich für eine Stoffqualität entschieden haben, sollten Sie sich Gedanken über Farbe und Muster machen. Die Farbe wird meist durch die Einrichtung vorgegeben, aber mögen Sie geometrische Muster, Streifen oder Chintz mit floralem Dessin?

Wichtig ist vor allem, dass der Stoff den Anforderungen entspricht. Stellen Sie sich vor Ort im Geschäft den Stoff in Ihrem Zuhause vor und überlegen Sie, ob er zur Einrichtung des Zimmers passt, auch in praktischer Hinsicht.

Nehmen Sie verschiedene Stoffmuster mit nach Hause. Wenn Sie Ihren Favoriten gefunden haben, leihen Sie entweder ein großes Stoffmusterstück aus oder investieren Sie und kaufen Sie einen Meter. Denken Sie daran, dass die Farbe bei einem größeren Stück intensiver erscheint und Muster ganz anders wirken, wenn man sie aus einiger Entfernung betrachtet. Hängen oder legen Sie den Stoff nah ans Fenster, falten und drapieren Sie ihn, um festzustellen, wie sich der Stoff handhaben lässt, und – ebenso wichtig – betrachten Sie den Stoff bei Tageslicht sowie bei künstlichem Licht.

Berücksichtigen Sie ebenso, wie der Raum genutzt wird. Wenn Sie Behaglichkeit und Wärme wünschen, entscheiden Sie sich für opulente, warme Farben. Wenn Sie soviel Licht wie möglich benötigen, wählen Sie Weiß oder Creme. Mit Farben kann man auch geschickt spielen. Je dunkler beispielsweise der Farbton ist, desto näher erscheint er, hellere Farbtöne dagegen treten optisch in den Hintergrund.

Tipps für den Stoffkauf

Beim Stoffkauf sollten Sie die Menge nicht zu sparsam berechnen. Üppige, voluminöse Vorhänge aus einem preiswerten Stoff sehen allemal besser aus als spärliche aus einem teureren Material.

- Schauen Sie sich vor dem Kauf genau an, wie der Stoff fällt. Schwere Stoffe legen sich ganz natürlich in weiche Falten, einige dünnere Stoffe dagegen wirken steifer. Halten Sie ein Stück Stoff hoch – so sehen Sie, wie der Stoff sich verhält, und können einfacher entscheiden, ob dieses Material für das entsprechende Zimmer geeignet ist.
- Bedenken Sie auch die Größe des Musterrapports. Kleine Muster sind einfacher aneinander anzupassen und verbrauchen weniger Stoff.
- Stoffe aus unterschiedlichen Farbpartien können in der Farbe variieren – stellen Sie also sicher, dass Sie die benötigte Stoffmenge auf einmal kaufen, am besten von derselben Stoffrolle.

- Überprüfen Sie, ob der Stoff waschbar ist oder chemisch gereinigt werden muss. Wenn die Vorhänge an einem Ort hängen, wo sie schnell schmutzig werden, vermeiden Sie Stoffe, die nur chemisch zu reinigen sind, und nähen Sie Vorhänge aus einem Stoff, der häufig gewaschen werden kann. Baumwolle ist eine gute Wahl.
- Prüfen Sie, ob der Stoff besondere Voraussetzungen erfordert. Ist er beispielsweise zu dick und schwer, um mit einer herkömmlichen Nähmaschine genäht zu werden? Benötigen Sie spezielle Nähnadeln? Im Zweifel erkundigen Sie sich vor dem Kauf bei den Verkäufern – sie sind dafür da, Ihnen zu helfen!

Gefütterte Vorhänge

Es gibt viele praktische Gründe, einen Vorhang mit Futter zu versehen. Es verbessert die Qualität, die Vorhänge lassen sich schöner drapieren und haben einen besseren Fall, denn durch das Futter werden sie schwerer und sehen voluminöser aus. Zudem schützt ein Futter den Hauptstoff vor Sonnenlicht – ein wichtiger Aspekt, wenn Sie einen teureren Stoff verwenden oder das Fenster viel Licht bekommt. Das UV-Licht ist so intensiv, dass mit der Zeit fast alle Stoffe ausbleichen. Andere Stoffe dagegen, wie beispielsweise Seide, zersetzen sich sogar! Mit einem Futter scheint weniger Licht durch und Zugluft hat keine Chance. Und mit einem geschlossenen Saum sehen die Vorhänge auch von außen betrachtet ordentlich aus.

TIPP

Verwenden Sie einen Futterstoff in derselben Breite wie der Vorhangstoff und kaufen Sie die gleiche Stoffmenge.

Futterstoffe

Bei der Wahl des Vorhangstoffs wird viel Zeit für die perfekte Farbe und das Muster aufgewendet oder dafür, dass der Vorhang auch zu anderen Heimtextilien passt. Weitaus weniger Gedanken macht man sich meist über das Futter. Es gibt verschiedene Futterstoffe, die zu unterschiedlichen Anforderungen passen.

Baumwollsatin

Baumwollsatin ist sozusagen der Standard-Futterstoff. Leicht glänzend auf einer Seite, ist er meist in Weiß, Cremetönen und Beige erhältlich und somit ideal als Futter für helle Stoffe geeignet. Zudem gibt es einige lichtechte Farben, die einen hübschen Effekt am Fenster erzeugen.

Verdunklungsstoffe

Diese Stoffe sind nicht etwa schwarz, sondern oft weiß oder cremefarben. Eine Seite ist mit einer lichtundurchlässigen Substanz beschichtet, deshalb sind Verdunklungsstoffe geradezu ideal für Schlafzimmerfenster. Das höhere Eigengewicht macht den Stoff jedoch als Futter für leichte oder helle Vorhangstoffe weniger geeignet.

Einlagen

Das Einlagematerial wird wie ein Polster zwischen Haupt- und Futterstoff eingebettet. Damit können Vorhänge optisch aufgewertet werden. Die Einlage macht sie auch undurchlässiger für Kälte. Es gibt verschiedene Vliesarten: Polyestervlies, Baumwollvlies oder auch synthetisches Vlies. Damit die Vorhänge einen schönen Fall haben, verwenden Sie für einen Vorhangstoff aus Seide, Baumwolle oder Leinen ein Baumwollvlies. Baumwollvlies sowie Synthetikvlies sind gut geeignet für Stoffe aus natürlichen Materialien oder auch synthetische Stoffe. Da Synthetikvlies weniger Staub aufnimmt als Baumwolle, ist es ideal für alle, die empfindlich auf Staub reagieren.

Vorhangschienen und -stangen

Die richtige Aufhängung für Vorhänge ist ein wichtiger Faktor. Die Vorhangschiene oder Stange muss bereits befestigt sein, bevor Sie mit dem Ausmessen der Gardinen beginnen. Aber wie trifft man bei der großen Auswahl die richtige Entscheidung? Hier folgen einige Tipps, um Ihnen die Wahl zu erleichtern.

Vorhangstangen

Früher gab es hauptsächlich Vorhangstangen aus Messing oder Holz. Inzwischen sind sie in einer Vielzahl von verschiedenen Materialien erhältlich, z. B. aus Plexiglas, kombinierten Materialien wie Holz und Metall, mit Farbeffekten oder auch aus Schmiedeeisen.

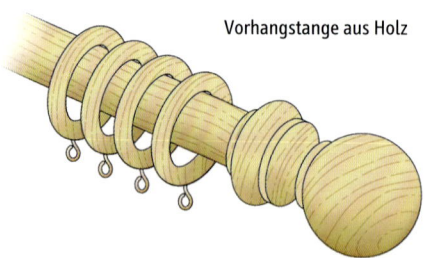

Vorhangstange aus Holz

Holzstangen gibt es in vielen Ausführungen – naturbelassen, gebeizt oder lackiert, in Kiefernholz, Buchenholz, Eschenholz, Mahagoni, Kastanienholz, hellem und dunklem Eichenholz oder Walnuss. Ebenso sind unterschiedliche Größen erhältlich, im Durchmesser von 28 mm bis 55 mm. Einige Stangen haben vergoldete Endstücke.

Vorhangstange aus Messing

Metallstangen sind ebenfalls in verschiedenen Ausführungen erhältlich. Neben Messing- und schmiedeeisernen Stangen gibt es sie in Kupfer, Bronze, Chrom, Silber, Stahl und Nickel, mit einem Durchmesser von 16 mm bis 50 mm.

Die wichtigsten Hinweise zu Vorhangstangen

- Vorhangstangen sind so konzipiert, dass sie oberhalb des Vorhangs sichtbar sind. Es gibt viele dekorative Ausführungen.
- Es gibt Stangen, die um Ecken führen – Stangen sind also längst nicht mehr nur herkömmlichen Fenstern vorbehalten.
- Die einfachsten Stangen ruhen auf in die Wand geschraubten Halterungen. Lange Stangen benötigen neben den Endhalterungen auch eine mittig angebrachte Halterung.
- Die Stangen haben dekorative Endstücke, diese gibt es in verschiedenen Ausführungen.
- Die Stangenlänge sollte der Fensterbreite entsprechen plus einige Zentimeter zusätzlich, damit die geöffneten Vorhänge zusammengeschoben werden können. Diese Zugabe ist abhängig von der Dicke der Vorhänge und davon, wie viel vom Fenster bei geöffneten Vorhängen sichtbar sein soll. Sollen die Vorhänge z. B. auf 25 cm auf jeder Seite zusammengeschoben werden, müssen Sie ca. 50 cm bei der Stangenlänge hinzurechnen.
- Der Vorhang wird normalerweise mit großen Ringen oder durch eine Ösenkante auf die Stange gefädelt.
- Positionieren Sie die Stangenhalter ca. 3 cm innerhalb der Stangenenden, sodass zwischen Halterung und Endstück noch Platz für einen Vorhangring ist. So ist der Vorhang seitlich fixiert und kann beim Zuziehen nicht in die Mitte gezogen werden.

Vorhangschienen

Vorhangschienen sind eher funktionell als dekorativ, allerdings bieten einige Hersteller inzwischen auch hochwertige Schienen passend zur Einrichtung an, z. B. aus Leder, Holz oder lackiert.

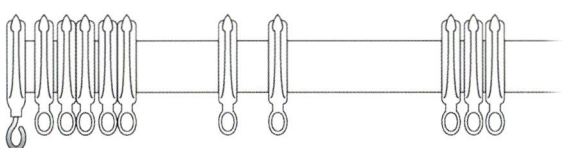

Vorhangschiene mit Gardinenhaken

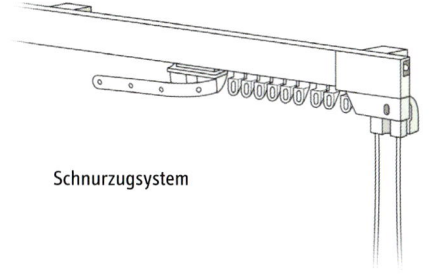

Schnurzugsystem

Die Schienen sind entweder aus Metall oder Kunststoff und in vielen Längen für leichte, mittelschwere und schwere Vorhänge erhältlich.

Vorhangstangen mit Schnurzug-System sind ideal für lange Vorhänge aus hellen Stoffen, denn das berührungsfreie Auf- und Zuziehen verhindert die Verschmutzung der Stoffkanten.

Wichtige Hinweise zu Vorhangschienen

- Metallschienen sind zwar teurer, haben aber eine längere Lebensdauer als Kunststoffschienen.
- Metallschienen können dauerhaft gebogen werden, um sich Ecken und Rundungen anzupassen.
- Ein überlappender Bereich sorgt dafür, dass die Vorhänge in der Mitte blickdicht schließen.
- Auf zweispurigen Schienen können hinter den Übergardinen auch Stores aufgehängt werden. Andere Schienen sind für Schabracken bzw. Querbehänge konzipiert.
- Zum Ermitteln der benötigten Schienenlänge lesen Sie bitte Punkt 5 der „Wichtigsten Hinweise zu Vorhangstangen" auf der Seite gegenüber.

- Vorhangschienen können sichtbar sein, meist ist es aber dekorativer, wenn Sie durch eine Schabracke oder einen Querbehang verdeckt werden. Der Querbehang kann z. B. die Schienen bei geschlossenen Vorhängen verdecken, bei geöffneten Vorhängen werden diese jedoch sichtbar sein.
- Es gibt auch dekorative Schnurzugschienen bzw. Stangen mit Schnurzügen in einem Design, das optisch Vorhangstangen nachempfunden ist. Das Schnurzugsystem ist im hinteren Bereich verdeckt, anstelle von Ringen werden halbrunde Ringgleiter verwendet. Aus der Entfernung betrachtet ähneln sie Vorhangstangen, steht man jedoch dicht davor, ist das System sichtbar.

Alternativen für leichte Vorhänge

Einige weitere Aufhängungssysteme – wie Vitragestangen oder Spanngarnituren – sind für leichte Vorhänge geeignet und optisch relativ unauffällig.

Vitragestangen

Diese sind für kleine Fenster und leichte Vorhänge wie Caféhausgardinen konzipiert. Die schmale Metall- oder Kunststoffstange wird durch eine Schlaufenkante oder einen Tunnel an der Gardine gesteckt, die Stange dann z. B. mit einem Klemmsystem am Fenster befestigt.

Spanngarnituren

Dieses recht neue System lässt sich an alle Fenster anpassen, die Spannseile können auch durch einen ganzen Raum führen. Die Seile werden durch an die Wand oder Decke geschraubte Halterungen gezogen, der Vorhang über Ösen, Clips oder auch mit Schleifen oder Schlaufen aufgehängt – ein sehr zeitgemäßer Look.

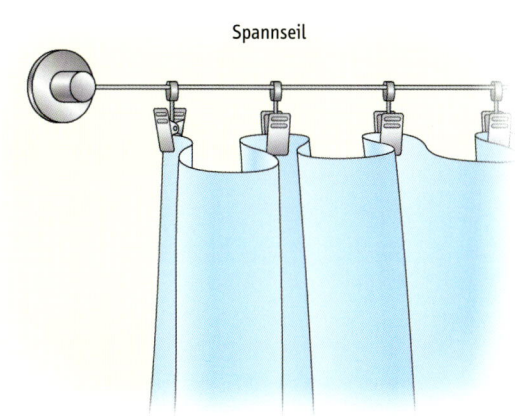

Spannseil

TIPP

Ob Sie sich nun für eine Schiene oder Stange entscheiden – vergessen Sie nicht, dass bodenlange Vorhänge entsprechend schwer sein werden, die Halterungen müssen also der Belastung standhalten können. Die Stange oder Schiene muss nicht nur stabil sein, sie muss auch fest in der Wand verschraubt werden.

Vorhänge aufhängen

Ein Vorhang wird durch den sogenannten Vorhangkopf – eine dekorative Oberkante – an einer Schiene oder Stange befestigt. Heute wird der Vorhangkopf nicht mehr von Hand in Falten gelegt, sondern mithilfe von Raffbändern, die unterschiedliche Effekte erzielen können. Einfache Aufhängungen des Vorhangs sind auch ohne Raffband möglich (siehe links).

Raffbänder

Raffbänder sind Streifen aus Stoff, die es meterweise zu kaufen gibt. Die Streifen haben kleine eingewebte Schlaufen zum Einhängen z. B. von Gardinenröllchen, mit denen der Vorhang befestigt werden kann. Viele haben eingearbeitete Zugschnüre zum Raffen des Stoffes.

Raffbänder gibt es in verschiedenen Ausführungen, die gängigsten sind das einfache Raffband, das Raffband für Bleistiftfalten und das Raffband für V-Falten. Erhältlich ist auch ein Band, bei dem die V-Falten anstelle von Zugschnüren durch kleine Haken geformt werden. Sehr beliebt sind auch Ösenbänder, bei denen das Raffen oder Faltenlegen überflüssig ist.

Einfaches Raffband

Es ist ca. 2,5 cm breit und durch Ziehen an den Schnüren ergibt sich ein leicht geraffter Effekt, der perfekt ist für einfache, ungefütterte

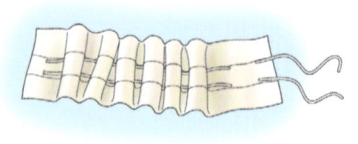

Vorhänge. Eingewebt sind kleine Schlaufen für Gardinenhaken. In der Regel wird das Band 4 cm unterhalb der Oberkante des Vorhangs aufgenäht, so sind die Schiene oder die Gardinenringe bei geschlossenem Vorhang verdeckt. Der Stoff sollte 1,5- bis 2-mal so breit sein wie Schiene oder Stange.

Raffband für Bleistiftfalten

Bleistiftfalten wirken geordneter. Zieht man die Schnüre an, entstehen dichte Falten mit ca. 7,5 cm Tiefe. Durch die Schlaufenreihen lässt sich die

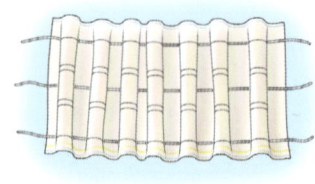

Länge der Vorhänge regulieren: Mit Haken in der obersten Reihe können die Vorhänge an Ringen hängen, die Stange bleibt sichtbar. Mit Haken in der mittleren oder unteren Reihe ist die Stange bei geschlossenen Vorhängen verdeckt. Das Band wird dicht an der Oberkante aufgenäht, der Stoff ist 2,5- bis 3-mal so breit wie die Stange.

V-Faltenband mit Schnüren

Dieses Band wird für die klassischen V-Falten oder 3er-Falten verwendet, die zu den meisten Einrichtungsstilen passen. Werden die

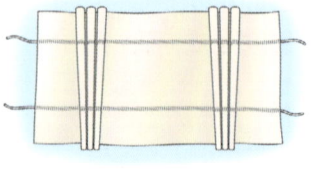

Schnüre angezogen, entstehen gleichmäßige 3er-Gruppen von Falten. Die Breite variiert von 4 cm bis 14 cm, die benötigte Stoffbreite entspricht der doppelten Länge der Stange oder Schiene. Prüfen Sie jedoch die Herstellerangaben, da die Breite nicht reguliert werden kann. Das Band hat 2 Schlaufenreihen, sodass es für Schienen oder Stangen verwendet werden kann. Das V-Faltenband wird dicht an der Oberkante des Vorhangs aufgenäht.

V-Faltenband mit Haken

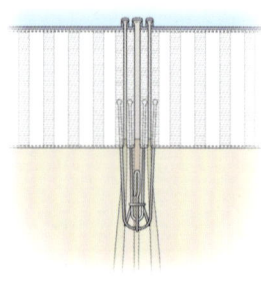

Die Variante hat keine Zugschnüre, sondern tiefe eingewebte Taschen, in denen lange Haken mit vier Zinken eingeschoben werden. Werden die Haken zusammengeschoben, bilden sie eine 3er-Falte. Der Stoff sollte 2- bis 2,5-mal so breit sein wie die Schiene oder Stange, der Faltenabstand und damit die Breite des Vorhangs lassen sich jedoch ein wenig regulieren. Das Band wird dicht an der Oberkante des Vorhangs aufgenäht. Soll die Schiene oder Stange verdeckt werden, müssen kurze Gardinenhaken verwendet werden, lange Haken dagegen, wenn der Vorhang unterhalb von Schiene oder Stange hängen soll.

Fenster ausmessen und Stoffmengen ermitteln

Wenn Sie diesen einfachen Schritten beim Ausmessen folgen, können Sie gar nichts falsch machen. Auf Seite 175 finden Sie sogar eine Tabelle, in der Sie alle Maße eintragen können. Vergessen Sie nicht, dass die Vorhangstange oder -schiene bereits an Wand oder Decke befestigt sein muss, bevor Sie mit dem Ausmessen beginnen. Auch der Teppich sollte bereits ausliegen, falls Sie bodenlange Vorhänge nähen möchten.

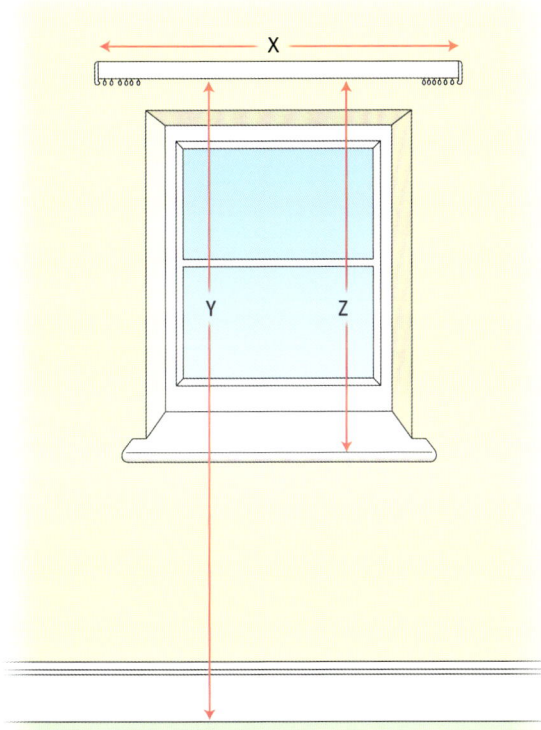

Vorhanglänge berechnen

1 Legen Sie zuerst fest, wie hoch der Kopf des Vorhangs im Verhältnis zur Stange oder Schiene werden soll. Hängen Sie ein Stück Raffband an die Stange oder Schiene. Bei Bleistift- oder V-Falten (siehe gegenüberliegende Seite) messen Sie ab der Oberkante des Raffbands. Bei einfachem Raffband beginnen Sie 4 cm oberhalb der Oberkante des Bands.

2 Legen Sie nun fest, wo der Vorhang enden soll. Bei einem fast bodenlangen Vorhang ziehen Sie 1 cm von Maß Y ab, sodass die Vorhänge nicht den Boden streifen. Soll der Vorhang auf dem Boden aufliegen, addieren sie 10-20 cm zu Maß Y hinzu. An Fenstern mit einem Heizkörper sollten die Vorhänge 5-10 cm unterhalb der Fensterbank enden. Bei hervorstehenden Fensterbänken ziehen Sie 6 mm von Maß Z ab, damit die Vorhänge knapp oberhalb der Fensterbänke enden.

3 Um das Zuschneidemaß zu ermitteln, addieren Sie zu der gerade errechneten Länge jeweils die Nahtzugabe an Ober- und Unterkante hinzu.

Zur Ermittlung der benötigen Stoffmenge brauchen Sie zwei Maße:

■ Die Länge der Vorhangstange oder Schiene (Maß X) zuzüglich der Überlappungen in der Mitte. Beachten Sie, dass die Länge von Schiene oder Stange der Breite des Fensters sowie einer kleinen Mehrbreite entsprechen sollte, sodass die Vorhänge beim Öffnen zusammengeschoben werden können (siehe Hinweise zu Vorhangstangen, Seite 170).

■ Die Länge der Vorhänge von der Stange oder Schiene bis zum Boden (Maß Y) oder der Fensterbank (Maß Z). Damit Sie akkurat messen können, muss die Stange oder Schiene bereits befestigt sein.

Beispiel

Für einen Vorhang, der 150 cm lang sein soll, rechnen Sie 15 cm für den unteren Saum (dies entspricht einem doppelt gelegten Saum von je 7,5 cm) sowie 2,5 cm für einen oberen Saum. Dies entspricht einer Zuschneidelänge von 167,5 cm.

Hinweis: Bei Verwendung von einfachem Raffband müssen Sie anstelle der 2,5 cm für den oberen Saum 9,5 cm hinzurechnen. Diese Zugabe ergibt zusätzliche 4 cm oberhalb von Schiene oder Stange und 5,5 cm, die zur linken Stoffseite umgeschlagen werden können. Hierin sind 4 cm oberhalb des Raffbandes sowie 1,5 cm Nahtzugabe enthalten.

Vorhangbreite ermitteln

1 Die Art des Vorhangkopfes (siehe Seite 172) bestimmt die Breite des Vorhangs. Multiplizieren Sie die Länge der Stange oder Schiene mit der für den Kopf benötigten Stoffweite.

2 Um auszurechnen, wie viele Stoffbahnen Sie für einen Vorhang zusammenfügen müssen, teilen Sie die Gesamtbreite des Vorhangs durch die Stoffbreite, in der Regel meist 122 cm oder 137 cm. Benötigt der Vorhang eine ungerade Zahl von Stoffbahnen, teilen Sie eine Stoffbahn der Länge nach zur Hälfte und nähen Sie je eine Hälfte an die Außenkanten des Vorhangs. So haben Sie in der Fenstermitte immer komplette Stoffbahnen.

Beispiel
Ein Bleistiftfalten-Raffband benötigt eine Stoffweite von 2,5- bis 3-mal der Länge der Schiene oder Stange. Eine 120 cm lange Schiene oder Stange erfordert also eine Vorhangbreite von 300 - 360 cm, je nach gewünschter Fülle.

Beispiel
Die benötigte Vorhangbreite beträgt 300 cm. Teilen Sie dieses Maß durch die Stoffbreite – 122 cm – dies entspricht 2 ½ Stoffbahnen. Für ein Paar Vorhänge benötigen Sie also 1 ¼ Stoffbreite für jede Hälfte.

Hinweis: Natürlich können Sie keine halbe Stoffbahn kaufen, deshalb müssen Sie aufrunden – wie bei diesem Beispiel auf drei Stoffbahnen. Schneiden Sie dann den Stoff auf die benötigte Breite zu. Aus den Stoffresten können Sie zum Beispiel ein passendes Kissen nähen. Wenn Sie aus dem Stoff Vorhänge für zwei Fenster nähen, entfällt logischerweise das Aufrunden, da zwei Hälften für zwei Fenster eine Stoffbahn ergeben.

Stoff- und Futterstoff berechnen

1 Bei unifarbenen Stoffen oder Stoffen mit kleinen Mustern multiplizieren Sie die Zuschneidelänge mit der soeben errechneten Anzahl der Stoffbreiten.

2 Bei groß gemusterten Stoffen müssen Sie den Rapport beachten, siehe rechts.

3 Errechnen Sie die benötigte Futterstoffmenge wie bei Schritt 1 für ungemusterte Stoffe.

Beispiel
Für einen Vorhang mit einer Zuschneidelänge von 167,5 cm x 3 Stoffbreiten müssen Sie 5,10 m eines 122 cm breiten Stoffs kaufen.

Zugaben für Musterrapporte
Bei gemusterten Stoffen müssen Sie extra Stoff einrechnen, damit die Muster aufeinandertreffen. Wenn Sie die Zuschneidelänge für den Vorhang ermittelt haben, messen Sie die Höhe eines kompletten Rapports (dieses Maß ist häufig auch auf dem Stoffetikett angegeben). Teilen Sie die Zuschneidelänge durch das Rapportmaß und runden Sie es auf das nächste Rapportmaß auf. Dies ist die Zugabe für jede Stoffbahn.

Beispiel
Bei einer Rapporthöhe von 25,5 cm teilen Sie die Zuschneidelänge (z. B. 167,5 cm) durch 25,5 cm. Dies entspricht 6,6 Rapporten. Runden Sie auf die nächste ganze Zahl auf, hier also 7. Damit Sie das Muster anpassen können, müssen Sie somit für jede Vorhangbahn 178,5 cm berechnen.

Stoffmengen für Ihre eigenen Vorhänge

Um zu ermitteln, wie viel Stoff Sie benötigen, tragen Sie die Fenstermaße mit einem Bleistift in die Tabelle ein. Berechnen Sie die Länge durch Addieren oder Subtrahieren der Saumzugaben und Abstände, und ermitteln Sie die Gesamtbreite durch Multiplizieren der Schienen- oder Stangenbreite mit der gewünschten Vorhangfülle. Tragen Sie die Stoffbreite des Stoffes ein und berechnen Sie anhand dieses Maßes die benötigte Stoffmenge.

TIPP
Anstatt die Fenstermaße direkt in das Buch einzutragen, fotokopieren Sie diese Seite und tragen die Maße auf der Kopie ein. So können Sie die Tabelle immer wieder für weitere Fenster verwenden.

	1. Fenster	2. Fenster	3. Fenster	4. Fenster
1 Länge ab Schiene/Stange bis Boden/Fensterbank (Y oder Z)				
Plus 2,5 cm Saumzugabe für die Oberkante*				
Plus 15 cm Saumzugabe Unterkante				
Minus 1 cm bei bodenlangen Vorhängen				
Plus 10-20 cm für am Boden aufliegende Vorhänge				
Minus 6 mm für Vorhänge bis an die Fensterbank				
Plus 5-10 cm für Vorhänge über Heizkörpern				
Alle Maße zusammen ergeben die Zuschneidelänge (A)**				
2 Breite der Schiene oder Stange				
1,5-2x für einfaches Raffband				
2,5-3x für Raffband mit Bleistiftfalten				
2x für V-Faltenband mit Schnüren				
2-2,5x für V-Faltenband mit Haken				
1,5x für Ösenband				
Alle Maße zusammen ergeben die Vorhangbreite (B)				
3 Stoffbreite (C)				
4 B geteilt durch C (und aufgerundet***) ergibt die benötigte Stoffbreite				
5 A x D ergibt die Gesamtstoffmenge				

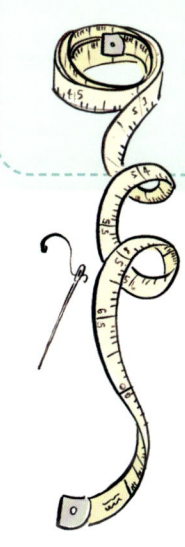

Hinweis:

*   Bei Verwendung von einfachem Raffband addieren Sie 9,5 cm als obere Saumzugabe hinzu.

**   Bei gemusterten Stoffen teilen Sie Maß A durch die Rapporthöhe, um die benötigte Zuschneidelänge zu berechnen (siehe „Zugaben für Musterrapporte" auf der gegenüberliegenden Seite).

*** Wenn Sie aus einem Stoff Vorhänge für zwei Fenster nähen, müssen halbe Stoffbreiten nicht aufgerundet werden.

Vorhänge nähen

Die folgende Anleitung beschreibt das Nähen von einfachen ungefütterten und gefütterten Vorhängen, die durchaus auch für Nähanfänger geeignet sind. Die Vorhangköpfe werden mit Raffbändern mit Schnüren gefertigt und sorgen so für gutes Gelingen beim Nähen von Hand und mit der Maschine.

Ungefütterte Vorhänge

Ungefütterte Vorhänge vermitteln einen weichen, lichtdurchlässigen Eindruck und sind ideale Fensterlösungen für den Sommer. Als Vorhangkopf bieten sich alle Standardsysteme an, von einfachem Raffband, Bleistiftfalten, V-Falten, Ösen bis zu einem Tunnelsaum. Bei folgendem Beispiel wird einfaches Raffband verwendet.

1 Schneiden Sie die benötigte Anzahl von Stoffbahnen in der berechneten Länge (siehe Seite 175) zu. Richten Sie den Musterrapport aus (siehe „Musterrapport anpassen" auf der gegenüberliegenden Seite) und nähen Sie die Stoffbahnen für jeden Vorhang mit einer falschen französischen Naht (siehe Seite 41) zusammen. Ist eine ungerade Anzahl von Stoffbahnen erforderlich, schneiden Sie eine Stoffbahn der Länge nach auseinander und nähen Sie je eine Hälfte an die Außenkanten des Vorhangs. Versäubern Sie die langen Seitenkanten des Vorhangs mit einem schmalen doppelten Saum (siehe Seite 62) und stellen Sie den unteren Saum fertig wie bei „Ecken mit doppeltem Saum" auf Seite 67 beschrieben.

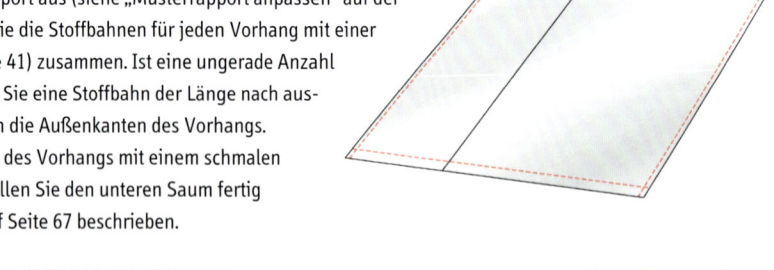

2 Bearbeiten Sie jede Vorhangbahn einzeln. Legen Sie den Stoff mit der linken Seite nach oben flach aus (häufig ist dafür der Fußboden gut geeignet, falls kein großer Tisch zur Verfügung steht). Messen Sie die fertige Vorhanglänge (die Vorhanglänge beim Aufhängen) ab dem unteren Saum und markieren Sie sie mit Stecknadeln. Falten Sie die Oberkante entlang der markierten Linie zur linken Seite und schneiden Sie den Stoff bis auf die für das jeweilige Raffband (siehe Seite 172) benötigte Saumzugabe zurück – hier 5,5 cm. Stecken und heften Sie den Stoff 1,5 cm oberhalb der unversäuberten Kante fest.

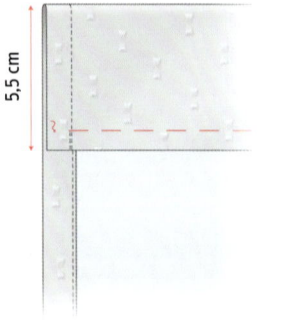

5,5 cm

3 Die Schnüre am Ende des Raffbandes, das an der Führungskante sitzt (die Kante, an der zum Schließen der Vorhänge gezogen wird) auf die Rückseite ziehen und verknoten. Das Bandende ca. 1,5 cm nach innen umschlagen und das Band links auf links auf den Vorhang legen, sodass die Bandoberkante an der Heftlinie liegt und die unversäuberte Vorhangkante vom Band verdeckt wird. Entlang der Heftlinie feststecken. An der gegenüberliegenden Vorhangkante das überstehende Raffband bis auf 1,5 cm abschneiden, dann das Bandende nach innen umschlagen und feststecken, die Schnüre hängen frei nach außen. Das Raffband an allen Seiten festheften.

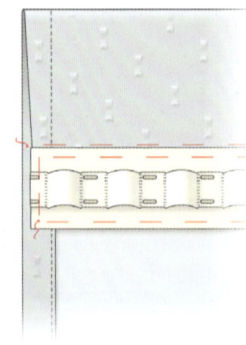

4 Arbeiten Sie auf der Seite des Raffbands und nähen Sie mit der Maschine die langen und schmalen Bandseiten fest, dabei die langen Seiten immer in der gleichen Richtung nähen, damit sich die Nähte nicht verschieben. Nahtanfang und -ende mit Rückstichen sichern. Die Heftfäden entfernen und die offenen Seitenkanten des Vorhangkopfs mit Blindstichen (siehe Seite 34) verschließen.

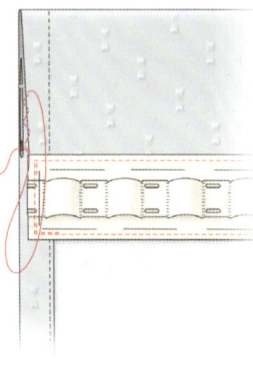

5 Ziehen Sie vorsichtig an den Zugschnüren des Raffbandes, um den Vorhang auf die benötigte Breite der Vorhangschiene zu raffen. Binden Sie die Enden der Schnüre auf der Rückseite zu einer doppelten Schleife. Schieben Sie die erforderliche Anzahl von Gardinenröllchen oder -haken in die Schlaufen des Raffbandes.

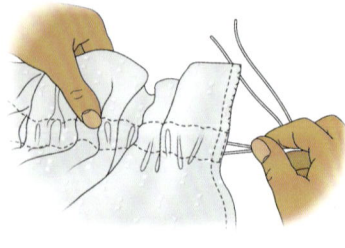

Musterrapport anpassen

Bei gemusterten Stoffen muss der Rapport zunächst angepasst werden, bevor Sie mit dem Zusammennähen der Stoffbahnen beginnen. So gelingt es garantiert:

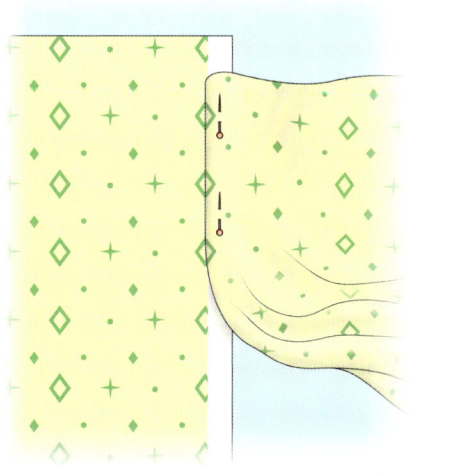

Falten und bügeln Sie 2,5 cm einer langen Stoffkante zur linken Stoffseite. Legen Sie die gebügelte Kante nun von der rechten Stoffseite aus auf die zweite Stoffbahn und richten Sie das Muster entlang der gebügelten Kante aus. Stecken Sie die Stofflagen fest und heften Sie sie mit schrägen Saumstichen (siehe Seite 33) fest. Falten Sie die gebügelte Kante auf, sodass die Stoffe rechts auf rechts liegen, und nähen Sie sie mit der Maschine entlang der gebügelten Kante zusammen.

Gefütterte Vorhänge nähen

Wie bereits erwähnt (siehe Seite 169), gibt es viele Gründe, Vorhänge mit einem Futter zu nähen. Die folgende Anleitung zeigt eine einfache Technik mit der Maschine, dabei wird ein Raffband für Bleistiftfalten verwendet – eine einfache Art, simple gefütterte Vorhänge zu nähen. Handgenähte, auf Maß geschneiderte gefütterte Vorhänge sollten Sie erst dann in Angriff nehmen, wenn Sie Ihre Kenntnisse verfeinert haben.

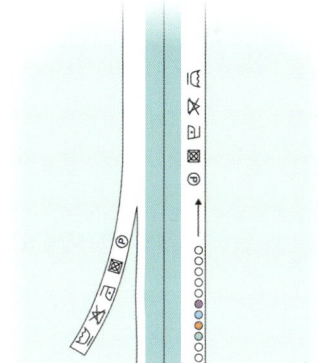

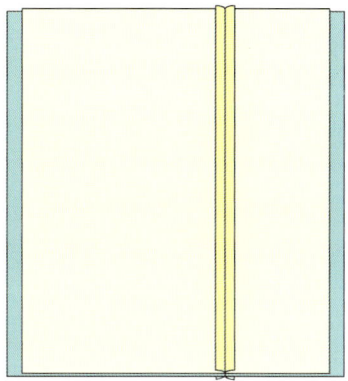

1 Richten Sie das Muster aus (siehe oben), nähen Sie die Stoffbahnen für jeden Vorhang mit einer einfachen Naht (siehe Seite 36) und 2,5 cm Nahtzugabe zusammen. Benötigen Sie eine ungerade Anzahl von Stoffbahnen, schneiden Sie eine Bahn der Länge nach auseinander und nähen Sie je eine Hälfte an die Außenkanten des Vorhangs. Schneiden Sie die Webkanten ab (siehe Seite 15), vor allem dann, wenn diese bedruckt sind, damit nichts davon auf der rechten Stoffseite sichtbar ist. Wiederholen Sie die Schritte beim Futterstoff.

2 Bearbeiten Sie jede Vorhangbahn einzeln. Legen Sie den Vorhang aus Hauptstoff flach aus, die rechte Stoffseite liegt oben (häufig ist dafür der Fußboden gut geeignet, falls kein großer Tisch zur Verfügung steht). Legen Sie den Futterstoff darauf und richten Sie die Nähte aus. Schneiden Sie den Futterstoff vorsichtig so zurück, dass der Hauptstoff 6 cm hervorsteht. Der Futterstoff ist rundherum also 12 cm schmaler als der Hauptstoff.

3 Bügeln Sie über die gesamte Breite des Hauptstoffs an der unteren Kante 7,5 cm zu einem breiten doppelten Saum um (siehe Seite 63), diesen dann mit schrägen Blindstichen (siehe Seite 64) annähen. Wiederholen Sie die Schritte an der Unterkante des Futterstoffs, nähen Sie hier jedoch mit der Maschine.

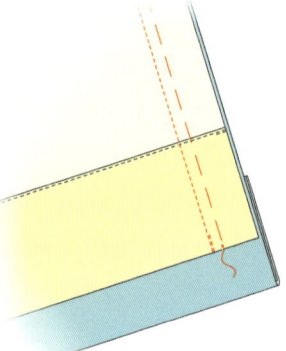

4 Legen Sie das Futter rechts auf rechts auf den Hauptstoff, die unversäuberten Kanten an einer Seite kantenbündig, die untere Saumkante des Futters 3 cm oberhalb der unteren Saumkante des Hauptstoffs. Stecken, heften und nähen Sie mit der Maschine 2,5 cm innerhalb der Seitenkante. Beenden Sie die Naht an der Unterkante des Futters. Wiederholen Sie die Schritte an der zweiten Seitenkante.

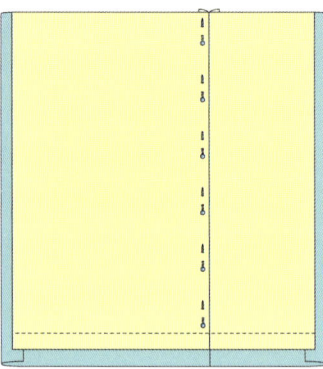

5 Wenden Sie den Vorhang auf rechts und bügeln Sie die vernähten Seitenkanten vorsichtig flach. Bearbeiten Sie jede Vorhangbahn einzeln. Legen Sie den Vorhang flach aus, mit dem Futterstoff oben liegend. Richten Sie die Nähte von Futter- und Hauptstoff aus, sofern Ihr Vorhang diese hat, und stecken Sie die Stoffe entlang der Nählinien zusammen. Dabei werden Sie feststellen, dass sich der Hauptstoff etwa 3 cm zum Futterstoff hin einrollt. Bügeln Sie diese Stellen.

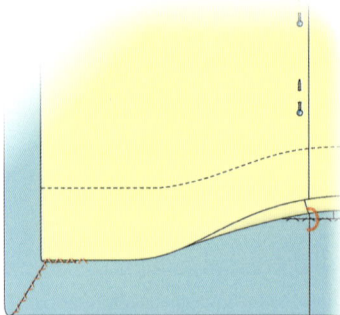

6 Falten und bügeln Sie die unversäuberten Kanten der Säume am Hauptstoff an den unteren Ecken auf die linke Stoffseite zu einer Art Gehrungsecke. Stecken Sie diese fest und fixieren Sie die gebügelte Kante mit einem Blindsaum (siehe Seite 64). Die untere Ecke des Saums aus Futterstoff mit einem Blindsaum ca. 4 cm weit an den Saum des Hauptstoffs nähen. Zur Fertigstellung des Saums an den ausgerichteten Nähten je eine 1,2 cm lange Fadenschlaufe nähen (siehe Seite 124), um das Futter am Saum des Hauptstoffs zu fixieren. Achten Sie dabei darauf, dass Sie die Fadenschlaufe ca. 1 cm oberhalb der Unterkante des Futtersaums nähen, damit diese auf der rechten Stoffseite nicht sichtbar ist.

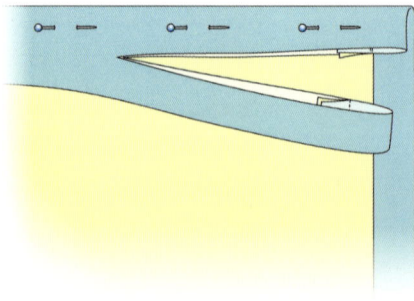

7 Messen Sie die fertige Vorhanglänge (die Vorhanglänge beim Aufhängen) ab dem unteren Saum und markieren Sie das Maß der fertigen Oberkante mit Stecknadeln. Falten Sie die Oberkante des Stoffs entlang der markierten Linie zur linken Seite und schneiden Sie den Stoff bis auf die für das jeweilige Raffband (siehe Seite 172) benötigte obere Saumzugabe zurück – hier 2,5 cm. Stecken und heften Sie den Stoff dicht an der unversäuberten Kante fest überschüssigen Stoff zurückschneiden. Stecken Sie das Bleistiftfalten-Raffband fest wie für einfaches Raffband bei Schritt 3 auf Seite 176 beschrieben, positionieren Sie jedoch die Bandoberkante an der Oberkante des Vorhangs. Folgen Sie Schritt 4 und 5 für ungefütterte Vorhänge, ignorieren Sie jedoch den Hinweis zu den Blindstichen an den offenen Kanten des Vorhangkopfs. Entfernen Sie alle Stecknadeln und Heftfäden.

Vorhang mit kontrastierenden Stoffen

Vorhänge mit einem kontrastierenden Futterstoff vermitteln einen besonderen Effekt – von innen wie von außen betrachtet! Wenn Sie einen zweiten Gardinenstoff anstelle eines speziellen Futterstoffs verwenden, werden die Vorhänge auch ohne zusätzliche Einlage schwerer und wärmender. Diese Vorhänge werden zwar ähnlich wie herkömmliche gefütterte Vorhänge genäht, jedoch entgegengesetzt: anstelle der seitlichen Säume auf der Rückseite sind nun die seitlichen Einfassungen auf der Vorderseite sichtbar.

Stoffe zuschneiden

Schneiden Sie die benötigte Anzahl an Stoffbahnen in der erforderlichen Länge aus dem Hauptstoff zu und geben Sie 2,5 cm für die obere Saumzugabe hinzu sowie 15 cm für den unteren Saum (siehe Seite 173-175). Wiederholen Sie die Schritte mit dem Kontraststoff.

1 Nähen Sie die Stoffbahnen wie auf Seite 177 bei Schritt 1, „Gefütterte Vorhänge nähen", beschrieben zusammen. Bearbeiten Sie jede Vorhangbahn einzeln. Legen Sie den Kontraststoff mit der rechten Stoffseite oben flach aus, legen Sie dann den Hauptstoff mit der rechten Stoffseite nach unten darauf. Richten Sie die Nähte aus. Schneiden Sie den Hauptstoff an den Seiten vorsichtig so zurück, dass der Kontraststoff 15 cm hervorsteht. Der Kontraststoff ist rundherum also 30 cm breiter als der Hauptstoff.

2 Um die unteren Säume an Haupt- und Kontraststoff zu nähen, folgen Sie Schritt 3, „Gefütterte Vorhänge nähen" auf Seite 177, fixieren Sie jedoch beide Säume mit Blindstichen (siehe Seite 64). Legen Sie den Hauptstoff rechts auf rechts auf die Stoffbahn aus Kontraststoff, die unversäuberten Kanten an einer Seitenkante kantenbündig und die unteren Säume ebenfalls bündig. Stecken, heften und nähen Sie die Seitenkante mit der Maschine fest. Wiederholen Sie dies an der zweiten Seitenkante. Entfernen Sie die Heftfäden.

3 Wenden Sie die Vorhänge auf rechts und bügeln Sie vorsichtig die vernähten Kanten flach. Bearbeiten Sie jeden Vorhang einzeln. Legen Sie den Vorhang auf einer flachen Unterlage mit dem Hauptstoff oben liegend aus. Richten Sie die Nähte von Haupt- und Kontraststoff aus (sofern Ihr Vorhang diese hat) und stecken Sie die Stoffe entlang der Nählinien zusammen. Sie werden feststellen, dass sich der Kontraststoff ca. 7,5 cm zum Hauptstoff hin einrollt, sodass eine Art Einfassung entsteht. Bügeln Sie diese, um sie zu fixieren.

TIPP

Intensives Sonnenlicht kann Stoffe schädigen und ausbleichen. Hängen Sie deshalb mit Kontraststoff gefütterte Gardinen nicht an Fenstern mit intensiver Sonneneinstrahlung auf.

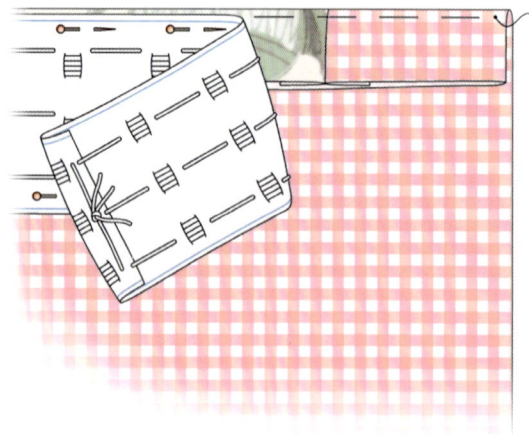

4 Nähen Sie die Saumkanten an den unteren Ecken mit einer ca. 7 cm langen Blindstichnaht zusammen. Zur Fertigstellung des Saums an den ausgerichteten Nähten nähen Sie jeweils eine 1,2 cm lange Fadenschlaufe (siehe Seite 124), um das Futter am Vorhangsaum zu befestigen. Vergewissern Sie sich, dass die Schlaufen ca. 1 cm oberhalb der Saumkanten liegen, damit diese auf der rechten Stoffseite nicht sichtbar sind.

5 Messen Sie die fertige Vorhanglänge ab dem unteren Saum und markieren Sie sie mit Stecknadeln. Falten Sie die Oberkante entlang der markierten Linie zur linken Seite und schneiden Sie den Stoff bis an die obere Saumzugabe zurück – hier 2,5 cm. Stecken und heften Sie den Stoff dicht entlang der unversäuberten Kante fest. Stecken Sie das Raffband fest wie auf Seite 176 bei Schritt 3, „Ungefütterte Vorhänge" beschrieben, legen Sie jedoch die Oberkante des Bands an die Oberkante des Vorhangs. Folgen Sie Schritt 4 und 5 für ungefütterte Gardinen, ignorieren Sie jedoch den Hinweis zu Blindstichen an den Oberkanten des Vorhangkopfes. Denken Sie daran, alle Stecknadeln zu entfernen.

Glossar

Abnäher: Spitz zulaufende Falte, die ein Kleidungsstück an die Körperform angepasst (siehe Seite 118).

Acetat: Synthetisch hergestellter Stoff, hauptsächlich als Futterstoff verwendet (siehe Seite 16).

Acryl: Gewebter oder gestrickter Synthetikstoff (siehe Seite 16).

Applikation: Stoffstück, das auf dekorative Weise auf einen zweiten Stoff aufgenäht wird (siehe Seite 86).

Aufbügelbar: Als aufbügelbar gekennzeichnetes Material hat eine mit Klebstoff versehene Seite oder besteht aus einem Material, das durch die Wärme des Bügeleisens klebende Eigenschaften entwickelt. So kann das Material z. B. auf Stoff aufgebügelt werden und haftet dauerhaft.

Baumwolle: Aus den Fasern der Baumwollsamen hergestellt (siehe Seite 15).

Baumwollflanell: Dick, aber leicht, mit angerauter Oberfläche. Wird als Zwischenfutter vor allem bei Vorhängen verwendet, verleiht Volumen und wirkt wärmeisolierend.

Beleg: Eine Stoffschicht auf der Innenseite des Kleidungsstücks zur Kantenversäuberung, z. B. am Halsausschnitt, der Taille oder den Verschlusskanten an Jacken. Kann auch noch unterlegt werden (siehe Seite 65 und 144).

Beleg/Besatz, angeschnitten: An geraden Kanten verwendet. Wird als Schnittteilerweiterung mit ausgeschnitten und dann nach innen geschlagen.

Besatz: Stoffstück, das wie das Schnittteil zugeschnitten und unter den Hauptstoff genäht wird, meist bei Maßschneiderei (siehe Seite 18).

Biese: Im geraden Fadenlauf genähte Falte zum Einhalten von Stoffweite (siehe Seite 130).

Blindsaum: Von Hand mit Blindstichen gearbeiteter Saum, eine umgefaltete Stoffkante wird an eine andere Stofflage genäht (siehe Seite 64).

Blindstich: Winziger Stich zum Annähen eines Stoffes an einen anderen, von Hand oder mit der Maschine genäht (siehe Seite 63-64).

Briefecke, Gehrungsecke: Eine diagonale Naht an einer Ecke, an der zwei Säume aufeinandertreffen, z. B. am Saum eines Vorhangs (siehe Seite 66).

Bügeltuch: Sauberes Tuch, das über den Stoff gelegt wird, um Bügelabdrücke zu vermeiden. Das Tuch kann zum Dämpfen des Stoffes angefeuchtet werden.

Bundband: Steifes Band, das an der Taillenkante eines Kleidungsstücks für einen stabilen, sauberen Abschluss sorgt (siehe Seite 122).

Chintz: Ursprünglich ein glänzender Baumwollstoff mit floralem Dessin, inzwischen steht der Begriff Chintz für Kleidung oder Heimtextilien mit floralem Erscheinungsbild.

Couching: Stickstich, mit dem ein dickerer Faden auf einem Stoffstück in gleichmäßigen Abständen übernäht wird (siehe Seite 73).

Drehen um die Nadel: Technik zum Nähen von Ecken, bei der die Maschinennadel im Stoff stecken bleibt und der Stoff um die Nadel gedreht wird (siehe Seite 37).

Dreieckslineal: Lineal in Dreiecksform zum Abmessen von rechten Winkeln und 45-Grad-Winkeln. Ideal zum Begradigen der Stoffkanten und zum Ermitteln des Schrägfadenlaufs.

Druckknopf: Zweiteiliger, leichter Verschluss aus zwei ineinandersteckbaren Teilen (siehe Seite 135).

Druckknopfband: Zwei Bänder mit eingearbeiteten Druckknöpfen (siehe Seite 137).

Durchzugsnadel: Stumpfe längere Nadel mit großem Öhr zum Durchziehen von Bändern, Kordeln oder Gummiband durch einen Stofftunnel (siehe Seite 9).

Einfassung: Methode zur Kantenversäuberung, bei der diese mit einem Schrägstreifen umschlossen wird (siehe Seite 99).

Einhalten: Einen breiteren Stoffbereich ohne Falten an einen schmaleren Bereich anpassen (siehe Seite 43).

Elastan: Kunstfaser, die einem Stoff Elastizität verleiht (siehe Seite 16).

Elle: Auch Holzmessstock, zum Abmessen des Stoffes.

Fadenschlaufe: Einfache Technik zur Herstellung einer Kette aus Nähfäden, kann als Gürtelschlaufe oder zum Verbinden von zwei Stofflagen angewendet werden (siehe Seite 124).

Fadenlauf: Die Längs- und Querrichtung der Gewebefäden bei Webstoffen (siehe Seite 27).

Fadenspannung: Bei der Nähmaschine kann die Spannung – locker oder fest – von Ober- und Unterfaden reguliert werden.

Falsche französische Naht: Ähnlich einer französischen Naht, wird bei gerundeten Stoffkanten angewendet (siehe Seite 41).

Falsche Kappnaht: Naht, bei der die unversäuberten Kanten eingeschlossen werden.

Falte: Gleichmäßig breite Umfaltung des Stoffes, häufig teilweise mit einer Naht fixiert, um Stofffülle zu reduzieren (siehe Seite 132).

Fasern: Natürliche oder künstliche hergestellte Filamente, aus denen Garn gesponnen wird. Aus diesen Garnen werden Stoffe hergestellt (siehe Seite 15).

Federstich: Handstickstich, der eine rankenartige Linie bildet und aus verbundenen, offenen Kettenstichen besteht (siehe Seite 73).

Festonstich: Handnähstich entlang offener oder umgeschlagener Kanten, zur Versäuberung oder als Dekoration (siehe Seite 72).

Filz: Werden Wollfasern oder ähnliche Fasern in Kombination mit Hitze und Feuchtigkeit gerollt oder gerieben, verbinden sich die Fasern zu einem dichten Stoff.

Fingerhut: Aus Metall oder Kunststoff, schützt die Fingerkuppen beim Nähen von Hand (siehe Seite 9).

Flachsteppen: Das Absteppen eines Belegs/Besatzes verhindert, dass sich dieser zur Außenseite des Kleidungsstücks rollt (siehe Seite 43).

Fliegenstich: Stickstich, kann einzeln oder gruppiert gearbeitet werden. Wird der Stich horizontal entlang einer Linie ausgeführt, entsteht eine dekorative Stichfolge (siehe Seite 73).

Französische Naht: Auf beiden Seiten versäuberte Naht, meist bei transparenten Stoffen und Seidenstoffen angewendet (siehe Seite 41).

Freezer Paper: Für Tiefkühlprodukte entwickeltes Spezialpapier, das beim Patchworken und Quilten Verwendung findet. Die gewachste Seite haftet beim Bügeln auf dem Stoff (siehe Seite 83).

Futter: Zweite Stoffschicht, veredelt und versäubert die Innenseite.

Gerader Fadenlauf: Der Längsfadenlauf, die Richtung der Kettfäden in einem Gewebe, parallel zur Webkante (siehe Seite 27).

Geradstich: Einfacher Maschinenstich für fast alle Näharbeiten.

Gürtelschlaufen: Werden aus Stoff oder als Fadenschlaufen gefertigt und halten einen Gürtel an der Taille an seinem Platz (siehe Seite 124).

Haken und Öse: Zweiteiliger Verschluss aus Metall (siehe Seite 136).

Heften: Vorübergehendes Aufeinanderhalten von Stoffschichten, die später zusammengenäht werden (siehe Seite 33).

Hexenstich: Handnähstich zum Befestigen von Einlage oder Zwischenfutter auf der Innenseite eines Nähprojekts (siehe Seite 72).

Imitierter Kettenstich: Wird beim Smoken verwendet. Zwei Reihen Stiel- oder Grobstich werden in der zweiten Reihe in entgegengesetzter Richtung gearbeitet, so entsteht ein kettenartiger Effekt (siehe Seite 111).

Kantenversäuberung: Techniken zum Versäubern von Stoffkanten, die sie strapazierfähiger machen und ein Ausfransen verhindern. Siehe auch Kappnaht, französische Naht, falsche französische Naht, Überwendlichstich, Zackenschere und Zickzackstich.

Kappnaht: Strapazierfähige, kräftige Naht, die offene Stoffkanten einschließt (siehe Seite 40).

Kellerfalte: Wie eine Quetschfalte, jedoch in entgegengesetzter Richtung gearbeitet. Die Stofffülle liegt innen (siehe Seite 133).

Kettenstich: Vielseitiger Handstickstich für Konturen oder zum Füllen eines Stoffbereichs (siehe Seite 72).

Kettfäden: Parallel zur Kante verlaufende Fäden eines gewebten Stoffes.

Klettband: Zweiteiliges Verschlussband. Wird die weiche Schlaufenseite an die Seite mit kleinen Häkchen gedrückt, verbinden sich die Bänder (siehe Seite 137).

Knappkantig nähen: Auf der rechten Stoffseite gearbeitete Steppnaht, dicht an einer Kante oder Bruchkante (siehe Seite 42).

Knopfloch: Öffnung im Stoff, durch die ein Knopf geschoben wird (siehe Seite 46).

Knopfsteg: Steg zwischen Knopf und Stoff, entweder Teil des Knopfes oder aus Nähfaden gearbeitet (siehe Seite 44).

Knötchenstich: Stickstich, mit dem kleine erhabene Punkte genäht werden (siehe Seite 73).

Kommerzielle Schnittmuster: Schnittmuster für den Hausgebrauch, gedruckt auf Seidenpapier, werden als Schnittpackung verkauft und beinhalten Anleitung sowie Stoff- und Zubehörempfehlungen (siehe Seite 13).

Kopierrädchen: Zubehör, mit dem mithilfe von Schneiderkopierpapier Schnittmustermarkierungen übertragen werden (siehe Seite 10).

Kräuseln: Dekorativer Effekt, der durch mehrere Kräuselnähte entsteht (siehe Seite 106).

Kreidestift: Zum Markieren von Linien oder Punkten auf dem Stoff, erhältlich in verschiedenen Farben (siehe Seite 10).

Kunstfasern: Aus Verbindungen von Gas, Paraffin, Alkohol und Wasser synthetisch produzierte Fasern wie z. B. Nylon oder Polyester; diese sind strapazierfähig und knitterarm.

Laminierte Stoffe: Dreilagiger Stoff, bei dem die einzelnen Lagen verbunden (geklebt) werden, um einen dickeren, widerstandsfähigeren Stoff zu bilden.

Langer und kurzer Satinstich: Handsticktechnik für feine Farbschattierungen. Besteht aus Reihen dichter Satinstiche in zwei verschiedenen Längen (siehe Seite 72).

Leinen: Stoff aus den Fasern der Flachspflanze (siehe Seite 15).

Linke Seite: Rückseite eines Stoffs, liegt in der Regel im Inneren der fertigen Näharbeit.

Margeritenstich: Eine Art Kettenstich, der allein oder gruppiert gearbeitet werden kann (siehe Seite 73).

Mehrgrößenschnittmuster: Schnittmuster mit Schneidelinien für verschiedene Konfektionsgrößen (siehe Seite 14).

Mercerisieren: Behandlung eines Baumwollstoffes oder -fadens, die diesem Glanz verleiht.

Metallicfasern: Verleihen Stoffen glitzernde Effekte.

Mittellinie: Senkrechte Mitte eines Oberteils, Rocks oder der Passe eines Kleidungsstücks, ist im Schnittmuster angegeben.

Monofilament: Filamentfaser (durchgängige Faser) wie z. B. Nylon. Wird vor allem für Angelschnur verwendet, feine Varianten als Nähgarn.

Nadeleinfädelhilfe: Kleines Zubehör, das den Faden durch das Nadelöhr zieht, praktisch bei Nadeln mit kleinem Öhr (siehe Seite 9).

Nähfuß: Teil der Nähmaschine, der auf den Stoff gesenkt wird und diesen beim Nähen auf der Stichplatte hält (siehe Seite 8).

Nählinie: Linie, auf der die Naht gefertigt wird, häufig 1,5 cm innerhalb der Stoffkante.

Naht: Linie, an der zwei Stoffstücke zusammengenäht sind (siehe Seite 35).

Nahtführung: Markierungen auf der Stichplatte der Nähmaschine oder eine zusätzlich angebrachte Nahtführung, die das Nähen einer geraden Naht ermöglichen (siehe Seite 35).

Nahtschatten (im Nahtschatten nähen): Technik, um zwei Stoffe zu verbinden, indem dicht an der Naht entlang genäht wird (siehe Seite 43).

Nahttrenner: Zubehör mit kleinem Haken zum Auftrennen von Nähten oder zum Einschlitzen von Knopflöchern (siehe Seite 9).

Nahtzugabe: Zusätzliche Stoffmenge, die für das Zusammennähen von zwei Stoffstücken benötigt wird.

Netzstoffe: Textilien, bei denen die Fäden in Schlingen gelegt oder geknüpft sind, sodass sich Zwischenräume zwischen den Fäden bilden.

Nylon: Sehr kräftige Chemiefaser, wird häufig für Futterstoffe verwendet (siehe Seite 16).

Oberteil: Oberes Teil eines Kleidungsstücks.

Paper Piecing: Patchwork-Technik, bei der mit Stoff umwickelte Papiervorlagen von Hand vernäht werden, um ein mosaikartiges Muster zu bilden (siehe Seite 97).

Papierschablonentechnik: Patchwork-Technik (Foundation Piecing), bei der Papierschablonen die Stoffstücke stabilisieren (siehe Seite 96).

Paspeln: Aus Stoffstreifen und Kordel/Faden genähte Verzierung für Stoffkanten bei Kleidungsstücken und Heimtextilien (siehe Seite 162 und 165).

Passe: Oberer Bereich einer Kleides oder Rockes, an dessen unterer Kante das restliche Kleidungsstück angenäht wird.

Passzeichen: V-förmige Schnittmustermarkierungen, an denen die Stoffstücke ausgerichtet werden müssen (siehe Seite 23). Sie kennzeichnen auch das Einkerben von gerundeten Nahtzugaben (siehe Seite 38).

Patchwork: Einzelne Stoffstücke (Patches) in verschiedenen Mustern, Farben oder Texturen werden zu einem größeren Stück zusammengenäht (siehe Seite 92).

Polyester: Widerstandsfähiger, knitterarmer Synthetikstoff (siehe Seite 16).

Quadratische Verstärkungsnaht: Wird im Quadrat genäht, so entsteht eine kastenförmige Naht (siehe Seite 133).

Querbehang: Behang aus Stoff oder Holz, der eine Gardinenschiene oder -stange verdeckt.

Querfadenlauf: Richtung der Schussfäden eines Webstoffs, die von Webkante zu Webkante verlaufen (siehe Seite 27).

Quetschfalte: Quetschfalten haben zwei Faltenbruchkanten. Die Falten weisen voneinander weg, die Unterfalten zueinander hin (siehe Seite 133).

Quilten: Bezeichnet das Nähen eines Quilts oder das dekorative Zusammennähen von zwei oder mehr Stofflagen zu einem dickeren, wattierten

Stoff.

Quilt-Klebeband: Dünnes, einseitiges Klebeband, das keine Rückstände auf dem Stoff hinterlässt. Wird zur vorübergehenden Fixierung von Applikationen oder auch als Nahtführung beim Quilten verwendet (siehe Seite 83).

Quilt-Lineal: Transparentes Lineal mit aufgedruckten Parallellinien und Maßen, die akkurates Zuschneiden beim Patchworken und Quilten ermöglichen (siehe Seite 92).

Quilt-Sandwich: Die drei Lagen eines Quilts. Die Wattierung wird zwischen dem Oberstoff und dem Rückseitenstoff eingebettet (siehe Seite 82).

Raffen/Einreihen: Stoff zu dekorativen Falten zusammenschieben. Wird durch zwei parallele Nähte gearbeitet, an denen der Stoff zusammengeschoben wird (siehe Seite 104).

Raglanärmel: Einteiliger Ärmel, der in einem Stück bis zum Halsausschnitt eines Kleides, Pullis oder Mantels verläuft, mit Nähten vom Hals bis zur Armausschnittöffnung (siehe Seite 158).

Rechte Seite: Außen- oder Oberseite eines Stoffes; die am Kleidungsstück sichtbare, oben liegende Stoffseite.

Reißverschluss: Gängiger Verschluss, bestehend aus zwei Bändern, dessen Zahnkanten ineinandergreifen, erhältlich in verschiedenen Ausführungen, Stärken und Längen (siehe Seite 52).

Ripsband: Steifes Band, das alternativ als Taillenkantenabschluss verwendet werden kann (siehe Seite 23).

Rollschneider: Schneidewerkzeug mit kreisförmigen Schneideklingen, das beim Quilten zum Schneiden des Stoffs verwendet wird (siehe Seite 92).

Rückstich: Strapazierfähiger Handstich mit überlappenden Stichen auf der Rückseite (siehe Seite 34) oder rückwärtsgerichteter Geradstich mit der Maschine an Nahtanfang und -ende zum Sichern der Naht (siehe Seite 36).

Saatstich: Füllstich (Stickstich) zum Füllen von Konturen (siehe Seite 73).

Satinstich: Langer, gerader Stickstich, in dichten, parallelen Stichen gearbeitet. Bezeichnet auch dichte Zickzackstiche mit der Maschine (siehe Seite 72 und 86).

Saum: Versäuberte untere Kante eines Nähstücks, z. B. die Unterkante eines Kleidungsstücks oder Vorhangs (siehe Seite 62).

Saumband: Streifen aus netzähnlichem Material zum Aufbügeln, zum schnellen Säumen von Röcken und Hosen (siehe Seite 64).

Saumzugabe: Stoffmenge, die umgeschlagen wird, um einen Saum zu nähen.

Schlingenverschluss, Knöpfe: Schmales Stoffröllchen, das aus jedem Stoff in der für die Knöpfe benötigte Größe genäht werden kann und entsprechend der Verschlusskante des Kleidungsstücks angenäht wird (siehe Seite 138).

Schneidelinie: Durchgezogene oder gestrichelte Linie auf einem Schnittteil. Zeigt an, wo das Stück ausgeschnitten wird (siehe Seite 23).

Schneiderkopierpapier: Wird in Verbindung mit Kopierrädchen zum Übertragen von Schnittmustermarkierungen auf den Stoff verwendet, erhältlich in verschiedenen Farben (siehe Seite 10).

Schneiderkreide: Zum Markieren auf einem Stoff, kann leicht abgebürstet werden (siehe Seite 10). Schneiderschere: Schere mit einem abgeflachten unteren Griff, so wird der Stoff beim Schneiden nicht angehoben (siehe Seite 9).

Schneiderschinken: Fest gestopftes Kissen zum Bügeln von gerundeten Bereichen bei Kleidungsstücken (siehe Seite 145).

Schneideunterlage: Feste Unterlage zur Verwendung mit einem Rollschneider, schützt Arbeitsoberflächen und verlängert die Lebensdauer der Rollschneiderklingen (siehe Seite 92).

Schnittmustermarkierungen: Symbole auf den Schnittteilen, kennzeichnen z. B. Fadenlauf, Platzierung des Schnittteils oder andere Konstruktionsdetails (siehe Seite 23).

Schrägband: Schmaler, gefalteter Stoffstreifen, im Schrägfadenlauf zugeschnitten. Kann fertig gekauft oder selbst angefertigt werden, wird zum Versäubern von Stoffkanten verwendet (siehe Seite 98).

Schrägfadenlauf: Diagonaler Fadenlauf eines Stoffes, im Winkel von 45 Grad auf die Webkanten zulaufend (siehe Seite 27). Schräg zugeschnittener Stoff hat einen schönen Fall.

Schussfäden: Die von Webkante zu Webkante verlaufenden Fäden eines Stoffes.

Seide: Sehr luxuriöse Naturfaser. Seidenstoffe werden aus Fasern der Seidenraupenkokons hergestellt (siehe Seite 15).

Smoken: Dekorativer Effekt an einem Kleidungsstück, der durch Raffen des Stoffes in dichte Falten entsteht, die durch parallele Stickstichlinien fixiert werden (siehe Seite 108).

Smok-Punkte: Transferpunkte zum Aufbügeln, erleichtern das Smoken eines Stoffes (siehe Seite 108).

Spanndraht: Gespannter Stahldraht zum Aufhängen von Vorhängen (siehe Seite 171).

Steppnaht: Reihe von Geradstichen, die als dekorativer Effekt auf der rechten Stoffseite genäht werden (siehe Seite 42).

Stichplatte: Metallplatte unter dem Nähfuß der Nähmaschine. Sie sorgt für einen gleichmäßigen Stofftransport.

Stickrahmen: Rahmen aus zwei Ringen, die verbunden werden, um den Stoff beim Sticken straff gespannt zu halten (siehe Seite 71).

Stielstich: Stickstich, eine Variante des Rückstichs (siehe Seite 72).

Strichrichtung: Stoffe mit Flor, aber auch gemusterte Stoffe, die in eine Richtung ausgerichtet sind, müssen in der vom Stoff vorgegebenen Richtung zugeschnitten werden (siehe Seite 171).

Strickstoffe: Gestricktes Material, z. B. Jersey. Dehnbarer Stoff mit locker verwobenen Fäden.

Stütznaht: Gerade Maschinennaht knapp innerhalb der Nahtzugabe zur Verstärkung der Stoffkante, verhindert das Dehnen oder Ausleiern (siehe Seite 43).

Taille: Horizontale Linie entlang der Körpertaille (siehe Seite 11).

Taillenabnäher: Abnäher mit zwei Spitzen, verleiht der Taille eines Kleidungsstücks ihre Form (siehe Seite 119).

Tunnel: Durch parallele Nähte entstandene Stoffröhre, durch die ein Gummiband, Zugband oder Vorhangdraht gezogen wird (siehe Seite 119).

Überlappende Nähte: Bei nicht fransenden Stoffen angewendet, Verbindung von zwei Nahtenden mit einer flachen Maschinennaht (siehe Seite 41).

Überwendlichstich: Handnähstich zur Versäuberung von Stoffkanten (siehe Seite 34).

Unterfadenspule: Runde Spule unter der Stichplatte der Nähmaschine, auf die der Unterfaden gewickelt wird (siehe Seite 8).

Unversäuberte Kante: Schnittkante des Stoffes, die versäubert werden sollte, um ein Ausfransen zu verhindern (siehe Seite 39).

Viskose (Rayon): Weicher und saugfähiger, synthetisch hergestellter Stoff mit schönem Fall, neigt jedoch zum Knittern (siehe Seite 16).

Vliesstoffe, synthetische: Nicht gewebte Stoffe, deren synthetische Fasern durch Klebematerial verbunden werden.

Vorhangband/Raffband: Stoffband mit eingearbeiteten Schlaufen für Gardinenröllchen zum Aufhängen des Vorhangs (siehe Seite 172).

Vorhangkopf: Oberkante eines Vorhangs, die an einer Gardinenstange oder -schiene angebracht wird (siehe Seite 172).

Vorstich: Handnähstich für Nähte und zum Einhalten/Raffen (siehe Seite 34).

Wabenstich: Smokstich mit mehr Elastizität als andere Smokstiche, geeignet für robuste, aber auch feinere Arbeiten (siehe Seite 111).

Wattierung: Voluminöse Einlage beim Quilten (siehe Seite 82).

Webkante: Die seitlichen Kanten eines Stoffes, die parallel zu den Kettfäden liegen (siehe Seite 27).

Webstoffe: Gewebte Stoffe, bei denen Kett- und Schussfäden sich kreuzen.

Wolle: Natürliche tierische Faser, erhältlich in verschiedenen Stärken, Webarten und Texturen.

Zackenschere: Schere mit gezackter Klinge zum Versäubern nicht fransender Stoffe mit gezackter Schnittkante.

Zickzackstich: Maschinenstich zur Kantenversäuberung, zum Sichern von genähten Kanten und zum Fertigen von Knopflöchern. Breite und Länge können an der Maschine eingestellt werden (siehe Seite 39).

Zickzackstich (Chevronstich): Wird beim Smoken von Hand verwendet. Ähnelt dem Hexenstich, wird aber etwas anders gearbeitet (siehe Seite 110).

Zopfstich/Korbstich: Traditioneller englischer Smok-Stich, wird ähnlich wie ein Rückstich genäht (siehe Seite 110).

Zurückschneiden, abgestuft: Einseitiges Zurückschneiden der Nahtzugaben, damit diese flach liegen (siehe Seite 38). Auch Gradieren genannt.

Zuschneideplan: Gibt vor, wie Stoff und Schnittteile zum Zuschneiden ausgelegt werden müssen (siehe Seite 29).

Zweiseitiges Klebevlies: Klebevlies mit Papierbeschichtung. Der Kleber wird durch die Wärme des Bügeleisens aktiviert, so können zwei Stoffschichten miteinander verbunden werden (siehe Seite 86).

Zwischenfutter: Eine zusätzliche Stoffschicht zwischen Futterstoff und Kleidungsstoff, sorgt für Wärme und mehr Volumen (siehe Seite 18).

Danksagung der Autorin

Mein Dank gilt all jenen, die geholfen haben, dieses Buch möglich zu machen – ohne euch hätte es ich nicht geschafft.

Mein ganz besonderer Dank gilt meiner guten Freundin Barbara Christie, die mir sehr hilfreich zur Seite stand und meine unbezahlte persönliche Assistentin wurde. Immer dann, wenn die Arbeit mich zu überwältigen drohte und alles zusammenkam, bewahrte sie mich davor, durchzudrehen. Mein Dank geht auch an Beryl Miller, eine geniale Schneiderin, die seit Jahren unermüdlich für mich arbeitet und meine schier unmöglichen Abgabetermine einhält – danke dir, dass du auf so wunderbare Weise die meisten Nähprojekte dieses Buches angefertigt hast.

Mein Dank geht an meine Redakteurin Alison Wormleighton, die ich sehr respektiere und mit der ich jeden Moment der gemeinsamen Arbeit genossen habe, sowie Stephen Drew, der erneut meine Skizzen in schöne Illustrationen verwandelt hat. Ich danke ebenso Alison Fenton für ihre Mühe mit dem Design und nicht zuletzt Redaktionsleiterin Gillian Haslam für ihre Geduld sowie Herausgeberin Cindy Richards, ohne deren Unterstützung dieses zweite Nähbuch niemals zustande gekommen wäre.

Danken möchte ich auch allen, die mir Dinge für dieses Buch geliehen oder zur Verfügung gestellt haben: das National Needlework Archive (www.nationalneedlework-archive.org.uk), IDC Academy (www.inkberrowdesigncentre.co.uk), The Eternal Maker (www.eternalmaker.com) für die Stoffe für die bestickte Schürze im 50er-Jahre-Stil und das perfekte Sommerkleid,Fabrics Galore (www.fabricsgalore.co.uk) für die Stoffe für die bestickte Kissenhülle und den abnehmbaren Kragen sowie The Cloth House (www.cloth-house.com) für die Stoffe für die Tagesdecke, das Sommerkleid für Mädchen, den Rock im Jeans-Stil, den festlichen Rock aus Organdy und das gesmokte Babykleid und -höschen.

Index

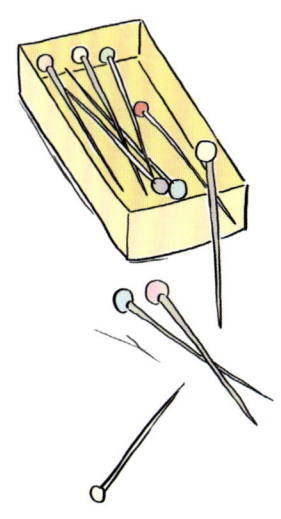

Die Verwendung der Schnittmusterbögen

1 Auf den Schnittmusterbögen finden Sie die Teile für folgende Projekte in folgenden Druckfarben:

Projekt 1 – Verziertes Kissen mit Knopfverschluss (in BRAUN)

Projekt 2 – Sitzsack zum Relaxen (in ORANGE)

Bonus Projekt 2 – Türstopper (in HELLGRÜN)

Projekt 4 – Bestickte Schürze im 50er-Jahre-Stil (in LILA)

Projekt 6 – Tagesdecke aus recyceltem Stoff (in GRAU)

Projekt 7 – Gekräuseltes Sommerkleid für Mädchen (in ROSA)

Projekt 8 – Rock im Jeans-Stil (in ROT)

Projekt 9 – Festlicher Rock aus Organdy (in GRÜN)

Projekt 10 – Das perfekte Sommerkleid (in SCHWARZ)

Bonus Projekt 10 – Abnehmbarer Kragen (in PINK)

Projekt 11 – Gesmoktes Babykleid und -höschen (in BLAU)

Eine Liste mit den Nummern aller benötigten Schnittteile ist bei jedem Projekt dieses Buches angegeben.

2 Die Schnittmuster sind beidseitig auf die Schnittmusterbögen gedruckt und überlappen sich. Suchen Sie sorgfältig nach der richtigen Konturlinie und orientieren Sie sich am Zuschneideplan des jeweiligen Nähprojekts, um herauszufinden, welche Teile Sie benötigen. Es ist hilfreich, die ausgewählte Kontur mit einem Textmareker nachzuzeichnen.

3 Legen Sie Transparentpapier oder auch Butterbrotpapier über die Schnittmuster und pausen Sie sorgfältig die benötigten Teile in der richtigen Größe durch.

4 Übertragen Sie alle Markierungen, Passzeichen, den Fadenlauf oder weitere Hinweise und schneiden Sie das Schnittteil zu.

5 Einige Schnittmuster sind in zwei Teilen abgebildet. Pausen Sie alle Teile durch und kleben Sie sie an den durch schraffierte Bereiche gekennzeichneten Stellen überlappend aneinander. Für den Oberrock des Organdy-Rocks, das Sommerkleid für Mädchen und das Seitenstück des Sitzsacks müssen Sie auch ein weiteres Stück Papier hinzufügen, um das Schnittmuster auf die korrekte Länge anzupassen (siehe unten).

6 Prüfen Sie vor dem Zuschneiden des Stoffes zweimal, ob alle Schnittteile korrekt abgepaust wurden. Vergleichen Sie alle Teile noch einmal mit den Formen auf dem Zuschneideplan.

Kennzeichnung der Schneidelinien

Rock im Jeans-Stil

·· D 36
—·—·—·—·—·—·—·— D 38
———————————— D 40
——————————— D 42
— — — — — — — D 44
— —— — —— — —— D 46

Festlicher Rock aus Organdy

———————————— D 36
———————————— D 38
— — — — — — — — D 40
— — — — — — — D 42
— — — — — — — D 44
— — — — — — — D 46

Das perfekte Sommerkleid

———————————— D 36
———————————— D 38
— — — — — — — — D 40
— — — — — — — D 42
———————————— D 44
———————————— D 46

Gesmoktes Babykleid und -höschen

——————————— 6 Monate
— — — — — — — 12 Monate

Gekräuseltes Sommerkleid für Mädchen

———————————— 5/6 Jahre
— — — — — — — 7/8 Jahre
—·—·—·—·—·—·— 9/10 Jahre

Abnehmbarer Kragen

——————————— S: 32 cm
— — — — — — — M: 34,5 cm
— — — — — — — L: 37 cm

Bestickte Schürze im 50er-Jahre-Stil

———————————— D 36 – D 38 – D 40
— — — — — — — D 42 – D 44 – D 46

Schnittteile erweitern

1 Kleben Sie ein Stück Papier an die Verlängerungslinie des Schnittteils 1, Sommerkleid für Mädchen, und Schnittteil 2, Organdy-Rock. Legen Sie ein Lineal entlang des Querfadenlaufs und zeichnen Sie die Linie auf, dabei Schnittteil 1 um 18 cm verlängern, Schnittteil 2 um 25 cm verlängern.

2 Messen Sie 18 cm bzw. 25 cm von der Verlängerungslinie nach unten. Zeichnen Sie mit Bleistift zwei weitere Markierungen zwischen der Kante der vorderen/hinteren Mitte und der Seitennaht ein.

3 Verbinden Sie alle Markierungen mit einer Linie. Legen Sie das Lineal an die Kante der vorderen/hinteren Mitte und der Seitennahtkante und zeichnen Sie entlang dieser Linie, um die Schnittteile zu verlängern.

Erweitern Sie das Schnittteil für den Sitzsack auf dieselbe Weise, messen Sie dabei 50 cm von der Verlängerungslinie nach unten.

Sommerkleid für Mädchen
Schnittteilverlängerung

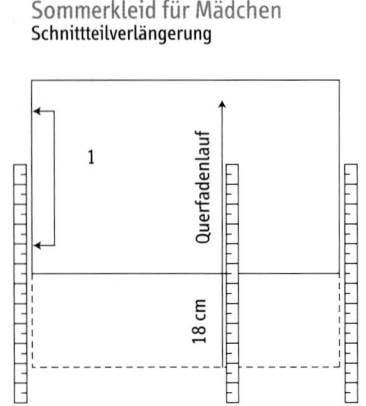

Organdy-Rock
Schnittteilverlängerung

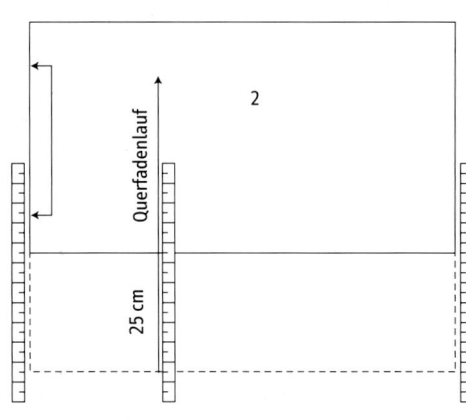